Berthold Volz

Unsere Kolonien

Land und Leute

Berthold Volz

Unsere Kolonien
Land und Leute

ISBN/EAN: 9783743429413

Hergestellt in Europa, USA, Kanada, Australien, Japan

Cover: Foto ©Andreas Hilbeck / pixelio.de

Manufactured and distributed by brebook publishing software (www.brebook.com)

Berthold Volz

Unsere Kolonien

Unsere Kolonien:

Land und Leute,

geschildert

von

Dr. Berthold Volz,

Direktor des Victoria-Gymnasiums zu Potsdam.

Mit 71 Abbildungen und 2 Karten.

Leipzig:

F. A. Brockhaus.

1891.

Vorwort.

Aus dem jugendkräftigen nationalen Aufschwunge der Deutschen unter energievoller Leitung ist unser Kolonialbesitz hervorgegangen. Darum schaute nach seiner politischen Herzensstellung ein jeder auf die staunenswerten Anfangserfolge, der eine begeisternd zustimmend, voll weit ausschwärmender Hoffnung, der andere mißtrauisch, in nörgelndem Zweifel; der Besonnene hielt vor dem Unbekannten sein Urteil zurück.

Zum Abschlusse brachte diese Epoche wogender Meinungen das deutsch-englische Abkommen vom 1. Juli 1890 oder vielmehr die Denkschrift über die Beweggründe, welche für die Reichsregierung bei Abschluß des Abkommens maßgebend gewesen waren. Denn sie legte klar, daß die durch anerkannte feste Grenzbestimmungen erlangte Sicherung unsers kolonialen Besitzes die Grundbedingung für eine Bewirtschaftung ist, welche über den zufälligen Versuch und das Abenteuer hinausgeht.

Sicher wird diese Erkenntnis mit der Zeit über die Kreise der Nächstbeteiligten hinaus sich immer weiter geltend machen, und damit das Interesse für unsere Kolonien ein allgemeineres werden. Kolonien? Wir halten den populären Ausdruck fest, obgleich das Staatsrecht nur deutsche „Schutzgebiete" kennt.

In dieser Erwartung ist der Verfasser gern der Einladung der Verlagshandlung gefolgt, in mäßigem Umfange eine Darstellung unserer Kolonialgebiete für weitere Kreise zu geben. Er versucht daher Land und Leute zu schildern, wie sie sind, indem er das Herz- und Keimblatt eines jeden Gebietes nach seinen wesentlichen Merkmalen eingehender zeichnet, das Bild der peripherischen Teile dagegen mehr in großen Zügen entwirft. Die Frage der Ausnutzung wird dabei nur gelegentlich gestreift, da

sie andere Voraussetzungen hat. Nur von einigen Charakter=
pflanzen ist hier und da, wo es angemessen schien, eine ausge=
führtere Zeichnung eingefügt. Zur Rechenschaft, aber auch zu
weiterer Zurechtweisung ist jedem Kapitel eine Nachweisung des
wichtigsten, freilich oft recht spröden litterarischen Materials
beigegeben.

Möge denn mit der Erkenntnis dessen, was wir in unseren
Kolonien besitzen, im deutschen Volke auch die Befriedigung darüber
wachsen, daß, was andere Nationen erst in Generationen, wir
in wenig Jahren gewonnen haben: einen das Mutterland vier=
fach an Ausdehnung übertreffenden Kolonialbesitz, der wie ein
Baum, den Pflanzenden wenn auch zögernd und sparsam, den
Enkeln aber in reicher Fülle Frucht tragen wird.

Potsdam, den 4. November 1890.

B.

Inhaltsverzeichnis.

Erstes Kapitel.

Die Gründung.   Seite

  1. Die brandenburgischen Kolonien   2
  2. Die deutschen Kolonien 19

Zweites Kapitel.

Kamerun.

  1. Das Deltaland   . . .   45
  2. Die Dualla   65
  3. Der Götterberg von Kamerun   . .   78
  4. Das Hinterland am Mungo . . .   93
  5. Südkamerun 104
    Litterarische Nachweisung   . . ·. 119

Drittes Kapitel.

Togo.

  1. Die Küstenlandschaft .   . . 120
  2. Die Ewe 131
  3. Die Fetischberge 147
  4. Das sudanische Hinterland 158
    Litterarische Nachweisung   . . 168

Viertes Kapitel.

Deutsch-Südwestafrika.

  1. Das Gelände am Meer 169
  2. Das Namaland und die Nama 178
  3. Hereroland und das weitere Interessengebiet . 191
  4. Herero, Berg-Damara, San 211
    Litterarische Nachweisung   . . 228

Fünftes Kapitel.

Deutsch-Ostafrika.   Seite

1. Sansibar: Stadt und Insel 229
2. Die Mrima 237
3. Das deutsche Binnenland 246
4. Die Bevölkerung 268
5. Usambara und der Kilima-Ndscharo 284
Anhang: Pondoland 302
Litterarische Nachweisung 308

Sechstes Kapitel.

Die Südsee-Kolonien.

1. Kaiser Wilhelmsland 310
2. Der Bismarck-Archipel 326
3. Die deutschen Salomonen 342
4. Nauru und die Marschall-Inseln 346
Litterarische Nachweisung 357

Register 359

Abbildungen im Text.

Groß-Friedrichsburg 11
Schattenvogel 47
Die alte Woermannsche Faktorei in Kamerun 48
Nachtigal-Denkmal in Kamerun 52
Fruchtkapsel des Wollbaums 53
Strebepfeiler des Wollbaums 54
Schlammspringer 58
Fruchttrauben und Blütenstände der Ölpalme . . . 61
Barombi-Station 97
Lianenhängebrücke über den Mungo 102
Im afrikanischen Urwald 108
Erdnuß (Arachis hypogaea) 118
Melonenbaum (Carica Papaya) 129
Yamswurzel 143
Kebu-Krieger 153
Wohnhaus der Station Bismarckburg 158
Ein Namab 187
Welwitschia mirabilis 199

Seite

Herero, Mann und Frau 213
Berg-Damara 218
Buschmänner von der Grenze der Kalahari 223
Buschmann auf der Straußenjagd 225
Belutsche 230
Somal 231
Geputzte Negerin 235
Eine Gewürznelkenplantage in Sansibar 236
Fort Ras Muhesa 238
Das Rubeho-Gebirge von der Kleinen Marenga-Mkali aus gesehen . 255
Felsblöcke in Ugogo 257
Der Mfumbiro-Berg 260
Der Urigi-See 261
Vorgebirge Mtombwa am Tanganjika 265
Der Malagarasi 267
Ein Mtuta 273
Junge Wasagara 278
Wagogo 279
Wanjamuesi 281
Banane (Musa paradisiaca) mit Traube und einzelner Blüte . . . 283
Massai-Krieger 293
Der Dschalla-See 297
Der Berg Maëru 298
Mandaras Krieger 299
Greiskraut (Senecio Johnstoni) 301
Affenbrotbäume 307
Baumhäuser 315
Paradiesvogeljagd 323
Papua 325
Papua aus Finschhafen 327
Blanche-Bai, Mutter und Südtochter 333
Eingeborner von Mioko 335
Duk-Duk-Tänzer 339
Ein Kuddu 341
Ein Atoll (Insel Milli, Marschall-Inseln) 349
Einfahrt in den Hafen von Jaluit 351
Kokospalme 353
Lebon, König der Marschall-Insulaner 355

Separatbilder.

Seite

Der Kleine Kamerunberg 79
Namakral 189
Sansibar von der Seeseite 229
Simbamueni, die „Löwenstadt". 252
Das Mukondokua-Thal 254
Das neue Fort in Mbambua (Mpuapua) 255
Landschaft bei Tabora 259
Ansicht des Victoria-Njansa von der Küste des Speke-Golf aus . . . 260
Der Tanganjika-See 263
Kibo und Kimawensi von Norden 294
Der Kibo 302
Der Fall des Unamula 329
Strandhütten der Eingebornen auf der Gazellen-Halbinsel . . 331
Station der Deutschen Handelsgesellschaft auf Matupi . . 332
Eingeborne der deutschen Salomonen 343

Karten.

Kolonien (Schutzgebiete) des Deutschen Reichs in Afrika.
Kolonien (Schutzgebiete) des Deutschen Reichs in Australien.

Erstes Kapitel.

Die Gründung.

———

Religion ist die starke Triebfeder gewesen, welche am Ende des Mittelalters zur Umsegelung Afrikas, wie zur Entdeckung Amerikas geführt hat. Handelsinteressen indessen verknüpften sich schnell mit dem religiösen Antriebe, um bald völlig über ihn hinauszuwachsen. Auch unter den weiter blickenden deutschen Handelsherren gab es manche, welche ihre Zeit wahrzunehmen verstanden. Schon 1505 beteiligte sich ein Konsortium von Augsburger Kaufherren, Fugger, Welser, Hochstetter, Imhof, Hyrsvogel an der großen Expedition, welche Portugal unter Francisco d'Almeida nach Ostafrika und Indien aussandte, mit 3 wohlarmierten Schiffen. Sie nahmen an der Erstürmung von Kilwa Kisiwani teil, kämpften an der Seite der Portugiesen gegen die Araber in Mombas, und setzten dann ihre Ladungen in Indien so vorteilhaft gegen Spezereien um, daß, obgleich sie von dem Gewinne $2/3$ an die portugiesische Krone vertragsmäßig vorweg abzugeben hatten, doch die „Nutzung dieser Armazion bey 150 pro Cento" betrug.

Dasselbe Haus der Welser war es, welches einige zwanzig Jahre später die Gründung einer deutschen Kolonie in Amerika unternahm. Im Jahre 1528 verbriefte ihm Kaiser Karl V. das Recht, die Landschaft Venezuela zu besiedeln. Kolonisten wurden nunmehr dorthin gesandt, um das Land auszubeuten. Statthalter des Handlungshauses waren Ambrosius Dalfinger und Georg Hohemut. Sie suchten den Dorado, den Goldkönig. Abenteurer aus aller Herren Länder fanden sich dazu. Daran ist die Kolonie zu Grunde gegangen; in den Waldwildnissen, in denen sie dem

Dorado nachspürten, sind die meisten der Ankömmlinge umge=
kommen; denn nicht aus betriebsamer Thätigkeit, sondern aus
unberechenbaren Glückszufällen erhofften sie den Gewinn.   Erst
anderthalb Jahrhunderte danach ist nicht wie ein abenteuerliches
Würfelspiel, sondern mit weitschauender Umsicht die Gründung
deutscher Kolonien durch den Großen Kurfürsten von Branden=
burg ins Werk gesetzt worden.

1. Die brandenburgischen Kolonien.

Es war Anfang Januar 1647, als der junge branden=
burgische Kurfürst Friedrich Wilhelm im Haag den holländischen
Admiral Gijsels van Lier zu einer langen und ernsten Unter=
redung bei sich empfing.   Er war nach Holland gekommen, um
die holdselige Tochter des Erbstatthalters zu werben; aber er
fand zwischen den Festlichkeiten der Verlobungsfeier noch Zeit
und Neigung, auf die Förderung der Wohlfahrt seiner Länder
zu sinnen.   Aus Delft hatte er den erfahrenen Admiral zu sich
eingeladen, um dessen Ansichten und Vorschläge, wie Handel und
Schiffahrt in Brandenburg zu befördern sei, zu vernehmen.   Denn
Gijsels war ein Seemann von Ruf und zudem neun Jahre lang
Gouverneur der Molukken in Amboina gewesen, ein Kenner von
allem, was „indianische Schiffahrten" anging.   Das Ergebnis
der Unterredung war, daß der Admiral die Gründung einer
Brandenburgisch=Ostindischen Compagnie empfahl: ein Plan, den
der junge Kurfürst „durch und durch nützlich, vernünftig und
praktikabel" fand.

Schon seit jenen Tagen, als die Erfolge der portugiesischen
und spanischen Entdeckungsfahrten Europa in Erregung ver=
setzten, war die Aufmerksamkeit der hohenzollerschen Kurfürsten
auf Meer und Seefahrt gerichtet gewesen, für Brandenburg eine
Beteiligung am Welthandel zu erringen ihr Ziel.   Aber nirgends
besaß das Kurfürstentum Seeküste, ja das Stapelrecht, welches
Hamburg in Anspruch nahm, versperrte ihm den Ausgang aus
der Elbe: in Hamburg mußten die brandenburgischen Elbschiffe
ihre Waren löschen und verkaufen, und Hamburg bestimmte den
Preis.   Diese Sperre zu heben war daher des Kurfürsten
Joachim 1. ernstliches Bestreben; und wirklich erreichte er, daß
Kaiser Maximilian 1518 das hamburgische Stapelrecht, so weit
es Brandenburg betraf, aufhob.   Wenn nur die trotzigen Hansa=

herren an den kaiserlichen Machtspruch sich gekehrt hätten: un-
bekümmert darum übten sie die Unbill nach wie vor; denn noch
war Brandenburgs Macht nicht stark genug, ihre eigensüchtige
Anmaßung zu brechen. So mußten denn die Kurfürsten sich
bescheiden; aber Flußschiffahrt und Binnenhandel haben sie,
Joachim I. sowohl, wie sein Sohn Joachim II. und Johann
Georg, sein Enkel, mit unermüdlicher Fürsorge und umsichtigem
Verständnisse in den Marken emporgebracht.

Da gewann mit dem neuen Jahrhundert das brandenburgische Fürstenhaus durch die Übertragung des Kuratoriums
für den geisteskranken Herzog mit Ostpreußen Meeresküste und
in Pillau einen brauchbaren Hafen. Aber Pillau hatte nur
durch Königsberg Bedeutung, und in Königsberg lag aller Seehandel in den Händen einiger englischen und schottischen Kaufleute, die sich dort angesiedelt hatten. Indes ein schlimmeres
Hemmnis als dies war der Dreißigjährige Krieg, dessen Furie
seit 1626 ganz Norddeutschland verwüstete. Um so höher wird
man es daher dem Kurfürsten Georg Wilhelm anrechnen, daß er
über der Sorge für das Nächste auch weiter ausgreifenden Plä-
nen sich nicht verschloß. Bei einer Zusammenkunft, die er 1634
in Stendal mit Oxenstierna, dem schwedischen Kanzler, hatte,
legte ihm dieser den Plan einer in Gemeinschaft mit Schweden
zu gründenden Handelsgesellschaft für Südindien vor. Der Kurfürst trat auch trotz der trostlosen Lage, in der er sich befand,
der Sache näher, aber an der Teilnahmlosigkeit der brandenburgischen Stände zerschlug sich der Beitritt Brandenburgs.

So war dem jungen Kurfürsten Friedrich Wilhelm der Gedanke einer überseeischen Handelsgesellschaft, als Gijsels ihn aussprach, keineswegs überraschend. Mit allem Nachdruck hatte er
bei den Friedensverhandlungen in Osnabrück dafür gekämpft,
daß vor allem sein gutes Recht auf das Herzogtum Pommern
anerkannt würde. Denn von dem Besitze der pommerschen See-
häfen versprach er sich vor allem ein Aufblühen des Wohlstandes
in seinen furchtbar verwüsteten Landen. Wie bedeutend aber
der Ostseehandel war, das lehrten die 1200 Schiffe, welche Holland
alljährlich in die Ostsee entsandte. Aber gerade darum hielt
Schweden mit unbeugsamer Hartnäckigkeit an dem Besitze der
großen pommerschen Häfen fest, die es besetzt hatte.

Mit dem Beginne des Jahres 1647 bestand für den Kurfürsten

1*

kaum noch die Hoffnung, mehr als die kleinen hinterpommer=
schen Häfen bei den Friedensverhandlungen zu erlangen. Dennoch
hatte er den Mut, auf die Vorschläge Gijsels einzugehen, für
welche allein das ferne und wenig günstige Pillau der Ausgangs=
punkt werden konnte. Die Brandenburgisch=Ostindische Gesellschaft
wurde gegründet und Gijsels als deren Präsident in die kurfürst=
lichen Dienste gezogen. Der Kurfürst erteilte der Gesellschaft
einen „Octroi" (Schutzbrief) und trat betreffs Verkaufes des
dänischen Forts Dansburg oder Tranquebar und zweier benach=
barter Dörfer an der Küste Coromandel mit dem Könige
von Dänemark in Unterhandlungen, deren Ergebnis die Ein=
willigung Dänemarks war, die kleine Festung an Brandenburg
für 120 000 Thaler bei 20 000 Thaler Anzahlung zu verkaufen.
Allein alle Bemühungen des Kurfürsten, die Anzahlung aufzu=
bringen, erwiesen sich als erfolglos; auch die nötige Zahl von
Teilnehmern an der Gesellschaft zu gewinnen, wollte nicht ge=
lingen, sodaß nach langem Warten der König von Dänemark
von dem Vertrage wieder zurücktrat. Damit war der Gesellschaft
das Urteil gesprochen: der erste Versuch des Großen Kurfürsten,
eine brandenburgische Kolonie zu gründen, erstarb an der all=
gemeinen Teilnahmlosigkeit, die sich als unüberwindlich erwies.
Gijsels jedoch blieb, obgleich Schweden wie Frankreich sich alle
Mühe gaben, den erfahrenen Mann in ihre Dienste zu ziehen,
in Brandenburg. Der Kurfürst hatte ihm das Amt Lenzen in
Erbpacht gegeben, wo der Admiral jetzt die Muße fand, seine
„indische Kolonialgeschichte" zu schreiben.

Der Kurfürst Friedrich Wilhelm war, als er dem indischen
Projekte entsagte, der Meinung gewesen, daß der Plan „nur bis
zu besseren Konjunkturen verschoben" sei. Sobald ihm daher die
Beendigung des ersten nordischen Krieges Ruhe gewährte, kehrte
er zu seinen überseeischen Entwürfen zurück; die gewonnene
Souveränetät über das Herzogtum Preußen verstattete ihm über=
dies freiere Bewegung. Es wurde der Plan entworfen, im
Verein mit Österreich und Spanien eine Handelsgesellschaft zu
gründen, welche dem holländischen Exporthandel nach Deutschland
und Skandinavien Konkurrenz machen und mit eigenen Schiffen
die Kolonialwaren aus Afrika und Indien über Hamburg und
Bremen in Deutschland einführen sollte. Als Leiter des Unter=
nehmens war wiederum der Admiral Gijsels gedacht. Im Auf=

trage des Kurfürsten begab sich derselbe daher nach Wien, wo er im Dezember 1660 dem Kaiser Leopold persönlich den Plan darlegte. Auf die Empfehlung des Kurfürsten ernannte dieser, der Sache nicht abgeneigt, den Markgrafen Hermann von Baden-Baden zu seinem Bevollmächtigten, um die nötigen Verhandlungen weiter zu führen. Am 8. April 1661 traf denn auch der Markgraf in Cleve bei dem Kurfürsten ein, um den großen Entwurf der Handelscompagnie im einzelnen mit ihm festzustellen; und im Mai finden wir ihn in Lenzen als Gast Gijsels, der mit allem Eifer ihn instruierte. Allein Spanien erwies sich sehr spröde, sodaß auf dessen Beitritt kaum zu rechnen war, und auch der Markgraf wollte, der Meinung des Kurfürsten entgegen, nur eine kleine Zahl von Teilnehmern, etwa 20, zulassen, die besonders einzuladen wären. Österreich sollte dadurch das entscheidende Übergewicht in der Compagnie gesichert werden.

Eine solche Wendung der Dinge war dem Kurfürsten Friedrich Wilhelm durchaus zuwider. Er brachte daher die mit König Karl II. von England geführten Unterhandlungen durch die Unterzeichnung eines brandenburgisch-englischen Handels- und Schiffahrtsvertrages am 20. Juli 1661 zum Abschlusse und erklärte dann seinen Rücktritt von der geplanten Österreichisch-Spanisch-Brandenburgischen Compagnie, die ihn mit England in Zerwürfnisse würde gebracht haben. Damit fiel aber der ganze Plan; denn der Gedanke Österreichs, allein das Projekt durchzuführen, gedieh zu keinem Ergebnis.

Der Wiederausbruch des schwedischen Krieges führte den Kurfürsten zum Meere zurück: Schritt für Schritt entwickeln sich dann bei ihm immer umfassender die Pläne. Durch den Einbruch der Franzosen in Holland war Benjamin Raule, Rat und Schöffe von Middelburg, ein wohlbegüterter Kaufherr und Reeder, in die größte finanzielle Bedrängnis gebracht worden. Um sich wieder emporzuhelfen, machte er dem Kurfürsten von Brandenburg, dem einzigen Fürsten, der es gewagt hatte, Holland in seiner Not beizustehen, das Erbieten, durch Kaperei den Ostseehandel der Schweden, der Verbündeten Frankreichs, zu vernichten. Ohne Zögern erteilte der Kurfürst die erbetenen Kaperbriefe; und binnen vier Wochen hatten die unter brandenburgischer Flagge, dem roten Adler im weißen Felde, fahrenden holländischen Kaper 21 schwedische Schiffe aufgebracht und nach

weiteren vier Wochen waren die Schweden völlig vom Meere
weggefegt. Von diesem Erfolge zufrieden gestellt, lud der Kurfürst Raule nach Berlin ein und nahm ihn als „Schiffsdirektor"
im Februar 1676 in seine Dienste. Denn der Gedanke war, da
nach dem glänzenden Fehrbelliner Siege der Krieg sich an die
pommersche Küste gezogen hatte, die Operationen der Landarmee
auch von der See her zu unterstützen, die zu diesem Behufe aber
nötigen Schiffe durch die Vermittelung Raules, der dem Kurfürsten den Eindruck eines eifrigen und geschickten Mannes gemacht hatte, zu beschaffen.

Von Raule nun mietete der Kurfürst immer nur auf kurze
Zeit und gerade nur so viel Schiffe, wie er für bestimmte Kriegs-
zwecke brauchte. Der Erfolg war glänzend. Zwei brandenburgische Fregatten und eine Galiote nahmen am 5. Juni 1676
an der Seeschlacht von Bornholm teil und eroberten ein spanisches
Orlogschiff von 22 Kanonen und einen Brander, deren Flaggen
Raule selbst zur Auszeichnung dem Kurfürsten überbringen durfte.
Dann wieder bei der Belagerung von Stettin im Spätherbste
1677 genügten drei kleine brandenburgische Schiffe, um in vier-
stündigem Kampfe acht schwedische Schiffe zurückzuschlagen. Für
den Übergang nach Rügen indessen reichte, was Raule liefern
konnte, nicht aus: der Kurfürst sammelte dazu eine ganze Flotte
von 210 größeren und 140 kleineren Schiffen, deren Oberbefehl
er dem holländischen Admiral Tromp übertrug; aber das Feuer
der Kriegsschiffe deckte die Landung, die am 10./20. September
1678 mit erfolgreichster Kühnheit zugleich bei Altenfähr und auf
Wittow unternommen wurde. Endlich auch bei der Belagerung
von Greifswald und Stralsund schnitt die brandenburgische Flotte
den beiden Städten alle Zufuhr von der See her mit solchem
Erfolge ab, daß sie nach kurzer Belagerung die weiße Fahne
aussteckten. Die Folge war, daß der Kurfürst am 3. 13. Januar
1679 mit Raule einen Vertrag schloß, durch welchen er dessen
Flotte dauernd auf 6 Jahre in seinen Sold nahm. So hoch
schätzte er die Verfügung über eine stets kriegsbereite Flotte, daß
er das kaum erschwingbare Opfer auf sich nahm. Denn verlassen von allen seinen Bundesgenossen, stand er 1679 allein im
Kampfe gegen Schweden und Frankreich. An Verwendung für
die Schiffe fehlte es nicht: ein Teil blockierte die Küste des damals
schwedischen Livland, der andere nahm in der Nordsee die Schiffe

Frankreichs weg. Auch Hamburg mußte die neue brandenburgische Flotte empfinden. Es schuldete dem Kurfürsten Winterquartier= gelder noch aus dem Kriege her und nahm alle Mahnungen mit tauben Ohren auf; nachdem jedoch der rote Adler mehrere ham= burgische Kauffahrer aufgebracht hatte, entschlossen sich die hochmütigen Hansaherren sehr geschwind zur Zahlung ihrer Schulden.

Das hätte Spanien eine Warnung sein dürfen. Denn von den Subsidiengeldern, die es vertragsmäßig an den Großen Kur= fürsten zu zahlen hatte, schuldete es seit Jahren schon 1 800 000 Thaler (5 400 000 Mark) und suchte unter nichtigen Vorwänden seiner Verpflichtung sich zu entziehen. Mit schwerem Herzen hatte Kurfürst Friedrich Wilhelm am 29. Juni 1679 den ihm aufgezwungenen Frieden von St. Germain unterzeichnet, der zum drittenmal ihm Vorpommern entriß: aber wenigstens gegen Spanien hatte er dadurch freie Hand bekommen. Sechs Fregatten verließen den Hafen von Pillau; sie gingen durch den Sund. In Kopenhagen verursachte die stattliche brandenburgische Flotte „ein großes Aufsehen und Nachdenken". Auf der Reede von Ostende traf sie am 18. September 1680 ein reich beladenes und mit 28 Kanonen bewehrtes spanisches Schiff, die Fregatte „Carolus secundus". Nach leichtem Kampfe wurde es genommen und durch zwei der Fregatten nach Pillau gebracht, wo die Ver= steigerung der Ladung gegen 100 000 Thaler eintrug.

Infolge dieses Erfolges dehnte der Große Kurfürst den Miets= vertrag mit Raule auf eine noch größere Zahl von Schiffen aus; Raule wurde zum General=Direktor der Marine mit Oberstenrang ernannt, und der spanische Carolus als „Markgraf von Branden= burg" der brandenburgischen Flotte eingefügt, das erste Schiff, welches dem Kurfürsten eigentümlich gehörte. Die andern vier Fregatten kreuzten unterdes, nach der spanischen Silberflotte, die von Amerika her erwartet wurde, auspähend, bis nach West= indien hin. Zu ihrer Verstärkung wurde der Markgraf von Brandenburg mit zwei Rauleschen Fregatten unter Kapitän Alders ihnen nachgesandt. Alders kreuzte am Kap St. Vincent, als 14 Segel in der Ferne auftauchten. Er hielt sie für die spanischen Silbergalioten und griff sie unverzüglich an; aber nach zwei= stündigem Kampfe wurde er inne, daß er es mit der Kriegsflotte zu thun habe, welche Spanien gegen die Brandenburger auf=

geboten hatte. Kämpfend zog er sich daher, ohne verfolgt zu werden, in den Hafen von Lagos zurück.

Dreißig Schiffe bildeten im Jahre 1681 die brandenburgische Marine; aber nur ein Schiff derselben gehörte dem Kurfürsten; die übrigen waren Eigentum Raules oder seiner Geschäftsfreunde. Es lag in der Natur der Sache, daß die Mietsverträge doch manche Beschränkung in der Verwendung geboten: aber durch Ankauf der Schiffe sich von Raule unabhängig zu machen, fehlten dem Kurfürsten die Mittel. Erst am 1. Oktober 1684 machte er es möglich, von Raule 9 Kriegsschiffe mit zusammen 176 Kanonen für 109 340 Thaler zu kaufen. Mit Recht darf man daher diesen Tag den Geburtstag der brandenburgischen Flotte nennen.[1] Freilich waren inzwischen Umstände eingetreten, welche den Eigenbesitz ausreichender Kriegsschiffe nicht länger aufschiebbar erscheinen ließen.

Schon 1676 bei der ersten Zusammenkunft in Berlin hatte Raule dem Großen Kurfürsten den Vorschlag zur Entsendung einer Handelsexpedition nach Guinea gemacht. Zwei Jahre später im Feldlager vor Stralsund hatte er ihm den Plan einer Expedition nach Grönland zum Walfischfang dargelegt. Jetzt kam er auf diese Gedanken zurück und setzte wirklich die Entsendung von zwei bewaffneten Handelsschiffen nach Guinea ins Werk. Lediglich auf Kosten und Gefahr Raules und seiner Gesellschafter gingen im September 1680 das „Wappen von Kurbrandenburg" und der „Morian" von Pillau in See. Nur 80 Musketiere gab der Kurfürst zur Verteidigung ihnen mit und erlaubte ihnen, unter brandenburgischer Flagge zu segeln.

Ein widriges Geschick verfolgte die Expedition. Die Holländisch-Westindische Compagnie, von Handelsneid gestachelt, erdreistete sich, auf der Reede von Elmina in Guinea das Wappen von Kurbrandenburg wegzunehmen und den Kapitän nebst der ganzen Bemannung gefangen zu setzen. Infolgedessen beeilte sich der Morian, obgleich er erst einen geringen Teil seiner Ladung umgesetzt hatte, in die Heimat zurückzukehren. Nur die Abschließung eines Handelsvertrages mit drei Negerhäuptlingen in der Gegend des Kaps der Drei Spitzen unweit Axim war dem Kapitän Blonck gelungen.

---

[1] R. Schück, Brandenburg-Preußens Kolonial-Politik, I, 126.

Sofort beschwerte sich der Große Kurfürst über die Gewaltthat bei den Generalstaaten und verlangte für Raule vollen Schadenersatz. Allein Holland machte Ausflüchte, sodaß der Kurfürst schließlich auf Raules Vorschlag einging, durch Repressalien sich schadlos zu halten. Im November ging auch wirklich die Fregatte „Fuchs" von Pillau in See, um Jagd auf die Schiffe der Compagnie zu machen; allein schon im Kattegat erlitt sie Schiffbruch. Und den Gedanken an Repressalien ließ der Kurfürst, die Entschädigungsfrage vorschiebend, nunmehr fallen. Er hatte seine guten Gründe: er wollte die eben entstehende Koloniengründung durch Feindseligkeiten nicht gefährden.

Auf Grund des von Blonck abgeschlossenen Vertrages hatte sich die Brandenburgisch-Afrikanische Compagnie gebildet, durch den Erlaß des Kurfürsten vom 7./17. März 1682 ins Leben gerufen. Das erste Unternehmen derselben war die Entsendung der Schiffe „Kurprinz" und „Morian". Der Kurfürst, welcher selbst mit einer Einlage von 8000 Thalern Mitglied der Compagnie geworden war, gab der Expedition in der Person des Majors von der Gröben einen erfahrenen Berater und politischen Leiter mit.

Otto Friedrich von der Gröben war zu Pratten in Ermeland geboren. Erst 18 Jahr alt, war er nach Malta gegangen und hatte von da in achtjährigen Reisen Cypern, Palästina, Ägypten und auf der Rückreise auch Sardinien und Frankreich durchzogen. Die auf diesen Reisen gesammelten Kenntnisse und Erfahrungen hatten ihn dem Großen Kurfürsten empfohlen, sodaß ihn dieser als Kammerjunker an seinen Hof berief. Jetzt war sein Auftrag, den mit jenen drei Häuptlingen abgeschlossenen Vertrag zu erneuern, das Land in Besitz zu nehmen und durch die Erbauung eines Forts zu sichern. Zu diesem Zwecke wurden ihm 2 Ingenieure und 45 Soldaten beigegeben. An die Häuptlinge nahm er einen „mit vergüldeten Buchstaben" geschriebenen Brief des Kurfürsten mit, gerichtet an die „Groß Achtbahren und Edlen Cabisiere[1] auf der Guineischen Gold Küste zwischen Arim und Cabo tris Puntas. Herrn Pregate, Herrn Sophonie und Herrn Apamy, Unsere lieben Freunde", dazu das Porträt des Kurfürsten und außer anderen Geschenken je einen „silbernvergüldeten" Becher.

---

[1] Häuptlinge.

In den letzten Dezembertagen 1682 langte die Expedition an der Goldküste an und verständigte sich leicht mit Apany und den Erben der beiden andern inzwischen verstorbenen Häuptlinge. In Branntwein, worein Schießpulver gerührt war, tranken sie sich mit Gröben Treue, traten bereitwillig einen aus der Küste vorspringenden Berg Mamfro, der Gröben zur Anlage eines Forts geeignet erschien, mit der ganzen weiteren Umgebung ab und anerkannten gern die Schutzherrschaft Kurbrandenburgs. Damit war die erste brandenburgische Kolonie gegründet. „Den folgenden Tag, als den ersten Januarii Anno 1683", berichtet Gröben[1], „brachte Kapitän Voß (vom Kurprinzen) die große Churfürstlich Brandenburgische Flagge vom Schiffe, die ich mit Pancken und Schallmeyen auffgeholet, mit allen im Gewehr stehenden Soldaten empfangen und an einem hohen Flaggen= Stock anziehen lassen, dabei mit 5 scharffgeladenen Stücken das Neue Jahr geschossen, denen jedes Schiff mit 5 geantwortet, und ich wieder mit drey bedancket. Und weil Sr. Churfürstlichen Durchlaucht Rahme in aller Welt Groß ist, also nennete ich auch den Berg: den Großen Friedrichs=Berg."

Sofort begann nun der Bau der Feste, wenn auch zunächst nur aus Erde und Flechtwerk; 16 eiserne Kanonen bildeten die vorläufige Bewehrung. Denn Eile that not, da die Holländer von Elmina Einspruch gegen die brandenburgische Besitzergreifung erhoben und die Neger von Adom aufreizten. Aber Gröben, obgleich vom Fieber geschüttelt, war der Mann, der Gefahr zu begegnen. Zwar war ihm, wie er gesteht, nicht wohl zu Mute, als ihm der drohende Überfall der Neger von Adom gemeldet wurde, deren Tausenden er nur 50 Soldaten und Matrosen und 200 bewaffnete Schwarze entgegenzustellen hatte. „Des andern Tages", berichtet er[2], „höreten wir auch etliche 1000 Mann ein halb Viertel=Weges vor uns im Gebüsche stets mit ihren Mus= queten platzen. Wir hatten uns auch färtig gemacht, und unsere Stücke mit Kartätschen geladen. Da sich nun der Feind (wel= cher vielleicht gemeint, wir solten vor Schrecken lauffen) in stetem Feuer zu uns genahet, befahl ich mit einer sechs=Pfündigen

---

[1] O. F. von der Gröben, Guineische Reise-Beschreibung (Marienwerder 1694), S. 77, 78.

[2] Ebenda, S. 88.

Kugel unter sie zu schiessen, welche recht in den grössesten Hauffen geschlagen. Zugleich hatte der Krieg sein Ende (weil die Mohren nichts weniger, als das grobe Geschütz vertragen können): sie höreten auf zu schiessen, und liessen in aller Geschwindigkeit davon, denen unsere Schwartzen noch ein ziemliches Stücke Weges nachsetzeten.“

Gröben kehrte nun, nachdem er den Kapitän Blonck zum Kommandanten der Feste Groß-Friedrichsburg bestellt, auf dem

Groß-Friedrichsburg.

Morian in die Heimat zurück, wo er von dem Großen Kurfürsten mit hoher Auszeichnung aufgenommen wurde. Der Kurprinz segelte nach Westindien. Materialien zum regelrechten Ausbau des Forts waren von Königsberg nach Afrika schon unterwegs. Aus diesen wurde die Festung als ein regelmäßiges Viereck mit vier ganzen Bastionen erbaut. Der Hauptwall wurde aus behauenen Steinen aufgemauert und mit Kasematten für die Besatzung versehen. Auch die Hauptgebäude im Innern des Forts waren aus Haustein aufgeführt. Zweiunddreißig schwere Geschütze bildeten nun-

mehr die Armierung; die Besatzung betrug 4 Offiziere und
84 Mannschaften.

Seinen Schutzbrief, „Churfürstliche Protektion und Oktroy",
hatte der Kurfürst der Compagnie schon am 8./18. November
1682 erteilt. Sie schritt daher, nachdem die erste Erwerbung
angemessen gesichert war, zur Erweiterung ihres Gebietes, indem
sie ostwärts von Groß=Friedrichsburg, nachdem die Bewohner
von Accada sich am 24. Februar 1684 unter brandenburgischen
Schutz gestellt hatten, im Gebiete derselben das Fort „Dorotheen=
schanze" in Dreiecksform, aus drei halben unterwölbten Boll=
werken bestehend und mit 12 Geschützen armiert, anlegte. Ein
Jahr später stellten sich auch die Bewohner von Anta, in einer
Fehde mit Adom von ihren Schutzherren, den Holländern, im
Stiche gelassen, unter brandenburgische Schutzherrschaft. Zur
Sicherung dieses neuen Besitzes wurde das Fort Taccarary,
50 km östlich von Groß=Friedrichsburg, „eine kleine Redoute
mit Pallisaden umsetzet" gebaut und mit 12 Kanonen armiert.
Als es aber schon 1687 von den Holländern durch nächtlichen
Überfall weggenommen wurde, so wurde dafür zur Sicherung
einer Wasserstation für die Schiffe sowie der Landverbindung
zwischen Groß=Friedrichsburg und der 20 km von diesem ent=
fernten Dorotheenschanze bei dem Dorfe Taccrama auf der mit=
telsten Spitze des Vorgebirges der Drei Spitzen die „Loge" Sophia
Luise errichtet, ein Erdwerk mit 5 kleinen Geschützen armiert,
welches das zweistöckige, strohgedeckte Stationsgebäude schützte.

Einen empfindlichen Verlust erlitt diesen Gebietserweiterungen
gegenüber die Compagnie dadurch, daß im Januar 1685 auf
dem Gambia 5 französische Kriegsschiffe die Fregatte Morian mit
voller Ladung wegnahmen. Indes durch nachdrückliche diplo=
matische Verhandlungen erreichte der Kurfürst, daß, wie die
Holländer 1686 das „Wappen von Brandenburg" hatten heraus=
geben und Schadenersatz leisten müssen, so auch 1687 die Fran=
zosen sich zur Rückgabe des Morian und zur Bezahlung einer
angemessenen Entschädigung bequemten. Dennoch lehrten diese
Vorgänge die Notwendigkeit einer Umgestaltung der politischen
Stellung der Compagnie: 1686 übernahm der Große Kurfürst
die gesamten Besitzungen der Compagnie an der Goldküste als
Kronkolonie, sodaß fortan mit dem militärischen Schutze auch
die allgemeine Verwaltung in seiner Hand vereinigt war.

Gleich im Anfange der Unternehmungen hatte sich heraus=
gestellt, daß für die Compagnie der Seehandel und die Ver=
bindung mit dem Weltmeere von der Ostsee aus mit be=
sonderen Kosten und mancherlei Schwierigkeiten verknüpft war,
daß sie vielmehr für eine ersprießliche Entwickelung eines Nord=
seehafens unbedingt bedurfte. Der Große Kurfürst benutzte daher
die guten Beziehungen, in welchen er zu der ostfriesischen Stadt
Emden stand, der er in ihren Streitigkeiten mit der Fürstin
Christine Charlotte von Ostfriesland Schutz gewährte, um auf
Grund eines Vertrages mit der Stadt 1683 den Sitz der Com=
pagnie nach Emden zu verlegen. Er konnte dies um so eher
thun, als er im November 1682 „das Haus Greetsiel“, eine Burg
bei Emden, mit brandenburgischen Truppen besetzt hatte. Gern
traten die Emdener der Compagnie bei und überwiesen ihr das
Stadthaus als Magazin und eine Zimmerwerft. Zwar die
Fürstin protestierte gegen den Vertrag, aber der Kurfürst ließ
sich dadurch nicht irre machen, sondern strebte mit verdoppeltem
Eifer nach Erweiterung seiner kolonialen Unternehmungen. Er
traf Vorbereitungen, um eine „Ostindische“ Handelsgesellschaft
ins Leben zu rufen und eine Expedition nach China und Japan
auszurüsten.[1]

Auch auf den Handel nach Amerika richtete der Große Kur=
fürst sein Augenmerk. Dort eine Station zu erwerben, erschien
daher besonders wichtig. Zu diesem Zwecke machte er schon im
März 1684 dem Könige von Frankreich das Erbieten, ihm die
Insel St. Vincent oder St. Croix abzukaufen. Da indessen
Frankreich auf diesen Vorschlag nicht einging, so wurde Raule
nach Kopenhagen gesandt, um einen Kauf= oder Pachtvertrag
über die Insel St. Thomas mit dem Könige von Dänemark zu
vereinbaren. Er erreichte auch wirklich, daß Dänemark durch
Vertrag vom 24. November 1685 an die Brandenburgische Com=
pagnie eine Strecke Landes auf der Insel St. Thomas zur An=
lage einer Station abtrat: so viel unbebautes Land sollte die
Compagnie in Besitz nehmen dürfen, wie sie mit 200 Sklaven
zu bebauen imstande sein würde, darauf auch Wohn= und Pack=
häuser bauen und Handel treiben. Raule indessen war mit

---

[1] Brandenburg=Preußen auf der Westküste von Afrika. Verfaßt vom Großen
Generalstabe, Abteilung für Kriegsgeschichte. S. 27.

diesem Ergebnis nicht recht zufrieden gestellt: bei Königen und Prinzen etwas zu negotiieren, schrieb er an den Kurfürsten, ist „ganz mein Handwerk nicht".[1]

Viel bedeutender indes war die Erwerbung, welche der Große Kurfürst um dieselbe Zeit mit Arguin machte. An der Westküste von „Barbarien" erstreckte sich etwa vom 25° nördl. Br. bis zum Senegal das Land Argien. Eine Gruppe von acht Inseln, heute die Inseln von Arguin genannt, ist zwischen Kap Blanco und Kap Mirick (20° nördl. Br.) der Küste in einer weiten Meereseinbuchtung vorgelagert. Die größte dieser Inseln, 1½ Stunde lang und 1 Stunde breit, liegt 5 km vom Festlande entfernt; sie ist durchweg sandig und steinig und völlig unfruchtbar, aber seit alters als Stapelplatz für das arabische Gummi von Wichtigkeit für den Handel. Oft hatten die Herren der Insel gewechselt. Die Portugiesen hatten sie 1444 entdeckt und durch die Erbauung eines Forts an der Ostküste dem Festlande gegenüber den Besitz sich zu sichern gesucht. 1580 kam Arguin an die Spanier, denen es 1638 die Holländer abnahmen, um es 1678 an die französische Senegal=Compagnie zu verlieren. Diese indessen zerstörte das Fort, in welchem eine ausreichende Besatzung zu unterhalten es ihr an Mitteln fehlte, und gab die Besitzung auf, die demnach unter die eingeborenen maurischen Herrscher zurückkehrte.

Wiederum war es Raule, der im Februar 1684 die Aufmerksamkeit des Großen Kurfürsten auf dies gewissermaßen frei gewordene Land Argien lenkte. „Die Handlung ist allda", schreibt er[2], „in arabischem Gummi, Straußfedern, Ambre gris und Biebersteinen". Und der Kurfürst war alsbald bereit, im Verein mit Raule auf gemeinschaftliche Kosten eine Expedition nach Argien zu entsenden, um das Land in Besitz zu nehmen und einen Handelsverkehr einzuleiten. Allein der Morian wurde durch Schiffe der französischen Senegal=Compagnie gekapert. Doch ohne Verzug wurde an dessen Stelle die Fregatte „der Rote Löwe" ausgerüstet, welche denn auch unter dem Kapitän Cornelis Reers in den ersten Oktobertagen 1685 in Arguin anlangte.

Unverzüglich begab Reers sich an Land, ließ von den sich

[1] R. Schück, Brandenburg=Preußens Kolonialpolitik, I, 197.
[2] Ebenda, I, 345.

versammelnden „Mohren" sich Treue geloben und hißte am Abend
des 5. Oktober auf den Trümmern des Kastells die kurbranden-
burgische Flagge. Ein bei Arguin ankerndes Schiff der Holländisch-Westindischen Compagnie versuchte dies zu hindern; allein
Reers schoß ihm einige Kugeln durch die Takelage: worauf denn
der Holländer verschwand. Reers traf hierauf mit dem Sultan
des südlichen Argien Zijet Wilde Heddij ein vorläufiges Abkommen zur Erledigung seines Auftrages, welches am 20. Dezember 1687 durch einen förmlichen Vertrag ersetzt wurde. Kraft
desselben stellte der Sultan mit Land und Leuten sich unter den
Schutz Kurbrandenburgs, trat dem Kurfürsten des Kastell Arguin
ab und versprach, nur mit brandenburgischen Schiffen Handel zu
treiben. Die französische Senegal-Compagnie aber gedachte den
roten Adler Brandenburgs wieder aus Arguin zu vertreiben: sie
entsandte zwei Schiffe dorthin; als jedoch deren Kommandeur de
Montortier die Brandenburger schon gegen jeden Angriff wohl-
gerüstet fand, ließ er sie unbehelligt und segelte wieder von dannen.

Des wackeren Reers erste Sorge war natürlich gewesen,
das Kastell wieder aufzubauen, wobei ihn die maurischen Eingeborenen mit Eifer unterstützten. Das Kastell[1], aus Ziegel-
und Bruchsteinen wieder aufgebaut, lag an der Südostseite der
Insel, auf einem etwa 60 m hohen, steil abfallenden Felsen.
Die der Insel zugekehrte Front war an den Ecken mit zwei
Türmen besetzt. Die verbindende Courtine bildete einen etwas
einspringenden Winkel; das in ihrer Mitte liegende Thor wurde
durch einen Graben und durch ein kleines Mauerwerk geschützt.
Die anderen Seiten des Forts wurden vom Meere bespült; aber
nur an einer Stelle war das Wasser tief genug, daß Schiffe
von größerem Tiefgange dem Fort sich nähern konnten. Armiert
war es anfangs mit 20, später mit 30—40 Kanonen. Die
Regen des Juli und August füllten die beiden Cisternen im Fort,
deren Wasservorrat für das ganze Jahr reichte.

Auf der völlig unfruchtbaren Insel lebten etwa 300 Mauren,
die sich mühsam von Fischen, Schildkröten und Vögeln nährten.
Die Bewohner des benachbarten Festlandes waren Nomaden.

---

[1] Genaue Beschreibung in „Brandenburg-Preußen auf der Westküste von
Afrika. Verfaßt vom Großen Generalstabe, Abteilung für Kriegsgeschichte",
S. 47, 48.

Der Palast des Sultans von Nord-Argien, aus dessen Gebiete man besonders Gummi bezog, war „ein Zelt unter dem blauen Himmel", wechselnd, wie die Weideplätze seiner Herden wechselten. In steter Fehde mit ihm lebte der Sultan von Süd-Argien, dessen Gebiet besonders Straußenfedern lieferte. Beide indessen waren bestrebt, mit der brandenburgischen Besatzung im Kastell in guter Freundschaft zu leben.

Anfänglich war der Handelsverkehr in Arguin sehr lebhaft: man berechnete, daß er einen Nutzen von 100 Prozent abwarf. Als aber nach dem Tode des Großen Kurfürsten Brandenburg in die großen europäischen Kriege gegen Frankreich verwickelt wurde, bedrohte die französische Kaperei den brandenburgischen Handel allzu empfindlich; er versiegte, und die Besatzung von Arguin war mitunter jahrelang ohne jeden Verkehr mit der Heimat. Nirgends ließ sich auch nur ein Feind vor Arguin blicken: ein völlig idyllisches Dasein führten, während Europa vom Kriegslärm wiederhallte, die preußischen Soldaten in Arguin. Was denn von ihnen währenddessen getrieben sei, fragte man einen der später Zurückgekehrten. „Geschlafen", war die Antwort[1], „spazieren gegangen, einer den anderen angesehen, bisweilen gefischet und immer in guter Hoffnung gelebet, es würde ein Schiff mit rechter Ladung kommen."

Gerade diese Kriegsläufte, welche die ganze Kraft des kleinen Staates in Anspruch nahmen, machten es dem Nachfolger des Großen Kurfürsten schwer, die Kolonien zu erhalten, gegen welche fort und fort der Handelsneid der Holländischen und Französischen Compagnie gereizt blieb. Immerhin hat er noch manche Hülfe ihnen zu teil werden lassen; wie er es denn auch durchsetzte, daß die Holländer Taccarary wieder herausgeben mußten. Aber die rivalisierenden Mächte fingen die zur Unterstützung der Kolonien ausgesandten Schiffe weg, sodaß die brandenburgische Compagnie selbst in die größte Bedrängnis geriet. König Friedrich I. half dadurch, daß er die Gesellschaft für aufgelöst erklärte und selbst durch Manifest vom 2. Mai 1711 den Kolonialbesitz mit allen Rechten und Pflichten der aufgelösten Compagnie übernahm.

---

[1] Protokoll der Vernehmung des Unterkaufmanns Düring über Arguinsche Verhältnisse (abgedruckt in R. Schück, Brandenburg-Preußens Kolonial-Politik, II, 516), Frage 25.

Somit war denn die Entscheidung über das weitere Geschick der Kolonien ausschließlich in die Hand des Königs gelegt. Sollten sie aufrecht erhalten und wieder in Flor gebracht werden, so bedurfte es vor allem einer wehrkräftigen Kriegsflotte. Denn der spanische Erbfolgekrieg wie der nordische Krieg, in die Preußen hineingezogen war, warfen ihre tiefen Schatten auch auf Seefahrt und Handel Preußens. Der junge Preußenkönig aber, Friedrichs Nachfolger, der klar abwägende und praktische Friedrich Wilhelm I., hielt es für ersprießlicher, die Kräfte seines doch nur 2 Millionen Einwohner zählenden Landes auf die kräftige Durchführung des Landkrieges zu verwenden. Der Seemacht entsagte er und wendete sich damit auch von dem Kolonialbesitze ab: schon zwei Wochen nach seiner Thronbesteigung erklärte er seinem Gesandten in London, daß er den Wunsch hätte, die „auf der Küste von Guinea habende Forten auf Jemandt Anders gegen billige conditiones zu transferiren".

In der alten Widersacherin, der Holländisch-Westindischen Compagnie, fand sich endlich ein Käufer. Durch den Vertrag vom 18. Dezember 1717 verpflichtete sich diese, für die preußischen Besitzungen in Afrika 6000 Dukaten zu zahlen, und versprach außerdem dem Könige Friedrich Wilhelm noch 12 Negerknaben zu schenken, von denen 6 mit goldenen Ketten geschmückt sein sollten. Doch lag ihr ob, sich selbst binnen zwei Jahren in den Besitz der dortigen Forts zu setzen. Als ihr dies nicht gelang, trat der König ihr indes am 13. August 1720 endgültig die Forts ab.

Die Schwierigkeiten, welche die Holländische Compagnie fand, hatten ihre Ursache darin, daß der preußische Kommandant von Groß-Friedrichsburg, als er 1716 sich einschiffte, um von dem Könige persönlich die Mittel zur Behauptung der Feste zu erwirken, den Schutz der Kolonie dem Negerhäuptling Jan Cuny oder Conny anvertraute. Denn dieser hatte mit seinen Scharen schon wiederholt erfolgreich die Angriffe der holländischen Neger zurückgeschlagen und weigerte sich jetzt standhaft, das Fort den Holländern auszuliefern. Auf die Vorstellungen der Holländer hatte er nur die eine Antwort, daß der König von Preußen ihm das Fort übergeben habe, und daß er es nur in die Hände der Preußen zurückgeben würde. Bewaffnete Angriffe aber schlug er mit Erfolg zurück. Bis in das Jahr 1724 behauptete so Jan

Cuny sich im Besitze der Feste; erst da nötigte ihn die Erschöpfung der Verteidigungsmittel, sie aufzugeben und in die Landschaft Fantin sich zurückzuziehen.

Im Jahre 1884 besuchte die deutsche Korvette „Sophie" die Ruinen des Forts. Man fand noch sehr erhebliche, feste Mauerreste und in der Südostbastion, unter Schutt vergraben und von Schlingpflanzen überwuchert, 6 alte Geschützrohre, gußeiserne Kernrohre, mit eisernen Ringen umzogen.[1] Eines derselben hat in der Ruhmeshalle in Berlin den wohlverdienten Platz erhalten.

Auch Arguins Schicksal hatte inzwischen sich erfüllt: es war ja in den Verkaufsvertrag vom 18. Dezember 1717 eingeschlossen. Die französische Senegal-Compagnie glaubte jedoch, das Kastell vorweg in Anspruch nehmen zu dürfen. Allein der Kommandant Jan Wijnen weigerte sich mit unerschütterlicher Standhaftigkeit, es den Franzosen zu überantworten. Da erschienen diese im Februar 1722, um den festen Platz mit Gewalt einzunehmen. Wijnen hatte zwar nur 3 Europäer und 4 Neger als Garnison in dem Kastell: dennoch hielt er tapfer stand. Erst als die Brustwehr von den Mauern weggeschossen, das Geschütz demontiert, eine gangbare Bresche in die Mauer gelegt und überhaupt an Munition nur noch 10 Schuß „für jeden Schnapphahn" da waren, räumte er in der Stille den Platz. In der Nacht des 9. März stieg er mit seinen wenigen Getreuen über die Mauer in ein Boot und entkam zwischen den französischen Schiffen hindurch glücklich nach dem Festlande, mit dem Bewußtsein „nach bestem Vermögen im Dienste Sr. Majestät alles gethan zu haben, um den gelobten und treugemeinten Eid zu halten". Den Franzosen aber nahmen zwei Jahre später die Holländer auch Arguin ab, denen gegenüber sich der König, nachdem sie den Kaufpreis nachträglich noch um eine ihre Aktien, die einen Verkaufspreis von 1200 Dukaten ergab, erhöht hatten, durch Ordre vom 25. Oktober 1721 für vollständig befriedigt erklärt hatte.

Die preußische Besitzung auf St. Thomas endlich bot der König der Dänisch-Amerikanischen Compagnie zum Kaufe an. Überzeugt, daß ihnen dieselbe mit der Zeit von selbst zufallen

---

[1] Bericht des Korvettenkapitäns Stubenrauch, erstattet an den Chef der Kaiserlichen Admiralität, S. 5.

würde, lehnten die Dänen den Kauf ab. Indes der preußische „Direktor" der Niederlassung, Bourdeaux, weigerte sich, sie aufzugeben: die Pflicht gebiete ihm, erklärte er, so lange auf seinem Posten auszuharren, bis sein König ihn abriefe. König Friedrich Wilhelm erließ denn auch im Juli 1718 an ihn die Rückberufungsordre. Allein sie gelangte nicht in die Hände von Bourdeaux. So harrte denn unter vielfacher Bedrängnis der Alte Jahr um Jahr fest auf seinem Posten aus, bis die Dänen 1731 den preußischen Kolonialbesitz auf der Insel mit Beschlag belegten und öffentlich versteigerten.

Das war das Ende der genialen Schöpfung des Großen Kurfürsten. Dem Drang der Umstände, in engere Grenzen sich bescheidend, hatte sein Enkel nachgegeben. Zwar verlangte König Friedrich Wilhelm, daß in den Kaufvertrag mit der Holländischen Compagnie die Bestimmung aufgenommen würde, es solle Preußen freistehen, gegen Wiedererstattung der Kaufsumme die Forts in Afrika wieder einzulösen: er dachte an die Zukunft; aber die Holländer weigerten sich, die Beschränkung auf sich zu nehmen. So ist es denn erst seines Enkels Enkel gewesen, welcher, was die Ungunst der Zeit Preußen genommen, Deutschland wiedergegeben hat.

2. Die deutschen Kolonien.

„Seefahrt und Handlung sind die fürnehmsten Säulen eines Estats, wodurch die Unterthanen beides zu Wasser, als auch durch die Manufakturen zu Lande ihre Nahrung und Unterhalt erlangen." Dies Wort des Großen Kurfürsten aus dem Jahre 1684 hatte in zwei Jahrhunderten von seiner Wahrheit nichts eingebüßt. Aber die Grundlagen ihrer Förderung waren in zwei Jahrhunderten durchaus andere geworden. Die Aufrichtung des Deutschen Reiches hatte dem deutschen Volke einen gewaltigen nationalen Aufschwung gegeben, und mit der Kraft war ihm das Selbstvertrauen und die Unternehmungslust gewachsen. Der deutsche Handel hatte sich auch außerhalb Europas die weitesten Gebiete erschlossen; und mit der Errichtung einer preußischen Kriegsflotte hatte schon König Friedrich Wilhelm IV. einen viel verheißenden Anfang gemacht. König Wilhelm I. aber hatte mit weitschauendem Blicke deren Anfänge in großartiger Weise gefördert.

2*

Als eine Reichssache stellt die deutsche Reichsverfassung (Art. 4, Nr. 7) hin die „Organisation eines gemeinsamen Schutzes des deutschen Handels im Auslande, der deutschen Schiffahrt und ihrer Flagge zur See und Anordnung gemeinsamer konsularischer Vertretung". So ließ es sich denn die Reichsregierung angelegen sein, das Konsulatswesen sorgfältig zu organisieren, durch die Abschließung zahlreicher Handelsverträge in mannigfacher Richtung den deutschen Handel zu fördern, erweiterte Absatzgebiete ihm zu verschaffen und durch die Marine ihm Schutz zu gewähren. Aber der mehr und mehr sich vollziehende Übergang Deutschlands von einem ackerbauenden zu einem Industriestaate drängte zu einer Sicherung der erschlossenen Gebiete, um die Ausfuhr der Industrieerzeugnisse wie die Zufuhr der Rohmaterialien ohne störende Belästigungen oder Einengungen sicher zu stellen: wie eben nur der Besitz von Kolonien sie gewähren konnte.

So ist das Verlangen nach deutschen Kolonien aus dem Schoße des deutschen Volkes hervorgegangen. Welch' Wandel der Zeiten! Der Große Kurfürst hatte sich auf alle Weise bemüht, die Teilnahme seines Volkes für seine kolonialen Bestrebungen zu gewinnen: jetzt war es das Volk, welches danach rief; damals hatte in allem und jedem der Kurfürst sich an die Spitze gestellt: jetzt war die Meinung der Reichsregierung, dem Vorgehen des Kaufmanns nur mit Schutz und Aufsicht zu folgen; damals hatte es wohlarmierter „Fortenessen" und bewaffneter Handelsschiffe bedurft: jetzt war das Verlangen nach Schutzbriefen und Dampfer-Subventionen.

Zwar der erste Schritt, welchen das Reich auf der kolonialen Bahn that, schien erfolglos: der Reichstag lehnte 1880 die Übernahme von Garantien für den sehr gefährdeten Plantagenbesitz des Hamburger Handelshauses Godefroy auf den Samoa-Inseln ab. Indessen durch diesen Beschluß setzte er sich in Zwiespalt mit der öffentlichen Meinung; und die Aufregung, welche sich darüber erhob, bewirkte, daß in zahlreichen Orten sich Vereine bildeten zu dem Zwecke, das Interesse für deutschen Kolonialbesitz zu verbreiten und zu erwärmen und Verständnis für die Bedeutung eines solchen Besitzes in immer weiteren Kreisen zu erwecken. Die Wirkung dieser kolonialen Agitation zeigte sich zunächst, bevor sie noch in Deutschland eine greifbare Frucht ge-

zeitigt hatte, im Auslande: England, obgleich es mit Kolonial=
besitz schon übersättigt zu sein schien, geriet in Unruhe und voll=
zog verschiedentliche Besitzergreifungen, Italien hißte seine Flagge
am öden Gestade des Roten Meeres und Frankreich stürzte sich
in kolonialem Fieber in das die größten Opfer heischende Tong=
king=Unternehmen. Nur das Deutsche Reich blieb ruhig. In
einer Kommissionssitzung des Reichstages erklärte der Reichs=
kanzler, daß es für Deutschland nicht richtig sein würde, fremde
Landstriche — wie Frankreich vorging — zu occupieren, dort
künstlich eine deutsche Einwanderung hervorzurufen, ein solches
Gebiet von deutschen Beamten verwalten zu lassen und dort
Garnisonen zu errichten. Und in einer späteren Reichstags=
sitzung bestimmte er die Absicht der Reichsregierung dahin: die
Verantwortlichkeit für die materielle Entwickelung einer Kolonie,
ebenso wie ihr Entstehen der Thätigkeit und dem Unternehmungs=
geiste der seefahrenden und handeltreibenden Bürger zu über=
lassen und weniger in der Form der Annektierung von über=
seeischen Provinzen an das Deutsche Reich vorzugehen, als in
der Form der Gewährung von Freibriefen und den Interessenten
der Kolonie zugleich das Regieren derselben im wesentlichen zu
überlassen. Die Absicht sei nicht, Provinzen zu gründen, son=
dern kaufmännische Unternehmungen zu schützen in ihrer freien
Entwickelung, sowohl gegen die Angriffe aus ihrer unmittelbaren
Nachbarschaft, als auch gegen Bedrückung und Schädigung von
seiten anderer europäischer Mächte. Wenn das Reich sehe, daß
der Baum Wurzel schlage, wachse und gedeihe, und sein Schutz
angerufen werde, so stehe es ihm bei und könne diesen Beistand
rechtmäßig auch nicht versagen.

Nach diesen Grundsätzen, wenn sie auch bald für die Weiter=
entwickelung sich als nicht ausreichend erwiesen, hat das deutsche
Kolonialreich in Afrika und der Südsee sich aufgebaut.

Der Anfang war die Zusage des Reichsschutzes für die
Lüderitzschen Erwerbungen in Südwestafrika. Die Bremer Firma
F. A. E. Lüderitz hatte ein Schiff zu Handelszwecken nach der
Südwestküste Afrikas gesandt und dort von dem Hottentotten=
häuptlinge Joseph Frederick in Bethanien ein Gebiet von etwa
550 qkm an der Küste von Angra Pequena mit allen Hoheits=
rechten gekauft. Auf die Kunde davon erschien ein englisches
Kriegsschiff an der Küste, wurde aber durch die schon anwesende

deutsche „Carola" alsbald darüber aufgeklärt, daß es sich in deut=
schen Gewässern befände. Ein Sturm der Entrüstung brach darüber
in der Kapstadt aus, daß die Deutschen es gewagt, vor ihren
Thoren sich festzusetzen. Lüderitz indessen ließ sich dadurch nicht
beirren, sondern kaufte nun von den eingeborenen Häuptlingen
die ganze Küste vom Oranienflusse bis zum 26.° südl. Br. in einer
Breite von 150 km, von jedem Punkte der Küste an gerechnet,
und errichtete an der Bucht Angra Pequena wie auch weiter
landeinwärts Handelsniederlassungen. Mit um so größerer
Schärfe vertrat jetzt England die Meinung, daß es auf diese
Gebiete wegen der Nähe des Kaplandes mindestens einen „mo=
ralischen" Anspruch hätte. Indessen so unanfechtbar war der
Lüderitzsche Besitztitel, daß der Reichskanzler, allen haltlosen Ein=
reden zu begegnen, am 24. April 1884 dem deutschen Konsul in
der Kapstadt die Weisung erteilte, amtlich zu erklären, daß Lüderitz
und seine Niederlassungen unter dem Schutze des Deutschen
Reiches ständen.

Das erste deutsche Schutzgebiet war damit gewonnen. Am
7. August 1884 wurde in Angra Pequena unter Kanonensalut
an Bord der Korvetten „Elisabeth" und „Leipzig" die deutsche
Flagge gehißt. An demselben Tage proklamierte die Kapregierung
die Annexion der Walfischbai mit Umgebung, wo allein an der
Küste einige Engländer wohnten. Zwar hatte sie es auf die
ganze Küste nördlich vom 26. Breitengrade abgesehen: aber die
Deutschen kamen ihr hier mit der Besitzergreifung zuvor. Das
Kanonenboot „Wolf" hißte am 12. August die deutsche Flagge
in Sandfischhafen und dann auch bei Kap Kroß und Kap Frio.
Denn schon hatte der Häuptling Piet Heibib sein Küstengebiet
bis zum 22. Breitengrade abgetreten, um sich am 23. November
ganz unter die Schutzherrschaft des Deutschen Reiches zu stellen.
Als Nordgrenze des deutschen Gebietes wurde dann später durch
ein Abkommen mit Portugal der Cunene bestimmt in der Weise,
daß die Grenzlinie den Strom bei seinem zweiten Katarakt
verläßt, dann gerade ostwärts zum Cubango und von diesem
unter gleicher Breite zum Zambesi geht, den sie bei den Mololo=
fällen erreicht. Nur eine kurze Strecke begleitet sie den gewaltigen
Strom; denn schon bei der Einmündung des Tschobiflusses er=
reicht sie ihren östlichsten Punkt.

Unterdessen stellte auch von den Häuptlingen des Binnenlandes

einer nach dem andern sich unter die Oberhoheit des Deutschen
Reiches. Der berühmte Afrikareisende Gustav Nachtigal erschien
als Reichskommissar in Bethanien und schloß mit dem Häupt=
linge Joseph Frederick einen Schutz= und Freundschaftsvertrag
im Namen des Deutschen Reiches. Der Häuptling Manasse von
Hoachanas, dessen Gebiet vom Löwenflusse bis gegen den Oka=
wango und den Ngami=See sich erstreckte, bat selbst um das Protek=
torat des deutschen Kaisers. Auch die sogenannten Bastards in
Rehoboth suchten dessen Schutz zu gewinnen. Nur Maharero, der
Oberhäuptling der Ovaherero, in Okahandja zeigte sich anfangs
spröde; doch war auch mit ihm endlich am 21. Oktober 1885 ein
Schutzvertrag zum Abschlusse gebracht.

Damit war das deutsche Schutzgebiet, welches im Süden
vom Oranienflusse anhob, ostwärts bis zum 20.° östl. L., der Grenze
des von den Engländern beanspruchten Betschuanenlandes, aus=
gedehnt. Nördlich von Betschuanaland aber — dem 22. Breiten=
grade — griff es weit nach Osten über den Ngami=See in unbe=
stimmte Fernen, vielleicht bis gegen den 25. Längengrad, hinaus.
Die Unternehmung war indes über die Kräfte von Lüderitz
hinausgewachsen: er trat seine Erwerbungen und Rechte an die
„Deutsche Kolonialgesellschaft für Südwestafrika" ab, welche sich
lediglich die Ausbeutung des Landes zum Ziele setzte, die Aus=
übung der ihr angebotenen Hoheitsrechte aber ablehnte, sodaß
für diese von Reichs wegen ein Reichskommissar in Otjimbingue
bestellt wurde. Aus den Kreisen der Gesellschaft bildete sich nun=
mehr das „Südwestafrikanische Gold=Syndikat", welches die Ge=
winnung der in dem Lande vermuteten Schätze von Gold und
edeln Gesteinen sich zum Ziele setzte. Es entsendete zu dem Zwecke
eine von Dr. Gürich geleitete bergmännische Expedition, welche
auch das Vorkommen von Gold an verschiedenen Stellen be=
stätigte, aber über die Abbauwürdigkeit sich wenig ermutigend
aussprach.

Schon war die Kapkolonie im Begriffe, die ohne Hinterland
völlig wertlose Walfischbai aufzugeben, als das Bekanntwerden
von Goldfunden in dem deutschen Gebiete einen völligen Um=
schlag der Stimmung dort durch das Verlangen hervorrief, die
Deutschen um jeden Preis aus dem verheißungsvollen Lande zu
verdrängen. Unter diesen Umständen wurde es Robert Lewis,
einem Engländer, welcher sich jahrelang bei den Ovaherero auf=

gehalten hatte, leicht, in der Kapstadt eine Aktiengesellschaft zum
Zwecke der Erwerbung des Hererolandes ins Leben zu rufen.
Von dieser reichlich ausgestattet, legte er dem deutschen Reichskommissar die Abschrift einer angeblichen Konzessionsurkunde vor,
durch welche ihm der Oberhäuptling Maharero schon am 9. September 1885 das ausschließliche Recht auf Bergbau in seinem
Lande sollte verliehen haben. Maharero indes stellte in Abrede,
eine solche Konzession dem Lewis erteilt zu haben: nur in der
Ebony- und der Otavi-Mine habe er ihm das Schürfrecht gewährt. Gleichwohl besaß Lewis die Mittel, den Oberhäuptling
und eine Anzahl einflußreicher Ovaherero für seine Ziele zu gewinnen. In Okahandja fand am 30. Oktober 1888 eine Versammlung aller Beteiligten statt, auf welcher Lewis zu allgemeiner
Überraschung eine ebenfalls schon vom 9. September 1885 datierte
Vollmacht zum Vorschein brachte, durch welche er von Maharero
zur Ausübung aller Hoheitsrechte des Oberhäuptlings ermächtigt
sein und zugleich den Auftrag erhalten haben wollte, das Protektorat Englands über das Hereroland nachzusuchen. Maharero,
vom deutschen Reichskommissar auf der Stelle zur Rede gestellt,
versuchte Ausflüchte und verließ dann die erregte Versammlung:
worauf die anwesenden Ovaherero unter Führung von Lewis
sich von dem mit dem Deutschen Reiche geschlossenen Schutzvertrage lossagten und die dem Lewis erteilte General-Konzession
wie die Vollmacht zur Herbeiführung der englischen Schutzherrschaft als zu Recht bestehend anerkannten.

Infolge dieser Vorgänge nahmen die Ovaherero eine so feind-
selige Haltung gegen die Deutschen an, daß den deutschen Beamten
nichts anderes übrig blieb, als sich nach der Walfischbai zurück-
zuziehen, und auch die hier und da schürfenden Bergleute das
Hereroland verließen. Allmählich indessen trat ein Umschlag ein.
Mehrere Häuptlinge der Ovaherero, namentlich Manasse von
Omaruru, mißbilligten durchaus die Politik ihres Oberhäuptlings
und suchten das freundliche Verhältnis zu den Deutschen zu bewahren. Die Folge war, daß die deutschen Händler mit ihren
Lastwagen wieder nach Otjimbingue sich wagten und auch die
Bergleute von Rehoboth, wo sie Zuflucht gesucht, wieder zu ihren
Minen zurückkehrten. Eine Schutztruppe wurde eingerichtet und
nach Afrika gesandt: eine Maßregel, deren Gerücht schon aus-
reichte, um Lewis Hals über Kopf aus dem Lande zu jagen.

Mit der Entfernung des Hetzers aber stellte mehr und mehr auch die Beruhigung der Gemüter sich ein: die deutschen Beamten kehrten nach Otjimbingue zurück. Die Schutztruppe setzte tief im Binnenlande bei Tsaobis sich fest und deckte nicht bloß die stets reichstreuen Nama, sondern wirkte auch unmittelbar sehr ernüchternd auf die Stimmung der Ovaherero. Das machte denn doch auch den alten Maharero besorgt vor den Folgen seines Treubruchs: langsam versuchte er wieder einzulenken. Auch die letzte Hoffnung auf einen Rückhalt entzog ihm aber der Vertrag Deutschlands mit England vom 1. Juli 1890, durch welchen Deutschland sich zwar eine engere Ostgrenze seines Schutzgebietes gefallen ließ, dafür aber die offene Anerkennung seiner Ober= herrschaft über das ganze verbleibende Gebiet von seiten Eng= lands erhielt. Die durch diesen neuen Vertrag festgesetzte Grenz= linie folgt vom Oranienflusse bis zum 22. Breitengrade wie bis= her dem 20. Meridian, rückt aber dann auf dem 22. Breitengrade nur bis zum 21. Meridian nach Osten vor, folgt diesem nord= wärts bis zum 18. Breitengrade und wendet sich an diesem nach Osten bis zum Tschobi, dessen Lauf sie begleitet bis zur Ein= mündung des Flusses in den Sambesi. So reicht an der Nord= ostecke des Gebietes das deutsche Land nur mit einem schmalen Flügel (70—100 km breit) vom oberen Okavango bis zum Sambesi hinüber.

Die Gesamtausdehnung des deutschen südwestafrikanischen Gebietes beträgt etwa 800 000 qkm; die Zahl der Bewohner kann man auf 150 000 schätzen.

Der Generalkonsul Dr. Nachtigal konnte, als er in Bethanien erschien, um mit Joseph Frederich zu verhandeln, mit Genug= thuung schon auf weite Gebiete blicken, die er an der Sklaven= küste und an der Biafra=Bucht unter den Schutz des Deutschen Reiches gestellt hatte.

An der Sklavenküste hatten auf der Nehrung des Sees von Togo deutsche Handelshäuser Faktoreien angelegt, um Handel mit dem Binnenlande zu treiben; aber den Engländern war die Konkurrenz unbequem, sodaß sie sich nicht scheuten, die eingebore= nen Häuptlinge gegen die Deutschen anzuhetzen, um sie aus dem Lande zu vertreiben. Es drohten wiederholt Feindseligkeiten, bis die deutsche Korvette „Sophie" erschien und die allzu dreisten Häuptlinge in solchen Respekt versetzte, daß sie am 5. März 1884 den Schutz des Deutschen Reiches für sich und ihr Land erbaten. Indes Frankreich erhob Einspruch, indem es für sich die Schutz- herrschaft in Anspruch nahm. Und Firminger, der englische Kommissar in Quitta, wurde nicht müde, die Eingeborenen gegen die Deutschen aufzureizen; ja, schließlich befahl er ihnen, falls sie nicht ihr Land von England besetzt sehen wollten, die deutschen Kaufleute von der Küste zu vertreiben. In dieser Bedrängnis erschien Dr. Nachtigal als Reichskommissar an Bord des Kanonen- boots „Möve". Sofort schaffte er Wandel. Am 5. Juli wurde zu Bagida mit den Togo-Häuptlingen ein förmlicher Schutz- und Handelsvertrag abgeschlossen und an demselben Tage noch in Bagida die deutsche Flagge gehißt, am folgenden in Lome.

Auf der Stelle erschienen jetzt indes im Osten des Gebietes die Franzosen und zogen in Aneho (Klein-Popo) und Porto Seguro ihre Flagge auf, während Firminger den bei Azabo auf- gerichteten deutschen Grenzpfahl umwerfen und zertrümmern ließ. Im Jahre 1885 bequemten sich jedoch die Nachbarn zur Aner- kennung der deutschen Flaggenhissung; durch bestimmte Verträge wurden zugleich die Grenzen geregelt. Die Franzosen verein- barten mit Deutschland als Ostgrenze des deutschen Gebietes eine Linie, welche hart östlich von Aneho meridional bis zum 9.° nördl. Br. sich erstreckt, und zogen ihre Flaggen in Aneho und Porto Seguro wieder ein; mit England dagegen wurde hart westlich von Lome die Grenze nur auf eine geringe Strecke geregelt. Die weitere Grenze sollte nach dem im Juli 1887 getroffenen Ab- kommen alljährlich besichtigt und so weit nötig neu festgestellt werden. Erst am 1. Juli 1890 ist die deutsch-englische West- grenze von Togo dahin vereinbart worden, daß sie die Land- schaft Krepi in nordwestlicher Richtung durchschneidet und damit den Norden derselben mit dem bedeutenden Orte Kpandu zum deutschen Gebiete weist.

So ist zwar die Küstenlinie nur 52 km lang, aber land- einwärts entfaltet sich das deutsche Gebiet zu stetig wachsender Breite.

Der erste Schritt landeinwärts war, daß sich das große Fünfdorf Togo mit der ganzen Häuptlingsschaft unter den Schutz des Deutschen Reiches stellte. Diesem Beispiele folgten 1886 die Landschaften Kewe, Towe und Agotime, und 1887 wurde das ansehnliche Gebirge der Fetischberge überschritten, indem die Landschaften Agome, Agu und Gbele unter den Schutz des Reiches genommen wurden.

Von besonderer Wichtigkeit für die Befestigung wie für die Erweiterung der deutschen Herrschaft war 1888 die Anlage der Station Bismarckburg im Gebiete der Adeli. Denn von ihr aus wurden weitgreifende Verbindungen in den Sudan hinein angeknüpft und Verkehr mit der großen sudanesischen Handelsstadt Salaga eröffnet, welche durch ein Abkommen zwischen Deutschland und England einstweilen noch für neutral erklärt ist.

Das Fehlen einer Nordgrenze macht eine Abschätzung der Ausdehnung des Togo=Gebietes schwierig: ohne das Hinterland kann seine Größe etwa auf 20000 qkm mit 600000 Einwohnern angenommen werden.

Von Togo begab sich der Reichskommissar Nachtigal nach Kamerun: am 14. Juli 1884 hißte er die deutsche Flagge in Kamerun, am 21. Juli in Bimbia, am 23. Juli in Klein=Batanga, am 24. Juli in Plantation und Criby, am 27. Juli in Batta, am 30. Juli am Campoflusse, am 2. August am Benitoflusse. Auf den Einspruch des französischen Gouverneurs am Gabun zog er indessen die auf dem Südufer des Benitoflusses gehißte deutsche Flagge wieder ein. Gegen Ende des Monats kehrte er nun nach Kamerun zurück und hißte am 28. August auch in Hickorystadt die deutsche Flagge. Endlich am Anfange des Jahres 1885 begab er sich nach dem Kamerun=Gebirge, an dessen Abhängen er eine Reihe von Ortschaften vom 14. bis 17. Januar unter die deutsche Herrschaft stellte, während der Pole Rogozinski sich von dem englischen Städtchen Victoria aus bemühte, andere unter die Herrschaft Englands zu bringen.

Die Grundlage für diese umfassende Thätigkeit Nachtigals gaben die Verträge, durch welche die beiden Oberhäuptlinge der Dualla in Kamerun, Bell und Akwa, ihre Hoheitsrechte an die Hamburger Handelsfirmen C. F. Woermann und Jantzen und Thormählen abgetreten hatten. Nachdem indes die Flaggen= hissung geschehen, erklärten sich einige Häuptlinge mit dem Schritte der beiden Oberhäuptlinge nicht zufrieden, sagten sich, von Eng= ländern aufgestachelt, von der deutschen Oberherrschaft los und begannen gegen die Deutschen feindselig aufzutreten. Leben und Eigentum der Deutschen war auf das äußerste bedroht. Frech beschimpften die Aufrührer die deutsche Flagge. Da erschienen

unter dem Contre-Admiral Knorr die deutschen Korvetten „Bis=
marck" und „Olga" im Kamerunflusse: 330 Mann mit 4 Ge=
schützen gingen an Land und erstürmten zuerst auf dem rechten
Flußufer Hickorystadt, den Hauptsitz der Rebellen, dann auf dem
linken Ufer Joßstadt, deren Häuptling Elami Joß wenige Tage
zuvor die Stadt des deutschfreundlichen Oberhäuptlings Bell
niedergebrannt hatte.

Am Morgen dieses Tages (20. Dezember 1884) hatte sich
Elami Joß des Vertreters der Woermannschen Faktorei, Pantä=
nius, mit List bemächtigt. Als nun im Kampfe Calaba Joß,
einer der Joßhäuptlinge, fiel, ließ Elami den wehrlosen Deutschen
zum Flusse hinunterschleppen; durch einen Schuß in den Hinter=
kopf tötete er ihn und warf den Leichnam verächtlich ins Wasser.
Alsbald aber war von den Deutschen auch die Joßstadt erstürmt:
sie wurde in Brand gesteckt; der Häuptling war jedoch mit seinen
Spießgesellen in den Wald entkommen.

Am folgenden Tage trafen die Deutschen nirgends mehr auf
Widerstand. Selbst die Joßleute, welche tags vorher unter eng=
lischer Fahne gefochten hatten, waren verschwunden. Dennoch
hielt es der Admiral für angemessen, den Rebellen zum Abschiede
noch einen heilsamen Schrecken einzuflößen. Die Olga dampfte
am 22. Dezember den Fluß bis Hickorystadt hinauf und beschoß
mit ihrem schwersten Geschütze den Ort: auf die Eingeborenen
war der Eindruck überwältigend; den Manga Akwa, der die
deutsche Flagge beschimpft hatte, nahm die Korvette in Ketten
mit sich.

Mit Nachdruck war unter den Dualla die Autorität des
Deutschen Reiches aufgerichtet. Auch Elami Joß erlitt die wohl=
verdiente Strafe. Aber auch Feindseligkeiten gegen ihre Anhänger
unter den Dualla duldete das Deutsche Reich in keiner Weise.
Nganda, ein Oheim des den Deutschen stets treuen Oberhäupt=
lings Bell, war von Money, einem der Bimbia=Häuptlinge, er=
mordet worden. Infolgedessen fuhr das Kanonenboot „Cyklop"
nach Moneystadt in Bimbia, und der Häuptling erhielt den Be=
fehl, an Bord zu kommen. Er gab jedoch die höhnische Antwort,
man möge nur an Land kommen. Sein Wunsch wurde erfüllt:
freilich anders, als er dachte. Am nächsten Morgen (21. Februar
1886) wurde die Stadt beschossen und dann ein Truppencorps
gelandet, welches die ganze Moneystadt niederbrannte. Money

selbst wurde abgesetzt und ein Preis auf die Ergreifung des Flüchtigen gesetzt.

Aber auch sonst wurde mit Strenge gegen jede Mißachtung des Gesetzes eingeschritten. Die Dualla-Händler Etoka in Bonambasi und Singi in Tiko hatten Karawanen überfallen, welche Öl und Elfenbein ohne ihre Vermittelung direkt aus dem Binnenlande nach der Küste in die Faktoreien bringen wollten. Sie wurden dafür von dem deutschen Gouverneur jener zu 5000, dieser zu 2000 Mark Strafe verurteilt, weigerten sich aber, da sie weit entfernt von der Stadt Kamerun wohnten, die Buße zu entrichten. Indessen am 12. Juli 1887 wurden bewaffnete Boote von dem Kanonenboot „Habicht" nach Bonambasi den Wuri hinaufgesandt, welche, da Etoka sich schleunigst geflüchtet hatte, zum warnenden Exempel das ganze Dorf niederbrannten. Am andern Tage hatte das Dorf Tiko am Abo das gleiche Schicksal. Da bequemten sich denn die beiden Übelthäter, zu Kreuze zu kriechen und die ihnen auferlegte Buße wenigstens nach und nach abzuzahlen.

Den in Kamerun angesiedelten deutschen Handelshäusern war es von Reichs wegen freigegeben, sich zu einer Korporation zusammenzuthun, um die Landeshoheit auszuüben und die lokale Verwaltung zu führen. Allein ebenso wie es in Togo geschehen war, lehnten sie dies auch in Kamerun ab, sodaß dafür Reichsbeamte ernannt werden mußten. Kamerun trat damit wie Togo in die Stellung von Kronkolonien.

Die Regelung der Grenzen war durch Verträge mit den Nachbarstaaten schon 1885 erfolgt. England hatte die Flaggenhissungen, welche durch den Anglomanen Rogozinski im Kamerun-Gebirge erfolgt waren, nicht bestätigt; vielmehr trat es etwas später den am Fuße des Gebirges gelegenen Ort Victoria an Deutschland ab. Deutschland hinwiederum erklärte sich in dem Vertrage vom 2. Mai 1885 damit einverstanden, daß die deutsch-englische Grenze vom Rio del Rey nach Jbi am Benue gezogen würde, wodurch der ganze Unterlauf des mächtigen Stromes England zufiel; ja im folgenden Jahre bewilligte es England noch eine Verschiebung des Endpunktes der Grenzlinie von Jbi bis nach Jola, wodurch England noch ein Teil des westlichen Adamaua zugewiesen wurde. Auch zog Deutschland auf den Wunsch Englands seine an der Santa Lucia-Bai im Lande der Zulukaffern gehißte Flagge wieder ein.

Mit Frankreich wurde dann am 24. Dezember 1885 ein Abkommen über die Südgrenze von Kamerun dahin getroffen, daß Deutschland als solche sich den Camposluß gefallen ließ und den früher bis zum Benitoflusse erhobenen Ansprüchen entsagte.

Ein gewaltiges Gebiet in gesicherten Grenzen war dadurch für Deutschland gewonnen, etwa 300000 qkm groß mit mehr als einer halben Million Einwohner. Aber ein noch größeres Hinterland schloß sich dem an, tief in das centrale Afrika hineingreifend, so weit, kann man sagen, wie Deutschlands Kräfte reichen würden, es zu erfassen.

Indes wie eine starre Schranke legte sich vor dies Hinterland die Handelseifersucht der Küstenneger, welche den gewinnreichen Zwischenhandel sich nicht wollten entgehen lassen. So überfielen im südlichen Kamerun die Bakoko die Expedition des Hauptmanns Kund; und auch im nördlichen Kamerun verwehrten die Eingeborenen mit Schroffheit den Europäern jedes Vordringen. Dennoch ist mit der Gründung der Jeundo-Station auf der Hochfläche des centralen Afrika ein verheißungsvoller Ausgangspunkt für weitere Unternehmungen geschaffen worden; und Eugen Zintgraff ist es gelungen, von der Barombi-Station nordwärts bis zu den Bali vorzudringen und von der hier angelegten Bali-Station (6° 30' nördl. Br.) aus den Weg durch das westliche Adamaua bis nach Jola und auch wieder zurück zu finden. Jene Handelsschranken sind damit durchbrochen und Beziehungen zu den Völkern des Inneren angeknüpft, die nicht ohne reiche Frucht bleiben werden.

Durch den gleichen Vertrag mit Frankreich vom 24. Dezember 1885 verzichtete Deutschland auch auf die Schutzherrschaft über Kabitai. Hier an der Nordwestküste Afrikas zwischen den Flüssen Dubreka und Rio Pongo hatten mehrere deutsche Firmen, besonders Fr. Colin in Stuttgart, Handelsniederlassungen gegründet und selbst Vereinbarungen mit den eingeborenen Häuptlingen eingeleitet. Infolge derselben wurde durch den Kommandanten der Korvette „Ariadne" am 3. und 5. Januar 1885 an mehreren Punkten der Küste die deutsche Flagge gehißt und die Landschaft Kabitai mit Koba unter den Schutz des Deutschen Reiches gestellt. Allein Frankreich erhob, auf angeblich ältere Rechte sich berufend, Einspruch dagegen, und Deutschland, dies anerkennend, leistete in jenem Vertrage zu Gunsten Frankreichs Verzicht auf die neue Erwerbung.

Eine um so weiter gehende Aussicht eröffnete sich ihm dagegen in Ostafrika. Aus der kolonialen Bewegung, welche besonders seit der Ablehnung der Samoa-Vorlage durch den Reichstag hohe Wellen schlug, waren verschiedene Vereine zu kolonialen Zwecken hervorgegangen, deren bedeutendster der Deutsche Kolonial-Verein in Frankfurt am Main war. Schnell wuchs die Mitgliederzahl desselben so bedeutend, daß es zweckmäßig erschien, den Sitz des Vereins nach Berlin zu übertragen. In Berlin indes bestand schon seit dem 28. März 1884 die Gesellschaft für deutsche Kolonisation. Die Gleichartigkeit der Bestrebungen führte denn auch dazu, daß beide Vereine am 19. Dezember 1887 zu der Deutschen Kolonial-Gesellschaft sich vereinigten. Die jungen Leute, welche in der Gesellschaft für deutsche Kolonisation das treibende Element bildeten, drängten nach Thaten: sie waren es, welche, nachdem die anfänglichen Pläne in Südamerika, dann im portugiesischen Hinterlande bei Mossamedes deutsche Kolonien zu gründen, aufgegeben waren, in etwas abenteuerlicher Weise an der Ostküste Afrikas auftauchten und die Welt durch einen am 23. November 1884 mit dem Häuptlinge von Nguru abgeschlossenen Schutzvertrage überraschten. Schnell folgten diesem ersten Vertrage andere mit den Häuptlingen von Usegua, Ukami und Usagara; und schon am 27. Februar 1885 stellte ein Kaiserlicher Schutzbrief diese vier ostafrikanischen Landschaften unter den Schutz des Deutschen Reiches.

Auf dieser Grundlage bildete sich aus der Gesellschaft für deutsche Kolonisation als Kommandit-Gesellschaft (2. April 1885) die Deutsch-Ostafrikanische Gesellschaft, welche alsbald weit über das Schutzgebiet hinaus nach Norden bis zum Kilima-Ndscharo, nach Süden bis zum Rovuma Abtretungsverträge mit den Häuptlingen der Eingeborenen schloß und damit die deutsche Interessensphäre in Ostafrika bis zu der doppelten Größe Deutschlands ausdehnte. Am 21. März 1887 wurden der Gesellschaft Korporationsrechte verliehen, sodaß sie nunmehr die Verwaltung ihrer Gebiete mit Einschluß der Landeshoheit selbständig zu führen vermochte. Eine rege Thätigkeit wurde entfaltet, Stationen in großer Zahl angelegt, deren Gedeihen die Erwerbung geeigneter Ausfuhrhäfen zur Notwendigkeit machte. Auch Kaiser Wilhelm I.

trat nach dem Beispiele seines großen Ahnen mit einer bedeuten=
den Summe dem aussichtsvollen Unternehmen bei.

Schwierigkeiten indes bereitete der Sultan von Sansibar,
dessen Unabhängigkeit auf dem englisch=französischen Abkommen
vom 10. März 1862 beruhte. Er weigerte sich, die Erwerbungen
der Gesellschaft anzuerkennen, ließ in ihren Gebieten seine Flagge
aufziehen und drohte mit militärischen Gewaltmaßregeln. Da
erschien denn ein deutsches Geschwader vor Sansibar: jetzt fügte
sich der störrische Sultan, nahm seinen Protest zurück und be=
willigte auch der Gesellschaft die Benutzung des Hafens Dar=es=
Salaam.

Durch den mit England am 1. November 1886 abgeschlosse=
nen Vertrag ward nunmehr dem deutschen Gebiete eine feste
Nordgrenze gegeben. Diese sollte von der Mündung des Flusses
Umba in gerader Richtung nach dem Dschipe=See laufen, dann
entlang an dem Ost= und Nordufer dieses Sees durch die Land=
schaften Taweta und Dschagga um den Nordabhang des Kilima=
Ndscharo herumgeführt und von dort in gerader Richtung bis
zu demjenigen Punkte am Ostufer des Victoria=Sees gezogen
werden, welchen der 1.° südl. Br. trifft.

Dem Sultan von Sansibar, der auf dem Festlande niemals
mehr als einige befestigte Plätze besessen hatte, wurde das ganze
Küstengelände in 10 Seemeilen Breite von Kipini im Witulande
bis zur Tungibucht am Kap Delgado zugesprochen. Er trat
dieser Bestimmung am 4. Dezember 1886 bei und willigte auch
in die vorgesehene Verpachtung der Zollstätten Dar=es=Salaam
und Pangani an die Deutschen.

Ein Abkommen mit Portugal regelte am 30. Dezember 1886
auch die Südgrenze des deutschen Gebietes. Die Grenzlinie sollte
den Rovuma von seiner Mündung bis zum Einflusse des Msindsche
begleiten und dann auf dem gleichen Breitenparallel westwärts
bis zum Ostufer des Njassa=Sees verlaufen.

Eine Westgrenze wurde der deutschen Interessensphäre nicht
gegeben: als die naturgemäße sah man in Deutschland den Tan=
ganjika=See an.

Unterdessen hatten sich neben der Deutsch=Ostafrikanischen
Gesellschaft 1886 die Deutsch=Ostafrikanische Plantagen=Gesellschaft
gebildet, welche auf der Insel Sansibar wie auf dem Festlande
Plantagen erwarb und mancherlei andere Unternehmungen ein=

leitete. Neben diesen friedlichen, wohlgedeihenden Bestrebungen
kam aber die Deutsch-Ostafrikanische Gesellschaft mit ihrem viel
weiter blickenden Programm bald in Schwierigkeiten. Die Ab-
tretung jener beiden Zollstätten auf dem Festlande erwies sich
als unzureichend und unzweckmäßig. Die Gesellschaft schloß daher
am 28. April 1888 mit dem Sultan einen Vertrag dahin ab,
daß ihr die ganze Verwaltung der Mrima (des Küstengebietes)
vom Umba bis zum Rovuma mit Einschluß der Zollerhebung
vom 16. August 1888 an auf 50 Jahre gegen eine Entschädigung
an den Sultan übertragen wurde. Der Sultan übernahm dabei
die Verpflichtung (Artikel I.), „der Gesellschaft mit seiner ganzen
Autorität und Macht zu helfen und beizustehen, damit die ge-
währten Rechte und Gewalten sichergestellt werden". Aber reichte
dazu des Sultans Macht auch wirklich aus?

Unmutig hatten die Araber längst auf alle diese Umgestaltun-
gen der Dinge in Ostafrika geschaut; als aber nun in Bagamoio
5 und in jedem anderen Hafen der Mrima 2 Beamte der Gesellschaft die Verwaltung und Zollerhebung übernahmen und dem
bisherigen Raub- und Bestechungssysteme der Zollbeamten ein
Ende bereiteten, und als neben der Sultansflagge diejenige der
Gesellschaft an den Zollstätten aufgezogen wurde, da schlug das
Grollen in Empörung um. Zu ihrem Anführer beriefen die
Aufständischen Buschiri, einen Händler von Pangani, der seit
langen Jahren mit dem Sultan von Sansibar verfeindet war.
Sie ermutigte überdies der Thronwechsel in Sansibar, wo auf
den klugen und energischen Seyid Bargasch gerade jetzt sein
schwachmütiger Bruder Seyid Chalifa gefolgt war.

Buschiri ben Salim war ein alter, etwas beleibter Araber,
in seiner Art ein Lebemann, der sich stets sehr gut kleidete, aber
zielbewußt und nicht ohne Energie. „Unsere Handelsinteressen",
sagte[1] er zu Dr. Hans Meyer, „werden durch das Eindringen
der Europäer aufs schwerste gestört und geschädigt, und gegen
solche Schädigung wehren wir uns. Vom Sultan von Sansibar
haben wir keinen Beistand zu erwarten, da er das ostafrikanische
Land an die Wadatschi (Deutschen) verraten hat. Die Wadatschi
haben an der Küste von den Zöllen Besitz genommen und wollen
die Herren sein. Aber doch sind sie überall nur einzelne wenige

---

[1] Verhandlungen der Gesellschaft für Erdkunde zu Berlin, 1889, S. 89.

und haben keine Macht von Bewaffneten. Die Inder fürchten
so ungewisse Zustände und geben uns keine Vorschüsse mehr.
Was aber sollen wir Araber ohne Vorschüsse beginnen? Wie
können wir ohne dieselben Karawanen ausrüsten? Es hilft uns
niemand. Darum helfen wir uns selbst. Ich, Buschiri ben Salim,
bin seit 18 Jahren nicht nach Sansibar gekommen, weil ich mich
mit dem früheren Sultan überworfen hatte. Deshalb haben
mich die Unzufriedenen jetzt zu ihrem Führer gemacht, und ich
werde den Europäern zeigen, daß ich eine eiserne Faust habe.“

Am 22. September 1888 erschienen denn auch die aufständischen Araber mit bewaffneten Negerscharen vor Bagamoio,
dem Hauptplatze der Deutschen. Bezirkschef war hier der Freiherr von Gravenreuth, dem es mit Hülfe der Mannschaften,
welche die Kreuzerfregatte „Leipzig“ an Land setzte, gelang, die
Angreifer aus der Stadt hinauszuwerfen und durch einen ver-
wegenen Vorstoß selbst über den Kingani zurückzutreiben. Auch
Dar-es-Salaam behauptete sich kraft des großen Ansehens, welches der Bezirkschef Leue auch bei den Arabern genoß. Dagegen
fielen rasch hintereinander die übrigen Hafenplätze in die Hände
der Aufständischen, sodaß die deutschen Beamten flüchten mußten.
In Kilwa fand während des Kampfes gegen die Übermächtigen
der eine der beiden Beamten, Krieger, den Tod, worauf sich der
andere, Hessel, da sich ihm nirgend eine Rettung bot, um nicht
lebend den Feinden in die Hände zu fallen, selbst erschoß. Völlig
unfähig zeigte sich der Sultan, den übernommenen Verpflichtungen
nachzukommen: zu Anfang Oktober war die ganze Mrima mit
alleiniger Ausnahme von Bagamoio und Dar-es-Salaam in der
Gewalt der Aufständischen. Die deutschen Beamten waren ver-
trieben, alle deutschen Pflanzungen zerstört[1], die Verträge zer-
rissen; das Ansehen des deutschen Namens war tief herabgewürdigt.

Mit dem Aufstande der Araber verknüpfte sich die Bewegung
gegen den Sklavenhandel, dessen Belebung durch den Aufstand
zu erwarten stand. Deutschland und England trafen das Abkommen, wie einer Einfuhr von Waffen in Ostafrika, so einer
Ausfuhr von Sklaven durch eine Küstenblockade zu wehren. Von
der Mündung des Tana bis zu der des Rovuma kreuzten die

---

[1] Dennoch sind auf den folgenden Blättern die wichtigsten derselben an-
geführt, da ihr baldiger Wiederaufbau nunmehr außer Zweifel steht.

Kriegsschiffe: 1500 Schiffe wurden angehalten und durchsucht, 3 davon, weil mit Sklaven beladen, durch die Deutschen aufgebracht und den befreiten Sklaven in Dar-es-Salaam Unterkunft gegeben.

Nur durch seine Flotte behauptete Deutschland sich noch in Ostafrika. Nur durch die Unterstützung der Kriegsschiffe vermochte Bagamoio den immer wieder anstürmenden Aufständischen zu widerstehen; und ohne Bagamoio war auch Dar-es-Salaam nicht zu halten. Sofort aber gewannen die Dinge ein anderes Antlitz, als der deutsche Reichstag am 30. Januar 1889 „für Maßregeln zur Unterdrückung des Sklavenhandels und zum Schutze der deutschen Interessen in Ostafrika" 2 Millionen Mark bewilligte. Die Ausführung solcher Maßregeln wurden dem Hauptmann von Wißmann als Reichskommissar übertragen, unter dessen Aufsicht auch die Deutsch-Ostafrikanische Gesellschaft und deren Beamte gestellt waren.

Hermann von Wißmann, 1853 zu Frankfurt an der Oder geboren, wurde, als Lieutenant im mecklenburgischen Infanterie-Regiment Nr. 89, nachdem er durch eifrige Studien sich dazu vorgebildet hatte, 1880 ausersehen, Pogge auf dessen Forschungsreise in Afrika zu begleiten. Zusammen mit diesem durchzog er bis Njangwe am Kongo bisher unerforschte Länder. Von dort kehrte Pogge zur Westküste zurück, Wißmann aber zog ostwärts weiter: der erste Deutsche, welcher Afrika in seiner ganzen Breite durchzogen, der erste Reisende überhaupt, dem dies in westöstlicher Fahrt gelungen ist. Ein Jahr nach seiner Rückkehr ging er 1883 zum zweitenmal nach Afrika, um an der Erforschung des südlichen Kongobeckens teilzunehmen. Auch jetzt zog er nach Osten weiter und durchschnitt zum zweitenmal Afrika von der Mündung des Kongo bis zu der des Sambesi. So brachte er eine Fülle von Erfahrung, wie kein anderer, zu der Aufgabe mit, die ihm beschieden sein sollte mit glänzendem Erfolge zu lösen.

In Ägypten warb Wißmann gediente Soldaten aus dem Sudan, aus Südafrika ließ er unbändige, aber tapfere Zulukaffern kommen: so bildete er seine „Reichstruppe", der deutsche Offiziere und Unteroffiziere festen inneren Halt gaben. Von Sieg zu Siege führte er sie, sobald er nur den Boden Afrikas betreten hatte.

6 km von Bagamoio hatte Buschiri ein befestigtes Lager

3*

errichtet, von dem aus er in wiederholten Angriffen unter steter
Beunruhigung die beiden letzten Plätze der Deutschen zu erobern
suchte. Tapfer erwehrten sie sich, von der Flotte unterstützt, der
an Zahl weit überlegenen Feinde.   Mit vorsorglicher Umsicht
traf Wißmann, sobald er in Bagamoio seine Truppe (730 Mann
schwarze Truppen mit dem Mausergewehr bewaffnet, 200 irreguläre
Wanjamuesi mit Vorderladern bewaffnet, geführt von 20 Deutschen, und außerdem ein geschlossener Trupp von 40 Deutschen)
vereinigt hatte, seine Vorbereitungen; dann rückte er, von 200
Marine-Soldaten unterstützt, am 8. Mai 1889 gegen Buschiri
vor und eroberte dessen festverschanztes Lager mit Sturm. Das
war ein schwerer Schlag für die Araber: aber Buschiri selbst war
entkommen.

Wißmanns nächstes Ziel war Saadani, dessen Wali Bana
Heri ein Haupt der Aufständischen war.   Durch Sturm wurde
die Stadt genommen und in Brand gesteckt.   Dann folgte er zu
Schiffe Bana Heri, der sich auf dem Landwege nach Uwindji
zurückgezogen hatte, und erstürmte den Ort.   Am 8. Juli wurde
Pangani angegriffen.   Bei Ras Kikogwe auf dem Südufer des
Flusses landete Wißmann; mit Sturm wurde die Feste Ras
Muhesa genommen und ein anderes Landungscorps den Fluß
hinaufgesandt, sodaß jetzt schleunigst alle Einwohner die Stadt
verließen.   Zwei Tage später erschien Wißmann in der Tangabucht; unter dem Feuer der Araber landete er und nahm die
Stadt Tanga mit Sturm.   Die nördliche Küste hatte Wißmann
dem Einflusse der Aufständischen entrissen: der erste Teil seiner
Aufgabe war gelöst.

Buschiri hatte nach seiner Niederlage sich tief in das Binnen-
land zurückgezogen.   In der Nacht des 28. Juni überfiel er die
Station Mpuapua der Deutsch-Ostafrikanischen Gesellschaft, welche
von den beiden Beamten derselben, Giese und Nielsen, verwaltet
wurde.   Nielsen fand dabei seinen Tod: mit eigner Hand schnitt
Buschiri ihm den Hals ab; Giese vermochte zu entkommen.
Mpuapua, 400 km von Bagamoio entfernt, ist ein sehr wichtiger
Knotenpunkt der Karawanenstraßen aus dem Innern nach der
Küste.   Unmöglich konnte Wißmann ihn in den Händen der Aufständischen lassen.   Mit 500 Soldaten und 300 Trägern, begleitet von 1000 Wanjamuesi, welche die Gelegenheit benutzten,
um sicher in ihre ferne Heimat zurückzukehren, trat er den weiten

Marsch nach Usagara an.   Mit Freuden begrüßten ihn allerorten, der arabischen Herrschaft längst müde, die Eingeborenen;
Buschiri aber wich ihm nach Süden aus. Wißmann legte daher
zur Sicherung des Platzes ein kleines Fort an und kehrte dann
zur Küste zurück.   Da ereilte den Buschiri sein Schicksal. Nachdem er vergeblich Bagamoio zu überfallen versucht, aber bei
Dunda am 17. Oktober mit großem Verluste zurückgeschlagen
war, begab er sich auf seine Schamba bei Pangani.   Dort fing
ihn Dr. Schmidt und ließ ihn standrechtlich erschießen.   Bana
Heri, der frühere Wali von Saadani, wurde jetzt das Haupt des
Aufstandes; aber bei Mlembule, 12 km von Saadani, schlug ihn
der allenthalben gegenwärtige Wißmann am 4. Januar 1890
aufs Haupt, sodaß Bana Heri sich nur durch eilige Flucht zu
retten vermochte.

Unter dem Eindrucke dieser Ereignisse erließ der Sultan von
Sansibar die Verfügung, daß alle seit dem 1. November 1889
in sein Land eingeführten Sklaven frei sein sollten; wie denn
auch schon seit dem 1. Oktober die Seeblockade wieder auf-
gehoben war.

So blieb denn Wißmann nur noch die letzte Aufgabe: die
Unterwerfung der südlichen Küste.   Unterstützt von der Flotte,
landete er am 2. Mai 1890 in Kilwa Kisiwani und marschierte
zu Lande gegen Kilwa Kivindje: aber der Feind hatte während
der Nacht die Stadt flüchtig geräumt.   Bei Lindi dagegen fand
Wißmann Widerstand; doch besetzte er die Stadt und schlug alle
Angriffe der Aufständischen auf dieselbe so erfolgreich zurück, daß
sofort sämtliche Araber der Umgegend ihm ihre Unterwerfung
anzeigten.   Nun wartete auch Mikindani den Angriff nicht erst
ab, sondern sandte den zu Schiffe nahenden Deutschen gleich Boote
mit weißen Flaggen entgegen.   In 11 Tagen war die Unterwerfung der ganzen Küste vollendet, sodaß Wißmann nunmehr
wieder nordwärts gegen Saadani fuhr, wo ein neuer Herd des
Aufstandes sich zu bilden schien.   Allein Bana Heri sandte zum
Zeichen der völligen Unterwerfung Wißmann sein Schwert:
nirgends stand mehr ein Araber gegen die Deutschen; der Aufstand war völlig gebrochen.

Aber nur durch das thatkräftige Eingreifen der Reichsregierung war dies Resultat erreicht worden: jetzt erst war wirklich Ostafrika den Deutschen eröffnet worden, durch das schneidend

scharfe Schwert des Reichskommissars, nicht durch den kolonisa=
torischen Thatendurst einiger junger Leute. Die Stellung der
Deutsch=Ostafrikanischen Gesellschaft, welche seit dem 23. Mai 1889
in eine reichsrechtliche Korporation umgewandelt worden war,
ist damit durchaus eine andere geworden: von einer Ausübung
der Landeshoheit kann füglich ferner nicht die Rede sein.

Eine zweifellose Förderung der Entwickelung von Deutsch=
Ostafrika brachte das deutsch=englische Abkommen vom 1. Juli
1890 dadurch, daß es die Erwerbung des ganzen bisher sansi=
barischen Küstengeländes von Wanga bis Tunghi nebst der Insel
Mafia für Deutschland in sichere Erwartung stellte. Freilich be=
stimmte es dafür den Übergang des ganzen übrigen sansibarischen
Inselgebietes in das Protektorat Englands. Indessen wenn jetzt
auch der gesamte ostafrikanische Handel in Sansibar seinen leben=
digen Mittelpunkt hat, so braucht darum der Hoffnung noch nicht
entsagt zu werden, daß dagegen mit Hülfe geeigneter Dampfer=
verbindungen es nicht gelingen sollte, in Mafia und den Küsten=
plätzen ein wirksames Gegengewicht zu schaffen.

Auch im Nordwesten und Südwesten gab dies Abkommen
dem deutschen Interessengebiete klare Grenzen: England beschied
sich, seinem Verlangen nach dem Besitze des zwischen den drei
großen Binnenseen gelegenen Geländes entsagend, den Tanga=
njika als die Westgrenze des deutschen Gebietes anzuerkennen;
vervollständigt wurde diese Grenze im Süden durch eine Linie,
welche von der Mündung des Songwe im Westen des Njassa=Sees
bis zur Mündung des Kilambo im Süden des Tanganjika führt,
im Norden durch eine Linie, welche längs des 1.° südl. Br. vom
Westufer des Victoria=Sees bis zur Grenze des Kongostaates (30°
östl. L.) zieht, aber den 3000 m hohen Gebirgsstock des Mfumbiro
südlich umgeht. Dadurch gewinnt Deutsch=Ostafrika eine Aus=
dehnung von mehr als 1 Million qkm, den Umfang des Deutschen
Reiches um das Doppelte übertreffend; die Bevölkerung des Ge=
bietes kann dabei auf etwa eine Million geschätzt werden.

Durch die ganze Breite des Gebietes der Englisch=Ost=
afrikanischen Gesellschaft von dem deutschen Ostafrika getrennt,
liegt das Ländchen Witu, dessen Herrscher, durch den mächtigeren
Sultan von Sansibar vielfach eingeengt und bedrängt, schon
1867 durch den Afrika=Reisenden Richard Brenner ein Gesuch
um Schutz und Freundschaft an König Wilhelm I. von Preußen

richtete. Die damaligen politischen Verhältnisse Deutschlands
verwehrten es Preußen darauf einzugehen. Nachdem jedoch die
Brüder Clemens und Gustav Denhardt das Wituland erforscht
und ein Gebiet von 1400 qkm in demselben erworben hatten,
wurde das wiederholte Gesuch des Fürsten angenommen und
Wituland am 27. Mai 1885 unter den Schutz des Deutschen
Reiches gestellt. Es wurde jetzt die Deutsche Witugesellschaft
gebildet, welche die Denhardtschen Erwerbungen kaufte, Plan=
tagen anlegte und besonders auch die Entwickelung der Handels=
verhältnisse ins Auge faßte. Zwar bestand die Gefahr, daß das
Wituland durch eine weitere Ausbreitung der englischen Gesell=
schaft zu einer bloßen Enclave im englischen Gebiete werden
könnte; dem wurde indes dadurch begegnet, daß das Deutsche
Reich, auf Verträge mit mehreren Somali=Fürsten aus den Jahren
1885 und 1886 sich stützend, am 22. Oktober 1889 das Küsten=
gebiet zwischen der Nordgrenze von Witu und der Südgrenze
der dem Sultan von Sansibar gehörigen Station von Kismaju
unter deutschen Schutz stellte. Allein schon im nächsten Jahre
führten die Verhandlungen mit England dazu, daß Deutschland
in dem Abkommen vom 1. Juli 1890 seine Schutzherrschaft über
Witu und das Somaliland England übertrug.

Eine erst werdende Kolonie dagegen ist Deutsch=Pondoland,
weit im Süden an der afrikanischen Ostküste gelegen. Hier hat
die Deutsche Pondoland=Gesellschaft von dem Häuptlinge der
unabhängigen Amapondo, Umquikela, durch Vertrag vom 25. Juni
1885 ein Gebiet von mehr als 150000 ha erworben: eine Ab=
tretung, welche der Häuptling Usigkao, Umquikelas Sohn und
Nachfolger, am 10. März 1888 bestätigt hat. Mehrere deutsche
Stationen schon sind in dem an Hochwald reichen Gebiete ge=
gründet worden, dem nur die Schutzerklärung des deutschen
Kaisers noch fehlt, um in frischem Gedeihen sich hier im Kaffern=
lande zu entwickeln.

Früher indessen, als auf alle diese afrikanischen Gebiete hatte
das Deutsche Reich auf die Südsee=Inseln ein aufmerksames
Auge gerichtet; denn bei dem mächtigen Aufblühen des deutschen
Südseehandels waren hier die belangreichsten Interessen zu ver=
treten. Daher wurde schon 1876 ein Vertrag mit Tonga ge=
schlossen, welcher der deutschen Flotte eine günstige Kohlenstation
erwarb; auf den Marschall=Inseln wurde der Hafen Jaluit ge=

wonnen; die großen Häfen von Makáda und Mioko (Duke of
York-Inseln) wurden angekauft; Saluafata auf Upolu wurde zur
Flottenstation eingerichtet; Handelsverträge wurden mit Hawaii,
Huahine und Samoa geschlossen, auf Samoa wurde ein Reichs-
konsul angestellt und die Kriegsschiffe besuchten, die deutschen
Interessen wahrzunehmen, in regelmäßigen Fahrten die Inseln
der Südsee. Da war es dann nur, wenn auch der Reichstag
1880 die Samoa-Vorlage abgelehnt hatte, ein naheliegender
Schritt, daß ein Konsortium deutscher Handelshäuser unter dem
Vorsitze des Herrn von Hansemann zu dem Zwecke sich bildete,
um immer weitere Gebiete in der Südsee der deutschen Betrieb-
samkeit zu erschließen. Im Auftrage desselben untersuchte der
bekannte Reisende Otto Finsch auf der „Samoa“ in wiederholten
Fahrten die Küsten von Neu-Britannien, Neu-Irland und Neu-
Guinea, erwarb große Landstrecken und knüpfte mit den Eingeborenen Beziehungen an. Daraufhin erschienen dann die
deutschen Kriegsschiffe „Hyäne“ und „Elisabeth“ und hißten an
zahlreichen Stellen der Inselküsten die deutsche Flagge.

Dies schnelle Vorgehen rief in Australien eine hochgradige
Erregung hervor, durch die gedrängt England ebenfalls auf
Neu-Guinea seine Flagge aufzog. Doch verständigten sich die
beiden wetteifernden Mächte bald dahin, daß, nachdem Holland
die Westhälfte der großen Insel für sich in Anspruch genommen,
sie die Osthälfte unter sich teilten: Deutschland nahm den Norden,
England den Süden; die Grenzlinie sollte auf der Südostseite
Neu-Guineas am Mitre-Felsen (8° südl. Br.) beginnen, dann dem
8.° südl. Br. westwärts bis zum 147.° östl. L. folgen, von dort in
nordwestlicher Richtung dem Schneidepunkte des 144.° östl. L. und
des 6.° südl. Br. und weiter in westnordwestlicher Richtung dem
Schneidepunkte des 141.° östl. L. und des 5.° südl. Br. zustreben und
endlich auf dem 141. Längengrade nordwärts wieder das Meer
erreichen. Auch die vor dieser Küste liegenden Inseln sowie der
sogenannte Archipel von Neu-Britannien fielen an Deutschland.

Über dies ganze Gebiet nun wurde der Neu-Guinea-Compagnie, welche aus jenem Konsortium sich herausgebildet hatte,
am 17. Mai 1885 ein kaiserlicher Schutzbrief erteilt und zugleich
gestattet, dem deutschen Neu-Guinea den Namen „Kaiser Wilhelmsland“, der Neu-Britannischen Inselgruppe den Namen „Bismarck-
Archipel“ zu geben. Desgleichen genehmigte der Kaiser am

30. November 1885, die Insel Neu=Britannien „Neu=Pommern",
Neu=Irland „Neu=Mecklenburg", die Duke of York=Gruppe „Neu=
Lauenburg=Gruppe" und den Mont Beautemps=Beaupré auf Neu=
Pommern „Varzin=Berg" zu nennen. Endlich wurde der Neu=
Guinea=Compagnie am 13. November 1886 auch für die nörd=
lichen Salomons=Inseln (3 größere und 8 kleinere), welche nach
jenem Abkommen Deutschland zugefallen waren, ein kaiserlicher
Schutzbrief erteilt. Auch die Landeshoheit war in ihrem Gebiete
der Gesellschaft zugesprochen; doch verzichtete sie am 17. Mai 1889
darauf, sodaß dieselbe durch Reichsbeamte geübt wird, die daraus
entstehenden Kosten jedoch die Gesellschaft zu tragen hat.

Das Gebiet der Neu=Guinea=Compagnie kommt fast der Hälfte
der Ausdehnung des Deutschen Reiches gleich, denn Kaiser Wil=
helmsland umfaßt 179000 qkm, die 200 Inseln des Bismarck=
Archipels 52000 qkm, die deutschen Salomons=Inseln 18000 qkm
oder etwas darüber. Die Zahl der Bewohner kann geschätzt
werden für Kaiser Wilhelmsland auf 110000, für den Bismarck=
Archipel auf 190000, für die Salomons=Inseln auf 80000.

Jenes deutsch=englische Abkommen sprach auch die fernen
Inselgruppen der Karolinen und der Marschall=Inseln dem deut=
schen Interessengebiete zu. Sobald nun aber auf den Karolinen die
deutsche Flagge gehißt wurde, erhob Spanien mit leidenschaftlicher
Heftigkeit dagegen Einspruch. Wohl hatten Spanier einst die
Inselgruppe entdeckt, aber seit Jahrhunderten besaß Spanien auf
ihr kein Hoheitszeichen mehr. Dennoch war Deutschland bereit,
die Entscheidung der Besitzfrage einem unparteiischen Schieds=
richter zu überweisen und schlug selbst als solchen den Papst vor.
Sein Schiedsspruch fiel für Spanien.

Dadurch war die Besitzergreifung der Marschall=Inseln etwas
verzögert worden, obgleich die auf den Inseln angesessenen
deutschen Handelshäuser wiederholt schon um die Besitzergreifung
gebeten hatten. Endlich, am 13. Oktober 1885 traf das Kanonen=
boot „Nautilus" vor der Insel Jaluit ein, mit deren Häuptling
Deutschland schon 1878 einen Freundschaftsvertrag geschlossen
hatte. Die Häuptlinge erschienen an Bord und unterzeichneten
am 15. Oktober einen Vertrag, kraft dessen die Marschall=Inseln
mit den benachbarten ganz kleinen Gruppen der Brown= und Pro=
vidence=Inseln sich unter den Schutz des Deutschen Reiches stellten,
worauf denn am Lande die feierliche Flaggenhissung stattfand.

Auch auf mehreren der anderen Inseln wurde in den folgenden Tagen die deutsche Flagge aufgezogen.

Hauptsächlich auf das Betreiben des großen auf den Inseln angesessenen Handelshauses Hernsheim u. Co. bildete sich zur Förderung des Handels und des Plantagenbaues am 31. Dezember 1887 die „Deutsche Jaluit=Gesellschaft". Die Verwaltung des Gebietes aber mit Einschluß der Landeshoheit wird von Reichs= beamten wahrgenommen; die Kosten der Verwaltung trägt jedoch lediglich die Gesellschaft.

Der Umfang dieses kleinsten deutschen Schutzgebietes beträgt nur etwa 550 qkm, soviel wie das Gebiet der beiden freien Städte Lübeck und Bremen; die Bevölkerung aber ist ziemlich dicht: sie kann auf mehr als 10000 Köpfe angenommen werden.

So hatte Deutschland dank seines raschen und energischen Vor= gehens in wenig Jahren ein Kolonialreich von mehr als 2 Millio= nen qkm Ausdehnung, das Mutterland um das Vierfache an Größe übertreffend, gewonnen. Freilich war es dabei nicht ohne die Verletzung mancher Ansprüche abgegangen; aber stets erwies sich das Deutsche Reich zu einem billigen Ausgleiche im Interesse der Sicherung des Gewonnenen bereit. Hauptsächlich indes war die sogenannte Kongo=Akte diesem Zwecke zu dienen bestimmt. In Varzin, seiner pommerschen Herrschaft, hatte der Reichskanzler Fürst Bismarck mit dem französischen Botschafter in Berlin, Baron Courcel, im voraus sich verständigt: dann luden zum Er= staunen Europas die beiden alten Gegner Deutschland und Frank= reich alle seefahrenden Nationen Europas und die Vereinigten Staaten von Amerika zu einer Konferenz in Berlin ein, um der Konkurrenz aller in Afrika durch gemeinschaftliche Beratung be= stimmte Wege zu weisen und Reibungen und Zusammenstößen von vornherein vorzubeugen. In 38 Artikeln wurde das Er= gebnis dieser Beratung niedergelegt. Diese General=Akte, am 28. Februar 1885 unterzeichnet, stellt die Bedingungen für die Gültigkeit von Besitzergreifungen in Afrika fest und giebt bin= dende Normen für die Verwaltung der in Afrika besetzten Gebiete.

Der Ausbau und die stetig geförderte Verstärkung der Flotte, welche schon bei der Gründung der Kolonien die rühmlichsten Verdienste sich erworben, diente in hervorragendem Maße auch der Sicherung derselben, während eine wesentliche Förderung des überseeischen Handels die Einrichtung deutscher Postdampferlinien

mit Staatsunterſtützung brachte.   Unbillig wäre es, hier nicht
auch der Förderung zu gedenken, welche durch die Miſſion den
Kolonien zu teil wird.   Mit aufopferungsvollem Wetteifer haben
ihrer erhabenen Aufgabe in den Kolonialgebieten die evangeliſchen
wie die katholiſchen Miſſionen ſich hingegeben, und dies mit um
ſo größerem Erfolge, je ernſter ſie auf Glaubenspredigt, Seel=
ſorge und Unterricht ſich beſchränkten.

Mit Befriedigung aber erkennen wir, daß die Reichsregierung
über ihre anfängliche Abſicht des bloßen Handelsſchutzes ſchon
weit hinausgegangen iſt, indem ſie der Kultivation der Kolonien,
welche nicht wie der Handel den ſofortigen, ſondern den dauern=
den Vorteil erſtrebt, ſich zugewandt hat.   Es gilt den Induſtrie=
produkten des Mutterlandes einen ſicheren Markt zu verſchaffen; es
gilt für die heimiſche Induſtrie billiges Rohmaterial zu gewinnen;
es gilt der ſtetig anwachſenden Bevölkerung Deutſchlands, die
jetzt noch für Kolonialwaren etwa 600 Millionen Mark an das
Ausland zahlt, billige Nahrungs= und Genußmittel zu verſchaffen.
Und wer kann ſchließlich verkennen, wie ſchon jetzt unter der
deutſchen Schutzherrſchaft auch die ſocialen Verhältniſſe der Ein=
geborenen unſerer Kolonien eine ſegensreiche Förderung zu er=
fahren anfangen?

Zweites Kapitel.

Kamerun.

---

1. Das Deltaland.

Ein mächtiges Felsenthor thut sich auf, den Eingang in die Biafra-Bai bietend. Rechts erhebt sich 3000 m hoch der schön geformte Pic von Fernando Poo, zur Linken aber steigt fast unmittelbar aus den blauen Meeresfluten noch um 1000 m höher die höchste Erhebung an der ganzen atlantischen Küste, der „Donnerersberg", wie ihn die Eingeborenen nennen, das gewaltige Kamerun-Gebirge, empor. Ein dunkler grüner Teppich von Urwald umkleidet seinen Anstieg, wechselndes Gewölk umlagert die Mitte, und über demselben türmt sich das kahle Schlackengestein des Gipfels, nur selten einmal auf kurze Zeit von Schnee überdeckt, himmelanstrebend in den tiefblauen Äther auf. Flaches, sumpfiges Küstenland lagert ostwärts dem Fuße des Riesen sich vor, bis 8 km breit die Einfahrt in den Kamerunfluß sich öffnet.

Aber schon lange vorher hat er sich angekündigt, indem er das Meerwasser trübte und ihm eine ins Gelbliche überspielende Farbe verlieh. Ja, gegen das Ende der Regenzeit spült er Baumstämme mit voller Belaubung, selbst kleine Inselfetzen mit aller Vegetation darauf weit ins Meer hinaus. Zwischen dem Kap Kamerun und der Swellabaspitze breitet sich die Mündung.

Das Kap Kamerun ist weiter nichts als eine stumpfe Ecke des niedrigen, ganz mit Mangroven überwachsenen Schwemmlandes. In der Swellabaspitze dagegen endigt die langgestreckte

Halbinsel Swellaba, ein Dünenrest der alten Küstenumrandung
des Erdteils, an welchen erst sehr viel weiter zurück sich
Schwemmland mit den unvermeidlichen Mangroven angesetzt hat.
An einer breiten Einbuchtung der weiß schimmernden Sand-
düne liegt eine Gruppe kleiner, freundlicher Häuschen; das ist
„Kaiser Wilhelms-Bad". Seebäder das ganze Jahr hindurch
und die regelmäßige kühlende Seebrise erfrischen die Badegäste,
an denen es aus Kamerunstadt niemals fehlt. Dicht hinter den
Häusern beginnt der die Halbinsel bedeckende Urwald, welcher
aber weit hinein durch Promenadenwege in der üppigen Wildnis, durch die Anlage von Aussichtspunkten und Ruheplätzen in
einen Park verwandelt ist. Selbst ein kleiner Gemüsegarten ist
angelegt, in dem im Schatten von Bananen und Palmen Ra-
dieschen und Mohrrüben gezogen werden. Freilich kommen
nachts nicht selten Pinselohrschweine herbei und durchwühlen
den Boden; oder gar ein wilder Elefant gräbt dürstend in dem
Boden nach Wasser, bis das Getöse die Schläfer weckt.

Fast unabsehbar wie ein Meer breitet hinter Swellaba der
Kamerunfluß sich aus. Freilich ist er in Wahrheit kein Fluß,
auch nicht ein Ästuar, wie man wohl gemeint hat, dem Rio de
la Plata vergleichbar, sondern er ist seiner Anlage nach ein
Haff, in welches von allen Richtungen her ansehnliche Ströme —
wie von Norden der Mungo, von Nordosten der Wuri mit dem
Abo, von Süden der Kwakwa — sich ergießen. Am offenen
Ocean nun türmt sich das Basaltmassiv des Kamerun-Gebirges
auf. „Nach Nord und Nordost zu, ins Innere, setzen sich die
Basalte noch lange fort; wo sie aufhören, ist nicht bekannt. An
das Massiv schließen sich dann die Hügelländer des Mungo und
des Abo an, die sich über den Wuri hin, nach Süden zu, immer
mehr verflachen. Der Katarakt des Mungo tost herab über
Klippen und Blöcke eines schönen Granits mit rosenfarbigem
Feldspat. Auf dem Granit liegen weiße bis rötliche Sandsteine
und auf diesen folgt dann der Laterit, die überall wieder zu
findende rote afrikanische Erde."[1] Der Laterit bezeichnet demnach die alte Landgrenze; sie liegt im Westen bei dem Markt
Mbinga, im Osten bei Kamerunstadt. Den gewaltigen Halbkreis dazwischen erfüllte vorzeiten das Haff; aber die hinein-

---

[1] Max Buchner, Kamerun. Skizzen und Betrachtungen, S. 5.

mündenden Flüsse haben ihre Senkstoffe hineingetragen und aus
diesen allmählich weit ausgedehnte Deltainseln aufgebaut, die
das Haff längst bis auf die Flußrinnen ausfüllen würden, wenn
nicht das Meer entgegenwirkte. Denn die gewaltig eindrängende
Flut hat die Flußmündungen in dem weichen Schwemmlande
trompetenartig ausgespült, während die zurückreißende Ebbe die
Senkstoffe in den Ocean hinausträgt. So ist die Mitte des
Haffs frei geblieben und die Deltabildungen sind auf die stilleren Gebiete je zwischen den Flußmündungen eingeschränkt worden.
Aber die unablässige Arbeit der Flüsse wird dermaleinst den
Sieg davontragen; denn schon jetzt durchziehen zahllose Schlamm-
bänke und Untiefen das noch freie Wasser, den Schiffen schmale
Fahrrinnen auch in dem offenen Wasser anweisend. Große Panzer-
schiffe müssen daher bald hinter dem Mündungs=Tief, bei der
sogenannten „Barre“ festlegen; die Postdampfer jedoch und die
gewöhnlichen Handelsschiffe mit geringerem Tiefgang vermögen
das Haff zu überschreiten.

Dies Gegeneinanderwirken von Meer und Flüssen hat dem
Kamerunhaff die ausgezackte Gestalt eines Ahornblattes gegeben,
dessen Spitzen auf die Flußmündungen hinweisen, während die
Deltagebilde mit abgespülten, daher abgerundeten Rändern ent-
gegenstehen. Nur an einer Stelle in der Umrahmung des ganzen
Haffs hat überhaupt kein Schwemmland sich ansetzen können:
wo in geradem Ansturm gegen den Wuri die oceanische Flut
hinauffegt und mit kräftigem Gefälle mit der zurückreißenden
Ebbe der Strom hinabfegt. Nur hier tritt also mit hoher
Böschung der Laterit unmittelbar an das Wasser heran, zur
Linken der Wurimündung — an dem mittelsten Zipfel des Ahornblattes: die einzige Stelle an dem Haffe, wo demnach die Gründung einer größeren Siedelung möglich war. Und hier ist's
denn auch, wo Kamerunstadt liegt. Indem aber die hier fort-
gespülten Senkstoffe nach der andern Seite des Wuri abgedrängt wurden, ist dort die Mündung des Mungo durch Deltagebilde ganz verbaut und aus ihrer Richtung völlig abgedrängt
worden.

Menschenleer und öde erscheint daher die weite Lagune.
Alles Schwemmland ringsum — mehr als 2000 qkm — bedeckt ein lichter Wald von Mangroven, die auf ihren Wurzel-
ständern wie auf Stelzen in dem sumpfigen Boden stehen; unter

ihnen läßt das brackige Wasser, das den Grund durchzieht, keinen
andern Pflanzenwuchs aufkommen, sodaß diese graugrüne Waldung höchst dürftig und einförmig erscheint. Nur wenn sich
einmal das Land über die Fluthhöhe aus dem Brackwasser erhebt,
siedelt am Ufer entlang der stachlichte Pandanus sich an, dessen
schilfförmige, scharfzähnige Blätter in einer Spirale um den
Stamm geordnet sind.

Die einzige Staffage, welche die öde Landschaft erhält,
sind See- und Sumpfvögel, die hier und dort in Gruppen sich
sammeln. „Schlangenhalsvögel streichen durch die Luft; Peli-
kane und Flamingos trocknen ihr
Gefieder auf den Sandbänken.
In sich versunken, die Augen
unverwandt auf die Wasserfläche
gerichtet nach echter Anglerweise,
stehen, auf Fische lauernd, im
seichten Wasser graue und weiße
Reiher. In den stillen Ufer-
buchten liegen Scharen von Enten. Der Schattenvogel oder
Hammerkopf, eine charakteristische Erscheinung der Mangrove-
wälder Westafrikas, steht träu-
merisch auf trockenen Baumwipfeln, und der schneeweiße
Geierseeadler schwebt über den
Wolken, während auf niedrigen
Zweigen der Mangrove blau-
schimmernde Eisvögel in be-

Schattenvogel.

schaulicher Selbstversunkenheit hocken und aus einem Pandanus-
gebüsch die drosselartigen Stimmen einiger Haarvögel erschallen.
Plötzlich schweigen die Vögel, leichten Fluges verläßt der Schattenvogel seinen erhabenen Standort, eiligst flüchten die Enten in das
schützende Ufergestrüpp, vorsichtig lugt der Eisvogel unter dem
deckenden Blätterwerk hervor, der Reiher reckt seinen langen
Hals und streckt den spitzen Schnabel in die Luft. Mit gewaltigen Flügelschlägen erscheint über dem Wasser der Schopf-
adler. Wehe dem sorglosen Geschöpfe, das dieser gewaltige
Räuber überrascht: blitzschnell schießt er herab, mit unfehlbarer

Sicherheit stößt er auf sein Opfer und erdrosselt es in den starken Fängen."[1]

Über zwei Stunden schon hat die Fahrt von der Swellaba-Nehrung her gedauert, da rücken plötzlich die Ufer bis auf 5 oder 6 km aneinander heran: wir sind in die Wuri-Mündung ein-gebogen. Eine kurze Strecke haben wir Schwemmland und Mangroven rechts, Schwemmland und Mangroven links. Aber dann sehen wir merklich das Ufer zur Rechten sich erheben, helle Häuser blinken uns von der Höhe entgegen, deutlich er-

Die alte Woermannsche Faktorei in Kamerun.

kennen wir auf der Höhe die deutsche Flagge: noch eine halbe Stunde, und wir sind in Kamerun, der Stadt, angelangt.

Die Stadt Kamerun besteht aus drei von einander sehr verschiedenen Teilen. Die Unterstadt erstreckt sich unten am Flusse entlang; bei der Flut tritt das Wasser fast bis an die Gebäude heran, aber bei Ebbe wird vor diesen ein breiter Mo-raststreifen frei, der in der Glut der tropischen Sonne gar üble Düfte entsendet. Hier liegen die Faktoreien der europäischen Kaufleute, eine lange Reihe niedriger, aber geräumiger Gebäude, ein jedes von Hof und Garten umgeben. Bis vor kurzem noch waren die Warenlager in Hulks untergebracht, alten abgetafel-

---

[1] Anton Reichenow, Die deutsche Kolonie Kamerun, S. 5.

ten Seeschiffen, deren Masten gekappt und deren Verdecke mit
grauen, struppigen Palmstrohdächern überdacht waren. Immer
standen die alten Seeinvaliden an ihren Ankerketten gegen den
Strom: bei der Flut, als verlangten sie hinauszusteuern, bis
nach sechs Stunden die Ebbe sie herumdrehte, als langten sie
eben erst an.

Am schlammigen Ufer treiben dunkelbraune Negerbuben ihr
munteres Spiel. In Gruppen stehen Erwachsene zusammen,
Dualla, die aus der Oberstadt herabgekommen sind, um in den
Faktoreien einzukaufen oder dem Schiffstreiben zuzuschauen.
Reinlich gewaschen und mit Palmöl eingerieben, um die Hüften
ein dunkles Tuch geschlagen, das bis zu den Knien herabreicht,
an den Handgelenken breite, gelblich schimmernde Elfenbeinmanschetten, um den Hals eine Perlenschnur, im Gesichte einige
blaue Tättowierungen, die kurzgeschorenen Haare meist sorgsam
gescheitelt, einen dunkeln europäischen Regenschirm über das
Haupt sich haltend: so stehen sie da voller Selbstbewußtsein.
Denn als Gentlemen betrachten sie sich, für die sich grobe Arbeit nicht zieme. Vielmehr liegt die Arbeit in den Faktoreien
und auf den Schiffen ausschließlich den Kruburschen ob, wackeren, fleißigen Gesellen, ohne die in Kamerun nicht vorwärts zu
kommen wäre. Diese Kruburschen stammen meistens aus der
Gegend des Kap Palmas, in dessen Nähe der Stamm der
Kraoh wohnt, nach dem sie ihren Namen tragen. Sie verdingen sich auf ein, höchstens zwei Jahre gegen einen Monats-
lohn von 80 Mark (in Waren). Ihrer 16 in der Regel stellen
sich unter einen Hauptmann, der beim Bootfahren das Steuer
führt. Sie sind sehr kräftig gebaut und, obgleich ihre regelmäßige Nahrung nur aus Reis und Salzfischen besteht, bei der
Arbeit unermüdlich. Da ihre einheimischen Namen — wie
Numne, Móagi, Kudda — dem Europäer unbequem sind, so
pflegen sie für ihre Mietszeit sich europäische Namen beizulegen:
Bismarck ist sehr beliebt, aber auch Papagei und Esel kommt
vor. Bei jeder Arbeit, ob sie nun die schweren Palmölfässer an
den Strand rollen oder ein Boot rudern, immer summen sie
ihre kurzstrophigen eintönigen Gesänge vor sich hin; und wenn
sie abends nach der Arbeit beim Sternenscheine sich zum Tanze
scharen, singen sie von ihrer Heimat, von ihren Bergen, von
dem Dörfchen am Meere, in das sie bald reich und welterfahren

zurückkehren werden. Den Weißen preist im Takt der Ruder-
schläge ihr Lied, wenn sie im Boot ihn rudern, eines guten
Trinkgelds gewärtig.

Etwa 10 m hoch erhebt sich mit rotbraunem Hang die
Lateritplatte, welche die Oberstadt trägt, über den Fluß. Üppige
Schlingpflanzen mit bunten Blumen und feingefiederte Farn-
kräuter überkleiden die steile Böschung, die nur hier und da einmal die Farbe des Erdreichs erkennen läßt. Gleich am Rande
steigt der stattliche Steinbau des Missionshauses auf; dann aber
zieht sich etwa 10 km weit Negerstadt an Negerstadt auf der
Fläche den Fluß hinauf: Bonamandone, Bonaku, Bonebela u. s. w.
Gewöhnlich aber tragen sie nach den Häuptlingen, die in ihnen
gebieten, ihre Sondernamen: Bellstadt, Akwastadt, Deidostadt.
Die Flußseite gilt für die vornehmere; hier liegen daher die
Wohnungen der Häuptlinge und der Großen des Volkes, breite
gerade Straßen einfassend, deren jede einer bestimmten Familie
gehört. Die Häuser ruhen auf einem festen Unterbau und sind
meistenteils aus europäischen Brettern, einige sogar aus Back-
steinen gebaut; auch fehlen ihnen weder feste Thüren noch or-
dentliche Fenster. Im Innern steht ein Tisch, von europäischen
Stühlen umgeben. Die Wände sind mit Lithographien und Öl-
druckbildern geschmückt; auf Simsbrettern stehen Gläser und
Flaschen. Über dem Tische hängt eine Petroleumlampe und dahinter an der Wand ein großer Spiegel. In der Ecke hinter
einem Vorhange steht eine eiserne Bettstelle. Aber je weiter
man sich von dem Flusse entfernt, um so mehr ändert sich die
Bauart. Der gewöhnliche Dualla wohnt in Hütten, welche, auf
eine meterhohe Plattform aus gestampftem Lehm gestellt, aus
doppelten Schichten von Rindenplatten hergestellt oder aus einem
Gitterwerk von gespaltenen Palmrippen gebildet sind, deren
Zwischenräume Rindenplatten bedecken. Das Dach wird aus
den Fiederblättern der Ölpalme zusammengefügt, die mit Schilf-
splittern aneinander befestigt sind. Zu langen Gassen reihen
sich diese etwa acht Schritt tiefen, fensterlosen Giebelhütten
eine dicht an die andere. An jede fügt sich ein Garten; in
diesem stehen Bananen, unter deren 1—2 m langen, von Wind
und Wetter zersetzten Blättern der von violetten Deckblättern
umhüllte Blütenkolben oder ein Bündel gurkenähnlicher Früchte
am Stamme hängt. Hier und da erhebt sich auch zwischen den

Hütten eine schlanke Kokospalme, an deren Blattspitzen goldgelbe Webervögel ihre Beutelnester aufgehängt haben.

Weiterhin lockert sich der Zusammenhang der Straßen. Ackerfelder und Pflanzungen schieben sich ein, und zwischen diesen liegen, ohne Unterbau auf den Erdboden gestellt, die schwarzgrauen Hütten der Sklaven, zu deren Gruppen zwischen den Zäunen der Felder nur schmale Pfade hinführen. Bis in die Savanne hinein reicht diese weit zerstreute Sklavenstadt, wenn nicht in niedrigeren und feuchteren Gegenden der dichte, dunkle Urwald sie aufnimmt.

Mehrere tiefeingerissene Rinnsale durchteilen die Stadtfläche. Ein solches trennt von derselben am südwestlichen Ende die etwas höhere und freiere Joßplatte, welche jetzt größtenteils üppiger Graswuchs, von einzelnen Palmen unterbrochen, bedeckt. Eine Knüppeltreppe führt hinauf. Hier stand früher, von festen Zäunen umgeben, Bonapriso, die Joßstadt; aber als die Joßleute sich gegen die deutsche Herrschaft empörten, wurde sie am 20. Dezember 1884 von den deutschen Matrosen erstürmt und niedergebrannt. Dort, wo der die Platte nach Südwesten begrenzende breite Doctor-Kriek in den Wuri einmündet, unten am Ufer des Baches ist die Stelle, wo Pantänius, der Agent der Woermann'schen Faktorei, von den aufrührerischen Joßleuten zur Sühne für den im Kampfe gefallenen Häuptling Calaba Joß ermordet wurde. Jetzt erhebt sich auf der Platte, welche die erfrischende Seebrise frei bestreicht, das Regierungsviertel, der dritte Teil der Stadt Kamerun. Hier steht das ausgedehnte und stattliche Haus des Gouverneurs, und zu seinen Seiten gruppieren sich die landhausähnlichen Wohnungen der Beamten. Auch das Schulhaus steht hier, in welchem zwei deutsche Lehrer die Dualla-Jugend unterweisen. An einem malerischen Punkte des neu erstandenen Regierungsparkes ist den in jenem Kampfe gefallenen Matrosen ein Denkmal gesetzt, und unweit desselben erhebt sich am Fuße eines gewaltigen Wollbaumes, beschattet von zwei Ölpalmen, ein Granit-Obelisk, dem Andenken des großen Afrikaforschers Gustav Nachtigal geweiht; denn vor dem Obelisken hat der Allverehrte seine letzte Ruhestätte gefunden. Afrikanische und deutsche Blumen im Verein schmücken das Grab.

Auch mit dem Anbau europäischer Gemüse ist in dem Parke der Versuch gemacht worden; aber sie erfordern in dem leichten,

4*

sandreichen Boden eine Arbeit und Sorgfalt, welche der Ertrag
nicht belohnt. Dagegen entfaltet die afrikanische Flora, sobald
die Lateritplatte dem Lungasi südöstlich und östlich sich zuzunei=
gen beginnt, ihre urwaldliche Üppigkeit und Fülle. Ein kurzer
Spaziergang schon enthüllt uns ihre ungeahnte Pracht. Blätter
und Blüten zeigen die
mannigfaltigsten For=
men und bieten alle
Färbungen dar vom
gesättigten Grün bis
zum brennenden Rot.
Ölpalmen bilden den
hauptsächlichsten Be=
stand der Waldung.
„Auch eine einsame
Kokospalme streckt hin
und wieder ihr Haupt
empor; versteckt da=
gegen unter dem dich=
ten Palmendache blei=
ben die verschiedenen
Arten der Artokarpen,
der Brotfruchtbäume,
mit ihren melonenför=
migen Früchten, die
dichtbelaubten Man=
gos, deren goldgelbe,
birnenförmige Früchte
sich prächtig von dem
dunkeln Blätterwerke
abheben, die Guaven,
Limonen, Apfelsinen

Nachtigal=Denkmal in Kamerun.

und viele andere Bäume, welche die Palmenwaldung durchsetzen.
Zahllos ferner an Arten, über alle Vorstellung reich an Gestaltung
und Üppigkeit ist das Unterholz, aus Büschen, Stauden und Pflan=
zen gebildet. Die saftigen, breitblätterigen Canna=Arten, die Farne
mit ihren zarten, mehrfach und mannigfach gefiederten Blättern,
die Orchideen, welche die modernden Reste alter Baumstämme
bedecken, das hohe, bald dünne, bald breite, schilfartige Gras,

welches den Unterwuchs durchschießt, und endlich das Heer der
Lianen, der Schlinggewächse, welche bald dünn wie Zwirnsfäden,
bald starken Ästen gleich in phantastischen Windungen die Stämme
umschlingen, Gesträuch und Baumgeäst verbinden, alles wie mit
einem dichten Netzwerk umspannen, dem Menschen den Eintritt
in diese großartige Natur verbieten; denn nur mit Messer und
Beil ist es möglich, abseits vom Pfade sich hindurchzuarbeiten."[1]

Aber wie Riesen über ein Zwergengeschlecht erheben sich
über die Palmen oder auch am Rande der Savanne einzelne
Wollbäume. Schon aus der Ferne ziehen sie
den Blick auf sich: fast glauben wir mächtige
Weißbuchen aus der nordischen Heimat mit edel
geformtem Geäst zu sehen. In regelmäßigen
Stockwerken zweigen sich am Wollbaume die Äste
ab, sodaß er in seiner Jugend wie ein Spalier=
baum, dem künstelnde Gärtner das Wachstum
vorgeschrieben, erscheint. Aber mit zunehmenden
Jahren füllen sich die anfangs leeren Zwischen=
räume zwischen den Ästen, und um den Stamm
schwellen tafelförmige Strebepfeiler, welche ihm
Halt geben, wenn der Sturm über die Sa=
vanne rast. In der trockenen Jahreszeit verliert
der Wollbaum nie ganz den Schmuck seiner im
Winde federnden Blätter; zwar auf der Leeseite
lichtet sich dann das Laub bedeutend, aber auf
der Regenwindseite erhalten sich die fingrig

Fruchtkapsel
des Wollbaums.

gespaltenen, oben dunkelgrün glänzenden, unten stumpfer ge=
färbten Blätter zahlreicher oder werden hier schneller ersetzt. Dann
sieht man auf zahllosen Zweigen das besenartige Genist des leuchtend
blühenden Loranthus, welcher mit unserer Mistel nahe verwandt
ist, und erkennt nun auch die unendliche Menge der unverhüllt
hängenden Früchte. Die 10—15 cm lange Kapsel ist in fünf oder
sieben Strahlen aufgespalten, welche sich in gefälliger Rundung
halb zum Stiele herumlegen, und aus diesem Sterne hängt ein
Büschel kurzhaariger, feiner Samenwolle mit den pfeffergroßen
schwarzen Samenkörnern heraus. Die Farbe der Wolle ist matt
gelblich=weiß, glänzend wie die zarteste Seide; den Webervögeln,

[1] Anton Reichenow, Die deutsche Kolonie Kamerun. S. 9, 10.

deren Reiſer oft zu Tauſenden an einem Baume hängen, bietet
ſie das beſte Material zum Neſtbau.

Beſonders auffällig wird der Wollbaum durch die radien=
artig angeordneten, aus dem Stamme hervortretenden Holz=
tafeln, welche, nach oben ſchmaler werdend, erſt in einer Höhe
von 3—4 m in die Rundung des Stammes übergehen. Dieſe

Strebepfeiler des Wollbaums.

Strebepfeiler dienen dem häufig bis zu einer Höhe von 45 m
aufſtrebenden Baum zur Stütze gegen die Tropenſtürme, und
bilden ſich daher erſt aus, wenn der Baum zu einer anſehn=
lichen Höhe aufgewachſen iſt. Strahlenförmig, in allerhand
Windungen und Krümmungen ragen dieſe brettartigen Stütz=
wände oft ſo weit aus dem Stamme hervor, daß die Niſchen,
welche ſie bilden, dem Wanderer zur Nacht als Schlafkammern
ſehr willkommen ſind.

Dem Neger der Westküste ist der Wollbaum ein treuer Begleiter; denn aus dem leicht zu bearbeitenden Holze zimmert er sich seinen Hausrat, vom niedrigen Sitzschemel bis zum Kriegskanoe, in dem 40 Mann und mehr Platz finden. Auch andere Pflanzen der Wildnis dienen ihm für Industriezwecke. Die Faser der Sanseviera liefert sehr geschätzte Angelschnüre; die verschiedenen Calamusarten, deren oft mehrere Meter lange Kletterapparate mit ihren starken umgebogenen Sägezähnen nicht wenig dazu beitragen, die Wildnis unwegsam zu machen, werden von den Negern als Bindematerial bei dem Bau ihrer Hütten, zum Aufnähen ihrer Dachmatten, zum Flechten von Körben und Fischreusen benutzt. Auch zu Stuhlgeflecht ist der Calamus wohl geeignet, da er von derselben Güte wie der indische Rottang, nur etwas dunkler an Farbe ist. Nicht minder wichtig ist die Raphia vinifera. Die Fiederblättchen derselben werden paarweis gegen einander gelegt und mittels zahnstocherförmiger harter Spreiße verbunden. Die so gebildeten Matten werden zur Hausbedachung verwendet; selbst die Längs- und Quersparren des Dachgerippes werden aus dicken Blattstielen der Raphia hergestellt. Löst man ferner von nicht zu alten Fiedern durch Abziehen die oberen grünen Gewebe ab, so kommt man auf eine zarte Bastschicht, welche sich mühelos in langen Streifen abheben läßt. Getrocknet ist dies der bekannte Raphiabast, welcher vielfach in der Gärtnerei als Bindematerial verwendet wird; der Neger fertigt aus ihm zuweilen recht künstliche, buntgefärbte, leichte, runde Kappen, Taschen und kleine Matten. Eine sehr feste Faser liefert auch der Hibiscus. Die Fasern von Hibiscus esculentus, einem niedrigen, krautartigen Gewächse, dessen unreife Früchte ein beliebtes schleimiges Gemüse, N'gombo genannt, liefern, können als Gespinnst verwendet werden, während diejenigen von Hibiscus tiliaceus, einem mittelgroßen Bäumchen, das am Strande sehr häufig wächst, hauptsächlich zu Netzen verarbeitet werden, da sie dem Einflusse des Wassers vorzüglich Widerstand zu leisten vermögen.[1]

---

[1] Eine sehr genaue Darstellung der botanischen Verhältnisse von Kamerun giebt J. Braun in den „Mitteilungen aus den deutschen Schutzgebieten", herausgegeben von Freiherr von Danckelman, II, 141—176.

Der üppigen Entwickelung der Vegetation kommt die Eigen=
artigkeit des Klimas in Kamerun ganz besonders zustatten;
denn es zeigt neben einer konstant hohen Temperatur eine be=
merkenswert große und weit im Jahre sich ausdehnende Regen=
fülle. Nach den bisherigen Beobachtungen betrug die höchste
wahrgenommene Temperatur 31,5° C., die niedrigste 20,2° C.
Die wärmste Tageszeit ist um 2 Uhr nachmittags, die kühlste
kurz nach Sonnenaufgang um 7 Uhr morgens; der Unterschied
beträgt 4—6°. Der wärmste Monat ist der Februar mit einer
Durchschnittstemperatur von 26,3—27,5°, wenngleich der März
und April einzelne heißere Tage haben. Der kühlste Monat da=
gegen ist der August mit einer Temperatur von 22,6—24,5°. Der
Durchschnitt der Jahrestemperatur stellte sich 1888—89 auf 24,8° C.

Die niedergehende Regenmenge ist außerordentlich hoch: sie
betrug in dem gleichen Jahre 4022,1 mm. Nach der Verteilung
war der nasseste Monat der Juli mit 805,6 mm, nächst ihm der
Oktober mit 738,6 mm; der trockenste Monat dagegen war der
November mit 22,1 mm, nächst ihm der Februar mit 46,8 mm.
Überhaupt betrug die Zahl der Regentage im Jahre 199, dar=
unter 52, die einen Regenfall von mehr als 25 mm im Tage
zeigten. Groß ist zudem die Zahl der Gewitter, deren in dem=
selben einen Jahre 82 gezählt wurden; ganz frei von ihnen war
nur der Monat Juli, während im Januar die Zahl bis auf 14
stieg. Überhaupt läßt sich eine regenreiche Jahreszeit und eine
verhältnismäßig trockenere, welche die Monate November und
Dezember umfaßt, oft indes noch bis in den Februar hinein=
reicht, unterscheiden. Doch ist auch diese „Trockenzeit" noch
immer regenreicher, als die nassesten Monate Deutschlands. Vom
März ab nimmt die Zahl der Regentage und die Regenmenge
rasch zu bis zum Juli und August, sodaß also die Regenzeit
mit dem Eintritte der niedrigsten Temperatur zusammenfällt.
Von Juni bis September ist der Himmel stets sehr stark be=
wölkt; dann stürzen in gewaltigen Fluten, stundenlang ohne
Aufhören, fast alltäglich die Regenmassen herab. In den ersten
Tagen des November nehmen aber die Regenmengen rasch ab:
indes auch die Trockenzeit unterbrechen zumal nachts häufige
starke Gewittergüsse. Morgens herrscht während dieser trockenen
Monate (November bis Februar) starker Nebel; mittags ist der
Himmel meist mit einem dünnen Dunstschleier überzogen, durch

den die Sonne aber dennoch heiß hindurchscheint; erst in den
Abendstunden wird der Himmel heiterer.

Danach sondern sich deutlich vier Jahreszeiten:

„1. Die Periode der stärksten Regen. Dieselbe ist sehr bemerkenswerter Weise, namentlich auf ihrem Höhepunkt im Juli,
fast ganz frei von elektrischen Erscheinungen, Tornados und Ge-
wittern. Sie ist zugleich die kühlste Jahreszeit und umfaßt ungefähr die Monate Juni bis August.

„2. Hieran schließt sich die gewitter= und tornadoreichste
Jahreszeit mit reichlichem, wenn auch nicht alltäglichem Regenfall bis Ende Oktober.

„3. Die Monate November bis Februar sind verhältnismäßig regenarm, die Zahl der Gewitter vermindert sich; doch
können Tornados (Gewitter mit starkem Wind, aber dabei vielfach ohne wesentliche elektrische Entladungen), die um diese
Jahreszeit durchaus nicht gänzlich fehlen, zuweilen eine erhebliche Regenmenge bringen.

„4. Mit der steigenden Hitze im Februar und März, welche
um diese Zeit oder Anfang April ihr Maximum erreicht, mehrt
sich auch allmählich wieder die Zahl der Gewitter und der Tornados, sodaß diese Jahreszeit bis Mitte Mai ein zweites Maximum in der Häufigkeit der elektrischen Erscheinungen darstellt."[1]

Völlig verschieden von dem linken Ufer des Stromes ist in
seiner Erscheinung das rechte, das von Kamerun aus angesehen,
still und leblos wie ein einziger graugrüner Mangrovenwald
sich darstellt. Nur etwas stromaufwärts, auf ein wenig erhöh-
tem Boden macht sich ein Negerdorf, Bonabéri oder Hikorystadt,
bemerklich. Wenn man nach diesem Ufer über den mehr als
einen Kilometer breiten Strom hinüberfährt, so gerät man alsbald in ein Wirrsal von Kanälen, die bald mehrere hundert
Schritt breit, bald eng zwischen den Mangroven sich hindurch-
windend, das weite Schwemmland durchziehen. Hier an den
Wasserläufen, wo es ihnen an Luft und Licht nicht fehlt, umhüllen sich die Mangroven mit fahlem Blattwerk. In ihrer

---

[1] Freiherr von Danckelman, Beiträge zur Kenntnis der klimatischen
Verhältnisse von Kamerun, in „Mitteilungen aus den deutschen Schutzgebieten", II, 137, 138.

ganzen Absonderlichkeit aber zeigen sich diese seltsamen Pflanzen-
gebilde erst, wenn man eindringt in ihre Waldung. Im Innern
sind nur die Spitzen der Bäume belaubt, und das wenige durch
das lockere Blätterdach fallende Tageslicht giebt nur eine un-
sichere Beleuchtung, die aber vortrefflich zu dem phantastischen
Bilde darunter paßt. Bis zur Manneshöhe und darüber steigen
aus dem bräunlichen Schlammboden die kreisförmig geordneten
Wurzelstränge des Baumes, mit gelblich grauer Rinde bekleidet,
empor, der mittelste kurz und gedrungen, die peripherischen immer dünner, je länger sie werden. Sie bilden das sparrige
Gerüst, auf dem der Stamm ruht. Aus diesem selbst treten
weiter oben hier und da einzelne fingerstarke Wurzeln hervor.
Erst dicht unter dem Wipfel beginnen die Äste und Zweige,
welche die dem Rhododendron ähnliche Belaubung tragen. Von

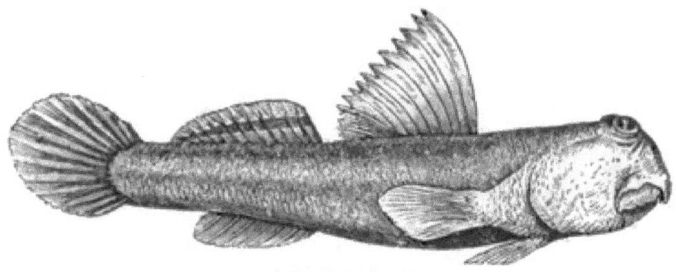

Schlammspringer.

allen senken sich braungrüne, mehrere Finger starke Luftwurzeln
bald gerade, bald geschwungen zu Boden. Wie der Haupt-
wurzelstock zerspalten sie sich an ihrem unteren Ende und senken
ihre zahlreichen Ausläufer in den Schlammgrund. Schnell erwachsen aus ihnen neue Stämme, die den Mutterbaum schließlich ersticken, bis sie selbst dem gleichen Lose verfallen.

Ganz souverän beherrscht die Mangrove den Schlammgrund;
denn ihr dicht verflochtenes Wurzelwerk läßt auf dem kahlen
Boden kein anderes Pflanzenleben aufkommen. Nur an höheren
Stellen des Bodens mischen Raphiapalmen oder vereinzelte Ölpalmen sich ein. Dafür aber kriechen und hüpfen zahlreiche
Krustentiere mit bunten Schalen darin umher, und in den belaubten Wipfeln nistet der schöngefiederte Eisvogel und der
schillernde Ibis. Das zahllose Volk der Insekten dagegen, von
den kümmerlichen, schmutzig-weißen Mangroveblüten wenig an-

gelockt, zieht sich nach den Wasserrändern zu, wo es an leuch=
tenden Blumen nicht fehlt. Eifrig stellt ihnen hier der Schlamm=
springer nach, ein kleiner Fisch mit stark vorquellenden Augen,
der, seine Brustflossen wie Füße gebrauchend, behend über den
Schlamm springt oder gar an den Mangrovewurzeln in die
Höhe klettert. Dort steigt auch der Leguan hinauf, um bequem
auf dem Trockenen zu verdauen, während auf niedergestürzten
Bäumen am Ufer nicht selten ein Krokodil in der Glut der
Tropensonne behaglich den schuppigen Leib reckt.

Zumal fehlt es nicht an Krebsen und Krabben aller Art.
Eine kleine Krabbenart aber, langgeschwänzt, von rötlich gelber
Farbe erscheint nur alle drei oder vier Jahre, dann aber in so
ungeheuren Massen, daß alle Wasserläufe davon wimmeln. Dann
ruhen alle Fehden; mit Körben eilt alles herbei, die Tierchen
aus dem Wasser zu schöpfen. Sie werden nun in großen
Massen über Feuer getrocknet, was alle Hände in Anspruch
nimmt, um in das Innere des Landes verkauft zu werden.
Auch Speiseöl wird aus ihnen gepreßt. Nach einigen Tagen
sind die Tiere indes wieder so völlig verschwunden, daß auch
nicht ein einzelnes Exemplar sich mehr blicken läßt. Doch sind
sie es, die dem Flusse den Namen gegeben haben: Rio dos camarões, Krabbenfluß, nannten ihn die Portugiesen; und daraus
ist der Name „Kamerun" geworden.

Fährt man den Kamerunfluß hinauf, so hört das Wasser,
noch bevor man die obere Grenze des Schwemmlandes erreicht,
auf brackig zu sein. Damit verschwindet alsbald die Mangrove;
schilfförmige Pandanus und Palmen bekleiden jetzt die Ufer.
Sobald wir aber die Stelle erreichen, wo der Fluß aus dem
Laterit heraustritt, ändert sich die Scenerie vollständig. Jetzt
sind beide Flußufer hoch und trocken; die Landschaft wird freier;
Bananenplantagen und Maisfelder säumen den Strom. Hin
und wieder, wenn wir den Fluß weiter hinaufdringen, öffnet
sich das Land als Savanne, in welcher zur Regenzeit das
Gras mannshoch aufschießt. Niedriges Gebüsch und vereinzelte
Baumgruppen unterbrechen den Graswuchs; baumartige Euphorbien bilden Dickichte, welche von dornigen Schlingpflanzen
durchwuchert sind. An Tümpeln schießt mächtig der Bambus
empor.

Bald oberhalb des Dorfes Bonamgando, das 50 km von

der Meeresküste entfernt ist, teilt sich der Strom. Der nach
Norden weisende Arm ist der Abo, der nordöstliche der Wuri.
Allein dieser ist so sehr der Hauptstrom, daß er auch außerhalb
der Einmündung des Abo kaum geringer an Wasserfülle und
Breite erscheint und mit Recht den Anspruch erheben darf,
bis zu seiner Einmündung in das Haff seinen Namen zu be=
wahren.

Wir biegen in den Abo ein. Dickichte engen den schmalen
Wasserlauf ein, sodaß hier und da seine Ufer versumpft, aber
mit einer üppigen, höchst mannigfaltigen Vegetation bedeckt sind.
Stellenweis wieder erhebt sich das Ufer zu ansehnlicher Höhe;
zahlreiche Fußpfade, die zur Höhe hinaufführen, zeigen, daß die
Gegend dicht bevölkert ist. Da und dort werden Gruppen
von Hütten sichtbar und eine große Zahl ganz kleiner Kanoes
belebt das Wasser, die einen mit Kalabassen von Palmöl und
Palmwein beladen, die sie nach Kamerun hinabfahren, die an=
dern mit Fischen beschäftigt. Ihre Reusen sind aus den langen
Blattstielen der Bambupalme in Form hoher cylindrischer Be=
hälter hergestellt; senkrecht ins Wasser gestellt, haben sie am
unteren Ende eine klappenartige Vorrichtung, durch welche der
Fisch eindringt, während an dem oberen offenen Ende der Fischer
den gefangenen herauslangt.

Von dem Dorfe Kokki an entfernt sich das höhere Hügel=
land in etwa nordöstlicher Richtung gegen die entfernte hohe
Bergkette im Quellgebiete des Abo vom rechten Flußufer, wel=
ches nun ein breites, sumpfiges Tiefland von ziemlicher Aus=
dehnung wird. Dagegen erhebt sich das linke Flußufer steil
aus dem Flusse zu einem weiten Hügellande. Das Dorf Abo,
der Hauptort desselben, liegt 50 m über dem Flusse. Der Boden
dieses Hügellandes ist durchweg schwerer Lehm; nirgends tritt
kahles Gestein zutage. Zusammenhängende Baumbestände und
Dickichte finden sich nur in den tiefern Thalsenken zwischen den
Hügeln. Diese Thäler sind morastig; ihre selbst in der Trocken=
zeit nicht austrocknenden Pfützen und ausgedehnten flachen Tüm=
pel sind doch, so sehr sie den Pflanzenwuchs begünstigen, ein
arges Hemmnis des Verkehrs. Die Flußufer selbst säumt eine
ähnliche üppige Waldvegetation; in diese Sumpfdickichte führen
wohl schmale Pfade hinein, aber bald werden sie durch Moräste,
über die im besten Falle ein halsbrechender, glatter Palmstamm

oder loses Gezweig geworfen ist, völlig unwegsam. Die ein=
zige gangbare Straße des Landes ist der Fluß; auf ihm geht
der ganze sehr bedeutende Handel mit Palmöl und Palmwein
hinab.

Die Ölpalme (Elaeïs guineensis) ist denn auch die eigent=
liche Charakterpflanze des Landes Abo. Nirgends so wie hier
beherrscht sie das ganze Landschaftsbild. Hoch über das niedere
Volk der Gräser ragt der mannsstarke, in seiner Dicke sich stets
gleich bleibende Stamm der Ölpalme empor, in der luftigen

Fruchttrauben und Blütenstände der Ölpalme.

Höhe wie eine Krone seine 3 m langen, leise rauschenden Wedel
wiegend. Leuchtend goldgrün sprossen sie gleich einem blanken
Spieße aus dem Herzen der Krone hervor, aber völlig entfaltet
tragen sie das glänzendste Tiefdunkelgrün. Aus den Winkeln
der Wedel, dicht am Stamme, schieben ununterbrochen die
schmutziggelben, rispigen Blütenstände sich hervor, aus denen
allmählich, viermal im Jahre reifend, wie eine riesengroße Erd=
beere anzusehen, die Fruchttraube sich bildet, aus pflaumen=
großen, bald zartgelb, bald dunkelviolett gefärbten Früchten ge=
staltet. Das Fleisch dieser Früchte ist von trüb orangegelber
Farbe. Aus ihm wird, nachdem die ganze Fruchttraube, einen

Monat lang in die Erde eingegraben, in Gärung übergegangen ist, das Öl gepreßt, welches der Palme vor allem ihren Wert giebt.

Aber auch die haselnußgroßen, harten Kerne, welche in dem Fruchtfleische stecken, enthalten eine Menge vegetabilischen Fettes. In Säcke gepackt, bilden daher auch diese Palmkerne einen wichtigen Exportartikel.

Zur Herstellung seines Moamba, des rotgelben Nationalgerichts, ist dem Neger die Palme unentbehrlich; denn das Hühner- und Ziegenfleisch, welches dazu gehört, muß, mit getrocknetem Fische vermischt und tüchtig mit Capsicumpfeffer bestreut, in Palmöl gesotten werden. Dazu denn liefert seine Ölpalme ihm auch den Wein. Er braucht nur einen Blattstiel an ihr abzuschneiden und eine Kalabasse unter die Schnittfläche zu hängen, so läuft ihm, wie verdünnte Milch anzusehen, der angenehm süßsauer schmeckende Palmwein von selbst hinein.

Und dazu erfordert die herrliche Palme kaum irgendwelche Pflege; nur von überflüssigen Blättern muß er rein gehalten und der männliche Blütenstand zur rechten Zeit herausgeschnitten werden, so ist der Baum überdankbar, die winzige Arbeit tausendfältig zu lohnen.

Lenkt man nunmehr, aus dem Abo zurückkehrend, in den Wuri ein, so bietet sich ein anmutiges Landschaftsbild den Blicken. Ringsherum liegen hübsch bewaldete Hügel; die Ufer sind teils mit lichtem Hochwalde bestanden, teils in so ausgiebiger Weise zum Anbau von Mais, Kassaven, Kürbissen, Palmen ausgenutzt, wie man am Unterlaufe des Flusses es nirgends findet. An den Ufern sieht man halb im Wasser stehende kleine Bambushäuschen, Fischreusen, in denen ein Köder angebracht ist. Fällt nun bei der Ebbe das Wasser oder zerrt ein größerer Fisch an dem Köder, so schließt eine Klappe die sinnreiche Fischfalle. Häufig trifft man in dem fischreichen Strome den elektrischen Wels, bei dessen Berührung man einen leichten Schlag empfängt. Noch einige Kilometer über die Mündung des Abo hinaus bis zu den Dörfern Bonaku und Uru ist das Aufwärtsströmen des Wassers zur Zeit der Flut wahrnehmbar. Damit hängt zusammen, daß von hier an der Strom merklich an Breite verliert; denn während dieselbe bisher sehr wechselnd bald bis zu einem Kilometer anstieg, bald auf 500 Schritt herabsank, beträgt sie fortan in gerader Wasserlinie auf eine erhebliche Strecke 200 m. Auch die früher zahlreichen Stromspaltungen hören auf; in ungeteilter Wasserfülle strömt der Strom mit großer Schnelligkeit dahin. Allein zahlreiche und weit vorspringende Sandbänke erschweren die Bergfahrt nunmehr ungemein. Die Scenerie der Ufer bleibt weit hinauf die gleiche: die steilen gelben Lehmufer tragen in fast ununterbrochener Folge Dörfer und Pflanzungen, zeigen aber sehr wenig Wald.

Bei dem Dorfe Bajong gewinnt man einen bedeutungsvollen Ausblick: man erkennt ostwärts, deutlich von dem Horizonte sich abhebend, ein Gebirge. Das sind die äußersten Bergketten, welche den Westrand der innerafrikanischen Hochfläche umwallen. Hier liegen sie fern; weiter nach Süden aber treten sie so nahe an die Küste heran, daß sie vom Meere aus sichtbar werden. Der Wuri ist ein zu mächtiger Strom, als daß er in ihnen seinen Ursprung haben könnte; aber nur in mächtigen Katarakten kann er seinen Weg durch die Berge finden.

An dem Dibombe, der sich von Norden her in den Wuri ergießt, endigt das Gebiet der von den Duallas nicht sehr sich unterscheidenden Wuri-Leute. An sie grenzen weiter stromaufwärts und östlich vom Dibombe die Budiman; aber das Grenzgebiet ist zwischen den beiden Stämmen streitig, sodaß keiner derselben es zu bebauen wagt. Daher hat sich hier die Vegetation in ungehemmter Üppigkeit entwickeln und zugleich ein reiches Tierleben ansiedeln können. In ganzen Scharen sieht man die grauen, rotgeschwänzten Papageien. Die klugen Vögel sind uns gute Bekannte aus der Heimat; aber noch mehr heimeln uns doch die Züge der Rauchschwalbe an, welche unter deutschem Dache ihre Jungen groß gezogen hat. Sie hat in Kamerun ihr Winterquartier; mit ihr die Rohrdrossel, deren singendes Quaken uns wie ein Gruß aus der Heimat tönt. Auch der graue Fliegenfänger, der dort munter nach afrikanischen Insekten schnappt, ist uns wohlbekannt, wie auch der Fischadler, der da über dem Meere schwebt. In zahlreichen Arten sind daneben die charakteristischen Tropenvögel vertreten, die bunten Eisvögel und die Bienenfresser. Die grellen Blüten werden umgaukelt von kleinen Honigsaugern, deren Gefieder mit buntem metallischem Schimmer im Sonnenschein glänzt. Schneeweiße Reiher stehen am Ufer, kleine grüne Papageien schwirren umher; große Nashorn-

vögel bäumen sich auf den Zweigen des Wollbaums, bis dort wieder
in der Luft eine Schar von wilden Gänsen unser Auge fesselt.

Insekten belauernd, sitzen rotköpfige Eidechsen an den Bäu=
men; und zwischen dem Blätterwerk kauert auf einem Zweige
das hellgrüne Chamäleon, um mit blitzschnell vorgestreckter Zunge
eine Fliege anzuleimen. Aber von den großen Tieren der Tro=
pen ist nichts zu sehen; höchstens daß in einer stillen Seiten=
bucht ein Krokodil schläft. Freilich, Löwen kommen in Kamerun
nicht vor, und die sehr scheuen Leoparden sind äußerst selten.
Ebenso selten sind die großen Affen. Aber was sind das für
seltsame Fußpfade, die dort zum Wasser hinabführen, tief in den
Uferschlamm eingefurchte, in der Mitte durch eine Erhöhung ge=
trennte Rinnen? Das sind Spuren von Flußpferden, die das
ungeschlachte Tier, die eine Rinne mit den rechten, die andere
mit den linken Füßen, eingetreten hat. Und dort jene viel brei=
teren, einer Gasse gleichenden Pfade sind gar die Spuren von
Elefanten, die hier zum Wasser ihren Wechsel haben. Man sieht
auch wohl die Flußpferde, wenn sie sich sicher glauben, im fla=
chen Wasser dastehen, den unförmlichen Kopf mit weit aufge=
sperrtem Rachen erhebend. Aber nur des Nachts werden die
Ungetüme lebendig; dann hört man in ganzen Gruppen das
laute Schnauben und Prusten der Flußpferde, und dazwischen
einmal auch das dröhnende Trompeten der viel selteneren Ele=
fanten. Dicht oberhalb der Einmündung des Dibombe bildet
der Wuri eine seeartige stille Seitenbucht, welche von der Un=
zahl der Flußpferde, die nachts dort ihr Wesen treiben, den Na=
men „Hippopotamussee" erhalten hat. Auch der etwa 100 m
breite und metertiefe Dibombe steht in dem Rufe, ihrer in
Menge zu bergen.

Stromaufwärts im Lande der Budiman gewinnen die be=
bauten Flächen auf beiden Seiten des Wuri eine große Ausdeh=
nung; man sieht stellenweis weit sich hinziehende Mais= und
Zuckerrohrfelder. Der Strom bewahrt immer noch eine be=
trächtliche Breite. Das Land zu seinen Seiten hat den Charak=
ter der Niederung; doch erheben sich an einzelnen Stellen, das
Landschaftsbild verschönernd, bewaldete Hügel, welche hauptsäch=
lich aus gelbem Sandstein bestehen. Die langgestreckte, blaue
Gebirgskette, jetzt deutlich erkennbar, schließt nach Osten das Ge=
sichtsfeld völlig ab.

Gleich hinter den zahlreichen Budimandörfern, welche an beiden Ufern sich aneinander reihen, tritt der Strom in die Ausläufer dieses Gebirges ein. Ufer von mehr als 100 m Höhe, dicht mit dunklem Urwald bestanden, in dem sich Papageien und langschwänzige Affen in Menge tummeln, zwängen ihn jetzt ein. Das Wasser wird infolgedessen sehr tief und schießt mit starker Strömung dahin. Bald hört man aus der Ferne das dumpfe Brausen der Katarakte, mit welchen der Strom das Gebirge durchbricht, und sieht dann auch den weißen Gischt der unteren Stromschnellen zwischen den dunkelgrünen Bergen mit wilder Hast heranstürzen. Aus Granit bauen sich hier die Uferfelsen auf. Doch näher heranzukommen an den tosenden Wasserfall ist unmöglich: gegen die Gewalt des Wassers kommt kein Ruder auf, und der weglose, undurchdringliche Urwald verbietet den Landweg.

2. Die Dualla.

Ein Spaziergang durch die Oberstadt von Kamerun macht uns bald mit den Dualla, ihren Bewohnern, bekannt. Denn die Häuser und Hütten dienen ihnen fast nur als Schlafstätte; alle ihre Hantierungen nehmen sie im Freien vor. Hier sieht man Männer Fischernetze flechten, dort Weiber aus feuchtem grauem Thone mit der Hand geschickt große runde Gefäße für den Haushalt formen. Dazwischen treiben Kinder ihr munteres Spiel, und zur Seite liegt träge im Schatten ein gelbbrauner, struppiger Hund mit langen Ohren, dem der schlanke Leib und das scheue Wesen etwas schakalartiges giebt.

Vom Südosten her aus dem Innern sind die Dualla vor mehr als zwei Jahrhunderten in Kamerun eingewandert und haben die frühere Bevölkerung, die Kwakwa, weit in das Binnenland zurückgedrängt. Ihre Zahl beträgt nicht mehr als 20—30 000, wovon etwa die Hälfte in der Stadt Kamerun wohnt. Die Hautfarbe wechselt von einem hellen, ledergelben bis zu einem dunklen, schokoladefarbenen Braun. Die Männer zeigen einen kräftigen, muskelstarken Körperbau, während die Weiber im Vergleich klein und mehr zierlich gebaut sind. Doch ist der Gesichtsausdruck bei ihnen wie bei den Männern grob, wenn auch kräftig vorspringende Nasenbildung nicht gerade selten ist.

Sehr entstellt sie zudem das Ausreißen der Augenwimpern; ein großer Schmuck dagegen sind ihre blendendweißen, sorgfältig ge=pflegten Zähne. Kräftiger Bartwuchs ist selten. Das Haar, dicht und schwarz, tragen sie kurz geschoren und mit Sorgfalt gekämmt; nur wenn sie ein Gelübde gethan haben, lassen sie es in langen Zotteln um den Kopf herumhängen.

Die Kunst des Tättowierens üben sie wenig; nur vereinzelt tragen sie im Gesichte einige blaue Ornamente. Dagegen brin=gen sie gern auf der Brust und den Oberarmen mehrere vier=strahlige Sternchen an, welche durch verzögerte Vernarbung er=haben aus der Haut heraustreten; mitunter auch auf dem Bauche ganz geschmackvoll gezeichnete Arabesken. Ihre Kleidung besteht eigentlich nur aus Lendentüchern, für welche sie matte und dunkle Farben, namentlich ein tiefes Blau entschieden bevorzugen. Den Kopf tragen sie stets frei; nur bei schlechtem Wetter setzen sie einen schweren, breitkrämpigen Regenhut aus Palmblättern auf; und als Kriegs= und Festschmuck dient eine Sturmhaube aus Ziegenfell mit nach vorn gewendetem Kamme.

Als Schmuck tragen sie Elfenbeinmanschetten, sowie um den Hals Perlenschnüre, welche Weibern auch häufig um die Fuß=gelenke rasseln. Ein beliebtes Schaustück ist auch der europä=ische Regenschirm, zumal es in Kamerun sehr viel regnet. Die Weiber glauben sich zu verschönern, wenn sie sich die Ohrläpp=chen oder gar den Nasenknorpel durchbohren und Holzpflöcke oder zusammengerollte Blätter in den Löchern tragen. Viele lieben es, in den Ohrlöchern ihren Vorrat an Rauchtabak bei sich zu führen; denn das Rauchen ist in Kamerun überwiegend Weiber=sitte, während die Männer den Tabak schnupfen.

Als Haustiere halten die Dualla Schafe, Ziegen und Hüh=ner, die aber bei dem Mangel aller Pflege nicht die Größe der europäischen Hühner erreichen. Doch nehmen sie Fleischnahrung selten zu sich, abgesehen von den vortrefflichen Fischen, die der Fluß ihnen in Fülle bietet. Die gewöhnliche Nahrung besteht in Bananen, die unreif, bevor ihr Mehl sich in Zucker verwan=delt, in Wasser gekocht oder in der Schale am Feuer geröstet werden, in Yams und in Koko, den Wurzelknollen der Colocasia esculenta. Als Unkraut an den Dorfwegen wuchert die süße Kartoffel, Convolvulus batata, deren Wurzelknollen eben=falls gern gegessen werden, wie auch die unsern Georginenknollen

ähnlichen Wurzeln der Kassave oder Maniok; doch müssen diese
erst einige Tage in die Erde gegraben werden, bis die äußere
Schale sich ablöst; alsdann wird das Mehl geknetet und in
Rollen geformt, eine feste, zähe Masse von säuerlichem Geschmack,
die von den Dualla als Reiseproviant geschätzt wird. Zu gewissen Jahreszeiten giebt es auch Bohnen, ölige Erdnüsse und
Mais, dessen Ähren aber, halbreif am Feuer geröstet, gegessen
werden. Alles wird mit Palmöl gekocht und durch einen reichlichen Zusatz von spanischem Pfeffer gewürzt. Und dazu wird
dann in gebührender Menge Palmwein getrunken.

Der allgemeine Charakter der Dualla nötigt zur größten
Vorsicht im Verkehr mit ihnen. Sie sind dünkelhaft, rachsüchtig,
aber feige, jedoch zu heimlichen Gewaltthätigkeiten sehr geneigt.
Dankbarkeit kennen sie nicht, und in der Trunkenheit oder im
Jähzorn verlieren sie alle Herrschaft über sich selbst. Von Re-
ligiosität ist bei ihnen wenig wahrzunehmen. Eine Priesterkaste
giebt es nicht; Götzenbilder sieht man weder an den Wegen noch
in den Hütten aufgestellt. Nur auf den Feldern oder bei verlassenen Hütten bemerkt man öfter ein „Juju“, ein kleines Bündel Wurzeln und Blätter, aufgesteckt, um Diebe fern zu halten.
Sonst hat der Gottesdienst sich in mehrere Geheimorden zurückgezogen. Der wichtigste derselben ist der Elung, der sich dem
Dienste des Elung, des obersten Gottes, geweiht hat und zu dessen
Ehre zur Zeit des Vollmondes nächtliche Feste feiert. Dann ist
vor der Thür einer Hütte im Halbkreis ein dichter Zaun errichtet, hinter dem man eine Anzahl Männer winseln, heulen
und trommeln hört. Näher zu treten ist jedem nicht Eingeweihten auf das strengste verboten. Weiber, Kinder und Sklaven
werden daher während des Festes in die Hütten eingesperrt.
Nach einiger Zeit zieht die Elung-Prozession dann nach einer
Stelle im Walde oder in der Nähe des Dorfes, wo unter dem
Murmeln von Beschwörungsformeln eine Grube gegraben wird,
in welche man das Blut eines Huhnes hinabträufeln läßt.
Danach wird die Grube wieder zugeschaufelt, ein Bananensproß
in die Erde gesteckt: jeder speit auf die geweihte Stelle und der
Zauber ist beendet. In der nächsten Nacht wird dann ein all-
gemeines Freudenfest, das Jujufest, gefeiert: dann tanzen die
Weiber, während die Männer, zuschauend, dem Palmwein und
dem Rum huldigen.

5*

Ganz anderer Art ist der Ekongolo. Ist von den Dualla jemand gestorben, so erheben die Weiber, sobald er den letzten Atemzug gethan, die Totenklage um ihn. Dann wird er, meist noch am Sterbetage, in derselben Hütte, in der er gestorben, begraben. Man giebt ihm Gewänder, auch Eßgerät ins Grab mit, damit auch im Tode an nichts es ihm fehle. Die Hütte bleibt nun zwar noch für eine kurze Zeit in Benutzung ihrer sonstigen Bewohner; aber nach einigen Wochen wird sie verlassen und dem Verfallen anheim gegeben. Die höchste Lustbarkeit der Dualla nun ist die Totenfeier, welche auf die Bestattung folgt. Hunderte von Menschen strömen dann zusammen, um sich mehrere Tage lang mit Singen, Tanzen und Trinken zu unterhalten. Dann erscheinen unter der fröhlichen Menge, wenn der Verstorbene dem Ekongolo angehört hat, Masken mit flatternden Zeugen behangen, einen Hörnerschmuck auf dem Kopfe. Mit weit, gleich Flügeln ausgebreiteten Ärmeln rennen sie durch das Dorf. Alles schreit „Ekongolo! Ekongolo!" und stiebt kreischend auseinander, bis die Ordensbrüder durch Geschenke besänftigt sind und sich ganz friedlich unter die Festgenossen mischen. Freilich beginnen sie immer noch von Zeit zu Zeit wieder zu lärmen und die Leute vor sich her zu jagen; und erst am Ende des Festes, nachdem sie von der Familie des Verstorbenen eine Ziege erhalten haben, ziehen sie sich zurück.

Viel jüngeren Ursprunges ist endlich der Mungi=Bund. Vermutlich steht er zu dem Gotte Mungu in Beziehung, der in der Waldwildnis wohnt und die Toten zu sich nimmt, also im Gegensätze zu dem Elung oder Riengo das böse Prinzip darstellt. Gegenseitiger Schutz ist der Zweck des Bundes, namentlich auch die Sicherung der Dualla gegenüber ihren an Zahl ihnen weit überlegenen Sklaven. Sein Gebiet sind die weiten Gegenden von Kamerun bis zu dem Calabarflusse hin. Der Oberhäuptling von Kamerun ist entsprechend den politisch=sozialen Zwecken des Bundes in der Regel dessen Oberhaupt. Sobald die große Mungi=Trommel als Hülferuf eines geschädigten Dualla ertönt, ist „der Mungi heraus". Nun darf kein Nichtmitglied des Bundes es mehr wagen, seine Hütte zu verlassen: sofort würde der Mungi es „holen", d. h. auf Nimmerwiederkehr in den Wald schleppen. Mit getrockneten Palmblättern bekleidet, eilen auf den Trommelruf alle Bundesbrüder zu der nächtlichen Versammlung: einer von ihnen stellt den Mungi dar, mit Federn, Hörnern, Glocken und allerlei Flitter phantastisch verkleidet; vermittelst einer einfachen Vorrichtung kann er seinen Körper zu doppelter Höhe erheben, worauf er dann wieder, am Boden kriechend, sich so klein wie möglich macht. Dann bewegt sich der Zug, durch ein in einen künstlichen Knoten geschürztes Laubwerk vereinigt, in der Mitte der Mungi, unter furchtbarem Lärm durch die Straßen zum Walde. Hier faßt der Bund seinen Urteilsspruch. Die Hauptleute, welche in dem Bunde einen höheren Grad bekleiden, schreien den Spruch aus dem Walde heraus: „der Mungi ist da und sagt so und so!" Einer wird mit der sofortigen Vollstreckung beauftragt; mit einer schweren Peitsche in der Hand und von einem lärmenden Gefolge umgeben, läuft er zu dem Hause des Verurteilten, aus dem sich niemand rühren darf, bis die Strafe vollzogen und meist auch das ganze Haus niedergerissen ist. Darauf verkündet dann die Bundestrommel, daß der Mungi, der im Calabargebiete Egbo heißt, wieder in seine Waldheimat zurückgekehrt sei.

Ohne Zweifel liegt auch in der großen Sklavenzahl, welche die Dualla besitzen, eine stete Bedrohung ihrer Herrschaft. Diese „Nigger" stammen alle aus entfernten Gegenden, aus Budiman, vom Calabar, ja aus Adamaua. Nach Landsmannschaften pflegen sie daher zu besonderen Geheimbünden sich zusammenzuthun, was dadurch erleichtert wird, daß sie in besonderen umzäunten Dörfern getrennt von den Freien wohnen. Doch ist ihre Abhängigkeit nicht gerade drückend. Sie haben einen Teil der von ihnen gebauten Feldfrüchte an ihre Herren abzuliefern, deren Vieh zu ernähren und zu pflegen und sonst nach den Umständen denselben, etwa beim Hausbau, sich nützlich zu machen. Im übrigen sind sie unabhängig, können eigenen Besitz sich erwerben und so viel Weiber heiraten, wie ihnen beliebt. Zwar können sie verkauft werden, doch macht den Herrn zu wechseln bei ihrer glücklich heiteren Gemütsart der Sklavin meist weniger Kummer als einem deutschen Dienstmädchen, in eine andere Stelle zu geben. Freilich liegt auch ihr Leben in der Hand ihrer Herren; aber da schützt den Nigger das eigene Interesse des Herrn, es müßte denn gerade Krieg sein, wo er es meist vorzieht, seine waffenfähigen Sklaven aufzubieten, als selbst hinauszuziehen in die männerehrende Feldschlacht.

Noch mehr indes als seine Sklaven machen seine Weiber
den Reichtum des Dualla aus. In ihnen legt er seine Erspar-
nisse an: er heiratet so viele, wie er bezahlen kann. Denn die
Ehe ist ihm durchaus nichts anderes als ein Geschäft. Allein,
obgleich gekauft, lebt die Frau keineswegs in gedrückter Lage.
Dazu hat die Negerin viel zu sehr einen selbständigen, zur Oppo-
sition geneigten Sinn, der sich nicht leicht beugen läßt; sie ist
überhaupt ein stark veranlagtes, resolut auftretendes Wesen. Die
Haus- und Feldarbeit, die ihr obliegt, ist nicht bedeutend; die
Kindererziehung macht auch nicht viel Sorge. Nur ihr Ansehen,
nicht ihre Mühe wächst mit der Zahl der Kinder. So bleibt ihr
viel freie Zeit, die sie auf Besuche bei den Nachbarinnen und
auf ihre Toilette verwendet. Namentlich der Haartour widmet
sie ihre ganze Sorgfalt. Das kurze, krause, schwarze Haar wird
in Wülste geformt, und diese Wülste werden dann mit viel
Koketterie in Schnecken- und Mäandertouren unsymmetrisch über
den schmalen Kopf gezogen und vorn durch einen hindurchgesteckten
Elfenbeinpfeil geschmückt: was gar nicht so übel aussieht. Stammt
die Frau vollends aus einer vornehmen Familie, so braucht sie
gar nicht zu arbeiten, sondern hat mehrere Sklavinnen zu ihrer
eigenen Bedienung. Dann ist auch gar nicht daran zu denken,
daß sie je wieder verkauft werde; denn dadurch würde der Mann
sein eigenes Ansehen schädigen und sich in ernste Ungelegenheit
mit der Familie der Frau bringen. Ist ja doch bei den Heiraten
das Absehen des Mannes darauf gerichtet, sich vorteilhafte
Familienverbindungen im eigenen wie in den benachbarten Stämmen am Wuri oder am Mungo zu schaffen.

Bei einer solchen Auffassung der Ehe ist es begreiflich, daß
von einem innigeren Gemütsverhältnisse zwischen den Ehegatten
nicht die Rede ist. Ohne Feierlichkeit wird die Ehe geschlossen,
ohne Umstände wird sie aufgelöst. Von einer zarten Rücksicht-
nahme auf die Frauen oder gar von Ritterlichkeit des Benehmens
ihnen gegenüber ist bei den Dualla keine Spur zu finden. Es
ist die Polygamie, welche einer solchen Verfeinerung der Sitten
widerstrebt. Den Kindern dagegen sieht man die Dualla nicht
selten mit einer gewissen Zärtlichkeit begegnen. Aber diese wieder
zeigen durchweg eine geistige Frühreife, welche die anmutige
kindliche Naivetät tötet. Die Mädchen werden zum großen Teil
schon, bevor sie erwachsen sind, in die Ehe verkauft; und Knaben

von 9 oder 11 Jahren benehmen sich mit einer Unverfrorenheit, für die auf Erden nichts mehr heilig ist.

Es ist die soziale Ordnung, wie der Dualla sie sich geschaffen hat, welche den Mann von aller Arbeit befreit. Wohl beschäftigt er sich mit diesem und jenem, aber nur eins treibt er ernstlich, und das ist der Handel. Viele Jahre hindurch hatten die Dualla den Handel mit den Europäern in ihrer Hand monopolisiert. Nur durch sie konnten die Hinterländer ihr Öl und Elfenbein an die Europäer verkaufen; nur durch sie konnten sie europäische Zeuge und Waffen einkaufen. Gar nicht selten begegnet man in ganz abgelegenen Dörfern den Handlungsreisenden eines Dualla aus Kamerun, die mit der gleichen Dreistigkeit und dem gleichen Redeschwall wie ihre europäischen Genossen dem schwarzen Hinterwäldler seine Ölernte abnehmen. Dies angemaßte Monopol hat den Dualla Wohlstand gebracht, und allen Bestrebungen der Europäer setzen sie den zähesten Widerstand entgegen. Zugleich aber sehen sie in dem Handel eine angenehme Unterhaltung. Bald nach Sonnenuntergang, etwa um acht oder halb neun, geht der Dualla zu Bett; dafür steht er aber auch mit der Sonne, die zu allen Jahreszeiten um sechs aufgeht, wieder auf. Dann erscheint er bald in den Faktoreien am Flusse und handelt und feilscht dort, oft um eine Kleinigkeit — die Zeit hat eben für ihn keinen Wert — bis in den Nachmittag hinein: eine harte Geduldsprobe für die Angestellten. Oder er macht Reisen in das Hinterland, die ihn nicht selten auf Wochen in Anspruch nehmen.

Dieser Handelseifer mit seinem sehr reichen Ertrage hat in den Dualla eine Abneigung gegen ernste Arbeit erzeugt, die sich in einem argen Herumlungern und Faulenzen offenbart. Von ihren früher betriebenen Gewerben hat infolgedessen die Schmiedekunst ganz aufgehört, und der Feldbau ist so sehr zurückgegangen, daß der Ertrag für den Unterhalt des Stammes nicht mehr ausreicht. Ihre Yams beziehen sie zum größten Teil aus dem Gebirge, und von den Schiffen kaufen sie Stockfisch und Hartbrot. Auch die Weberei ist im Absterben. Töpferei dagegen wird in ziemlichem Umfange betrieben. Ihr Haupterzeugnis sind kugelrunde Töpfe in verschiedenen Größen, wie sie der Haushalt verlangt, bis zu einem halben Meter Stärke. Mit viel Geschick werden dieselben ohne Töpferscheibe aus freier Hand geformt.

Freilich sind es hauptsächlich Weiber, welche in der Töpferei

wie auch im Fischfange thätig sind. Sie fischen mit Handnetzen,
die sie im seichten Wasser auf den Grund legen und von Zeit
zu Zeit aufheben. Auch Knaben beschäftigen sich, zumeist wohl
zum Zeitvertreibe, viel mit Fischen. Mit einem Kehrapparat aus
zusammengebundenen Bananenblättern fegen sie den seichten Grund
ab und fangen damit nur ganz kleine Fische höchstens von Fingerlänge. Sieht man dagegen Männer fischen, so sind es Sklaven.
Diese legen Reusen aus und errichten Fischfallen, die aus dichtem
Gittergeflecht mit Grundklappen bestehen.

So ziemlich das einzige Gewerbe, welches die Männer in
erheblichem Umfange treiben, ist die Holzschnitzerei. Sie sagt
eben dem tändelnden Sinne des Negers besonders zu. Das Bedeutendste, was sie darin leisten, sind die großen Prunkstücke,
welche sie bei festlichen Gelegenheiten an ihren Kanoes befestigen:
afrikanische Tiergestalten mit europäischen Formen phantastisch
gemischt. Auch Sitzbänke meißeln sie aus einem Holzblock heraus
und schnitzen Wanderstäbe mit verzierten sockelartigen Füßen.
Denn der Neger nimmt am Stocke das dünnere Ende in die
Hand. Einen ganzen Zweig der Schnitzerei bilden auch die
„Andenken an Kamerun", flüchtig geschnitzte Kanoemodelle mit
ein paar rudernden Figuren darin, Kredenzbretter mit mannig-
faltigem Reliefschmuck u. a., mehr fast eine Unterhaltung als
eine Arbeit.

Überhaupt haben ihre Beschäftigungen durchgängig einen
starken Anstrich von bloßem Zeitvertreib. So hocken Hunderte
von Dualla stundenlang, mitunter sogar mehrere Tage hintereinander, auf einem freien Platze zusammen und halten „Palawer".
Bei solchen Ratsversammlungen werden lange Reden gehalten
mit viel Aufwand von Deklamation, bis endlich auf Grund der
alten Rechtsbräuche das Urteil gefunden ist. Die große Mehrzahl derselben sind entweder Ziegen-Palawer, bei denen es sich
um eine gestohlene Ziege, oder Weiber-Palawer, bei denen es
sich um irgend eine Übervorteilung beim Frauenkaufe handelt.
Es kommen indessen auch Fälle vor, bei denen die alten Bräuche
keinen Anhalt geben, sondern die Wahrheit durch eine Art Gottesurteil festgestellt wird. Ist jemand durch einen Leoparden oder
ein Krokodil ums Leben gekommen oder ist er auch nur unerwartet
gestorben, so wird Hexerei angenommen und sofort ein Palawer
gehalten. Bei den Verhandlungen sammelt sich allmählich der

Verdacht auf bestimmte Persönlichkeiten, oder es bezeichnet auch jemand, dem man zutraut, die Sprache der Krokodile zu ver= stehen, ohne weiteres den Schuldigen. Aus einer giftigen Rinde wird durch Abkochung ein Trank hergestellt, den der Verdächtige sofort zu trinken hat. Bricht er ihn wieder aus, so ist seine Unschuld erwiesen, die Krokodile haben den Ankläger belogen; kann er ihn nicht wieder von sich geben, so gilt die Schuld als erwiesen: der Verbrecher wird getötet und alle Welt eilt zum Flusse, um durch ein Bad den Zauber abzuwaschen. Überhaupt beherrscht die Furcht vor Hexerei die Dualla außerordentlich. Hat einer einmal einen Vertrag mit Europäern zu unterkreuzen, so wagt er die Feder kaum am äußersten Ende anzufassen: so sehr ängstigt ihn der „Schriftzauber".

Die eigentlich nationale Unterhaltung der Dualla aber sind Kanoe=Wettfahrten. Da der Verkehr in Kamerun sich fast aus= schließlich auf dem Wasser bewegt, so erlangen die Dualla bald eine außerordentliche Gewandtheit im Rudern und Steuern ihrer Fahrzeuge. Treibt sich doch die heranwachsende Jugend schon fast den ganzen Tag im und auf dem Wasser unter Übungen man= nigfaltigster Art umher. Das Kamerunboot, aus einem Baum= stamme mit auswärts gebogenen Rändern hergestellt, wird durch kurze, lanzettförmig geformte Pagaienruder aus hartem Holze getrieben; die zierlich zugespitzten Enden ragen etwas über den Bord empor. Bei Wettfahrten nun wird das Boot mit einer doppelten Reihe von Ruderern besetzt; aufrecht steht in der Mitte der Führer, einen Federschmuck auf dem Kopfe, und vor ihm hockt ein Trommler, den Rudertakt anzugeben. Mit der Ge= schwindigkeit von Dampfern gleiten die Boote, während die Ru= derer einen kriegerischen Gesang erheben, dahin. Dicht gedrängte Scharen von Zuschauern am Ufer begleiten die wetteifernden Boote mit ihrem Zuruf. Da geht, sofort alle Ruder hoch erhebend, der Sieger durch das Ziel, belohnt von dem gellenden Jubelruf seiner Dorfgenossen, während die Besiegten durch wildes Schimpfen für ihre Niederlage sich zu entschädigen suchen.

Auch zu Lande sind Wettkämpfe beliebt. Eine allgemeine Volksbelustigung ist es, wenn eine Gemeinde eine andere zum Parra=Parra herausfordert. Jede schickt dann Ringer vor, die sich lange vorher auf den Wettkampf eingeübt haben. Paarweis ringen sie inmitten einer großen, festlich auf das bunteste ge=

schmückten Zuschauermenge gegeneinander. Strenge ist jede Ver=
letzung der Kampfregeln untersagt. Männer mit Peitschen in
den Händen halten die Ordnung aufrecht und springen sofort
hinzu, sobald einer der Ringenden einen falschen Griff versucht.
Rasch folgen sich die Paare, da die meisten Kämpfe unterbrochen
werden. Hat aber ein Ringer seinen Gegner tadellos in den
Sand gestreckt, so tragen die Kampfrichter den Sieger unter
lautem Jubelgeschrei über den Platz; die Weiber klatschen in die
Hände, und nicht selten beginnt die Mutter des Siegers einen
Gesang und Tanz für sich allein, den Triumph zu feiern.

An den großen Tanzfesten indessen, wie sie bei Bestattungen
oder anderen feierlichen Gelegenheiten gehalten werden, nehmen
die Männer nur ausnahmsweise teil; sie schauen nur zu, während
Weiber, Kinder und Sklaven die Tänze aufführen. „Die Be=
wegungen und Geberden der einzelnen tanzenden Personen sind
dabei immer dieselben: langsames, stampfendes Hinundher= oder
Vorwärtstrampeln mit eingeknickten Beinen, Vorsichhinstoßen der
Arme, halb knetend, halb boxend, Hüftenzuckungen, Augenrollen,
schreckhaftes Stieren und Zähneknirschen. Ab und zu ergreift
dann plötzlich die ganze Schar ein heftiges Schütteln des Körpers
wie ein allgemeiner Fieberfrost, und wer sich am kräftigsten und
schnellsten zu schütteln vermag, scheint darauf stolz zu sein. Die
Tänze werden bald in einem sich knäuelartig verschlingenden
Gänsemarsch, bald wieder dichtgedrängt in geschlossener Masse
ausgeführt, wobei die Kinder immer ganz vorn, die alten Weiber
ganz hinten zu stehen kommen. Mehrere Trommeln, mit einer
an Tobsucht streifenden Unermüdlichkeit bearbeitet, geben dazu
weniger den Takt als vielmehr einen fortwährend auf= und ab=
schwellenden Wirbel. Der Takt liegt mehr in dem allgemeinen
Gesang und Gebrüll der umstehenden Zuschauer; und der Text
zu diesen wahrhaft fürchterlichen Leistungen menschlicher Stimmen,
wenn überhaupt ein solcher vorhanden ist, scheint eine stete Wieder=
holung desselben Satzes zu sein."[1]

Nach der Weise, wie sie ihn führen, muß man annehmen,
daß die Dualla auch den Krieg unter die Unterhaltungen rech=
nen. Da werden zuerst lange Palawer gehalten, auf denen die
großen Redner der feindlichen Parteien sich produzieren; dann

---

[1] Max Buchner, Kamerun. Skizzen und Betrachtungen, S. 29.

finden große kriegerische Aufzüge statt. Die Kriegskanoes, mit
60 Mann bemannt, manövrieren auf dem Flusse, und am Lande
ziehen die bewaffneten Krieger, mehrere hundert, im Gänsemarsch
hintereinander umher, um dem Gegner zu imponieren. Die
Häuptlinge suchen dazu hervor, was sie an kriegerischem Schmucke
nur besitzen, und staffieren damit ihre Leute aus. Uralte große
Pallasche erscheinen, einzelne europäische Uniformstücke, womöglich
ein preußischer Helm statt der Kriegskappe aus Ziegenfell, große
Messer in zierlich gearbeiteten Scheiden. Aber die Hauptwaffe
sind alte Feuerschloßgewehre; das Pulver trägt der Krieger in
einer flaschenförmigen Kalabasse, neben der er einen Beutel mit
Kugeln oder auch mit gehacktem Eisen und kleinen Steinen umgehängt hat.

Wird nun auf dem Wasser gekämpft, so halten sich die feindlichen Kanoes stets in gehöriger Entfernung voneinander. Fällt
von der einen Seite ein Schuß, so werfen sich die Gegner augen-
blicklich platt auf den Boden ihrer Kanoes nieder, oder sie springen
gar, wenn etwa die Kugel bedenklich nah vorbeizischte, alle miteinander über Bord. Auch auf dem Lande kommt es nie zu
Gefechten Mann gegen Mann; dazu sind die Dualla zu feige.
Überhaupt beteiligen sich von den Freien nur wenige am Kampfe
selbst; sie schicken vielmehr ihre Sklaven in die Schlacht und
halten selber unterdes Palawer. Im Gefechte sind sie vor allem
auf sichere Deckung bedacht; hinter Bäumen, Gestrüpp oder Ver-
schanzungen verborgen, kriechen etwa die Mutigsten auf dem
Bauche gegen die Feinde vor, feuern aus Furcht vor dem auf-
blitzenden Pulver mit abgewandtem Gesichte das Gewehr ab,
ohne zu zielen, und werfen sich dann platt auf die Erde nieder
oder nehmen schleunigst Reißaus. So kämpfen die feindlichen
Parteien wochenlang gegeneinander. Mitunter aber erfordert
eine abirrende Kugel doch ein Opfer. Dann wird irgend eine
wehrlose Person aus dem Dorfe des Gegners abgefangen, und
des Häuptlings Kopfabschneider schlägt mit einem großen Schlacht-
messer dem unglücklichen Opfer auf der Stelle den Kopf ab;
worauf zur Feier dieses Sieges große Gelage und Tänze ver-
anstaltet werden. So wird in einem Kriege wohl viel Pulver
verknallt; aber er muß schon sehr blutig gewesen sein, wenn die
Zahl der Verwundeten und Toten auf beiden Seiten zusammen
bis auf 20 steigen soll.

Dieser Mangel an kriegerischem Sinne ist es denn auch wohl gewesen, welcher die Dualla vor etwa sieben Generationen aus ihren früheren Wohnsitzen am oberen Lungasi vor den mutigeren „Buschleuten" hat weichen lassen. Wie es scheint, haben sie zunächst im Flachlande des Wuri sich angesiedelt, bis sie weiter hinab nach Kamerun gedrängt wurden. Wenigstens müssen bis auf den heutigen Tag die Häuser am Wuri auf Wurten gesetzt werden, die in der Regenzeit wie Inseln im weiten Überschwemmungsgebiete erscheinen, während in Kamerun keine Nötigung zu dieser auch dort angewandten Bausitte besteht. In jener Wanderungszeit ist auch die Spaltung des Stammes in zwei Zweige erfolgt; aber die Bell-Leute, welche seewärts wohnen, gelten für vornehmer als die mehr landeinwärts wohnenden Akwa-Leute, die vielfach mit den benachbarten fremden Stämmen sich vermischt haben. Jeder dieser Zweige steht unter einem besonderen Oberhäuptling, neben dem aber ein Unterhäuptling über einen Teil des Zweiges selbständig, wenn auch dem Namen nach unter dem Oberhäuptling stehend, gebietet. Der vornehmste Dualla in Kamerun ist demnach Bell, der Oberhäuptling der Bell-Leute, ein höchst stattlicher Mann von ehrenwerter Gesinnung, dessen Familie, Frauen und Kinder, aus etwa 200 Köpfen besteht; zugleich ist er der erste Händler des Landes, der allerorten seine Agenten und Niederlagen hat, an Vermögen auf eine Million Mark[1] geschätzt. Nicht entfernt darf neben ihm Akwa, der Oberhäuptling der Akwa-Leute, gestellt werden, eine Falstafffigur, gemein in seinen Gewohnheiten, schuftig in seiner Gesinnung. Aber die Macht, welche die Häuptlingswürde als solche ihnen verleiht, ist weder bei dem einen noch bei dem andern groß; ihre Stellung ist etwa der eines kleinen Gutsbesitzers in einem Dorfe freier Bauern zu vergleichen. Denn die Dualla sind ein unbotmäßiges Volk, völlig abgeneigt, ihre Interessen denen des Ganzen unterzuordnen.

Der Sprache nach gehören die Dualla zu den Bantu-Negern, deren nordwestlichsten Ausläufer sie darstellen. Charakteristisch für die Bantu-Sprachen ist, daß sie die Modifikationen der Begriffe, namentlich die Unterscheidung der Einzahl und Mehrzahl

---

[1] Seit dem 10. Oktober 1886 gilt in Kamerun die deutsche Reichsmarkwährung.

durch Vorsilben kennzeichnen (bu-nia Tag, mi-nia Tage), und daß sie die Zugehörigkeit des Adjektivs und Verbums zum Nomen durch Allitteration ausdrücken (lalu drei, minia milalu drei Tage; po kommen, bunia bupo der Tag kommt). Auch der allgemeine Verbindungsartikel a unterliegt diesem Allitterationszwange (madiba Wasser, madiba ma Dualla der Kamerunfluß; mongo Berg, mongo ma Loba Berg des Donnerers, der Götterberg). Überhaupt ist das Dualla eine sehr wohlklingende Sprache, da die Vokale darin um ein weniges die Konsonanten überwiegen. Es fehlen die Laute h, f und sch; und die Laute d, l und r gehen vielfach ineinander über, wie überhaupt in den meisten Bantu-Sprachen. Die Grußformel lautet: jetuse, ich sehe dich; Antwort: niambe, (so) Gott (will)!

Dualla reden die Dualla unter sich; im Verkehre mit Europäern bedienen sie sich des „Neger-Englisch", welches wahrscheinlich durch die Kruburschen, aber auch durch die Schiffer eine weite Verbreitung an der afrikanischen Westküste erlangt hat. Dies Kauderwelsch hält streng als grammatisches Skelett, in welchem die Art des Denkens sich ausdrückt, die einheimische Redeweise fest. Diesem Skelett werden dann im Grunde nur die fremden Vokabeln eingefügt, freilich nicht selten mit Veränderung ihrer Bedeutung oder ihrer grammatischen Eigenart. Die Substantiva erscheinen in dem Neger-Englisch geschlechtslos und verlieren die Deklination; der Genetiv wird umschrieben durch him (sein, ihr), das überhaupt als allgemeines Possessivpronomen dient, der Dativ durch for (für); den Akkusativ bezeichnet die Stellung hinter dem Verbum. Auch das Verbum büßt seine Konjugation ein: be (sein) gilt für alle Personen, das Präsens auch für die Präterita. Die Komparation ersetzen Umschreibungen. Diese Beraubungen aber haben dem Idiom eine so einfache Gestalt gegeben, daß es sich wirklich als ein handliches Werkzeug für die immerhin einfachen Bedürfnisse der Dualla erweist.

Außer diesen Verständigungsmitteln besitzen die Dualla noch ihre Trommelsprache, die man wirklich als höchst scharfsinnig ersonnen bezeichnen muß. Sie ist kein Signalsystem, sondern eine wirkliche Wortsprache, völlig verschieden von dem Dualla, die für sich erlernt werden muß. Freilich ist sie so schwierig, daß meist nur die Vornehmen, welche viel Zeit auf die Erlernung verwenden, sie wirklich mit Sicherheit handhaben. Sie dient

zunächst zu Verständigungen über kilometerweite Entfernungen
hin. Die Trommel, deren der Dualla sich zu diesem Zwecke be=
dient, ist ein cylindrisches Stück harten Holzes, etwa 50 cm lang
und 25 cm dick. „In einer Längslinie des Cylinders befinden
sich zwei 20 cm lange Schlitze, von welchen aus das Innere
ausgehöhlt worden ist. Die beiden Schlitze sind von Wülsten
eingefaßt, die mit zwei Schlägeln angeschlagen werden, was ent=
sprechend einer verschiedenen Dicke des Cylinders an diesen Stellen
zwei verschieden hohe Töne ergiebt. Das ist der ganze mechanische
Apparat."[1] Außerdem aber lassen sich die Trommeltöne auch
durch Pfeifen oder durch ganz bestimmte gesprochene Silben
wiedergeben, sodaß man die Trommelsprache pfeifen oder sprechen
kann, ohne von den Nichteingeweihten verstanden zu werden. So
dient sie den Dualla nicht bloß als Fern=, sondern auch als
Geheimsprache. So heißt „auf Dualla «ich will» napula, ge=
trommelt kólokúlu; «essen» auf Dualla da, getrommelt tókolo=
kúlokolóto; «ich will essen» also kólokúlutókolokúlokolóto.
Getrommelt bestehen diese Worte aus ebenso vielen Schlägen,
wie sie gesprochen Silben haben, wobei die Zweitönigkeit des
Instrumentes nur einen ornamentalen Wert zu besitzen scheint".[1]
Man begreift also die Schwierigkeiten, welche diese Trommel=
sprache darbietet, und wird nicht anstehen, dem Duallavolke, wenn
auch der Verkehr mit den Europäern auf ihre Eigentümlichkeit
verflachend einwirkt, eine hohe geistige Eigenart zuzugestehen.

3. Der Götterberg von Kamerun.

Sehnsüchtig schaut man oft von Kamerun nordwestwärts
nach dem Götterberge hinüber, der bei der Einfahrt den ersten
Gruß uns bot. Aber fast stets birgt er sich in einem trüben,
graulichen Dunst, und nur frühmorgens einmal oder spätabends,
wenn die Sonne tief steht, erscheint hoch über den Wolken in
geisterhaftem Schimmer sein in mehrere Spitzen ausgezacktes
Haupt; noch viel seltener aber wirft er den Dunstschleier ganz
von sich und enthüllt seine Hänge, Schluchten und Grate, sodaß
man selbst die unregelmäßige Grenze seiner Waldbedeckung und
die Schneekappe, wenn er einmal auf kurze Zeit eine solche auf=
setzt, deutlich zu erkennen vermag.

---

[1] Max Buchner, Kamerun. Skizzen und Betrachtungen, S. 37, 38.

S. 79.

Der kleine Kamerunberg.

Der Götterberg, wie wir ihn zu nennen pflegen, eigentlich Donnerersberg oder Gottesberg, auch Pico grande von Kamerun, ist ein Vulkan, der für erloschen gilt, aber doch noch einige Spuren vulkanischen Lebens zeigt. Seine Spitzen sind die höchsten Erhebungen des Kraterrandes; die beiden höchsten derselben in der Mitte, von den Engländern „Albert= und Victoria=Spitze" getauft, steigen bis zu einer Höhe von 4000 m empor. Indessen nicht isoliert erhebt sich der flach ansteigende Vulkankegel, son= dern er türmt sich aus einem ganzen Gebirge empor, das er zwischen der Meeresküste und dem Thale des Mungoflusses im Laufe von ungezählten Jahrtausenden selbst wie ein grandioses Postament sich aufgebaut hat. Als Vorstufen desselben sind gegen das Meer hin der Kleine Kamerunberg, Mongo ma Etinde (1770 m hoch), und die niedrigeren Bimbia=Berge vorgeschoben, welche der Küste eine höchst malerische Gestaltung geben, aber den Riesen im Hintergrunde für das Auge verdecken.

Dort wo an der Nordseite des Kamerun=Haffes der alte feste Landboden an die Wasserläufe des Schwemmlandes herantritt, liegt der Markt Mbinga. Hier führt eine Wasserstraße durch das dieses ganze Gestade umsäumende Mangrovendickicht hindurch bis dicht an das feste Land heran. Das hat dem Platze seine Be= deutung gegeben: er ist das Kamerun der Nordseite. Zwar macht die Küste hier einen trostlosen Eindruck, und die nahen, im Brack= wasser stehenden Mangroven hauchen Fieberdünste aus, sodaß niemand hier wohnt; aber doch halten die Umwohner an dem Platze mehrmals wöchentlich Markt ab, denn er ist der natürliche Hafen für die ölreichen Südostgehänge des Gebirges.

Wie ganz anders aber gestaltet sich die Scenerie, wenn man auf dem alten vulkanischen Boden zu dem 6½ km landeinwärts gelegenen Dorfe Mbinga emporsteigt! Das wellig=hügelige Ge= lände, von dem Jsufe, einem munteren, klaren Gebirgsflusse, durchrauscht, gleicht einem üppig sprossenden Walde. Fast ver= schwinden in ihm die weit zerstreuten Gehöfte des Dorfes mit ihren Bananengärten und Ölpflanzungen.

Von der Mündung des Jsufe, wo der Markt Mbinga liegt, führt der sehr tiefe Bimbia=Kriek in kurzer Fahrt ins Meer hinaus, der nördliche Mündungsarm des Kamerun=Haffes. Die buschreiche Nikol=Insel bildet die Grenze. Sobald man um sie herumwendet, hat man die herrlich grünen, steil abstürzenden und zahlreiche

Buchten bildenden Bimbia=Berge vor sich. Bis an das Meer,
das heftig gegen die zerklüfteten Basaltfelsen der Küste brandet,
reicht der üppige Pflanzenwuchs. Auf der Halbinsel, welche den
Bergen breit sich vorlagert, liegen weit zerstreut bergan die Hütten
des Dorfes Bimbia, das etwa 400 Einwohner zählt. Mächtige
Bäume erheben sich wie zum Schutze über ihnen. Mit großen
glänzenden Blättern steht der Affenbrotbaum da; an Schlankheit
überragt ihn der Bombay. Einzelne Riesenbäume sind von
wildem Wein umschlungen, von Pfefferreben und Lianen; auf
schwammigen Auswüchsen wachsen rot schillernde, aber übel
riechende Orchideen. Gleich langen Bärten hängen hier und dort
zarte Moose in feinen Franzen herab. Im sicheren Schutze der
dicht verstrickten Zweige hausen ganz nahe bei dem Treiben der
Menschen grüne Äffchen, Paviane und Eichhörnchen, während
Finken und Webervögel frei stehende Bäume bevorzugen. Pisang=
pflanzungen, Jasmin und Akazien umgeben allenthalben die
Hütten. Nur wo der Pflanzenwuchs ausgerodet ist, erscheint der
braunrote Boden, verwitterter Gneis, untermischt mit Glimmer=
und Thonschiefer.

Die Bimbia=Leute, die sich selbst Jsubu nennen, sind ein Zweig
des Duallastammes. Ihre Zahl ist gering; nicht mehr als drei
Dörfer haben sie auf der ganzen Halbinsel. Ihre Gesichtszüge
erscheinen plump, die Hände breit, die Fußsohlen platt. Auch
sie leben hauptsächlich von dem Zwischenhandel; daneben treiben
sie sehr ergiebigen Fischfang und wenig lohnende Jagd. Denn
landeinwärts in den Wäldern trifft man nur Tauben, Wild=
schweine und Antilopen.

Sehr zahlreich sind auf der Halbinsel pilzförmig gestaltete
Termitenbauten. Ihre Basis erhebt sich schlank cylindrisch fast
einen halben Meter hoch; sie ist von ungemeiner Härte und
Festigkeit. Darüber sitzt ein dachförmig überragender Teil wie ein
Pilzhut. Die ziemlich großen Zellen des Fußes enthalten Arbeiter
und Soldaten und deren Brut, während in den Zellen des Daches
schwarzgeflügelte Termiten wohnen.

Die westliche Begrenzung der malerischen Halbinsel bildet
die tief einschneidende „Kriegsschiffsbucht". An deren Eingang,
unweit des Kaps Neetzer, trifft man auf Spuren noch heute an=
dauernder vulkanischer Thätigkeit. Auf einer nicht sehr großen
Fläche entdringen hier dem Boden „teils Gase mit schwefelwasser=

stoffartigem Geruch, teils Wasser mit starkem Kohlensäuregehalt, teils sehr fettige, mit einem Geruch nach vulkanisiertem Kautschuk behaftete Öle von dunkler Farbe. Beim Beschreiten des Geröll= strandes bemerkt man bald Geräusche ähnlich denen, welche eine unterirdische Quelle hervorbringt, oder auch ein Getöse, wie aus einem Schmiedeblasebalg. Räumt man das lose Geröll etwas hinweg, so sprudelt ein Wasser entgegen, welches zischt und brodelt wie siedendes Wasser, wobei sich ein starker Geruch nach Schwefel= wasserstoff bemerkbar macht. Dieses Quellgebiet zieht sich auch an dem Berghang empor, und man bemerkt überall Wasserlöcher mit aufquellenden Gasblasen und unterirdischem Gemurmel. An verschiedenen Punkten hört man das Ausströmen des Gases und kann den Luftstrom durch das Vorhalten der Hand vor die Spalten und Löcher wahrnehmen. Diese Spaltöffnungen fühlen sich beim Hineintasten ölig an, und man kann eine braune, scharfriechende Masse von den Spaltwänden abkratzen. Auch unterhalb des niedrigsten Wasserstandes des Meeres strömen hier Gase aus, wie man an dem heftigen Aufsteigen von Blasen, wobei das Wasser an einzelnen Stellen springbrunnenartig in die Höhe ge= trieben wird, ersehen kann. Hier ist das Seewasser mit einer Ölschicht bedeckt und schillert ringsum in allen Farben des Regenbogens".[1]

Von ihrem breiten Eingange zieht sich weiterhin die Kriegs= schiffsbucht zu einem schmalen, malerischen Fjord zusammen, in welchen glitzernd von den Seiten mehrere muntere Bergbäche herabstürzen. An ihrer westlichen Seite wird sie von etwa 60 m hohen senkrechten Abstürzen von rotem Thon eingefaßt, während an der östlichen, Bimbia zugekehrten Seite uralte Riesenbäume mit dichtem Laubdache bis an das Wasser herantreten. Denn an dieser Seite bildet der dichtbewaldete „Bimbiabusch" die Ein= fassung, ein unwegsamer, von Norden nach Süden streichender Höhenzug, dessen steile Hänge an beiden Seiten reich an kleinen schwarzen Affen und anderem Wilde sind.

Die westliche Einfassung der Bucht ist eine schmale, lang= gestreckte Halbinsel, welche ebenfalls über den steilen Thonwänden

---

[1] Schran, Spuren vulkanischer Erscheinungen am Kamerun=Gebirge („Mit teilungen aus den deutschen Schutzgebieten", herausgegeben von Freiherr von Dandelman, I, 46).

reiche Bewaldung trägt. Biegt man um sie herum, so gelangt man, die schroff aus dem Meer emporsteigende, lieblich grün bewaldete Insel Mondole zur Linken lassend, durch die „Schönwetter-Durchfahrt" in die Ambas-Bucht, die von der noch weiter westwärts gelegenen unbewohnten, hohen, waldbedeckten Insel Ndami oder Ambas den Namen trägt. Es ist ein herrliches Landschaftsbild, das die Bucht darbietet. Das prachtvolle Grün der bis zum Meere herabreichenden Wälder, deren Zweige in das Wasser tauchen, die dunkle Färbung der Klippen, die hochwogende, blaue See, die beständig aufspritzende, weiß schimmernde Brandung zu Füßen des mächtigen Gebirges macht einen tiefen Eindruck. Zur Linken springt eine Gruppe von Felsen und Klippen, die „Piratenfelsen", aus dem Meere hervor, von den heranrollenden Wogen weißlich umschäumt, und weiter hinein in das Meer ragen die „Bubiafelsen" empor, alle in abenteuerlichen Formen steil aufragend, manche kahl, andere mit Buschwerk und Bäumen bedeckt, die größte sogar auf ihrem 40 m hohen Scheitel ein Dorf tragend. Über sie hinaus am Westrande der Bucht erkennt man die braunen Hütten des Fischerdorfes Bota, und ostwärts hinüber im Hintergrunde des bezaubernden Panoramas steigt an dem Strande der Ort Victoria empor.

Es ist eine überraschend schöne Lage, die Victoria hat. Die Wogen der Mortonbucht, wie man die innerste Einbuchtung der Ambasbai nennt, rollen gegen den sandigen Strand, aber mehrere aus dem Wasser aufragende Felsen brechen die Gewalt der Brandung, erschweren freilich zugleich den Zugang zum Lande. Zur Linken fließt der krystallklare Victoriabach, ein Kind des Gebirges, von Palmen und Affenbrotbäumen beschattet, rauschend über schwarze Geröllsteine ins Meer. Eine ausgedehnte Kakaoplantage breitet auf seinem rechten Ufer sich aus; auf dem linken liegt das Städtchen, von einer stattlichen, wenn auch turmlosen Kirche, die auf einem Hügel in der Mitte sich erhebt, überragt. Unweit derselben, dicht an dem Thale des Baches, liegt das sehr ansehnliche Missionshaus, mit blinkenden Glasfenstern ausgestattet. Hinter der Kirche zieht sich gerade von Norden nach Süden die Hauptstraße hin; sie führt durch einen üppigen Naturpark, in welchem die Hütten und Häuschen der Neger zerstreut liegen. Aber der größte Teil des Ortes, den man weder Dorf noch Stadt nennen kann, ist freier Weideplatz für Kühe und Ziegen oder Tummelplatz der Schweine. Die Straße endigt bei der Woermannschen Faktorei; und dieser gegenüber bildet der Marktplatz am Meeresstrande den Abschluß des Ortes, dessen gesamte Einwohnerzahl etwa 300 beträgt. Es sind meistens Abkömmlinge von Sklaven, die, aus verschiedenen Gegenden der Westküste stammend, durch den Zwischenhandel ein bequemes Leben sich verschaffen, dem Europäer durch ihre Anmaßung und Hinterhaltigkeit beschwerlich, aber dem Hinterwäldler des Gebirges imponierend.

Eine arge Plage von Victoria sind die Simulien (Stechfliegen), welche an allen süßen und brackigen Wassern in Unzahl sich finden. Ihr Stich ist sehr schmerzhaft und hinterläßt einen blutunterlaufenen Fleck, welcher noch tagelang schmerzt. Aber fast noch lästiger werden die Sandfliegen, welche an der ganzen Küste und bis tief in das Gebirge hinein vorkommen. Sie gleichen feinen Sandkörnchen, wenn sie in der Luft fliegen, und stechen nur bei Tage. So lange man sich in Bewegung befindet, merkt man nichts von ihnen, aber sobald man eine Weile still steht oder sich gar niedersetzt, verursachen sie auf der Haut ein unerträgliches Jucken, als ob man mit Nesseln gestrichen würde.

Die Vegetation macht fast noch mehr als in Bimbia durch üppige Fülle und großartige Entwickelung einen mächtigen Eindruck. Es ist vor allem der Wollbaum, welcher durch seine Größe imponierend wirkt, und neben ihm, dem Elefanten der Bäume, der Affenbrotbaum, den man mit dem Kamel vergleichen könnte. Der Affenbrotbaum oder Baobab meidet den Wald; wie ein selbstbewußter stämmiger Recke steht er mit seinem ungeheuer dicken Stamme lieber frei für sich. Bei seinem weichen, etwas schwammigen Holze bedarf er dieser Dicke, um das Riesengewölbe des handförmigen, glänzenden Laubes zu tragen. Zuzeiten aber wirft er sein Laub ganz ab und steht dann da als ein kahles Riesengerippe, an den Enden seiner Arme mit den gurkenähnlichen Früchten an langem Stiel behangen. Die anfangs schneeweiße, tief herabhängende Blüte gleicht einer Puderquaste, welche oben von den nach dem Stiele zu zurückgeschlagenen weißen Blumenblättern gekrönt ist. Bald wird sie indes gelbfleckig und fällt ab, um eine walnußgroße Frucht zurückzulassen; aber diese wächst schnell bis zu 30 cm Länge heran. Sie ist mit einer bräunlich-grünen Rinde bekleidet, welche mit dem Eintritt der

6*

Reife eine goldbraune Farbe erhält. Im Innern enthält die reife Frucht ein rötlich-gelbes, korkartiges, ungenießbares Fleisch, das getrocknet als Zucker verwertet werden kann. Das Bild des Baobab bestimmt sein bis zu 4 und 5 m dicker Stamm, die wagerecht weit ausgreifenden Äste, aber nicht zum wenigsten auch die feine, glatte, silbergraue Haut, welche den ganzen Baum überkleidet und seinen kolossalen Bau weit in die Landschaft hineinleuchten läßt. Unter dieser Haut liegt eine 2,5 cm dicke, sehr weiche Rinde, welche in großen Stücken abgeschält, in Wasser erweicht und mit großen Holzklöppeln geschlagen wird, bis die starken Bastfasern sich gegenseitig verwickeln und ein elastisches, grobmaschiges Geflecht bilden. An der abgeschälten Stelle wächst die Rinde wieder nach, um auch nach einigen Jahren abgenommen zu werden, sodaß ein Baum den Negern unerschöpfliche Vorräte des gelblich-braunen oder rostfarbenen Rindenzeuges liefert.

Der betretenste Weg hinein ins Gebirge — natürlich ein ganz schmaler Pfad, da die Neger beim Schreiten einen Fuß vor den andern setzen — führt von Victoria an dem Ufer des rasch dahin rieselnden Victoriabaches aufwärts. Das Flüßchen bleibt unter dem Blätterdache, das sich über ihm wölbt, fast ganz verborgen, während der Wanderer im Schatten mächtiger Baumriesen dahinschreitet, deren Stämme langgefiederte Farne und buschige Orchideen wie mit einem struppigen Mantel umgeben. Winden mit violetten Blüten mit zahllosen Buschbohnen weben zur Seite einen dichten Teppich. Auch nachdem man in flacher Furt das Flüßchen durchschritten hat, geht es über flachen Boden durch einen dichten, auf weite Strecken indes von Bananen- und Ölpflanzungen unterbrochenen Wald; dann aber steigt das Gelände streng bergan. Auf dem lockeren Geröll des Bodens gleitet der Fuß leicht aus; nicht selten greift man unwillkürlich in die Sträucher zur Seite, um sich emporzuziehen. Aber mit dem Steigen verändert sich die Scenerie. Die mächtigen Stämme beginnen weiter auseinander zu rücken; der Boden wird sumpfig und läßt dichte Rohr- und Schilfmassen, darunter auch Zuckerrohr, aufsprossen, zwischen deren 5 oder 6 m hohen Stengeln in engem Durchschnitt der Pfad dahinführt. Überhaupt giebt es in dem ganzen Kwiri, dem die Flanken des Götterberges bedeckenden Buschlande, keinen Quadratmeter unbewachsenen Bodens: über alle schießt auf dem feuchten, verwitterten Vulkanboden die üppigste Vegetation hoch auf. Endlich bietet das Dorf Bongala, 400 m über dem Meere gelegen, eine Rast.

Alle Dörfer der Ba-kwiri, der Buschleute, sind weit zerstreut wie ein westfälisches Bauerndorf gebaut, aber dennoch rings mit einem hohen, aus starken Pfählen hergestellten Zaun umschlossen. Der Zweck desselben ist, die frei im Dorfe herumweidenden Kühe und Ziegen, sowie die Schweine zusammenzuhalten und zu verhindern, den außerhalb der Zäune angelegten Bananen-, Kassaven- und Ölpflanzungen Schaden zuzufügen. Auch für Fehdezeiten hat solch ein Zaun seinen Wert: er verstattet den in Schützengräben liegenden Verteidigern des Dorfes durch seine Lücken hindurch um so gefahrloser zu feuern. Eine Thür enthält er nirgends. Wo der Pfad einmündet, ist indes aus verschieden hohen Pfählen eine Art steile Treppe zum Eintritt in das Dorf gebildet.

Ein herrlicher Rückblick auf das Meer eröffnet sich von Bongala aus; erst von hier gesehen, offenbart sich die volle Schönheit der Ambas-Bucht. Steil führt der Pfad weiter; bald indessen gestaltet er sich fast zu einem Spazierwege nach dem nahen, in 510 m Höhe gelegenen Dorfe Banjongo. In langer Reihe klimmen die Hütten des Dorfes eine steile Lehne hinan, hinter welcher der Hauptkamm des Gebirges wie eine ungeheure Wand fast senkrecht sich auftürmt; aber nach vorn gleitet der Blick frei hinab über das grüne Gewoge des Urwaldes und über den blauen Spiegel des Meeres, bis er an den wunderlichen Formen des Bimbiabusches, die den Blick in weiter Ferne im Süden abschließen, haften bleibt.

Immer weiter zieht sich im dichten Walde der Pfad bergan bis zu dem 680 m hoch gelegenen Dorfe Mapanja. Es liegt sehr weitläufig über eine Waldblöße zerstreut; ja mit vereinzelten Häusern läuft es hoch in die Berge und den Buschwald hinein. Von hier reicht der Blick bis nach Kamerun hinüber: wie eine Landkarte liegt das Haff und das graugrüne Schwemmland, das die Krieks wie Silberfäden durchziehen, vor dem Auge ausgebreitet. Auf der höchsten Stelle des Dorfes liegt eine Gruppe ansehnlicher Gebäude, auf hohen Rost gestellt, das Sparr- und Fachwerk mit festen Baumrinden bekleidet. Es ist die schwedische Faktorei, der Mittelpunkt des Kameruner Kautschukhandels.

Im ganzen Gebirge, zumal an den südöstlichen Hängen, wird die blütenreiche, betäubend duftende Kautschukliane (Lan-

dolphia florida) gefunden.   Sie erreicht eine sehr bedeutende
Länge; bei weniger als 20 m Länge ist sie für die Saftgewin=
nung wenig brauchbar; bei 50 bis 60 m Länge dagegen ist sie
am saftreichsten.   Es werden dann mittelst einer Art Faschinen=
messer Einschnitte in die Rinde gemacht und die austretende
Milch in untergestellten Gefäßen aufgefangen.   Diese Milch wird
nun, damit der reichliche Wassergehalt verdampfe, bei mäßigem
Feuer gekocht und der Rückstand von weißgrauer Färbung für
den Handel in Stücke von der Gestalt einer kurzen, dicken
Gurke geformt.

Überhaupt ist die Vegetation bei Mapanja von einer über=
raschenden Üppigkeit und Saftfülle.   Denn den Boden bedeckt
überall eine tiefe Schicht wahrer Gartenerde, die aus verwitterter
Lava sich gebildet hat.   Und die nötige Feuchtigkeit bringen die
Nebel, die bald vom Meere herauf=, bald von den Bergen herab=
wallen.   Freilich beginnen, da die Jahrestemperatur um 6 bis
8° C. niedriger ist als an der Küste, die Palmen zu verschwinden;
nur die Ölpalme behauptet sich noch, aber sie giebt kein Öl mehr,
nur Palmwein wird aus ihrem Safte noch gewonnen.   Aber das
Zuckerrohr von Armesdicke wächst wild; ebenso der Kaffeebaum,
dessen sehr große, hellbraune Bohnen ein vortreffliches Getränk
geben.   Auch in den völlig verwilderten Kakaopflanzungen
fahren die Bäumchen ohne alle Pflege fort, Früchte zu bringen.
Aber die Eingeborenen wissen den Reichtum ihres Landes nicht
zu nutzen.   Sie hauen, um die Kautschukmilch bequem zu ge=
winnen, den ganzen Stamm ab, sodaß die Pflanze sich verblutet;
sie beschränken sich in ihrem Anbau auf „Plantanen", eine un=
veredelte Bananenart, auf Kassaven und auf Koka.   Die Koka=
pflanze (Colocasia esculenta), eine Aroidee, gleicht unserer Zim=
mer=Calla in Gestalt und Blättern.   Ihre Wurzelknollen sind
nach Geschmack und Stärkemehlgehalt unserer Kartoffel verwandt,
aber größer und länglicher in der Form.   Stark abgeschält und
gekocht bilden sie mit Stockfisch von der Küste fast die tägliche
Nahrung der Leute von Mapanja.

Hinter Mapanja steigt der Weg durch die weit ausgedehnten
Koka= und Plantanenpflanzungen des Dorfes und weiterhin durch
ein sumpfiges Gelände wieder bergan.   Rechts und links hat
man dichte Wände hoher Schilfmassen, über denen noch höhere
Palmenkronen und Baumwipfel in die Lüfte steigen.   Dann aber

folgt ein ungeheurer, mehrere Kilometer breiter Lavastrom. Seine Oberfläche ist in unzählige moosbekleidete Blöcke zerfallen und von zahllosen thalartigen Rinnen durchschnitten: ein ungeheures Trümmerfeld, auf dem sich hochstämmiger Laubwald angesiedelt hat. Überall gleitet der Fuß in dem groben, losen Geröll; bald sind mächtige Blöcke, bald umgestürzte Bäume zu überklettern; dann rutscht man in die schroffen Rinnen hinab, um sich jenseits mühsam an Wurzeln und Zweigen wieder emporzuziehen. Zudem verhindert die Dichtigkeit des Unterholzes jeden Überblick über die Umgebung.

Jenseit des Lavastromes liegt in einer Waldblöße das kleine Dörfchen Lekumbi. Dann folgt in nur halbstündiger Entfernung das 740 m hoch liegende größere Dorf Buassa. Aber den durch Pflanzungen und Wald führenden Pfad unterbricht eine sehr tiefe, wasserlose Thalrinne, in die es steil hinab, und an der andern Seite ebenso steil wieder hinaufgeht. Buassa, dessen Umgebung äußerst fruchtbar und sehr gut angebaut ist, gewährt endlich einmal wieder einen Ausblick auf die Umgebung. Über dem Dorfe türmt sich der gewaltige Gipfel des Götterberges auf; nach Süd= osten flacht sich das Gebirge in Hunderten von herrlich bewaldeten Berggipfeln ganz sachte zur Ebene hinab, und darüber hinaus trägt das Auge bis zur Swellabaspitze, ja bis zu den Höhen= zügen, welche das Deltaland von Kamerun in der Ferne ab= schließen.

Eine kurze Strecke führt von Buassa der Pfad noch weiter zwischen hohen Schilfwänden dahin; dann aber verändert er sich völlig: er zieht sich zu einer sanft gegen den Berg aufsteigenden Hochfläche empor, die einen fruchtbaren und landschaftlich sehr ansprechenden Eindruck macht. Unter sich erblickt man schön ge= formte, mit üppigem Wald überkleidete Hügel, über sich eine langgestreckte, steilschräge Wand, die bis zu einer gewissen Höhe dunkelgrün, darüber hinaus intensiv rotbraun gefärbt ist. Es ist die klare Bergluft, welche die Grenze des Baumwuchses so deutlich am Götterberge erkennen läßt, der von hier wie eine lang= gestreckte Wand sich darstellt, während er von der Ambas=Bucht aus, dem Ätna ähnlich, als Flachkegel erscheint. So geht es an Mimbia, das nahe bei Buassa liegt, vorüber bis zu dem großen Dorfe Bwea hin.

Das sehr volkreiche, d. h. 1100 Einwohner zählende Bwea

bedeckt eine Fläche, wie sie in Europa für eine hundertfach größere
Einwohnerzahl ausreichen würde.   Freilich umschließt es inner=
halb seines endlos langen Dorfzaunes ausgedehnte Weideplätze,
auf denen eine überraschend große Menge von Kühen, Schafen
und Ziegen ihre Nahrung findet.   Das Rindvieh ist viel größer
als das in der Ebene; in seiner Färbung zeigt es alle Mischungen
von Weiß, Braun und Schwarz.   Manche der Kühe tragen Glocken
aus getrockneten Kürbisschalen um den Hals, sodaß man in ein
Alpendorf sich versetzt glauben möchte.   Bei 770 m Meereshöhe
ist Bwea auch die höchstgelegene größere Siedelung im ganzen
Gebirge.   Seine Lage ist zudem sehr gesund; denn die ganze
Hochfläche, auf der es sich in langgezogenen Häuserreihen hin=
dehnt, ist fester trockener Lehm, nicht mehr der ewig feuchte Humus=
boden von Mapanja.

Auch die Bwea=Leute sind starkknochig und muskulös; ihre
Hauptbeschäftigung ist Viehzucht und besonders Jagd in den um=
liegenden Wäldern und weiten Grasfluren.   Sie sind die letzten
echten Bakwiri; denn hinter Bwea senken sich schon die Gebirgs=
flanken stetig zum Hinterlande hinab.

Die Bakwiri sind überhaupt, obwohl mit den Dualla
gleichen Stammes, von stärkerer körperlicher Entwickelung als
diese; freilich nur die Männer, sodaß die Weiber im Vergleich
um so zierlicher und schwächer erscheinen, obgleich auch sie im=
stande sind, centnerschwere Lasten stundenlang bergauf, bergab zu
tragen.   Sklaverei ist bei ihnen unbekannt; so ruht denn auf
den Weibern allein alle Arbeit.   Wie bei den Dualla bilden auch
bei den Bakwiri seine Frauen den eigentlichen Besitz des Mannes;
aber das Buschvolk ist so arm, daß gar manche Männer es nicht
erschwingen können, sich auch nur eine Frau zu kaufen.   Daher
ist auch der Schmuck, den sie tragen, kümmerlich; selten sieht
man Perlenketten, öfter schon Leopardenzähne, die, zwei oder
drei auf eine Schnur gezogen, als Schmuck und zugleich als
schützendes Amulett dienen.   Die Weiber stecken Papierdüten, auch
Patronenhülsen als Schmuck in ihr linkes Ohrläppchen.   Aus
Armut begnügen sie sich auch mit einem bloßen Schurz als Klei=
dung, obgleich sie sehr unter der Kühle des Bergklimas leiden
und nächst einer Flinte nichts wünschenswerteres kennen als eine
Decke oder einen Rock.   Auch ihre Hütten sind dürftig; die Wände
bestehen aus geflochtenen Matten, das Dach aus einer dichten

Schilfmasse. Ein niedriges Loch führt in das fensterlose, rauch=
geschwärzte Gemach, in welchem ein roher Holzblock die Stelle
aller Möbel vertritt.

Den geringen Ackerbau, den sie treiben, besorgen die Wei=
ber; die Männer gehen auf die Jagd, für welche sie eine Art
kleiner, hyänenähnlicher Hunde dressieren. Gegen Leoparden,
auch gegen Büffel thut sich ihrer eine größere Anzahl zusammen
und geht mit ziemlichem Mute dem Tiere zu Leibe. Ihre
Haustiere schlachten sie nur zu festlichen Gelegenheiten; ihr ge=
nügsames hörnerloses, dafür aber mit lang herabhängenden
Ohren und einer Mähne geschmücktes Schaf sieht man allent=
halben in den Dörfern, noch häufiger Ziegen, und die kleinen,
mit schwarzen Borsten versehenen Schweine üben die Stra=
ßenpolizei aus. Hunde werden daneben auch gegessen. Rind=
vieh giebt es erst von Bwea an, weil erst von dort an Weiden
sich finden. Alles Fleisch wird mit der Haut gekocht und mit
dieser gegessen. Das Getränk zur Mahlzeit ist Palmwein. In=
dustrie ist bei den Bakwiri wenig zu finden; doch zeigen sie
große Geschicklichkeit in der Korbflechterei für Hausbedarf. Ihr
Material sind geschälte oder gespaltene Weiden, auch dünnge=
schnittene Holzspäne. Daraus stellen sie Körbe, Reusen, Tanz=
kastagnetten und Taschen in vortrefflicher Weise her.

In den religiösen Vorstellungen der Bakwiri scheint ein
guter, besonders aber ein böser Geist die große Rolle zu spielen.
Götzenbilder besitzen sie nicht; wohl aber trifft man mitunter
auf eingefriedigte Gebüsche, vor denen Opfergaben niedergelegt
sind. Der Glaube an Hexerei beherrscht sie durchaus. Die
Fähigkeit, ihr nachspüren zu können, trauen sie ihren Fetisch=
männern zu. Diese spielen daher bei ihnen eine große Rolle.
Als Wahrheitsprobe wenden sie, wie die Dualla, den Gift=
trank an.

Jedes Dorf bildet einen Staat für sich. An der Spitze
eines jeden steht ein erblicher Häuptling, dem sie indes kaum
mehr als einige Ehrenrechte, wie den Vorsitz im Palawer, zu=
gestehen. Bei diesem Mangel staatlichen Zusammenhaltes sind
Fehden der Gemeinden untereinander sehr häufig, bei denen es
wohl zu blutigem Handgemenge, ja zum Erstürmen des feind=
lichen Dorfes kommt. Um so inniger halten die Familien —
wie die herrschende Blutrache zeigt — und die Gemeinden unter

sich zusammen. Jagdbeute und Geschenke werden in der Regel an das ganze Dorf verteilt. Freilich sind die Bakwiri begehrlich, bei Gelegenheit sogar diebisch, aber doch in ihrem ganzen Wesen harmlos und fröhlich; sie lachen gern und viel und lieben Musik und Tanz über die Maßen. Das ist ihre Unterhaltung an den späten Abendstunden, oft bis tief in die Nacht hinein. Ihr Tanz ist ein Ringtanz, bei dem Männer und Weiber unter eigentümlichen Bewegungen der Schultern und Hüften mit lang= samem, stampfendem Schritte im Kreise sich bewegen, bis von Zeit zu Zeit ein Paar aus der Reihe hervortritt und in der Mitte des Kreises Solo tanzt.

Für Musik vollends zeigen sie eine wahre Leidenschaft. Sie singen fast den ganzen Tag. „Dabei entfalten sie ein fei= nes musikalisches Gehör. Sie geben ihre Melodien auffallend rein wieder, lassen halbe Töne scharf zur Geltung kommen und treffen selbst nach längerer Pause die vorher angeschlagene Ton= art genau wieder. Sie haben auch Anfänge von Harmonien, Zwei= und selbst Dreiklänge. Auch zeigt ihre ganze Sanges= weise etwas Dramatisches, Chor und recitativartiges Solo wech= seln beständig. Eine ihrer beliebtesten Tanzweisen ist folgende.

Der Chor singt (c-dur):  Darauf setzt der

Solist (häufig eine Frau) in d ein und geht, indem das Reci= tativ immer rascher und leidenschaftlicher wird, allmählich nach e über, worauf der Chor wieder den Refrain in oben angege= bener Weise singt. Die Stimmen, obwohl vielfach von der An= strengung etwas heiser, entfalten sich dabei mit einer wahrhaft grotesken Mächtigkeit. Selbst die Thätigkeit von nur sechs oder acht solchen Sängern schallt auf weithin durch den Urwald."[1] Die Texte zu diesen Gesängen sind teils feststehende, teils im= provisieren sie dieselben bei Gelegenheit selbst. In unerschöpf= lichen Wendungen rühmen sie dann ihre Vorzüge, ihre Thaten, ihr Land.

Aber den erhabensten Stoff, den sie tagtäglich vor Augen haben, lassen sie sich entgehen: den himmelansteigenden Götter= berg selbst. Denn niemand von ihnen ist noch da oben ge=

---

[1] Bernhard Schwarz, Kamerun. Reise in die Hinterlande der Kolonie, S. 159, 160.

wesen. Nur Europäer haben bis jetzt das kühne Wagnis unternommen.

Der Aufstieg zum Gipfel des Götterberges wird durch
die Lage der höchsten an seinen Flanken sich findenden Quelle
bestimmt. Das ist die von dem deutschen Botaniker Gustav
Mann entdeckte und nach ihm benannte Quelle. Sie befindet
sich in 2130 m Höhe an der südwestlichen Seite des Berges.
Zwar hat der Schwede Levin nördlich von ihr, viel näher am
Gipfel in 2740 m Höhe, noch eine andere Quelle gefunden; aber
sie ist nicht ausdauernd, während Manns Quelle zu allen Jahreszeiten fließt.

Scharf ist, wenn man von Süden her zu Manns Quelle durch
den Urwald hinaufsteigt, dessen Grenze gezogen: eben noch arbeitet man sich durch ein überwucherndes Pflanzendickicht unter
stattlichen Waldbäumen mühselig hindurch, da wird es unver-
mutet heller unter dem dichten Blätterdach, und man tritt auf
eine grasige Berghalde ohne Baum und Busch hinaus. So
plötzlich, ohne jeden Übergang und Ausläufer endigt der Urwald.
Nur in besonders geschützten Bergmulden findet man fernerhin
noch größere oder kleinere Waldinseln; aber mit 2900 m erstirbt
jeder Baumwuchs in der Höhe. Bergauf, bergab geht es nun
über das Grasland, hin und wieder auch eine Strecke durch
einen Thalwald, zu der Quelle. Sie ist ein etwa 30 cm tiefes
Loch von einem Quadratmeter Oberfläche; in geringer Menge
sickert aus dem höher gelegenen Boden das Wasser kalt und kry-
stallrein auch in der Trockenzeit hinein und schafft sich bergab
nur einen spärlichen Abfluß. In der Nähe der Quelle liegt der
kahle, braune Kraterkegel Mokundo, der einen interessanten Ausblick gewährt. In der Tiefe des Kraters erblickt man nichts
als Lavageröll und tief eingerissene Schlünde, während nach
Norden eine mächtige Gruppe von hohen, kahlen Bergen in rot-
brauner und strohgelber Färbung, hie und da von Lavawogen
in dunkleren Streifen durchzogen, vor dem Auge sich aufbaut,
ostwärts aber der hohe Kamm eines ungeheuren Lavastromes
den Blick abschließt. Feierliches Schweigen liegt über der großen Scene, durch das nur hin und wieder einmal der Schrei
eines Adlers hoch in den Lüften sich hörbar macht.

Ndabo Bwea, die Jägerhütte der Bwea-Leute, in 2600 m
Höhe, bei einer wenigstens zuzeiten fließenden Quelle, ist die

zweite Station des Aufstiegs. Zu neun Zehnteln führt der Weg
dorthin trotz gelegentlicher Senkungen allmählich bergan; erst
das letzte Stück steigt steil aufwärts. Endlosen Eisenbahndäm=
men gleich durchziehen erstarrte Lavaströme das Land. So mag
es auf dem Monde aussehen: nichts als Lavageröll und Krater=
höhlen, tiefe Spalten und Risse im Gestein, bedeckt mit Asche
und kurzem Büschelgras; hin und wieder ein gelbes, sternförmi=
ges Blümchen, an kurzem Stengel dicht über dem Boden blü=
hend. Denn wenn das bräunliche Gras auch unten an der
Waldgrenze hoch und kräftig ist, so verkrüppelt es mit der Höhe
immer sichtlicher in dem steinigen Boden. Spärlich sind die
Mulden, in welchen verkrüppelte Bäume und gelbe Strohblumen
noch Schutz finden.

Die Jägerhütte ist weiter nichts als ein 3,7 m langes und
1,2 m breites Hausdach aus Zweigen und Palmblättern, das un=
mittelbar auf den Erdboden gestellt ist. In ihm rasten die
Jäger oder Handelsleute, die in einem starken Tagemarsche von
Bwea heraufgestiegen sind; denn von Bwea führt um die Ost=
seite des Berges herum ein Handelspfad nach den nördlichen
Gehängen des Gebirges. Aber das Wasser der Quelle wird oft
durch faulige Stoffe darin untrinkbar; doch läßt es eine Oase
von grünen Bäumen und Blumen gedeihen.

Von der Jägerhütte geht es steil zum Gipfel des Berges
empor, den man gerade nordwärts vor sich sieht. Auch die
letzten Bäume verschwinden; strauchartige Butter= und Stroh=
blumen, weißgraues Gestrüpp, dunkelbraunes Moos bildet nur
noch die spärliche Vegetation. Immer zerrissener wird die Lava=
decke; ganze Strecken sind mit Zinder überschüttet, der ganz das
Aussehen von Kohlenschlacken hat. Streckenweis trägt die Lava
eine ziegelrote Färbung. 600 m hoch türmt sich endlich über
dem allen der Gipfel empor. Nach Westen und Norden ist der
alte Kraterrand in sich zusammengestürzt: ein zackiger Rand blieb
stehen, mehr ein Kamm als eine Fläche: nach der einen Seite
in einen grauenhaften Abgrund von rotem Gestein abstürzend,
in dem in der Tiefe zwei gewaltige, schwarze Kraterschlünde
gähnen, nach der andern zu einem steilen, mit kümmerlichen
Moosen bestandenen Gehänge abfallend. Aber ein unbeschreib=
lich großartiger Blick eröffnet sich von der Höhe auf diese Krater,
diese Lavaströme, diese Lavameere, hinab auf das dunkle Busch=

land, auf das glitzernde, inselreiche Meer: es ist ein ganzes Königreich, das von hier ein Blick umspannt.

Ein Lager feiner schwarzer Asche trennt die beiden höchsten Gipfelerhebungen voneinander, von denen die Victoriaspitze[1] sich bis zu 3960 m, die nordwestlich davon gelegene Albertspitze[2], in deren Nähe man eine noch rauchende Solfatara will wahrgenommen haben, gar bis zu 3991 m auftürmt: die höchste Erhebung im ganzen Umkreise des Atlantischen Oceans.

4. Das Hinterland am Mungo.

Der Mungo ist die große Lebensader des ausgedehnten Gebietes, das sich vom Kamerun-Gebirge nordöstlich nach dem Hochlande von Adamaua und ostwärts nach dem Innern zu, wo dem deutschen Gebiete gar keine Grenzen gezogen sind, erstreckt. Es stellt sich im allgemeinen als eine flache Mulde dar, welche von Süden nach Norden in deutlich unterschiedenen großen Stufen ansteigt. In entgegengesetzter Richtung fließend, verläßt der Mungo, anfangs ein schöner Gebirgsbach, in den sich zahlreiche, nicht unbedeutende Wasserläufe ergießen, in Stromschnellen zwischen roten Granitblöcken hindurchbrechend, die Oberstufe; von dem Hafen Mundame an wird er schiffbar und bildet nunmehr die große Verkehrsstraße des Hinterlandes und die natürliche Zufahrt zu demselben von dem Kamerun-Haffe her.

Die Mündung des stattlichen Stromes ist durch Schwemmland ganz verbaut. Mit zahllosen Wasserläufen durchbricht er dasselbe; aber als seine eigentliche Mündung, obgleich weit gegen Westen verschoben, erscheint der durch die Flutwelle ausgeweitete Modeaka-Kriek, dessen nördliche Erweiterung den Namen „Möwe-See" erhalten hat. Zwischen zahllosen Inseln hindurch, die teils nur mit Mangroven, teils auch mit Öl- und Raphiapalmen bewachsen sind, führt, wenn man die kürzere Zufahrt durch die Kriks wählt, der Weg. Streckenweise führt dann die schmale Fahrstraße durch einen ununterbrochenen, von zahlreichen Vögeln belebten Ölpalmenwald, dessen elegante, oft 2 m lange Blätter sich anmutig über die Wasserfläche hinüberbeugen. Endlich er-

---

[1] Bestiegen von Robert Flegel (1879), Hugo Zöller (1884) u. a.
[2] Bestiegen von Gustav Mann (1862).

reicht man, am Anfange des Mungo=Deltas, das große Dorf
Mungo, in dessen landseeartigem Hafen sich der Verkehr aus
dem hier erst seine Spaltungen beginnenden Strome sammelt.

Die Ufer des ungeteilten Stromes werden, je weiter man
ansteigt, immer etwas höher. Schöner Hochwald mit dichtem
Unterholz ist zu beiden Seiten sichtbar. Von Zeit zu Zeit fesseln
Tulpenbäume mit prachtvollen roten Blüten den Blick. Ver=
einzelt zeigen sich Hügel; überall ist Busch und Wald; nur in
der Nähe von Ortschaften unterbrechen ihn Anpflanzungen, in
denen die Mungo=Leute ihren Bedarf an unveredelten Bananen,
Maniok, Yams und süßen Kartoffeln ziehen. Zahlreiche Fährten,
die zum Wasser hinabführen, beweisen das häufige Vorkommen
von Elefanten; die Tiere selbst bekommt man bei Tage nicht
eben leicht zu Gesicht. Reiher dagegen, Falken, Rohrdommeln
und Strandläufer beleben die Landschaft, hin und wieder auch
ein scheues Äffchen, das neugierig aus der Ferne von einem
Zweige herablugt. Dicht folgen sich am Ufer die Ortschaften.

Bei dem Dorfe Ekumbi mündet von rechts, gerade von
Norden herkommend, der Kokaijoke, den man auch den Kleinen
Mungo nennt, in den Strom ein: sein Lauf bezeichnet die Furche,
mit der eine neue, höhere Landstufe anhebt. Die gewaltige Auf=
schüttung des Götterberges verläuft nach Osten nicht allmählich
in das Flachland, sondern wie eine Felsinsel bricht sie schon eine
Tagereise hinter Bwea, bei dem Dörfchen Lisoka, das noch 590 m
hoch liegt, „wie ein jähes Kirchendach“, zur Niederung ab.
Diese erfüllt bis an den Kokaijoke feuchter, mooriger oder lehmi=
ger Humusboden, dessen Fruchtbarkeit dichte Siedelungen und
einen mächtigen Waldbestand mit üppigem Unterholz gestattet,
während die sumpfigen Niederungen von Schilfdickichten einge=
nommen werden. Jenseit des Flüßchens aber hebt sich der Bo=
den; er wird mehr sandig und trocken und zeigt eine ziemlich
ebene Oberfläche, die nur von zahlreichen Wasseradern in jäh
eingeschnittenen Betten tief durchrissen wird. Damit wird auch
die Vegetation eine andere. Es erscheinen durchweg Bäume mit
glänzenden, klebrigen, lederartigen Blättern, meist dünne Stämm=
chen, über denen von Zeit zu Zeit ein Baumriese emporragt
und sein undurchdringliches Laubdach über das Ganze ausbreitet.
Unterholz giebt es gar nicht, Blumen sind selten. Das kahle,
braune Erdreich tritt unter den Bäumen zu Tage. In ganzen

Rudeln lebt in diesen Wäldern der Elefant, breite Schneisen zu den Wasserplätzen hindurchbrechend. In den Baumwipfeln kreischen graue Papageien, gurren wilde grüne Tauben und schweren Fluges schweben Nashornvögel und große Pfefferfresser von Ast zu Ast.

Die Luft in diesen Wäldern ist dumpfig, von modrigem Geruch; die menschlichen Ansiedelungen sind sparsam und drängen stets nach den Wasserläufen hin. Wo gar zwischen zwei nahen Gewässern und freierer Luft eine Terrasse aufragt, da kann man sicher sein, ein Dorf zu finden. Es sind die Bakundu, mit den Dualla gleichen Stammes, welche hier ihre Wohnsitze haben, klein, mager und schwächlich anzusehen. Aber sie bauen sich recht stattliche Häuser; 50—60 Schritt lang, acht Schritt breit werden diese aus Baumstämmen mit regelmäßigen Giebeldächern aufgeführt. Sorgfältig gearbeitete, hohe Schiebetüren führen in das vom Rauche schwarzbraune glänzende Innere. Gesimse umziehen dies in der Höhe, auf denen gespaltenes Brennholz aufgestapelt liegt, und in den Ecken sind besondere Verschläge zum Schlafen abgeteilt. Ihre Dörfer umziehen die Bakundu an der Wasserseite mit starken Pallisaden, durch welche nur ganz schmale Thüren aus massivem Holze hindurchführen. Der Zweck scheint weniger Verteidigung als Zollerhebung zu sein.

Messinge ma Kake ist die letzte Bakundustadt. Auf dem rechten Ufer des Kake, auf einer Hochfläche dicht an den Fluß gedrängt, liegt die Sklavenstadt, jenseit desselben, über einen weiten, grasigen Plan verstreut, die Stadt der Freien. Aber der Kake scheidet nicht nur zwei Völkerschaften, er scheidet auch zwei Landstufen; denn von seinem Laufe beginnt der Anstieg zur Oberstufe des Mungolandes. Wenig oberhalb der Einmündung des Kake in den Mungo liegen die Katarakte des Mungo, die seinen Oberlauf abschließen, und wenig unterhalb der Einmündung des Kake liegt auf dem hohen, bewaldeten Mungoufer in einer Waldlichtung, von hohem Grase fast überwuchert, Mandame, ein Dörfchen von einem Dutzend Hütten, der erste Hafen am Mungo.

Der 80 m breite Strom macht hier einen sehr stattlichen Eindruck. Zwischen hohen Ufern zur Rechten und zur Linken fließen seine trüben Wogen mit voller Ruhe dahin. Denn wenn auch das Dorf 110 m hoch liegt, so hat der Fluß doch von hier bis zu seiner Mündung nur noch 40 m Gefälle. Mit wunderbarer Pracht entwickelt am Wasserspiegel sich die Vegetation. Guirlanden von blütenreichen Schlingpflanzen laufen an mächtigen Stämmen empor, um von oben schaukelnd bis zum Flusse wieder niederzuhängen; hier und da tritt bis an das Wasser ein altersgrauer Sandsteinfelsen oder eine breite Wand heran, aus deren Spalten zarte Farnkräuter ihre zierlichen Wedel vorstrecken. Hier in kühnem Bogen, dort in behaglicher Breite fließt der Fluß dahin; dann engen Inseln, mit grünen Buschmassen bedeckt, oder dürre Sandbänke ihn ein, und mit Strudeln und Wirbeln drängt er sich rauschend durch die Enge. Oder ein Bergbach, aus der Höhe schäumend ihm zuschießend, versetzt auf eine kurze Strecke ihn in unruhige Wallung. Dort steht, bis an die segelartig aufgeblähten Ohren eingesunken, ein Elefant, sich kühlend in der Flut; Bachstelzen spazieren auf den umgesunkenen Baumstämmen hin und her, und weiße Möwen streichen lauernd dahin über die weite Wasserfläche, auf der träge hin und wieder mit vollem Blattwerk ein losgespülter Waldbaum hinabtreibt. Menschen sieht man kaum; selten einmal lugt aus dem Buschwerk am hohen Ufer eine Hütte oder ein offener Warenschuppen hervor, oder ein Handelskanoe, von acht oder zehn nackten Sklaven langsam vorwärts getrieben, während der dunkelhäutige Händler unter einem schützenden Schirmdach am Stern das Steuer führt, legt einschwenkend bei Mandame an.

Dicht bei dem Hafen, südwärts, mündet auch der Mukundu ma Mbu, der in tief eingeschnittenem Bette, dem Kake gleichlaufend, das Bakunduland durchzieht. Er kommt aus einem bedeutenden See, welcher weiter landeinwärts an den Stufen des Oberlandes unter 5° nördl. Br., einen Grad nördlicher als das Kamerun-Haff, liegt. Es ist der Mbu oder Elefantensee. Er ist fast 7 km lang, von rundlicher Gestalt; dicht bewaldete, hohe und steile Ufer fassen ihn ein. Seine Entstehung scheint er vulkanischen Kräften zu verdanken; wenigstens ist an seinem südöstlichen Ende eine tiefe Schlucht aufgerissen, die mit 70 m hohen, aus Grünstein bestehenden Wänden auseinanderklafft. Die Tiefe des Sees ist sehr bedeutend, sein Reichtum an Fischen groß. Sein größter Zufluß ist der 6—7 m breite Sowe, der an der Westseite in Katarakten zu ihm hinabstürzt, während

der Mukundu durch jene romantische Schlucht zwischen mäch=
tigen Felsblöcken seinen Weg zum Mungo schäumend mit star=
kem Gefälle sucht.

Am Nordufer des Sees liegt das aus etwa 40 Hütten be=
stehende Dorf Barombi ba Mbu; doch brauchen die Anwohner
diesen Namen auch für den See. An der Südseite dagegen,
1 km vom See entfernt, ist die Barombi=Station errichtet.
Ihr Zweck sind wissenschaftliche Beobachtungen, sowie kulturelle

Barombi=Station.

Versuche und Studien. Sie besteht „aus einem Wohnhause für
drei Europäer, mit darunter befindlichem Lagerraum und der
Werkstatt für den Zimmermann, einem Leutehause für 80 Ar=
beiter, einem Dolmetscherhause für acht Mann, einer Küche,
einem Geflügelhause und einem meteorologischen Observatorium.
Das Wohnhaus ist 9,5 m lang, 6 m breit und steht auf 2 m
hohen Pfählen. Die Zimmerhöhe vom Fußboden bis zum Dach=
first beträgt 6,5 m. Auf der Südwestseite befindet sich eine 1,5 m
breite Veranda, zu welcher eine 90 cm breite Treppe mit neun

Stufen emporführt. Das Haus enthält drei Zimmer, deren mittelstes als Eß- und Arbeitssaal dient. Sämtliches zum Hausbau nötige Material ist inländischer Herkunft mit Ausnahme der Angeln der Thür am Lagerraume. Die Balken sind durch Holzpflöcke miteinander verbolzt, das Sparrengerippe des Daches durch Lianen mit dem Hauptbalken verbunden. Die Wände sind aus Matten von Blättern der Raphiapalme gefertigt, ebenso auch das Dach. Die Möbel sind teils aus Bambus, teils aus leicht zu bearbeitendem, weichem Holze hergestellt, und somit die ganze Station auf möglichst billige und einfache Weise eingerichtet". [1]

Die Wetterbeobachtungen der 320 m über dem Meere gelegenen Station zeigen, daß die mittlere Temperatur um 1,4° C. niedriger ist als in Kamerun; die mittleren Minima liegen um 2,5° niedriger, die absoluten Extreme um 0,9° höher, resp. um 1,8° niedriger. Die Regenmenge ist um 70 % geringer als in Kamerun, wenn auch einzelne Monate, namentlich der Trockenzeit feuchter sind als dort. In den eigentlichen Regenmonaten Mai und Juni jedoch ist der Regenfall dort mehr als doppelt so groß wie in der Barombi-Station. Auch die Zahl der Regentage ist in Kamerun merklich größer als in der Station. Nicht minder ist es die Bewölkung, namentlich in den Abendstunden.

Buschwald, wie im Bakundulande, bestimmt auch bei der Barombi-Station noch überwiegend den Charakter der Landschaft; aber er zeigt hier dichtes, undurchdringliches Unterholz von Rotang, Farn und zahlreichen Schlingpflanzen. Ja, nicht selten haben die Kletterpflanzen den Baum, der sie emportrug, erstickt, und dessen kahle Äste starren nun aus den üppig grünen Verschlingungen hervor. Einen ähnlichen Anblick bieten nicht selten die Pflanzungen der Eingeborenen dar. Diese reinigen, wo sie ein Feld bestellen wollen, den Boden nur von den krautartigen Gewächsen, dem Buschwerk und den Lianen, aber die Stämme, selbst dünnere, lassen sie stehen. Um diese werden nun das ausgerodete Strauchwerk und die trockenen Blätter aufgehäuft und angezündet; infolge desselben sterben die schwächeren Stämme bald, die stärkeren langsamer ab, und das Ackerfeld mit den

---

[1] E. Zintgraffs Bericht in den „Mitteilungen aus den deutschen Schutzgebieten", herausgegeben von Freiherr von Danckelman, 1888, S. 44, 45.

toten Bäumen macht einen traurigen Eindruck, obgleich unter ihnen ganz fröhlich Koka und Plantanen, Yams und Bohnen gedeihen.

Überall in dem Buschwalde trifft man die pilz= oder keu=lenförmigen, oben abgeplatteten Nester der Termiten; überall hört man ihr eigentümliches Ticken im Walde; in jedem alten Baumstamme, unter jedem alten Steine findet man sie. Häufig hört man auch das sonderbare raschelnde Geräusch, das sie machen, wenn sie auf dem Marsche sind. Seltener trifft man auf einen Ameisenzug. Es sind Millionen der kleinen, 1 cm langen Tierchen, die ein solcher Zug umfaßt. Zu einem end=losen, mehr als handbreiten Bande geordnet, marschieren sie einher, in der Mitte die Arbeiter, zu den Seiten mit kühn er=hobenen Kiefern die etwas größeren Soldaten. Was ihnen in den Weg kommt von irgend freßbaren Dingen, fällt ihrer Gier zum Opfer. Alle Lebensmittel in den Häusern fressen sie weg; selbst kleinere Tiere, die mit der Flucht säumen, erliegen ihnen. Nichts vermag sie aufzuhalten; nur durch eine geschlossene Linie hell lodernden Feuers vermag man ihren Zug in andere Rich=tung abzulenken.

Wenig westwärts vom Elefantensee liegt die Wasserscheide, welche die Zuflüsse des Mungo von denjenigen Wasserläufen sondert, die direkt dem Atlantischen Ocean sich zuwenden. So liegt in geringer Entfernung von der Quelle des Sowe der Ur=sprung des Memé, welcher, gerade südlich auf das Kamerun=Gebirge zufließend, alle der Nordseite desselben entfließenden Ab=läufe in sich vereinigt, indem er selbst zu westlichem Laufe ab=biegt. Zehn Minuten unterhalb des großen Dorfes Ekumbi Naëne stürzt er sich, 140 m breit, geräuschvoll über eine 25 m tiefe Felsstufe hinab. Damit betritt er das Tiefland, in wel=chem er sofort in nordwestliche Richtung umbiegt und in zahl=reichen Windungen seinen Weg zum Ocean sucht. Fast nur durch dichten Urwald geht hier sein Weg; nur selten unterbricht diesen einmal eine größere Fläche offenen Graslandes. Für die Schiff=fahrt ist er unbrauchbar; nur das breite Ästuar, in welches er rechtwinklig einmündet, wird befahren.

Wendet man sich dagegen vom Sowebach in mehr westliche Richtung, so beginnt das Gelände bald zu steigen; allmählich nimmt es einen wellenförmigen Charakter an und wird dann

7*

hügelig bis zu einem stark abgewaschenen Hange hin, über dessen
horizontale Sandsteinschichten der Weg fast treppenartig hinüber-
führt. Hier ist die Wasserscheide. Denn schon der nächste Bach,
auf den man trifft, der zwar 15 m breite, aber nur 10 cm
tiefe Mbire, hat zu dem Meme seinen Abfluß. Immer aber
dauert der Buschwald noch an, über dem sich das dichte Blätterdach von Riesenbäumen wölbt, daß kaum ein Sonnenstrahl durch-
dringt. Allmählich indes wird der Wald lichter; Dörfchen tauchen auf, von weitgedehnten Plantanenpflanzungen umgeben.
Auch der Meme erscheint hier nur noch als ein Bach; 35 m
breit, aber nur 15 cm tief, eilt er in sehr steinigem Bette nach
Süden dahin.

Vom Meme aus gelangt man durch ein von zahllosen Ele-
fantenpfaden gekreuztes Waldgebiet an den Bach Mbo; er fließt
nach Nordwesten: wir sind aus dem Gebiete des Meme in
das des Massake hinübergelangt. Mit seinen beiden Quell-
flüssen, dem Akfat und dem Dokeri, umspannt dieser ein schnell
bis zu 800 m aufsteigendes Hochland, aus dem er seinen Wasserreichtum bezieht. Denn auf seinem ganzen gewundenen Laufe
im Tieflande von dem Dorfe Bigunda an, wo die Quellflüsse
sich vereinigen, ist er für Schiffe von 2—2,5 m Tiefgang zu
befahren. Auch der Massake endigt (bei der Krokodilinsel) in
ein sehr geräumiges, dreimal so tief wie das des Meme in das
Land vordringendes Ästuar, das überdies durch kriekartige Wasserläufe nach Osten mit dem des Meme, nach Westen mit dem des
Rio del Rey verbunden ist.

Dieser Rio del Rey oder Maschantu ist eigentlich weiter
nichts als ein weit und tief in das Land eindringendes Ästuar,
das auf beiden Seiten von Mangrovesümpfen eingefaßt ist. Ein
Fluß mündet gar nicht hinein; lediglich die oceanische Flutwelle,
aufgestaut an der ihre Richtung scharf ändernden Küste, hat
diese weiten Ästuarien ausgespült. Was als einmündender
Fluß des Rio del Rey erscheint, ist ein Kriek, welcher von dem
nächst folgenden Flusse, dem Akwa Jafe, etwas südlich von Ar-
sibons Dorfe anhebend, zu dem nördlichen Ende des Rio del
Rey herüberreicht. Der Akwa Jafe mündet selber in das Ästuar
des Old Calabar; er liegt schon jenseit des deutschen Gebietes.
Denn die deutsche Grenze zieht an der Westküste des Rio del
Rey, dann am Arsibon- oder Rio del Rey-Kriek nordwärts

und lenkt danach von dem oberen Ende dieses Krieks in gerader Richtung zu den Stromschnellen des Old Calabar (9° 8′ östl. L.) hinüber, von wo sie, den Oberlauf des Old Calabar und der linksseitigen Benuë-Zuflüsse abschneidend, bei Jola etwa unter 9½° nördl. Br. den Benuë selbst erreicht.

Die Oberstufe des Mungolandes, zu der man ziemlich steil aus dem Thale des Kake emporsteigt, stellt sich als eine weite und fruchtbare Hochfläche dar, welche bald eine Seehöhe von 300 m erreicht. Der Buschwald tritt immer mehr zurück; ausgedehnte Pflanzungen und zahlreiche Dörfer beherrschen die Landschaft. Basárami bilden von jetzt an die Bevölkerung zu beiden Seiten des Stromes. Wenngleich den Bakundu nahe verwandt, sind sie doch körperlich stärker und auch in ihrem Wesen entwickelter als diese. Neben ausgedehntem Ackerbau treiben sie mannigfache Industrie; sie flechten Taschen und Matten aus gefärbten Gräsern; es fehlt nicht an Schmieden und Tischlern unter ihnen. Zur Jagd verwenden sie ungeheure Netze, mit denen ein ganzes Waldrevier umspannt werden kann. Ihr Land beginnt an dem ansehnlichen Flusse Kumba, welcher mit lautem Getöse, 30 bis 40 m breit, über rissige Bänke dahinschäumt. Hart an seinem linken Ufer liegt die Stadt Kumba, eine einzige, wohl 2 km lange Straße, so sauber gehalten, daß jeder aufsprießende Grashalm mit einer Hacke ausgerodet wird. Auch Basson wird die Stadt wie die ganze Landschaft genannt.

Wo Waldstrecken zwischen den weiten Pflanzungen sich erhalten haben, zeigen sie auf dem dunklen Boden, welcher vulkanische Spuren trägt, dichtes Unterholz; wie Glockenzüge hängen von den gewaltigen Stämmen üppige Gummilianen herab. Und wiederum über die Ackerfluren der zahlreichen Farmen ragen allenthalben stolze Kokospalmen und leuchtend blühende Tulpenbäume empor, unter denen Bohnen und Mais in weiten Flächen trefflich gedeihen; denn sorgfältig wird alles Unkraut gereutet, das den Pflanzen Nahrung entziehen könnte. Auch an Wiesen fehlt es nicht, auf denen dem weidenden Rindvieh, einer graubraunen, kräftigen Rasse, das Gras bis zum Bauche reicht.

So setzt sich die Landschaft auch auf der linken Seite des oberen Mungo fort. Bei dem Dorfe Mafura führt eine feste Brücke über den hier 60 m breiten und beträchtlich tiefen Strom. Sie ist an je zwei auf den beiden Ufern stehenden starken Bäumen

befestigt und wird durch ein dickes Tau gebildet, welches aus
etwa 10 Lianen gewunden ist; gabelförmige Äste, daran befestigt,
tragen die Einfassung der Seiten, und Lianentreppen an den
Enden führen bequem hinauf und hinab. 15 km jenseits aber
erhebt sich das Bafárami-Gebirge und setzt der Landschaft die
Grenze. Es ist ein stolzer, gipfelreicher Höhenzug von etwa
3000 m Höhe. Die höchste Erhebung, von den Eingeborenen
„Kuppé“ genannt, steigt gerade südlich über dem auch schon
750 m hoch liegenden Dorfe Njanjosso empor.

Die nördlichste Verzweigung des kamerunischen Stammes
sind die Batóm. Bis hierher bleibt daher auch das Aussehen
und die Bauart der einzelnen Dörfer mit ihren zusammenhängen-

Lianenhängebrücke über den Mungo.

den Häusern und den in der Mitte der Dorfstraße befindlichen
Versammlungshäusern ziemlich unverändert sich gleich. Die
Gegend stellt ein hügeliges Gelände dar, dessen große Wasserader
immer noch der Mungo ist. Indessen bald hinter dem Dorf
Mabisse beginnt der Boden zu steigen. Die Landschaft gewinnt
ein anderes Aussehen; der Wald wird stellenweise sehr licht und
hier und da stellt sich allmählich Grasland ein. Die Anlage der
Ortschaften und der Bau der Häuser ändert sich, und über alles
zeigt die veränderte Sprache, daß der Stamm der Bewohner ein
anderer ist. Diese Völkerscheide fällt mit der Wasserscheide zusammen; denn mit den Batom endigt das Stromgebiet des
Mungo, mit den Mabum und Banyang beginnt dasjenige des
Old Calabar.

Sobald man den hier in seinem Oberlaufe 50 m breiten Calabar oder Mbia auf der ihn überbrückenden Lianenbrücke überschritten hat, befindet man sich im Gebiete der Banyang. Sie sind von guter Mittelgröße und kräftigem Körperbau; ihre Hautfarbe ist ein tiefes Schwarz. An den Oberarmen, den Schultern, auf Rücken und Bauch tättowieren sie sich vermittelst länglicher Narben; auch feilen sie zwischen die beiden oberen Schneidezähne eine rundliche oder auch spitz verlaufende Lücke. Als Bekleidung tragen sie, während die Mabum sich noch meist mit dem Rindenschurz begnügen, ein Hüftentuch von Zeug, dazu als Schmuck Perlen und Messingzierrate, die sie selber herstellen.

Die Hütten der Banyang verraten Sinn für häusliches Behagen. Die Wände bestehen aus Rohrgittern, die von beiden Seiten durch eine dicke Lehmschicht gedichtet sind; das Dach besteht aus Matten von Bambusblättern. Wohnraum und Küche sind stets gesondert. An den Wänden laufen Lagerstätten herum, welche meist schwarz oder auch schwarz-weiß-rot bemalt und mit Arm- und Rückenlehnen versehen sind; die Herdstellen sind kachelofenartig mit einer Ofenbank daneben angelegt, und überhaupt das Innere der Hütte mit allerhand Schüsseln und Körben ausgeschmückt.

Diese hausartigen Hütten liegen zerstreut, hier eine, dort zwei oder drei, inmitten der Pflanzungen. Infolgedessen nehmen die Ortschaften einen großen Raum ein. Zahlreich sind darin die Bananenhaine, die sich unter Palmengruppen dahinziehen, und freundlich schauen die Hütten aus dem Grün, das zahlreiche kleine Wasserläufe stets frisch erhalten.

Drei Tagereisen — freilich durch unwegsamen Urwald — hinter dem Banyanglande beginnt die offene Graslandschaft des centralen Afrika; auf eine Entfernung von 40 km steigt das Land um 1200 m so steil an, daß das letzte Drittel einen schwierigen Aufstieg von 600 m bildet. Wir sind im Lande der Bali, auf der Hochfläche von Innerafrika. Ganz schwach nimmt man am Horizonte eine Bergkette wahr, die sich von Nordosten nach Südwesten hinzieht. Es sind die Spitzen des Berglandes Adamaua.

Adamaua wird von einem mächtigen, alpenähnlichen Gebirge in der Richtung von Ostnordost nach Westsüdwest durchzogen, das etwa in der Gegend des Elfenbeinmarktes Ngaundere (13½°

östl. L. Gr.) anhebt und sich 700 km weit über den oberen
Calabar bis in die Nähe des Tieflandes am Meere erstreckt.
Ob die Rumbi=Berge, die freilich unter diesem Namen den Ein=
geborenen nicht bekannt sind, dazu gehören, bleibt zweifelhaft.
Mit dem Kamerun=Gebirge besteht aber sicher kein Zusammenhang.
Die Adamaua=Berge, aus krystallinischem Schiefer aufgebaut, er=
heben sich in starren, zackigen Formen; häufig treten einzelne
schroffe Felshöhen oder Kegel aus dem Zuge des Gebirges hervor.
Die Gipfel steigen bis 2100 und 2400 m auf; nordöstlich von
dem Elfenbeinmarkte Bagnio (12° östl. L.) und nordwestlich von
dem Markte Tibati (13° östl. L.) erreichen sie sogar eine Höhe
von 2700 bis 3000 m. Adamaua hat ein gesundes Klima, in seinen
Thälern fruchtbaren, reichen Boden, ernährt auf seinen Berg=
weiden zahlreiches Großvieh und ist durch Wasserwege von Norden
und von Süden her leicht zugänglich. An der Nordseite ist ihm
ein vielgegipfeltes Mittelgebirge vorgelagert. Von dieser Seite
reichen die linken Zuflüsse des Benuë weit in das Bergland hinein;
bedeutend ist unter diesen besonders der Kagi=n=Dongo=Wukári
und der Tarabba. Erst wo sie aus den Bergen treten, verlassen
sie das deutsche Gebiet. Die Bewohner der Nordseite des Ge=
birges sind mohammedanische Neger; diejenigen der südlichen
Hänge heidnische Negerstämme sanften Charakters. Auch von
dieser Seite führen zahlreiche Wasseradern in das zukunftsreiche,
gesegnete Bergland hinein, die ihren Ablauf, wie es scheint, zu
dem mächtigen Sánnaga nehmen, der erst in Südkamerun das
Meer erreicht.

5. Südkamerun.

An seiner südöstlichen Seite bildet das Kamerun=Haff eine
geräumige, breit in das Land einschneidende Einbuchtung, welche
schließlich in drei weit ausgespülte Flußmündungen ausläuft. Sie
gleichen sich zunächst sehr; denn allenthalben bedecken eintönige
Mangroven= und Pandanusdickichte das Schwemmland der Ufer.
Die nördlichste, durch eine Sandbank fast verschlossene Mündung
ist diejenige des Lungasi. Der Fluß hat nur mäßig starke
Strömung; in einer von 50 bis 120 m wechselnden Breite zieht
sich der Flußlauf mit sehr starken Krümmungen, im ganzen dem
Wuri gleichlaufend, in das Land hinauf. Zahlreiche träge Wasser=
läufe gehen zu beiden Seiten von ihm ab; sobald sich aber der

Boden über die Flutgrenze erhebt, bedeckt Laubwald die Ufer, mit seiner bunten Laubfärbung an einen herbstlichen Buchenwald erinnernd. Oberhalb des Dorfes Japoma indessen verliert der Lungasi so sehr an Wasser, daß er nicht mehr schiffbar ist. So macht er denn auch bei den Dibamba-Dörfern, wo er sich aus den Bergen herabstürzt, keinen bedeutenden Eindruck.

Ihm ähnelt sein Nachbar, der Donga. Aber sich hin und wieder seeartig ausweitend, steigert er an solchen Stellen seine Breite von 50 m bis auf 1½ km. Auch ist sein Unterlauf länger, sodaß die Mangroveneinfassung viel weiter an ihm hinaufreicht. Ganz plötzlich weicht diese dann einem immer schöner werdenden Hochwald; aber zugleich zieht sich die Breite des Flusses bis auf 30, ja bis auf 20 m zusammen, und schon eine Stunde oberhalb der Mangrovengrenze ist er so seicht, daß nur noch ganz flache Kanoes bis zu dem Dorfe Bekima hinauf gelangen können.

Durchaus verschieden von diesen beiden Flüssen erscheint zwar nicht, aber erweist sich der Kwakwa. Denn hat er auch die trompetenartig erweiterte Mündung jener und die Mangroveneinfassung im Schwemmlande, so stellt sich doch heraus, daß er oberhalb derselben kein selbständiger Fluß, sondern ein langgedehnter, freilich nicht sehr bedeutender Mündungsarm des großen Sannaga ist. So führt er weit bis nach Centralafrika durch diesen hinauf.

Das Innere von Afrika stellt sich gegen den 12. Längengrad als eine flachwellige Hochfläche dar, welche 650 bis 750 m über das Meer aufsteigt. In ihrer ganzen Ausdehnung ist sie mit einer Decke von Laterit versehen. Die Unterlage desselben bilden archäische Gesteine, deren Zusammensetzung auf Gneis, Lagergranit und diesen verwandte Glieder der Urgneisformation schließen läßt; auch Glimmerschiefer ist vorhanden. Durch atmosphärische Einflüsse und durch die alles durchdringende Vegetation werden nun die Urgesteinsbrocken ganz allmählich zersetzt und umgewandelt, sodaß sie schließlich in ein formloses Gemenge von Quarzsand und Glimmerblättchen zerfallen, eingebettet in einen durch Eisengehalt stark rotgefärbten Thon. Die ebene Bodengestaltung aber verhindert, daß der so entstandene Laterit von einer Geburtsstätte weit verschwemmt werden kann.

Den westlichen Rand der innerafrikanischen Hochfläche um-

zieht indes ein sehr massiges Randgebirge, welches in der Rich=
tung von Nordosten nach Südwesten seine größte Ausdehnung
hat.   Es zieht also nicht der atlantischen Küste gleichlaufend,
sondern nähert sich südwärts derselben mehr und mehr.   Seine
höchsten Paßhöhen liegen etwa 800 m hoch, während die Gipfel
noch um 300 bis 600 m darüber emporstreben.   Diese haben die
Gestalt sanfter, runder Kuppen.   Die Gehänge sind mit ge=
waltigen Blöcken besäet, welche, durch atmosphärische Einflüsse
und Vegetation von dem anstehenden Gestein gelöst, sich lang=
sam zersetzen.   Aber die heftigen Regengüsse, auch wohl der
Wind, führen den sich bildenden Laterit in die Thäler und
Schluchten hinab, indem sie die feineren Bestandteile desselben
viel weiter als die gröberen forttragen.   So tritt dann auf
den Kuppen das kahle Gestein zutage, in den centralen Teilen
des Gebirges fast nur Granit, weiterhin Gesteine, welche zur
Gruppe der Gneise gehören.   Auch kahle steile Felswände er=
blickt man, die durch Abrutschung, nicht durch Abwaschung ent=
standen sind.

Nach Westen zu ist der Abfall dieses Randgebirges steil und
überraschend plötzlich.   Jedoch ist ihm eine Vorlandterrasse vor=
gelagert, welche, im Norden breiter, nach Süden zu die Gestalt
einer flachen Mulde annimmt.   Dieses sanftwellige Hügelland
geht westwärts allmählich in die Küstenebene über; doch weisen
immerhin noch einzelne Gipfel in dieser Abfallslinie, welche
wenn auch an sich nicht bedeutend, doch dem Schiffer auf dem
Meer willkommene Landmarken sind, darauf hin, daß die Vor=
landterrasse auch in niedrigen Höhenzügen eine westliche Rand=
einfassung besitzt.   Der bedeutendste dieser Einzelgipfel ist der
Elefantenberg in Groß=Batanga.

Von diesen Höhenzügen endlich zieht sich in sanfter Neigung
zum Meere die Küstenebene hinab, in welcher der archäische
Untergrund mit diluvialen und alluvialen Gebilden überschüttet
ist.   Auf ihnen hat die starke Brandung längs der ganzen Küste
Uferwälle aufgebaut, welche, den Flußmündungen vorgelagert,
diese nordwärts abzubiegen zwingen.   Selbst vor dem Eingange
in das Kamerun=Haff hat das Meer eine solche Barre aufgehäuft.
Es ist die westwärts vom Kap Swellaba liegende Sandbank,
welche die Schiffer den „Hundskopf" nennen.

An der ganzen südkamerunischen Küste zieht sich ein Gewirre

zerklüfteter Felsblöcke hin, gegen welche die „Kalema", die heftige Meeresbrandung, anstürmt. Dann folgt ein schmaler Streifen gelben Ufersandes, den die Ebbe frei läßt; und an diesen schließt sich sogleich ein Wald= und Buschdickicht an, welches hier und da von prärieartigen Grasflächen unterbrochen wird. Am Strande liegen, zumal in der Nähe der Flußmündungen, die Faktoreien der europäischen Handlungshäuser, an der Mündung des kleinen Kribi (3° nördl. Br.) auch eine Station für wissenschaftliche Forschungen. Etwas weiter landeinwärts haben dann die Neger ihre Dörfer gebaut, jedoch nicht weiter als 15 km; nur am Njong und Lokundje gehen sie etwas weiter die Küstenebene hinauf. Es sind alles Familiensiedelungen, die sich zu Gemeinden erweitert haben. Daher bezeichnen die verschiedenen Namen, denen man begegnet, Malimba am Sannaga, Bapuko und Ba= noko auf den beiden Seiten des Lokundje u. a. keineswegs ver= schiedene Stämme. Sie sind alle dem Duallastamme nahe ver= wandt und ziehen wie diese den bequemen und gewinnreichen Zwischenhandel ernster Handarbeit vor. Jedoch die Batanga= Leute um den Lokundje sind zugleich unternehmende Fischer. Mit Sonnenaufgang kommen sie, ihre Kanoes unter dem Arme tragend, zum Strande herunter und fahren durch die schweren Brandungs= wogen geschickt mit den winzigen Fahrzeugen hindurch, um bis gegen Mittag zu angeln. Diese Kanoes sind etwa 3 m lang und 30 cm breit und wiegen höchstens 8 kg. Meist sitzen die Männer auch reitend darauf, indem sie mit einem Schaufelruder das Schiffchen vorwärts treiben. Die Haifische brauchen sie dabei nicht zu fürchten; denn in Brandung und flaches Wasser getrauen diese sich nicht hinein.

Gleich hinter dem schmalen Siedelungsstreifen der Küsten= ebene folgt mit dem Ansteigen des Bodens die etwa 150 km breite Region des Urwaldes, bei aller Mannigfaltigkeit des Pflanzenwuchses doch im ganzen einförmig wie der Ocean. Überall graue, aufstrebende Stämme, um die sich hier und dort riesige Lianen schlingen. Aus alten Stämmen sprießen an verschiedenen Stellen andere Gewächse hervor; unten am Boden schießt ein Heer von Blattpflanzen und von jungen Stämmen auf, gierig in die Höhe strebend, um Licht und Luft für ihr Gedeihen zu erlangen. Eine feuchte, moderige Luft und ein geheimnisvolles Halbdunkel herrscht in dem regellosen Durcheinander von Bäu=

men, Gebüschen und Schlinggewächsen.   Selten dringt ein
Sonnenstrahl durch das dichte, hoch oben Luft und Licht ab=
schließende Laubdach; noch seltener findet sich eine lichte Stelle,

Im afrikanischen Urwald.

welche dem Zusammenbrechen eines altersschwachen Waldriesen
mit dem ihm anhängenden Lianengewirr ihren Ursprung ver=
dankt.   Durch dieses Chaos von Baumstämmen und Schling=

pflanzen sucht sich der Verkehr seinen Pfad bald über Felstrümmer, bald über feinkörnigen Sand oder lehmigen Laterit, bald durch mulmige Pflanzenreste, bald durch zähen, schwarzen Morast, hier über riesige Wurzelpfeiler hinweg, dort in dem Bette eines Baches hinauf. Die Tierwelt ist im Urwalde spärlich vertreten; nur Pinselohrschweine sind in den Sümpfen nicht selten. Nachts jedoch schleicht der Leopard und die Zibethkatze auf Raub aus, und man hört weithin das klagende Geschrei des Schimpansen. Der Gorilla dagegen ist sehr selten.

Der Urwald ist ohne alle Siedelungen; nur die Bojaeli durchstreifen ihn jagend, wahrscheinlich Reste der Urbevölkerung, die sich vor den ihr Land besetzenden Negern in das Dickicht zurückgezogen haben. Sie sind von niedrigem Wuchs, zeigen eine entschieden gelbliche Hautfarbe und einen fremdartigen Gesichtsausdruck. Feste Hütten besitzen sie nicht, sondern lagern sich unter dürftigen Schutzdächern. Sie begleiten die Wanderzüge unsichtbar im Dickicht zur Seite, durch Pfeifen sich untereinander verständigend, und stürzen sich beim Fortmarsch auf die Lagerplätze, um alles Vergessene für sich aufzulesen. Sehr selten erscheinen sie in den Dörfern der Neger und tauschen ihre geringen Lebensbedürfnisse gegen ihre Jagdbeute ein.

Auch das Randgebirge bedeckt der Wald; nur die Bergkuppen und ganz steile Abfälle läßt er frei. Aber erst sparsam, dann allmählich etwas dichter kommen jetzt Rodungen darin vor, die ihn bewohnbar machen. Freilich sind die hohen Waldbäume erst in einer Höhe von 3 bis 6 m, wo die Stämme dünner werden, gefällt; die hohen Stümpfe bleiben stehen. Von den gefällten Stämmen werden nur die schwächeren Zweige abgehauen; das stärkere Geäst, das durch den Sturz zu einer wirren Masse zusammengebrochen ist, bleibt am Stamm. Wo nun etwas Boden frei wird, da pflanzt der Neger seinen Maniok und seine Bananen, aber für das Auge verschwinden sie ganz vor den Baumstümpfen, dem vermodernden Geäst und dem verfaulenden Laube, welche solche Lichtung als eine trostlose Verwüstungsstätte erscheinen läßt. In solchen Rodungen in den Thälern am Fuße des letzten jähen Gebirgsanstieges haben sich die Mawumbo oder Ngumba angesiedelt, die von Süden her eingewandert sein wollen: es sind elende Weiler, in denen ein armseliges Volk wohnt. Selbst ihr Hauptdorf Bongólo ist nicht besser.

Das Randgebirge ist sehr wasserreich; allenthalben fließen
klare Bergbäche; häufig stürzt sich in jähem Fall ein Gießbach
von steiler Felswand zerstäubend herab. Aber es fehlt auch
nicht an ganzen Strecken schwammigen, versumpften Bodens.
Hier fließen die Küstenflüsse zusammen, welche das Land quer
bis zum Meere, wie der Lokundje, der die Landschaften Groß-
und Klein-Batanga scheidet, und wohl auch der Kribi, durchfurchen.

Seine höchste Ausbildung erreicht das Bergland in der Gegend
um Bongolo und um Wunafirra im Lande der Mpángwe. Durch
hohe Gipfel und steile Abfälle erscheint es hier wie ein Gebirgsstock. Dann aber werden nach Osten zu die Kuppen niedriger, und
mehr und mehr geht das Bergland in ein gleichmäßiges Hügelland über, welches sich allmählich zu der Hochfläche Innerafrikas
ausebnet. Von hier hat der Campofluß oder Ntembe (Ntem)
seinen Ursprung; die ihm zufließenden Wasser des Berglandes,
das er in Stromschnellen und Abstürzen durcheilt, geben ihm seine
Fälle. In den Baia-Stromschnellen verläßt er die Vorterrasse
und bildet in seinem Unterlaufe, ganz aus seiner Richtung durch
landfest gewordene Barrenanhäufung abgedrängt, ja durch eine
Barre für die Schiffahrt fast verschlossen, die Südgrenze des
deutschen Gebietes.

Schon ist von Südosten her der stetig vordrängende Stamm
der Fang bis in das Gebiet des Ntembe vorgerückt, die jetzigen
Bewohner des Landes ernstlich bedrohend. Zu ihm gehören
wahrscheinlich auch die Mpangwe, welche durch stete Angriffe von
Süden her den Mawumbo zusetzen. Die Fang sind durchschnittlich mager und zeigen einen wilden Gesichtsausdruck; aber sie
zeichnen sich durch Fleiß, Energie und Mut vor den anderen
Negern aus. Sie zeigen auch in mancher Beziehung ein größeres,
auf ruhiger Überlegung beruhendes Verständnis. Ihre Sitten
sind reiner und strenger; auf gute Waffen legen sie großes Gewicht. Daneben aber lieben sie den Schmuck sehr. Ihre Frauen,
zwar nur mit einem viereckigen Schurz bekleidet, sind doch mit
Perlenketten und Messingringen förmlich beladen. Sie stehen
in dem Rufe der Menschenfresserei. Scherzend fragte daraufhin
Nachtigal einst in einem Fangdorfe, ob sie ihm nicht einen von
ihnen zum Verspeisen geben wollten; worauf sie in dem gleichen
scherzenden Tone schlagfertig erwiderten, daß sie dazu nicht ab-

geneigt sein würden, wenn sie zum Entgelt den (sehr wohlbe-
leibten) Kapitän von Nachtigals Dampfer erhielten.[1]

Auch über das innerafrikanische Hochland, soweit es zum
Ntembe entwässert, setzt sich das Urwaldsgebiet noch fort, ja es
zieht sich nach Norden noch über den Njong hinaus, auf dem
man tagelang durch dichten Urwald dahin fährt. Der Njong,
tief aus dem Innern des Erdteils kommend, hat hier in 660 m
Seehöhe eine Breite von 150 m; träge schleicht er zwischen seinen waldbedeckten Ufern dahin, nur hin und wieder an Biegungen
Ausschnitte von Hügeln zeigend, welche aus dem reinsten Laterit
aufgebaut sind. Sobald er sich aber dem Randgebirge nähert,
wird die Strömung stärker; von den Seiten springen kahle Felsklippen in sein Bett vor und bald durchsetzen ihn Querbänke,
über die er strudelnd dahineilt. Durch das Gebirge selbst hat
der Fluß sich eine 4 m tiefe Rinne ausgenagt, in der er in
Stromschnellen und Wasserfällen, welche jede Schiffahrt aus-
schließen, dahinströmt. Auf der Vorlandsterrasse indessen wird
er wieder schiffbar, bis er auch deren Randerhebung in neuen
Wasserfällen durchbricht.

Es sind die Neven du Mont-Fälle, in denen der stattliche
Strom, durch fünf Inseln geteilt, über drei Stufen einen etwa
11 m hohen Abhang, wie eine gewaltige, milchfarbene Wand
anzuschauen, umhüllt von den Nebelwolken des zerstäubten Wassers,
donnernd herabstürzt. Zahlreiche Dörfer reihen sich jetzt in der
Küstenebene an seinen Ufern, welche sich steil, etwa 3 m hoch
lehmig, aber oben aus schwarzer Humuserde bestehend, über das
Wasser erheben. Mächtige Laubbäume wechseln dazwischen mit
Öl-, Kokos- und Raphiapalmen; zahllose Papageien, auch einzelne Affen dazwischen, sieht man in den Wipfeln sich wiegen.
Die Strombreite beträgt etwa 200 m; die Tiefe sinkt, von einigen
Sandbänken abgesehen, nicht unter 2 m; das Wasser ist schön
klar und trinkbar. Bald aber werden die Dörfer seltener; dann
hören sie ganz auf. Der Fluß breitet sich aus; Pandanus erscheint an seinen Ufern. Mit der zunehmenden Breite tauchen
in der Wasserfläche Inseln auf, von endlosen Mangrovendickichten
überwachsen; dann nehmen Mangroven auch die Ufer in Besitz,

---

[1] Hugo Zöller, Das Batanga-Land (Verhandlungen der Gesellschaft für
Erdkunde in Berlin, XII, 469).

und endlich, 700 m breit, nach Nordwesten ablenkend, mündet der Strom in den Ocean. Aber die Barrenbildung ist so stark und der Mündung selbst ist eine so bedeutende Barre, welche nur Schiffen bis zu 3 m Tiefgang den Eintritt verstattet, vorgelagert, daß es unmöglich ist, dahinter einen so stattlichen Strom, wie der Njong oder Moanga es ist, der über alle Landstufen bis zum inneafrikanischen Hochland hinaufreicht, zu vermuten.

Aber so stattlich der Njong ist, um ein Erhebliches über= trifft ihn doch an Wasserfülle und Stromlänge noch der Sánnaga, auch Malimba, Djom, Djommi, Killi, Rlom oder Großer Njong genannt, welcher weiter nordwärts im Gebiete der Malimba=Leute mündet. Eine solche Menge stark lehmgelben Wassers ergießt er durch seine beiden Mündungsarme Bengo und Bungo ins Meer, daß dessen Wogen noch 10 km von der Mündung eine gelbliche Färbung zeigen. Freilich ist von diesen Mündungen, welche ohne alle Berechtigung auf den Karten als Bornu= und Borea=Mün= dung bezeichnet werden, auch die südliche, da die Barrenbildung an dieser Küste stets vom linken Flußufer ausgeht, durch eine weitreichende Barre so gesperrt, daß die dort anstehende schwere Brandung die Einfahrt sehr schwierig macht.

Die Küste bei der Mündung des Sannaga ist flach; auch die Ufer der Mündungsarme sind niedrig. Sie bestehen aus losem Sande und Sumpfflächen. Hier wachsen auf dem rechten Ufer Mangroven, auf dem linken dagegen fehlen sie so gut wie ganz, da es hier an dem ihnen nötigen Brackwasser fehlt. Denn die Strömung des Sannaga ist auch hier noch so gewaltig, daß sie selbst der Flut nur auf eine sehr kurze Strecke das Eindringen in die Flußmündung gestattet. Pandanus und Raphiapalmen bilden hier die Vegetation. Dann tritt aber sofort Urwald, wenn auch noch nicht mit voller Mächtigkeit auf. In seinen Lichtungen liegen die Dörfer und Pflanzungen der vier Gemeinden der Ma= limba=Leute, die in Sprache und Sitten sich kaum von den Dualla unterscheiden, auch wie diese vor allem Handelsleute sind.

Sobald nun der Strom oberhalb der Gabelung seine Wasser zusammenzieht, erscheint er erst in seiner ganzen Mächtigkeit. Seine Breite beträgt jetzt 2 km, nimmt jedoch stromaufwärts allmählich ab, während die Tiefe, welche in der Küstenebene 3 bis 7 m ausmacht, mehr und mehr zunimmt. Bis dahin, wo der Kwakwa als oberster Mündungsarm sich nordwärts abzweigt, bleiben die Ufer noch flach; dann aber werden sie hügelig und erheben sich oft bis zu 10 und 15 m über das Wasser. Jetzt werden auch die Ansiedelungen, besonders auf dem südlichen Ufer, dichter; große Strecken Landes sind mit Bananen und Maniok bebaut. Weiter stromauf nehmen die Ufer einen mehr bergigen Charakter an. Dichter Urwald tritt bis an den Strom heran; überall machen sich Wollbäume und Affenbrotbäume geltend, aber der eigentlich charakteristische Baum ist die Ölpalme, welche nicht nur bei den in den Urwald eingefügten Dörfern, sondern auch im Urwalde selbst sehr zahlreich auftritt. Auch die Kokospalme ist nicht selten; aber sie findet sich doch nur, wo die Eingeborenen sie angepflanzt haben. Die Malimba-Leute nennen diese Eingeborenen Bakoko, ein Sammelname, welcher „Buschleute" oder „Binnenländer" bezeichnet und für alle die zahlreichen „Völker" am untern Sannaga und Kwakwa gebraucht wird. Auch die Bakoko sind Händler; sie vermitteln den Handel zwischen den Malimba-Leuten und den Hinterländern, aber sie treiben daneben doch auch Ackerbau und Jagd. Denn in ganzen Herden findet sich das Pinselohrschwein in den Wäldern, auch Büffel, Antilopen und Affen giebt es. Grüne Tauben und Papageien fliegen in ganzen Schwärmen; das edelste Wild aber ist der Elefant. Auf Flußpferde jedoch wird nicht Jagd gemacht.

Durch die ganze Küstenebene bis zu den Idia-Fällen hinauf, mit welchen der Sannaga in seinen Unterlauf eintritt, ist der Grund des Flußbettes überall reiner Sand; Schlamm findet sich nirgends. Seine Ufer, auch wo sie Steilufer sind, zeigen überall lehmigen, rotgelben Laterit.

Bei den Idia-Fällen beträgt die Breite des Sannaga 1200 m, seine Tiefe sogar bis zu 16 m. Man sieht, als was für ein gewaltiger Strom er schon den Urwald der Vorterrasse und des Berglandes durchziehen muß. Selbst bei den Nachtigal-Fällen, in welchen er sich von der innerafrikanischen Hochfläche herabstürzt, hat er schon eine Breite von 400 m. Durch die Savanne kommt er von Osten dahergezogen; seine Ufer sind flach, aber in der Mitte strömt der Strom mit tiefem Wasser schnell dahin. In der Regenzeit steigt er, wie an den Ufern zu erkennen ist, um wenigstens 4 m und wälzt dann mit reißender Gewalt seine gewaltigen Wassermassen dahin. In einer Seehöhe von 470 m stürzt er sich, wenigstens noch 300 km von der Küste entfernt,

durch ein breites, felsiges Thal über eine Felsstufe von 20 m
Höhe donnernd herab. Das sind die Nachtigal=Fälle, die obersten
und zugleich bedeutendsten der Katarakte, in denen der Sannaga
das Randgebirge durchbricht. Bei einer solchen Entwickelung muß
der Sannaga tief im Innern von Afrika seinen Ursprung haben;
wahrscheinlich ist er es, dem durch den Mbam, seinen rechten
Nebenfluß, die südlichen Abflüsse des Hochlandes von Adamaua
ihr Wasser zuführen.

Im Gebiete des oberen Njong herrscht noch der Urwald.
Hat man ihn aber überschritten, so ändert sich auf seiner Rechten,
nach dem Sannaga zu, sehr bald das Bild der Landschaft. In
den Urwald eingestreut finden sich immer größere und größere
Stellen, besetzt mit Dörfern und Pflanzungen oder bestanden mit
einem oft bis 4 m hohen Grase von fast undurchdringlicher
Dichtigkeit. Das giebt der dicht bewohnten Gegend allmählich
ein parkartiges Aussehen. Aber alle Lichtungen sind dem Urwald
erst durch menschliche Arbeit abgerungen worden. Waldstreifen
an den Wasserläufen oder zwischen den einzelnen Dörfern, ein=
zelne gewaltige Wollbäume inmitten der Pflanzungen, ausgedehnte
Waldinseln in sumpfigen Thälern bezeugen noch die frühere
Alleinherrschaft des Urwaldes. Indessen an einmal gerodeten
Stellen kommt ein Wald niemals wieder auf, selbst wenn die
Lichtungen nach Ausnutzung des Bodens von den Bewohnern
wieder verlassen werden. Dann bedecken sie sich nur, sich selbst
überlassen, mit üppigem Graswuchs und krautigen Gewächsen,
mit niederem Gebüsch und alles überwuchernden Schlingpflanzen,
welche in Bälde die ungeschützten Kulturpflanzen, die Bananen
und den Maniok, ertöten; aber von Waldbäumen finden sich nur
Wollbäume, welche der Rodung entgangen sind, oder Ölpalmen,
die wild wachsend kleine Haine bilden. Als ein anmutiges land=
schaftliches Bild stellt solche Parklandschaft sich in heiterem Son=
nenglanze dem Auge dar, zumal wenn ihr ferne Bergzüge einen
wirkungsvollen Hintergrund geben.

Indessen die Parklandschaft bildet nur den Übergang von
dem Urwalde zu dem Graslande der Savanne. Je mehr wir
uns dem Sannaga nähern, um so spärlicher werden die Baum=
gruppen, denn die Regengüsse berauben sie zugleich der Nahrung
und des festen Haltes, indem sie das Erdreich mehr und mehr
in die Thalrinnen hinabschwemmen. Auch das Buschwerk ver=

schwindet allgemach vor den steifen Gräsern der Savanne, welche
bei ihrem geringeren Feuchtigkeits- und Nahrungsbedürfnisse leicht
den Sieg über die Stauden und Schlingpflanzen davontragen.
Endlich herrscht allein das wogende Grasmeer. So weit das
Auge blickt, bedecken Grasdickichte mit steifen, dicken Halmen
und öfters mit schneidenden Blättern so hoch, daß Menschen
und Tiere spurlos darin verschwinden, dazwischen die kümmerlichen Zwergbäume der Anona senegalensis in trostloser Einförmigkeit auf weite Strecken den Boden. Nur an den Wasserläufen behaupten sich schmale Streifen von Wald und Busch,
oder auf den flachen Wellen des Geländes steht eine kleine Gruppe
von schlanken Fächer- und Ölpalmen, das Anzeichen menschlicher
Siedelungen. Wie grüne Oasen erscheinen diese mit ihren Pisang-
pflanzungen und ihren Yams- und Kürbisfeldern inmitten des
graugelblichen Graslandes. Starke Zäune aus vergitterten Stangen
oder Pallisaden schließen die Dörfer ein zum Schutze gegen die
Elefanten, welche sich zahlreich in den Grasfluren, namentlich in
der Nähe größerer Wasserläufe aufhalten; allenthalben kreuzt
man ihre breiten Pfade. Doch häufiger noch sind Büffel und
Antilopen, besonders da, wo eine nahe Waldinsel bei der Ver-
folgung ihnen Unterschlupf bietet.

Westwärts erstreckt sich das Grasland zwischen den beiden
großen Strömen bis zu der Landschaft Dogobella, welche den
Übergang von den Savannen der innerafrikanischen Hochfläche
zu dem Berglande bildet.

Die Bewohner der Parklandschaft, nach Süden über den
Njong bis in den Urwald, nach Norden über 4° nördl. Br. bis
in das Grasland hinüberreichend, sind die Je-unde (oder Ja-
unde). In der vorteilhaftesten Weise zeichnet der Stamm sich
vor seinen Nachbarn aus. Alle Jeundo „sind von außerordentlich
hohem und schlankem Wuchs, wohlgenährt, glänzenden, schwarzen
Augen, gesundheitstrotzend, von einer dunkelbronzefarbenen Haut
mit vollendeter Muskulatur. Die Gesichtszüge sind bei beiden
Geschlechtern vielfach außerordentlich regelmäßig, und auch die
Weiber, was gerade bei Schwarzen selten, sind wohlgestaltet und
oft von schöner Gesichtsbildung. Die Bekleidung besteht aus
einem Stück Rindenzeug bei den Männern, während die Weiber
kein Zeug tragen dürfen, sondern sich nur einer Hüftschnur bedienen, die auf der Rückenseite als Träger eines auffallend großen,

8*

aus rotbraun gefärbten Grasfasern bestehenden Büschels dient,
während vorn ein durch den Gürtel gezogenes Stück eines Ba-
nanenblattes als dürftige Hülle dient. Als Waffen dienen Speere,
ohne die man einen Mann selten erblickt, und wenige Feuer-
gewehre. — Ein hervorstechender Zug der Jeundo ist ein Hang
zu harmloser Fröhlichkeit. Den Tanz, der mit Flötenspiel und
Händeklatschen begleitet wird, lieben sie über alles. Noch un-
verdorben durch den Handel, leben sie in einem von ihnen selbst
gewonnenen geringen Grade von Kultur in verhältnismäßig glück-
lichem Zustande. Ihr Land ist wohlangebaut; sie gewinnen mit
wenig Arbeit genügend Lebensmittel, leben in hübschen, sauberen
Dörfern, im allgemeinen in friedlichen Zuständen"[1] und bringen
ihre Tage in sorglosem Frohsinn hin.

Bei diesen Jeundo nun im Gebiete des kleinen Häuptlings
Jonu in dem Dorfe Epsumb, unter 3° 48' nördl. Br. und 12°
20' östl. L. liegt die deutsche Jonu-Station. Eine starke Ein-
zäunung umgiebt den Stationsplatz, 250 m breit und 350 m
lang. Innerhalb derselben dienen zehn gezimmerte kleine Häuser,
je 10 m lang und 4 m breit aus Lehmfachwerk hergestellt, als
Unterkunft für das ständige schwarze Personal, ein geräumiges
Wohnhaus als Wohnung für die Europäer. Zwei Schuppen,
je 20 m lang und 8 m breit, sind zur Aufbewahrung der Lebensmittel bestimmt und enthalten zugleich die Werkstätte der Zimmer-
leute. Maisfelder und Bananenpflanzungen sind angelegt; in
dem Garten werden Gemüse gezogen. Andere Lebensmittel, wie
Yams, Maniot, Kürbisse, Ananas, auch Schafe, Ziegen, Hühner,
Eier bringen die Eingeborenen täglich zum Verkauf in die Station.

Das Klima der Jonu-Station, welche in etwa 800 m Seehöhe auf der Hochfläche Innerafrikas liegt, unterscheidet sich erheblich von demjenigen Kameruns. Auf der Station beträgt die
durchschnittliche Tagestemperatur im April 23,4° C., im Mai 23,6°
(in Kamerun 27,1° und 27,3°); namentlich sind die Morgen- und
Abendstunden um 4° kühler als in Kamerun, während in den
Mittagsstunden der Unterschied im April nur 1, im Mai 2,5°
beträgt. Das in diesen Monaten beobachtete Wärmemaximum
war 32° (fast um 1° geringer als in Kamerun), das Minimum

---

[1] Hauptmann Kunds Bericht (Mitteilungen aus den deutschen Schutzgebieten, herausgegeben von Freiherr von Danckelman, II, 112).

aber 16°, um 7° gegen Kamerun zurückbleibend: also warme
Tage, kühle Nächte! Der Regenfall übertrifft denjenigen in
Kamerun im April um 13,4 mm (146,8 zu 133,4), bleibt aber
im Mai um 79,2 mm hinter ihm zurück (210,4 zu 289,6); die
Zahl der Regentage ist im April um 2 geringer (17 zu 19),
im Mai um 5 größer (26 zu 21); doch ist die Zahl solcher Regentage mit mehr als 25 mm Fall auch im Mai nur halb so groß
wie in Kamerun (2 zu 4). Doch sind dies alles nur Annäherungs-
werte, da sie sich lediglich auf jene zwei Monate des Jahres 1889
beziehen. Die Winde, welche mittags und abends ziemlich lebhaft wehen, während morgens häufig Windstille herrscht, sind
fast ausschließlich südliche bis westliche.

Der Zweck der Station ist nicht nur, die einheimische Bevölkerung in kommerzielle Verbindung mit der Küste zu bringen,
sondern auch wissenschaftliche Beobachtungen anzustellen. Darum
ist ihre Lage so gewählt worden, daß sie an der Grenze zweier
Vegetationsgebiete (wo die Parklandschaft in das Grasland übergeht) liegt. Außerdem treffen in ihrer Nähe die Gebiete verschiedener Bantustämme, nämlich der Fang mit den der Kamerun-
bevölkerung nahestehenden Mwelle, zusammen; und endlich führt
eine Reise von drei Tagen von der Station an den Sannaga.

Der obere Sannaga ist aber eine der wichtigsten Völker-
grenzen, die es in ganz Afrika giebt: er scheidet die Bantu- von
den Sudannegern, die schon bis an sein rechtes Ufer vorgedrungen
sind. Diese Sudanneger sind aber jenen sehr erheblich überlegen:
sie treiben ordentlichen Ackerbau und Viehzucht und haben mehr
Sinn für Arbeit, Ordnung, Gesetz und Recht. Sie wohnen in
bienenkorbähnlichen Grashütten, wie sie im Sudan angetroffen
werden. Ihre Bewaffnung besteht ausschließlich aus Bogen und
Pfeilen, Speeren und riesigen Schilden von Büffelleder. Ein
beständiger Kriegszustand herrscht auf dem rechten Ufer des Sannaga: die Dörfer sind nicht mit Rücksicht auf bequemes und gesundes Wohnen angelegt, sondern sie liegen versteckt in Schlupf-
winkeln hinter Sümpfen innerhalb der durch das Grasland
zerstreuten Urwaldparzellen. Nur der Eingeweihte findet den Zugang zu ihnen. Bei jedem Dorfe befinden sich erhöhte Warten,
von denen aus bewaffnete Krieger Tag und Nacht in das Land
hinausspähen; und auf den Wegen trifft man nur Männer in
voller Waffenrüstung an, in der einen Hand mehrere Wurfspeere

tragend, unter dem andern Arm den starken Bogen mit einem
Vorrat langer Rohrpfeile mit eisernen Spitzen.

Und leider ist diese mißtrauische Vorsicht nicht ohne Grund.
Denn nichtswürdige Sklavenfänger dehnen ihre Raubzüge bis an
den großen Strom aus und verwüsten die friedlichen Wohn=
stätten, um die Männer niederzumetzeln, die gefangenen Weiber
und Kinder aber auf die Sklavenmärkte von Adamaua und Ba=
germi, ja bis nach Ostafrika zu schleppen. Wie lange wird es
dauern, so überschreiten sie auch den Sannaga, dessen dichtbe=
waldete Inseln jetzt noch den Überfallenen als sichere Zufluchts=
stätten dienen? Aber wir dürfen der zuversichtlichen Hoffnung
uns hingeben, daß dann die Jonu=Station nachdrücklichen und
wirksamen Schutz den bedrohten Stämmen gewähren wird. Denn
hundert Neger, gut bewaffnet und eingeübt, sind unter der in=
telligenten Führung von Europäern hinreichend, um die Armee
eines jeden sklavenjagenden Häuptlings, wenn diese auch Horden
bis zu 500 Mann für ihre Raubzüge aufbieten, im Schach zu
halten. Die schwarz=weiß=rote Flagge, wie es die Würde des
deutschen Namens verlangt, wird dann weit in das Land hinaus
den Gehetzten eine sicherere Zuflucht bieten als jetzt ihre Sumpf=
verstecke oder die Dickichte inmitten der Wogen des Sannaga.

Erdnuß (Arachis hypogaea).

Litterarische Nachweisung.

R. Buchholz, Reisen in West-Afrika (herausgegeben von C. Heinersdorff). Leipzig 1880.

H. Soyaux, Aus West-Afrika. Erlebnisse und Beobachtungen. 2 Teile. Leipzig 1879.

A. Reichenow, Die deutsche Kolonie Kamerun. Berlin 1885.

—— Über die deutsche Kolonie Kamerun (Verhandlungen der Gesellschaft für Erdkunde zu Berlin, 1884, S. 358).

H. Zöller, Das Batanga-Land (Ebenda, 1885, S. 461).

—— Forschungsreisen in der deutschen Kolonie Kamerun. 3 Teile. Stuttgart 1885.

—— Der Batanga-Fluß (Deutsche Geographische Blätter. Bremen 1885, S. 211).

M. Buchner, Kamerun. Skizzen und Betrachtungen. Leipzig 1887.

—— Kamerun (Verhandlungen der Gesellschaft für Erdkunde zu Berlin 1885, S. 419).

B. Schwarz, Kamerun. Reise in die Hinterlande der Kolonie. Leipzig 1888.

—— Der Rio del Rey (Deutsche Kolonialzeitung, 1886, S. 434).

Pauli, Kamerun (Petermanns Mitteilungen, 1885, S. 13).

—— Bimbia und Victoria (Globus, 1887, S. 347).

R. Rabenhorst, Aus der Kamerunkolonie (Deutsche Kolonialzeitung, 1885, S. 411).

G. Valdau, Schilderungen aus Kamerun (Ebenda 1890, Nr. 9 fg.).

—— Rekognoscierungsreisen in der Kamerunkolonie (Ebenda 1886, S. 715).

R. Flegel, Die Besteigung des Pico grande von Kamerun im Februar 1879 (Petermanns Mitteilungen, 1885, S. 298).

—— Bericht über seine Reise nach Adamaua (Verhandlungen der Gesellschaft für Erdkunde zu Berlin, 1884, S. 354).

Pantänius, Die Dualla (Mitteilungen der Geographischen Gesellschaft in Lübeck, 1885, S. 25).

Berichte des Hauptmanns Kund (Mitteilungen von Forschungsreisenden und Gelehrten aus den Deutschen Schutzgebieten, herausgegeben von Dr. Freiherr von Danckelman, I, 6. 22. 112; II, 104).

Berichte des Dr. Weißenborn (Ebenda, I, 52. 121).

Berichte des Hauptmanns Zenner (Ebenda, II, 5. 38. 176).

Bericht des Lieutenants Tappenbeck (Ebenda, II, 114).

Berichte des Premierlieutenants Morgen (Ebenda, III, 113. 117).

Berichte des Dr. E. Zintgraff (Ebenda, I, 38. 184; III, 74).

Bericht (botanischer) von J. Braun (Ebenda, II, 141).

Bericht (botanischer) des Dr. Preuß (Ebenda, II, 44).

Freiherr von Danckelman, Beiträge zur Kenntnis der klimatischen Verhältnisse von Kamerun (Ebenda, II, 129).

Deutsches Kolonialblatt, Amtsblatt für die Schutzgebiete. 1890.

Alfr. Kirchhoff, Aus dem Süden der Kamerunkolonie (Petermanns Mitteilungen, 1886, S. 144).

F. Langhans, Das Kamerun-Gebirge (Ebenda 1885, S. 421).

—— Zur Hydrographie des Batanga-Landes (Ebenda 1887, S. 81).

H. Rookschun, West-Afrika vom Senegal zum Kamerun.

Drittes Kapitel.

Togo.

1. Die Küstenlandschaft.

Eine niedrige, gelbgraue Strandlinie, hier und da von dunkel=
grünen Kokospalmen oder auch einem weiß schimmernden Faktorei=
dache unterbrochen, stellt sich dem Auge dar. Das ist die 52 km
lange Meerfront unseres Togolandes an der vorzeiten übel be=
rüchtigten Sklavenküste in Ober=Guinea. Gewaltig rauscht in
lang ausgezogenen Wogen der Ocean gegen die eintönig=flache
Küste. Das Bild ist wenig lockend, um so weniger, als es nicht
ganz leicht ist, von dem weitab in der flachen See sich fest legen=
den Schiffe an den fernen deutschen Strand zu gelangen. Kru=
burschen rudern mit kurzen, wie ein Entenfuß gestalteten Schau=
felrudern das schwere Brandungsboot; mit gespanntem Blicke die
gegen den Strand rollenden Wogen musternd, sitzt ihr Haupt=
mann am Steuer. Auf dem Nacken einer breiten Welle läßt er
das Boot an Land reiten: umzischt von dem Schaume der Bran=
dung, saust es wie ein Pfeil dahin. Dann im Momente der
Landung, während die Burschen, um dem letzten und stärksten,
dem Landbrecher, zuvor zu kommen, mit höchster Anstrengung
rudern, läßt er es schräg auf den Sand laufen; blitzschnell springen
die Krus hinaus, reißen uns hinaus, eine kurze Strecke hinauf
an den trockenen Strand: da schlägt auch schon, hoch aufspritzend,
der Landbrecher über das Boot hinweg. Wie im Taumel betritt
so der Neuling, er weiß selbst nicht wie, den Boden von Togo.

Der Strand ist ganz kahl, ohne Strauch und Kraut; Dünen
giebt es nicht; er steigt nur landeinwärts ein wenig an. Nur
ragt wohl einmal aus der gelblichen öden Sandfläche die leere

Schale einer Riesenschildkröte hervor oder die kalkweißen Schulpen eines Tintenfisches, die das Meer ausgespült hat. Hier mündete einst, doch jedenfalls noch in historischen Zeiten, etwa in der Mitte der deutschen Strandlinie unweit des heutigen Ortes Porto Seguro, ein Fluß. Aber die gleichmäßig heranrollende Dünung, welche an der ganzen Sklavenküste die gefährliche Brandung bewirkt, baute langsam vor der Mündung eine Sandbarre auf, welche, stetig anwachsend, endlich die Mündung ganz verschloß. Das Material dazu fand sie, wie es scheint, an der Küste selbst; hier ragt noch bei Porto Seguro eine einzelne Felsklippe aus der Brandung vor, und weiter ostwärts bei Aneho finden sich noch anstehend Sandsteinfelsen, die aus demselben Materiale bestehen, wie der zerriebene Sand des Strandes.

Der aufgestaute Fluß breitete sich nun hinter der Barrenschranke aus, überschwemmte rechts und links weithin seine Ufer und bildete eine ausgedehnte Lagune, und strebte nunmehr mit um so größerem Drucke eine neue Mündung zu gewinnen. Die Dünung des Guinea-Busens drängt in den Meerbusen hinein; sie drückt also an der Sklavenküste auf das je rechte Ufer der einmündenden Ströme und zwingt diese somit nach links, also ostwärts, auszuweichen. So wendet sich also von der Lagune der Fluß nach Osten; aber die fortschreitende Barrenbildung versperrt ihm den Austritt ins Meer: er bildet eine zweite, wenn auch kleinere Lagune. Aber auch jetzt hält ihn die Barre noch fest; dicht hinter derselben fließt er ostwärts weiter, bis er endlich — jenseit der deutschen Grenze — den stärkeren Mono erreicht und mit diesem vereint die Barre bei Groß-Popo durchbrechen kann. So aber geht es an dieser Küste allen kleineren Flüssen; nur die größeren Ströme gelangen, wenn auch in ihrem Unterlaufe durch die Barrenbildung sehr stark nach Osten abgelenkt, ohne Lagunenausweitung ins Meer. Aber freilich die stark vorherrschende Seebrise ist geschäftig, durch den fort und fort über die schmale Nehrung hinübergewehten Sand des Strandes zugleich mit den in dem stilleren Wasser ihre Senkstoffe absetzenden Flüssen die Lagunen wieder auszufüllen. Daher zeigen die Lagunen in ihrem dem Meere zugekehrten Südteile weißen Sand als Grund, sonst aber denselben rötlichen Laterit, wie er die Ufer bildet; und da der Stromlauf stets nach links gezogen wird, an ihrem östlichen Ufer entlang die Fahrstraße der Kanoes, die

Wege des Verkehrs, die dichteren Siedelungen, während in dem
toten Wasser der Westseite, wo die Senkstoffe des Flußwassers
sich ablagern, ein breiter Gürtel von Röhricht und Sumpfpflanzen
das Ufer umzieht. Ja, im Südwesten der Lagune, wo der Sio
einmündet, ist der alte Lagunenboden bis an das Flußbett heran
schon mit hohem, saurem Grase und dornigem Strauchwerk be=
deckt: das Land nimmt zurück, was vor langen Jahrhunderten
ihm einst gehörte.

So ergiebt sich denn, daß von den vier Handelsplätzen am
Togo=Strande der östlichste der weitaus bedeutendste sein muß.
Das ist Anehó, das lediglich durch die Portugiesen zu dem den
Eingeborenen ganz unbekannten Namen Popó oder Klein=Popó
gekommen ist. Bei Aneho erfährt der Fluß plötzlich nach der
Seeseite hin eine lagunenartige Ausweitung, in welche von Ost
und West mehrere Halbinseln vorragen, während einige kleine
Inseln die Wasserfläche unterbrechen. Die Strandnehrung aber
ist hier so schmal, daß ein Durchstich ins Meer gemacht ist, der
indessen künstlich offen gehalten werden muß, da ihn die Barren=
bildung immer wieder zu schließen strebt. Auf dieser kaum 100 m
breiten Nehrung von dem Durchstiche an erstreckt sich etwa 1 km
lang das Negerdorf Anehó, d. i. Eidechsenzunge; aber gewöhnlich
umfaßt man mit dem Namen den ganzen Kranz der Siedelungen,
der sich in anmutigem Bilde um den Flußsee herumzieht. Da
liegt jenseit des Durchstiches Ajido, etwas weiter zurück Messa=
tope; auf der gegenüber liegenden Westseite lugen unter Kokos=
palmen die braunen Binsendächer von Badji herüber, während
Tegbenú die benachbarte, weit vorspringende Halbinsel einnimmt.
Jenseit des Wassers auf dem 10 bis 12 m hohen, gelbroten
Festlandsufer, zur Linken des ostwärts strömenden Flusses ragt
das freundliche Gridji, und ostwärts von diesem an offenerem
Wasser erhebt sich auf dem hohen Ufer Sebbe, von dessen Höhe
der stattliche Palast des kaiserlichen Kommissars über das Wasser
weg wie schützend auf die ansehnliche Reihe der hellblinkenden
Faktoreien hinabschaut, die auf der Nehrung den Anfang des
Dorfes Anehó bilden. Und 2 km hinter Sebbe schneidet, durch
die Westspitze der Laguneninsel Bayol gezogen, der deutsch=fran=
zösische Grenzmeridian das deutsche Gebiet ab.

Der Verkehr bringt es mit sich, daß in den Strandorten
sich eine buntgemischte Bevölkerung aus verschiedenen Stämmen

zusammenfindet, der im allgemeinen nicht viel Gutes nachzusagen
ist. Jedoch bilden die Bewohner von Aneho, deren Zahl man
auf etwa 4000 schätzt, eine rühmliche Ausnahme. Sie sind Abkömmlinge eines Stammes, der vorzeiten aus dem weit westlich
gelegenen Akkra auswanderte und die Küste von Aneho bis Pla
(Groß-Popo) besetzte, und haben sich noch etwas von der alten
Kriegstüchtigkeit der Akkra-Leute bewahrt. Im Bunde mit ihren
Landsleuten von Pla haben sie vor Jahren die Angriffe des
Königs von Dahome und seines als sehr mutig gerühmten Weiber-
corps bei Agwé, 9 km von Sebbe, mit so blutigem Nachdrucke
zurückgewiesen, daß der mächtige Fürst seitdem sich nicht wieder
in die Nähe der Meeresküste gewagt hat.

Das deutsche Grenzland hinter der Hochfläche von Sebbe ist
dicht bedeckt mit unzähligen kleinen Dörfchen und Gehöften, deren
Bewohner sich sämtlich vom Ackerbau nähren. Breite, sorgfältig
unterhaltene Wege durchziehen das Gelände, ein Zeichen des
regen Verkehrs, der dies Binnenland mit der Küste verbindet.
Zu beiden Seiten der Wege dehnen sich weite Felder aus, die
mit Mais, Maniok, Yams, Erdnüssen, Bataten (sog. süßen Kartoffeln) und Pfeffer bepflanzt sind. Zwischen den Ackerfeldern
liegt das Brachland, dessen rasch aufschießende Buschbestände den
Antilopen und anderem Jagdwild Schatten und Schutz gewährt.
„Hat der Boden lange genug geruht, so wird das Buschwerk ab-
geholzt, übereinander geschichtet und kurz vor Eintritt der Regenzeit verbrannt. Mann, Weib und Kind, die ganze Familie des
Besitzers, begeben sich dann hinaus und bearbeiten das Land,
indem sie dasselbe mit kurzen, selbstverfertigten Hacken durchwühlen und zugleich die durch den Brand gewonnene Asche mit
der Krume vermengen. Sobald die ersten Regen fallen, wird
der Boden noch einmal gesäubert, und dann gesäet und gepflanzt. — Wenn der Neger für sich selbst ohne Zwang arbeitet,
so wird er sich gewiß nicht überanstrengen. Hier aber zwingt
die Dichtigkeit der Bevölkerung die Eingeborenen zu Anstrengun-
gen, welche sonst der schwarzen Rasse fremd sind. Die Sorgfalt,
mit welcher die Felder angelegt und bearbeitet sind, ist erstaunlich. Samen und Pflanzen werden ordentlich in Reihen gesetzt,
die emporkommenden Pflanzen mehrere Male behäufelt, ja sogar
das üppig wuchernde Unkraut ausgejätet. — Die Gehöfte selbst,
aus Lehm und Stroh gebaut und sehr reinlich gehalten, sind von

angepflanzten Kokospalmen und Bananen umgeben. Auf einem
freien Platze vor dem Hause des Ältesten steht — wie die Dorf-
linde bei uns — so hier meist ein riesiger, schattenspendender
Affenbrotbaum. In der Nähe befindet sich ein meist gegrabener
Brunnen, aus welchem die braunen Töchter des Hausherrn
den vorüberziehenden Fremdling mit ganz trinkbarem Wasser
erquicken."[1]

Völlig verschieden indessen ist das Bild, welches sich uns
bietet, wenn wir von Aneho uns westwärts wenden. Wir sind
am Strande, den kahler Sand umsäumt. Aber sobald das Gelände sich soweit hebt, daß es vom Meere nicht mehr überflutet
wird, siedelt sich auf dem trockenen, jedoch stark durchsalzten Boden
dorniges Gestrüpp an, undurchdringliches Buschwerk von ½ bis
3 m Höhe, ohne alle Bäume, durch welches höchst beschwerliche,
nur mannesbreite Pfade in unberechenbaren Windungen sich
hindurchschlingen. Allmählich indessen wird durch das fallende
Laub selbst, durch die vermodernden Pflanzen der Boden verbessert: eine stattlichere Vegetation entwickelt sich; selbst Bäume
mit eßbaren Früchten gewinnen ihr Fortkommen. So findet sich
von Porto Seguro bis Bagida ein kräftiger Baumwuchs, der
wohl an deutsche Laubbäume erinnern kann, aber auf dem
jüngeren Boden von Bagida bis Lome nur niedriges Buschwerk
mit dicken, fleischigen Blättern. Indes auch die Kokospalme,
mit deren Anpflanzung man begonnen hat, kommt, wenn auch
langsam, in dem salzhaltigen Sande fort.

Porto Seguro war vordem der Haupthafen für den Sklavenhandel, welcher der ganzen Küste ihren Namen gegeben hat.
Hier reicht mit einer Verästelung — der alten Flußmündung —
die große Togo-Lagune bis auf etwa 10 Minuten an den Ort
heran. Daher konnten die (geraubten und gefesselten) Sklaven
aus dem Binnenlande mit Kanoes leicht hierher geschafft werden,
wo sie in festen Hürden (Barracones) aufbewahrt wurden, bis
fern auf der Reede die Sklavenschiffe erschienen, um die Men-
schenfracht einzunehmen. Heute ist mit diesem schmachvollen
Handel seine Bedeutung geschwunden, zumal die überschwem-

[1] Bericht des K. Kommissars von Puttkamer (Mitteilungen von Forschungsreisenden und Gelehrten aus den Deutschen Schutzgebieten, herausgegeben von Freiherr von Danckelman, 1888, S. 90. 91).

mungen der Lagune die niedrigen Umgebungen des Ortes versumpfen und dadurch gefährliche Fieber wachrufen. Und die
Unreinlichkeit der Bewohner trägt viel dazu bei, diese Gefahr
noch zu vergrößern: zwischen den aus grauem Schlamm und
Binsen hergestellten, runden oder viereckigen Hütten des Ortes
sieht man ganze Berge übelriechender Abfallstoffe lagern.

Auch Bagidá war früher ein bedeutender Sklavenmarkt. Jetzt
zählt das etwa 2 km vom Meere zurückliegende Dorf nur noch
ungefähr 100 Einwohner. Der Handel hat sich ganz nach dem
erst vor einigen Jahren am Meere entstandenen Orte Bagida-
Strand gezogen, wo um die europäischen Faktoreien sich Ein-
geborene als Arbeiter und Handwerker angesiedelt haben.

Auf ähnliche Weise ist auch Lome entstanden, das an Handelsbedeutung Aneho nahe kommt. Die Anlage mehrerer Faktoreien am Meeresstrand wurde für die Eingeborenen der Nachbarschaft der Antrieb, ebenfalls dorthin überzusiedeln. So gaben
die Bewohner des weiter landeinwärts gelegenen Dorfes Lome
ihre alte Heimat ganz auf und übertrugen deren Namen auf die
neue Siedelung. Aber dies Zusammenströmen verschiedenartigster
Bevölkerung hat bewirkt, daß in Lome die schlechten Elemente
sehr stark vertreten sind; und der Schmuggel, welchen sie mit
deutschen Waren über die dicht hinter Lome anhebende deutsch-
englische Grenze treiben, trägt auch nicht dazu bei, ihre Sitten
zu bessern. Was indessen Lome seine eigentliche Bedeutung giebt,
ist das fruchtbare und gut bewohnte Hinterland.

Man braucht nicht weit landeinwärts zu gehen, so erreicht
man das Ende des Sandbodens. Das dornige Gestrüpp hört
auf. In flachen Wellenformen zieht sich das Gelände unabsehbar
hin. Anfänglich erheben sich diese Bodenwellen nur 15 bis 25 m;
weiterhin aber steigen sie viel bedeutender an, bis zu 70 m und
darüber. Sind sie auch keineswegs immer gleichlaufend, so geben
sie doch der Landschaft einen sehr eintönigen Charakter. Erst
das Gebirge der Fetischberge bezeichnet die Binnengrenze dieser
weit gedehnten Küstenlandschaft.

Die Grundlage des Bodens ist durchweg Laterit, eine sand-
haltige, stark eisenschüssige und dadurch rot gefärbte Thonerde,
welche stellenweis thonigen Roteisenstein in dicken Knollen ein-
schließt. Nirgends durchbrechen Felsen oder einzeln ragende Berge
den mürben Boden. Steile Abstürze dagegen finden sich wohl,

auch schroff eingeschnittene Furchen, welche das Wasser ausgespült hat.

Die Gestaltung des Küstenflachlandes ist für die klimatischen
Verhältnisse von tiefgreifender Bedeutung: es wird dadurch ganz
unter den Einfluß des Seewindes gestellt, der ungehemmt es bis
an die Berge bestreichen kann. Mit Tagesanbruch erhebt sich die
Brise aus Südsüdwest, wird stärker gegen Mittag und schläft
gegen Abend ein, um für die Nacht der Windstille und schwachen
Luftströmungen vom Binnenlande her Platz zu machen. Diese
regelmäßige Brise bewirkt eine erhebliche Abkühlung der Luft.
Die mittlere Jahrestemperatur beträgt daher noch nicht 27° C.,
die Durchschnittstemperatur auch der heißesten Monate nicht über
29°. In den Nächten macht sich dagegen eine Abkühlung wenig
bemerkbar. Andererseits vergrößert aber die Brise sehr erheblich
den Feuchtigkeitsgehalt der Luft. Das zeigt sich in der starken
Schweißbildung, in dem schnellen Verschimmeln alles Holzes und
Leders, in dem leichten Rosten der Metalle. Kurz vor Sonnenaufgang triefen Dächer und Pflanzen von Tau.

In den Monaten April bis Mitte August, sowie im Oktober
und November weht die Seebrise stärker, bringt größere Feuchtig-
keitsmengen mit und bedingt dadurch die Regenzeiten, während
in den übrigen Monaten nur ausnahmsweise Regen fällt. Zwar
hält auch in der Regenzeit der Regen täglich nur — meist am
frühen Nachmittage — höchstens vier Stunden an, aber die dann
herabstürzende Regenmenge ist sehr bedeutend. Der Regenzeit
geht 3 bis 4 Wochen anhaltend, die Tornadozeit voraus. Dann
bricht täglich gegen Abend ein von gewaltigen Regengüssen be-
gleiteter Orkan los, der indes in weniger als einer Stunde sich
ausgetobt hat.

Ziemlich plötzlich erfolgt zu Anfang des Dezember ein starker
Umschlag des Wetters. Dann weht etwa sechs Wochen lang der
Harmatan, der heiße Nordwind. Er erhöht die Tagestemperatur
um 4 bis 6°, da er die Seebrise zurückdrängt. Auch die Brandung an der Küste besänftigt er. Die Nächte sind wolkenlos,
und daher viel kühler als sonst: eine Erquickung nach den jetzt
so viel heißeren Tagen. Aber zugleich führt dieser Landwind
seinen rötlichen Staub mit sich, der den Himmel in Dünste hüllt,
jeden Fernblick ausschließt und die Sonne als eine blaßrote
Scheibe am Himmel erscheinen läßt. Dabei wird durch den

Harmatan die Luft so trocken, daß Thüren und alles Holzgerät einschrumpfen, Möbel sich verziehen, ja selbst den Menschen an Lippen und Händen die Haut aufspringt.

Das ist gewiß nicht angenehm; aber in Summa befinden sich doch Europäer in dem Klima von Togo durchaus wohl; denn die Seebrise und der gute Anbau des Landes wirken zusammen, es zu einem wirklich gesunden zu machen.

Sobald man, vom Strande kommend, den Lateritboden betritt, ändert sich völlig die Vegetation des Landes. Das dornige Dickicht hört auf, und in überraschender Fülle und Abwechselung erscheint der Pflanzenwuchs. Von Lome bis zu der „heiligen Fetischstadt" Be sind nur 4 km Weges; aber auf dieser kurzen Strecke kommt man bald durch büschelförmig wachsendes Schilfrohr, bald durch höheres Buschwerk, bald durch Gruppen von Kokospalmen, Ölpalmen und anderen hohen Bäumen, bald durch Savannen mit üppig wucherndem Graswuchs.

Die Fetischstadt Be ist dem Kriegsgotte Njikplá geweiht, dem mächtigsten aller Untergötter, der zu Pferde sitzend und in europäischer Kleidung dargestellt wird. Sie ist ein Dorf mit winkelig engen Gassen, welche durch übermannshohe Zäune gebildet werden. Durch die Thore derselben blickt man auf die Höfe, auf denen die Wohnhütten stehen. Diese sind zwar, wie überhaupt in Togo, aus rotem, mit Schilf vermischtem Thon aufgeführt, aber nicht wie anderwärts viereckig, sondern rund, mit ihren spitzen Dächern wohl 10 m hoch. Kokospalmen und Buschwerk überragen fast jeden Zaun und machen dadurch den Anblick des Ortes etwas freundlicher. Den Besuch ihres großen Fetischtempels aber verstatten die Priester keinem Europäer.

Gleich nordwärts von Be gelangt man an das äußerste Westende der Togo=Lagune, welches dem Lande schon wieder zurückgewonnen ist. Denn es stellt sich als eine 100 m breite, flache Thalmulde dar, deren tiefste Rinne sumpfigen Untergrund zeigt, während jenseits der Boden wieder zu einer 20 bis 25 m hohen Landwelle sich erhebt. Allein wenig weiter östlich tritt in diese Thalmulde der Sio ein und bewahrt selbst in der Trocken= zeit in dem dichten Röhricht sich einen offenen Wasserlauf von so viel Breite, daß ein Kanoe darauf fahren kann. Das unter= scheidet ihn von den Küstenflüssen der Landschaft, welche in der trockenen Jahreszeit völlig versiegen. Aber er hat auch seinen

Ursprung in den Fetischbergen und durchfließt in ihrer ganzen
Breite als ein stattlicher Strom — in Kewe ist er 40 m breit
und 1 m tief — die Küstenlandschaft. In dem Sio wird man
daher auch denjenigen Fluß zu sehen haben, dessen alte Mün=
dung vorzeiten bei Porto Seguro das Meer durch die Barre
schloß. Auch die Linie seines Laufes weist darauf hin, daß er
es besonders gewesen ist, der die Togo=Lagune geschaffen hat,
an deren Südseite er jetzt entlang zieht.

Die Togo=Lagune ist eine Wasserfläche, welche etwa 10 km
von Ost nach West und etwa 10—11 km von Nord nach Süd
sich ausbreitet. Ihre Tiefe beträgt im Durchschnitt nicht mehr
als 3 m. Das Wasser ist süß und nur in der Nähe des Durch=
stiches bei Aneho etwas brackig. Durchgehends zeigt es eine
graue Farbe, ohne indessen trübe zu sein. Der Reichtum an
Fischen ist sehr bedeutend; manche Arten derselben übertreffen
an Wohlgeschmack die Seefische. Die Abläufe der Lagune sind
daher von den Anwohnern mit Reusen gesperrt, aus denen sie
die Fische mit den Händen herausschöpfen. Niedrige Höhenzüge
umschließen rings die weite Wasserfläche, über welche Reiher und
Habichte hinstreichen, während Krähen die Ufer beleben. Hier
und da lauert ein träges Krokodil, kaum mit den Augen blin=
zelnd, auf vorwitzige Beute.

Das westliche Ufer der Lagune ist öde. Denn ein 1½ bis
2 km breites Dickicht von Schilfrohr und Wasserpflanzen ist ihm
vorgelagert, durch welches nur schmale Wasserpfade in zahllosen
Windungen bis an das Land heranführen. Einsam liegt hier
Gbome am Ufer, ein „Markt" von wenig Hütten; alle größeren
Siedelungen sind erheblich, manchmal bis zu einer halben Stunde,
landeinwärts gerückt.

Auch das Nordende der Lagune versperrt ein dichtes Röhricht,
durch welches Boote nur mühsam mit Stangen hindurchgeschoben
werden. Ja, näher nach dem Lande zu wird die Fülle der Wasser=
pflanzen und herrlich blühenden, riesengroßen Wasserblumen so
überwältigend, daß sie jeder Schiffahrt Halt gebietet. Mühsam
nur und mit vielen Windungen bricht sich der Haho eine Bahn
hindurch, der hier von Norden her einmündet. Mächtige Laub=
bäume, mit Schlinggewächsen bekleidet, beschatten die 3 bis
4 m hohen Ufer, zwischen denen, bald bis zu 40 m sich aus=
dehnend, bald bis auf die Hälfte sich zusammenziehend, im Durch=

schnitt 3 m tief, der Fluß ganz gemächlichen Schrittes der Lagune zuzieht. Freilich in Hochwasserzeiten steigt er um 1½ m und fließt dann mit rascher Strömung dahin. Es ist grauer Laterit, der die Uferböschungen bildet; denn den die sonst rote Färbung bedingenden Eisengehalt hat der Fluß hinausgewaschen. Tief dunkel erscheint auch weiter aufwärts im Waldesschatten der Wasserlauf.

Hier und dort sperren ihn umgestürzte Baumstämme, an anderen Stellen beugen sich elegante Palmen hinüber und herüber, allerwärts aber spenden laubreiche, von Lianen überwucherte Tropenbäume Schatten und Kühlung.

Völlig verschieden von dem westlichen erscheint das Ostufer der Lagune. Mit steiler Böschung erhebt sich hier, im Südosten gar bis zu 12 und 16 m, der rote, harte Lateritboden, in welchen zahllose Stücke knollenartigen Eisensteins eingelagert sind. Hier und da sind durch die Gewalt der Regenwasser tiefe Rinnen in diesen Klippenrand eingeschnitten. Ein flacher Strand, mit großen Stücken des Knolleneisensteins übersäet, den einzigen Steinen, die es in der Küstenlandschaft giebt, ist vorgelagert.

Melonenbaum (Carica Papaya).

Das offene Wasser tritt an diesen heran, in den Tornadozeiten mit starken Wellen nicht selten ihn weit hinauf überspülend. Dorf reiht sich auf der Höhe an Dorf, selbst unten am Strande liegen nicht selten Hütten. Zuerst kommen die beiden Seva, Seva-Dorf und Klein-Seva, denen 500 m landeinwärts Groß-Seva sich an-

schließt. Dann folgen in nicht großen Zwischenräumen die fünf
Dörfer, welche zusammen den Namen Togo führen. Allenthalben
erkennt man den Fleiß und Ordnungssinn der Bewohner. Die
Ölpalmen sind in Reihen gepflanzt, die Mais- und Maniokfelder
sorgfältig bearbeitet und mit dichten Hecken eingefaßt. Ein wenig
abseits von den Wegen sind große Götterbilder, welche mit vielem
Geschicke ausgemeißelte menschliche Gesichtszüge zeigen, unter
Schutzdächern aufgestellt; und reichliche Opfergaben, Lebensmittel
und Kauri-Muscheln, vor den Fetischen dargebracht, bezeugen
den frommen Sinn der Dörfler. Affenbrotbäume in großer Zahl
geben der Landschaft ein eigenartiges Gepräge; und häufig erheben inmitten der Felder sich kerzengerade Melonenbäume (Carica
Papaya), die, vielfach ohne Blätter, mit ihren Bündeln kugel-
runder Früchte einen wunderlichen Anblick gewähren. Sonst
treten in der die Dörfer umhegenden Pflanzenfülle besonders
Kokospalmen, Bananen, Bambus, wilde Baumwolle und wilder
Indigo hervor.

Togo, d. i. jenseit des Sees, das Fünfdorf, dehnt sich 2½ km
am Ufer hin. Es macht einen behäbigen und durch seine Sauber-
keit sehr ansprechenden Eindruck; sorgfältig werden selbst von
Graswuchs die Dorfstraßen rein gehalten. Zu täglichen Bädern
bietet bequem die nahe Lagune sich dar; das junge Volk pflegt
sogar zweimal, nach Sonnenaufgang und vor Sonnenuntergang, zu baden. Die Ortschaft zählt etwa 3000 Einwohner
und ist bedeutend genug, um dem ganzen Lande den Namen
zu geben.

Die Wasserstraße führt um Togo herum weiter hinein in
den ostwärts auf Aneho zufließenden Fluß; ein viel betretener
Landweg aber über den hinter Togo bis zu 40 m ansteigenden
Höhenzug in nordöstlicher Richtung nach dem Markte Wo. Nir-
gendwo auf diesem Landwege trifft man noch Urwald an; Ackerfelder
wechseln mit oft mannshohem Brachbusche, den 3 oder 4 m dicke
Affenbrotbäume überragen. Auch das Wild hat sich vor der
Kultur zurückgezogen; aber die Körnerfrucht lockt dafür in erstaunlicher Menge das Gevögel herbei. Kleine rote Tauben,
Elstern, Schlangenhalsvögel, Krähen, Habichte, Reiher sieht man
in Unzahl. Höchst sauber zusammengestellte, cylindrische Mais-
schober künden in der Erntezeit die Nähe der Ortschaften an.
Auf einer Anhöhe liegt das große Dorf Oba, in dessen Nähe

Orangen trefflich gedeihen. Dann folgen, gleichsam sich stauend, dicht aufeinander die Bodenwellen, oben mit Buschwerk, weiter abwärts mit Rohr und Schilf, in der Tiefe der Thalung mit Gras bewachsen. Hier haben in den fettigen Thonboden die Umwohner Brunnen bis zu 25 m Tiefe gegraben, die auch in der Trockenzeit ein zwar grau gefärbtes, aber wohlschmeckendes Wasser liefern.

Bergauf, bergab gelangt man so nach Wo. Der Markt enthält nur wenige Häuser, aber ein sehr großer, ganz mit Palmenkernen übersäeter Platz schließt sich an, der Zeugnis giebt von dem ungemeinen Verkehr, der an den Markttagen sich hier entfaltet. Dann (an jedem fünften Tage) strömen mehrere Tausende von Menschen hier zusammen, sodaß mitunter an einem Markttage bis zu 3000 Gallonen (135 hl) Palmöl umgesetzt werden. Die Neger aus dem Binnenlande bringen es hierher, und die Käufer verfrachten es dann auf bequemem Wasserwege nach Aneho. Denn bis nach Wo reicht die schmale, aber lang ausgezogene Soholo-Lagune hinauf, welche bei Gridji in nordwestlicher Richtung von dem Flusse sich abzweigt. Auch von dieser Lagune ist das westliche Ufer spärlich bewohnt und etwas sumpfig; auf dem östlichen dagegen liegen dicht am Wasser mehrere kleine Dörfer bis zu der tief in das Land einschneidenden Ausbuchtung hin, welche bei dem Dorfe Soholo der Druck des Wassers gegen das Ostufer gebildet hat. Von Soholo an aber reiht sich fast Dorf an Dorf, durch welche vortreffliche, reitwegähnliche Pfade an der Lagune hin und schließlich durch eine mit Palmen bestandene Niederung nach Sebbe führen.

Indes dies Lagunenland bildet nur den kleinen Südostteil der Küstenlandschaft; der weitaus größere Teil derselben dehnt sich von den Lagunen nach Norden und Nordwesten sanft ansteigend gegen das Gebirge der Fetischberge hin. Die deutsch-englische Grenze ist hinter Lome am Strande nur auf eine ganz kurze Strecke nordwärts gezogen, landeinwärts aber wendet sie sich unter 6° 20′ scharf nach Westen bis zu dem kleinen Dschawe-Flusse, den sie aufwärts verfolgt, um unter 6° 47′ mit nochmaliger Westwendung den Wolta bei der Einmündung des Deine-Flusses zu erreichen. Demnach giebt die schmale Strandfront keinen Begriff von der Binnenlandsbreite des Schutzgebietes. Freilich die natürliche Westgrenze des deutschen Gebietes wäre erst der

Lauf des mächtigen Volta, den jetzt in seinem Unterlaufe auf
beiden Ufern die Engländer den ihren nennen.

Wendet man von der Togo=Lagune sich nach Nordwesten,
so sieht man das Land in langen Bodenwellen sich endlos hin=
dehnen. Befindet man sich in den Thalungen, so ist man von
dichtem Pflanzenwuchs umgeben, der jede Aussicht abschneidet;
steigt man zum Rücken der Bodenwelle hinauf, so bietet sich ein
freier Ausblick ringsum. Die Ortschaften liegen immer in kleine
Gruppen aneinander gedrängt; aber jede Gruppe ist von den
nächsten durch 20 bis 40 km breite Streifen unbebauten Landes
geschieden. Daher stellt sich der größte Teil des Landes als un=
kultivierte Savanne dar, bestanden mit hohem Grase, dichtem
Busch und einzelnen Bäumen. Allein in der Nähe der Flüsse
geht die Buschsavanne in eine üppige Urwaldvegetation über, in
der das Laub, die Luftwurzeln, die Lianen, welche sich von Ast
zu Ast schwingen, so dicht verwebt sind, daß selbst beim höchsten
Sonnenstande der Fluß durch ein geheimnisvolles Dunkel dahin=
rauscht. Tritt man aus diesem Galerien=Urwalde heraus, so
kommt man zu wohlgepflegten Feldern oder zu Ortschaften, die
stets die Nähe der Flüsse suchen. Die Wege sind durchweg nur man=
nesbreit; denn das reicht für das Bedürfnis des Negers aus.
Aber sie werden durch Gemeindearbeit der Dörfler ordentlich an
den Seiten abgestochen und sorgfältig geebnet, sodaß man, zwischen
dem manneshohen Grase dahinschreitend, meinen möchte, durch
ein üppiges Kornfeld in Deutschland zu wandern.

Das Gebiet des mittleren Sió ist die Landschaft Tówe. An
diese grenzt etwas weiter stromauf die Landschaft Kéwe, welche
an landschaftlicher Schönheit, sowie an Güte und sorgfältiger
Bebauung des Bodens Towe noch übertrifft. Aber der Preis
gebührt doch der Landschaft Agotime, welche hinter Kewe all=
mählich gegen das Gebirge hin ansteigt, ebenso schön wie wohl
bewässert und fruchtbar. Hart an der Grenze der Landschaften er=
hebt sich ein breiter felsiger Grat, der, schroff und kahl, etwa
einen halben Kilometer lang sich hinzieht. Es ist der Ziegen=
rücken, wie man wegen seiner sonderbaren Gestalt ihn genannt hat.
Seine höchste Erhebung ist die am Nordende gelegene Heinrichs=
höhe. Die steile, kahle Felshöhe erhebt sich zwar nur etwa 50 m
über die Umgebung, die hier eine Meereshöhe von ungefähr
200 m hat, aber auch so schon gewährt sie bei der großen Eben=

heit des Landes einen herrlichen, weitumfassenden Rundblick: nach
Südosten rückwärts bis zu dem tiefblauen Meere, vorwärts nach
Nordwesten und Norden auf das in mächtigen Formen am Hori=
zonte auftauchende Gebirge. Indes einen größeren Eindruck als
die doch noch ziemlich fernen Fetischberge macht der gleich jen=
seit des nahen Todschi=Flusses sich gegen Westen erhebende
Adaklú, dessen isoliert aus der Ebene sich aufbauende Kegelgestalt
wolkenhoch zu sein scheint, obgleich sie in Wirklichkeit nicht mehr
als 820 m Erhebung hat.

Vom Ziegenrücken an bildet Agotime eine weite Thalung,
welche südwestlich zum Todschi entwässert, welcher 10 m breit
und ziemlich 1 m tief, von dichtem Galeriewalde überschattet,
mit der Schnelligkeit eines jungen Gebirgsflüßchens südwärts
der englischen Grenze zustrebt. Fruchtbare Savanne wechselt in
dem Thal von Agotime mit dichtem Urwalde an den Flußläufen;
Dorfgruppen lagern sich dazwischen; immer üppiger und wilder
wird der Pflanzenwuchs, das Gras erreicht auf dem humusreichen
Boden die Höhe von 5 m, bis wir in dem Dorfe Sugpé, das
durch Sorgfalt in der Ackerbestellung und im Hausbau, sowie
durch Zucht und Ordnung der Bevölkerung sich auszeichnet, das
Ende der Landschaft Agotime und den Fuß des unvermittelt aus
der Ebene aufsteigenden Gebirges erreichen.

Die Vegetation der Küstenlandschaft setzt sich in ihren haupt=
sächlichsten Vertretern auch in dies Gebirge hinein fort; aber für
manche bildet das Gebirge doch eine feste Schranke. So gedeiht
die Ananas und der Tabak nur in der Ebene; an allen Fluß=
läufen der Ebene findet man den Pandanus, dessen Bast zur
Anfertigung von Flechtwerk benutzt wird. Zuckerrohr ist wenig
verbreitet. Die Kokospalme sucht mit Vorliebe die Nähe des
Meeres.

Das edelste Jagdwild der Küstenlandschaft ist der glücklicher=
weise sehr seltene Leopard, der sich indessen auch im Gebirge
findet. Dagegen bevorzugt das Wildschwein entschieden die Ebene;
es ist größer als das zahme und mit rötlichen, kurzen, dichten,
glatt anliegenden Haaren bedeckt. Antilopen trifft man in ganzen
Rudeln an. Besonders reichhaltig ist aber die Vogelwelt ver=
treten. Tauben giebt es in mannigfaltigen Arten; auch der
kleine grüne Papagei ist sehr zahlreich. Die größte Vogelart der
Landschaft ist ein mehr als meterhoher Kranich, der, mit schwar=

zem Hals und Kopf und rostrotem Schwanz, auf dem schwarzen
Stirnpolster eine hohe, rostrote Krone trägt.

2. Die Ewe.

Die Zahl der Bewohner der Küstenlandschaft schätzt man
auf ungefähr 2 Millionen; das ergiebt eine durchschnittliche
Dichtigkeit von 40 Menschen auf 1 qkm, wie sie etwa in Ru=
mänien herrscht. Bedeutend über diesen Durchschnitt erhebt sich
die Volksdichtigkeit unmittelbar an der Küste und am Fuße des
Gebirges; aber auch sonst ist die Bevölkerung sehr ungleich ver=
teilt, da durchweg um die Hauptorte der Stämme die Ortschaften
dicht geschart liegen, die einzelnen Stämme aber durch weite
wüste Strecken voneinander getrennt sind.

Abgesehen von der sehr gemischten Bevölkerung der Strand=
orte wird die Küstenlandschaft von dem Volke der Ewé bewohnt,
zu welchem auch die Anglo zwischen der deutsch=englischen Grenze
und dem unteren Wolta und die Dahome im Osten gehören.
Doch schließt das weite Gebiet einige fremde Sprachinseln in
sich, wie das Ze in Towe, das Moatsché am oberen Haho und
das Atakpame am Ostende der Fetischberge; dafür gehört aber
noch fast dies ganze Gebirge zum Gebiete der Ewe.

Durch ihre körperliche Erscheinung machen die Ewe einen
günstigen Eindruck. Ihre Hautfarbe ist kaffeebraun mit vielen
individuellen Schwankungen; doch sind die Augen stets dunkel,
die Handteller und Fußsohlen dagegen durchweg ziemlich hell.
Der Körperbau ist von mittlerer Größe, nicht sehr kräftig, aber
zäh ausdauernd. Der Kopf neigt zu der Form der Langschädel;
die Nase setzt sich ohne tiefe Einbiegung an das Stirnbein an;
sie ist bei mäßiger Stärke meist gerade, nicht negerartig, eher
etwas nach außen gebogen. Das stets wollige Haar wird meist
kurz geschoren. Die ganze Gestalt zeigt gute Verhältnisse; auch
die Waden sind kräftig ausgebildet. Die Füße sind gelenkiger
als beim Europäer. Die große Zehe kann daumenartig entgegen=
gestellt werden, sodaß die Ewe im stande sind, mit dem Fuße zu
fühlen und zu greifen, einen Stock vom Boden aufzuheben, beim
Weben den Faden festzuhalten. Bartanlage ist vorhanden, jedoch
nicht stark; namentlich ist der Schnurrbart meist dünn. Täto=
wierung wird schon jetzt in vielen Gegenden nicht mehr geübt,

auch werden weder die Nasenwand noch die Lippen durchbohrt; dagegen ist, wie bei den Dualla in Kamerun, die Beschneidung vielfach Sitte. Für die Körperpflege wird viel gethan. Nach jeder Mahlzeit werden die Zähne mit einem Holzstäbchen gesäubert. Täglich werden, solange Wasser vorhanden ist, Bäder oder Waschungen mit Seife (Palmöl mit Bananenasche) vorgenommen; und nach der Trockenzeit eilt bei dem ersten Regenfall alles an die Pfützen, um wieder rein zu werden.

Die Kleidung ist vielfach verschieden, an der Küste meist dürftiger als weiter im Innern. Jedermann trägt einen kleinen Schurz; für Kinder und die heranwachsende Jugend gilt er überhaupt für ausreichend. Erwachsene jedoch werfen um die Schultern noch ein langes, ziemlich weites Gewand, das die Frauen unter den Armen durchziehen und über der Brust zusammenknoten. Dadurch entsteht hinten eine Art Beutel, in welchem die Mütter ihre ganz kleinen Kinder mit sich herumzutragen pflegen. Die Männer indes lassen es von den Schultern frei herabhängen und legen es nur bei der Arbeit ab; an der Küste ersetzen sie es durch irgend ein europäisches Kleidungsstück, eine Jacke, ein Hemd oder eine Weste. Der Kopf wird mitunter durch einen Basthut mit überhängender Krempe geschützt. Als Zeichen ihrer Würde setzen die Häuptlinge im Innern eine europäische Frauenhaube auf, über die ein Cylinderhut gestülpt wird.

Als Schmuck dienen am meisten metallene Ringe von einheimischer Arbeit. Am liebsten werden sie um den Arm getragen, aber auch, zumal von Reicheren, um die Fußgelenke, an den Fingern und sogar an den Zehen. Perlen- und Korallenschnüre, um den Hals oder um die Hand- und Fußgelenke getragen, sind ein beliebter Schmuck der Weiber; jüngere Mädchen schlingen sie auch als Gürtel um. Aber selbst die ärmste Frau knüpft sich wenigstens eine Schnur von Kaurimuscheln um den Hals, von denen im Inneren 10 Stück etwa den Wert eines Pfennigs haben. Auch ihre Waffen sind den Ewe bei ihrem friedliebenden Wesen kaum mehr als ein Schmuck. Bogen und Pfeile sind abgethan. Aber sie tragen ein 60 cm langes und 5 cm breites Dolchmesser umgehängt und nicht selten ihre „Dänenflinte" auf der Schulter, den Kolben nach hinten. Diese manneslangen Steinschloßflinten dienen auch nur dazu, um durch den Knall des Schusses die bösen Geister zu vertreiben. Denn in Wahrheit fürchtet sich der

Ewe vor seinem Gewehr: er feuert es ab, ohne anzulegen und zu zielen, meist auch mit abgewandtem Gesichte. Einen wirklich brauchbaren Hinterlader aber kauft er sich aus Sparsamkeit nicht, da ein Dutzend der dazu nötigen Metallpatronen so viel kostet, wie jetzt ein ganzes Fäßchen „Negerpulver".

Im allgemeinen sind die Ewe ihrem Charakter nach als friedfertig, gutmütig, heiter und nach Negerbegriffen auch als arbeitsam zu bezeichnen. Sie sind zudem sehr mäßig im Essen und Trinken; Trunkenheit ist unerhört; sie lieben wohl den „Ahá" (Alkohol), um sich zur ausgelassenen Fröhlichkeit anzuregen, aber nicht um sich zu berauschen. Ihre Vergnügungen sind die einfachsten und harmlosesten von der Welt. Daneben freilich sind sie außerordentlich eitel, lieben den Putz ungemein und erscheinen sehr selbstsüchtig. Wohl zeigen sie sich dankbar für empfangene Wohlthaten, aber doch immer mit dem Hintergedanken, daß sie noch weitere erwarten. Selbst für ihre Familie fehlt ihnen ein tieferes Gefühl. Aber doch sang ein Ewe auf einem Tanzfeste, den Vers improvisierend: „Der Tag, wo ein Mann mir mein geliebtes Weib raubt, ist der Tag meines Todes." Von einer Erziehung der Kinder ist kaum die Rede. „Sie wachsen heran fast ohne jegliche Spiele. Scheu der Erwachsenen, gewisse Dinge vor ihnen auszusprechen, existiert nicht, und so machen die Kinder oftmals den Eindruck von Großen, die einen beträchtlichen Teil des Lebens durchgekostet haben. Es verwischt sich der Übergang aus dem Kindes- in das Mannesalter: die Kinder erscheinen alt und die Erwachsenen als Kinder."[1]

Für die geistige Befähigung der Ewe spricht die Beobachtungsschärfe, mit der sie das Fremde auffassen und für ihr Verständnis zurechtlegen. Kleine Eigentümlichkeiten der Europäer werden sofort wahrgenommen: schnell ist davon ihm ein scherzhafter Sondername angehängt oder eine Veranlassung zu harmloser Fröhlichkeit daraus gewonnen. Einen Kaufmann, der öfter seine Leute schalt, nannten sie „Chanyakpui" (der kleine Zänker), einen andern, der eine Brille trug, „Gankui" (Eisenauge). Ein englischer Missionar, der seine Lektionen mit den Worten we will repeat anzufangen liebte, hieß bald „Massa Ripit". Wenn der

---

[1] Kommissar P. Grade, Land und Leute im Togogebiete (Aus allen Weltteilen, 1888, S. 350).

deutsche Kommissar Grade auf seinen Reisen morgens zum
Weitermarsch aufbrach, rufen fröhlich, wie er es zu thun pflegte,
seine Ewe=Jäger: „Na nu vorwärts!" und dazwischen andere
in nicht minder gutem Deutsch, wie sie von seinem Begleiter
Dr. Henrici gelernt hatten: „Na munter, munter!"

Auch der reiche Vorrat von Sprüchwörtern, über den die
Ewe verfügen, spiegelt ihre geistige Regsamkeit wieder: allgemein
gültige Gedanken, in ein knappes realistisches, der Natur ent=
lehntes Gewand gekleidet. Sie sind gleichsam der Niederschlag
einer durch lange Beobachtung gereiften Erfahrung: die Krabbe
wandelt sich nicht zum Vogel. Eine feine Stadt bricht bald.
Leere Hand geht nicht zum Markte. Eine Fächerpalme um die
andere fällt. Die Baumfrucht fällt unter den Baum. Der Hahn
kräht nicht in der Einöde. Eine verdorbene Palmnuß verdirbt
alle Palmnüsse. Krokodilkind stirbt nicht Wassertod. Menschen=
kind weiß nicht seinen Todestag. Kleid ist Mensch. Der Bucklige
schläft nicht auf dem Rücken. Die Ratte kommt nicht hervor am
hellen Tage. Der Wanderer ist ein Strom. Zwei Könige sitzen
nicht in einer Stadt.[1]

Eine weitere Ausdichtung dieser Spruchweisheit der Ewe
ist die Tierfabel, kleine Geschichten, welche, dem Leben der Tiere
abgelauscht, doch in einen allgemein gültigen Gedanken aus=
münden. Sie bilden zugleich mit Rätselfragen eine beliebte
Unterhaltung des Volkes abends nach der Arbeit.

Diese Dichtungsformen entsprechen der Eigenart der Sprache
der Ewe, welche sehr reich in der Bezeichnung sinnlicher Gegen=
stände, aber arm für Abstraktionen ist. Die Grammatik ist wohl
entwickelt. Die Konjugation enthält zwei Tempora, eines für
die abgeschlossene, das andere für die noch nicht vollendete Hand=
lung. Das Präsens wird durch das Participium Präsentis aus=
gedrückt. Durch Affixe werden die Tempora bezeichnet; die
Pronomina werden als Suffixe an das Verbum wie an das
Substantiv angehängt. Die Kasus des Nomen werden durch
Präpositionen gebildet. Der grammatische Bau hat demnach eine
gewisse äußere Ähnlichkeit mit dem Hebräischen. Gesprochen wird

---

[1] Missionar G. Zündel giebt eine noch größere Zahl auf Ewe (mit Über=
setzung und Erklärung) in der Zeitschrift der Gesellschaft für Erdkunde in
Berlin, Jahrgang 1877, S. 386—388.

sie in einem leicht singenden Tone, der den Wohlklang unter=
stützt: Lovi mekua do ku wo (Krokodilkind stirbt nicht Wasser=
tod), Ame dschro tsidsadsa (der Wanderer ein Strom).

Im Verkehre begegnen sich die Ewe mit einer gewissen cere=
moniösen Höflichkeit. An der Küste ist das Handgeben in Nach=
ahmung der europäischen Sitte üblich geworden; jedoch wird die
Hand dreimal hintereinander gereicht und jedesmal beim Weg=
ziehen der Hand mit den Fingern geschnalzt. Im Innern jedoch
herrscht noch die alte Väterweise. Es machte einen sehr drolligen
Eindruck, als in Agóme (Towe), während die Erwachsenen alle
ängstlich flüchteten, ein ganz kleines Mädchen allein den Mut
fand, vor dem deutschen Kommissar nach strengem Grußceremoniell
niederzuknien und, in die Hände klatschend, zu fragen: Hometale?
(Wie geht es zu Hause?) Antwort: Elleta! (Es ist gut.) Dewiado?
(Wie geht es dem Gesinde?) Antwort: Elleta! (Es ist gut.)
Snoado? (Wie geht es der Frau?) Elleta, dónolo! (Es ist gut,
ich danke!)[1]: worauf der Begrüßte nun dieselben Höflichkeits=
fragen seinerseits zu stellen hat.

In den religiösen Vorstellungen der Ewe steht der gute Gott
Mawu obenan, der alles, was auf der Welt existiert, zu ein und
derselben Zeit geschaffen hat. Er offenbart besonders darin seine
große Güte, daß er gar keine Opfer von den Menschen haben
will; sich um die Menschen zu kümmern, ist er viel zu erhaben.
Für diesen Zweck hat er die Edrô geschaffen, gute und böse Unter=
gottheiten, in denen der Ewe sich die Naturkräfte verkörpert vor=
stellt. Er fertigt von diesen auch Abbilder aus Thon, meist in
der Gestalt sitzender älterer Männer von mehr als menschlicher
Größe, welche unter einem Binsendache auf öffentlichen Plätzen,
besonders am Eingange der Dörfer, aufgestellt werden. Das sind
die sogenannten Fetische. Ihnen werden Dankopfer oder, wenn
sie böse sind, Sühnopfer dargebracht. Am Eingangsthore der
Einzelgehöfte findet man auch oft Bilder der Schutzgötter auf=
gestellt. Tempel kennt der Ewe nicht, wohl aber den Göttern
geweihte Plätze; namentlich gelten ihm die Bergeshöhen als heilig.
Durch festliche Umzüge zur Zeit des Mondwechsels werden die
Götter gefeiert.

Hoch angesehen bei allem Volke sind die Priester und Prieste=

---

[1] E. Henrici, Das deutsche Togogebiet, S. 29.

rinnen; sie bilden keine eigene Kaste, tragen auch keine besondere
Tracht, höchstens mehr (gegen Zauberei schützende) Amulette; bei
den feierlichen Umzügen aber sind sie mit einer Art Fustanella
bekleidet und ganz mit Amuletten behängt. Ihnen wird ein
Geheimwissen zugetraut, in das sie ihre Zöglinge in langer Lehrzeit einführen. Sie machen die Zeitrechnung in Anlehnung an
die Mondmonate; sie bestimmen die Zeit zum Pflanzen und Ernten,
machen die Wetterbestimmungen, wozu ihnen einzelne Sternbilder,
wie der Orion, dienen, werden überhaupt in allen wichtigen Angelegenheiten um Rat gefragt. Bezahlung nehmen sie niemals
an. Viel weniger einflußreich ist die Stellung, welche die Wahr-
sager und Zauberer einnehmen. Sie werden bei Krankheiten
befragt, vermitteln die Opfer und sind die Vortänzer bei
feierlichen Tanzfesten. Für alle ihre Dienste lassen sie sich bezahlen. Diese werden namentlich in Anspruch genommen, um
Mörder und Diebe, aber auch Urheber von Krankheiten ausfindig zu machen. Das gewöhnliche Gottesurteil, welchem der
von ihnen Angegebene sich zu unterziehen hat, ist, daß er in
siedendes Öl die Hand zu stecken hat. Dergleichen macht sie gefürchtet, aber zugleich so verhaßt, daß die Ewe glauben, die Seele
der Zauberer sei so schlecht, daß sie auch in die Unterwelt nicht
aufgenommen werde; sie müsse daher im Luftraume umherwan-
deln und veranlasse dann alle bösen Krankheiten. Denn die
Seele des Menschen halten die Ewe für unsterblich, glauben
aber nicht an Seelenwanderung. Selbst eine Art Präexistenz
der Seele nehmen sie an; denn sie meinen, daß die Seele,
ehe sie in den Leib des Menschen komme, sich selbst ihr Schicksal wähle.

Auf eine tiefere Erfassung des Verhältnisses des Menschen
zur Gottheit weisen die Sühnbräuche hin, welche bei den Ewe
in Übung sind. Als der starke Vermittler zwischen Mawu und
den Menschen gilt ihnen Njikplá, der Kriegsgott, welcher in der
Sternschnuppe sich offenbart. Er sendet auch den Regen. In
Be steht sein hochverehrtes Bild, über die ganze Stadt den
Schimmer der Heiligkeit breitend. Alljährlich wird ihm ein Ochse
als Sühnopfer dargebracht, den er jedoch nach der Vorstellung
der Ewe an den großen Mawu vermittelt. Das ganze Volk
bestäubt sich bei diesem Sühnfeste an Brust, Rücken, Armen und
Füßen mit Blütenstaub, durchzieht in Prozession Stadt und Dorf

und feiert mit Gesang, Tanz und Trommelschlag den gütigen Mawu und den starken Njikpla.

Ihr ganzes Leben weihen dem Sühndienste die Agbui-Leute, meist Mädchen, welche von Priestern geleitet werden. Sie sehen in dem Gewitter den Ausbruch des Zornes der Gottheit, die wieder zu versöhnen ihnen Beruf ist. Ihr Ordenszeichen, ein am Arme getragenes Eisen, giebt daher die Zickzackform des Blitzes wieder. Von ihrem zwölften Lebensjahre an sondern sich die Agbui-Mädchen von allem Verkehre ab und leben unter Aufsicht eines Priesters, der Gottheit ergeben, in einer Art Kloster, zu dem niemand Zutritt hat. Hier werden sie in den Ordensceremonien und der dem Volke unverständlichen Ordenssprache unterwiesen. Sie verlassen es immer nur auf kurze Zeit, um in den Dörfern für ihren Unterhalt zu betteln. Erst nach 3- oder 4jähriger Lehrzeit kehren sie wieder zu ihren Angehörigen zurück; aber fortan gelten sie als Gottverlobte und bleiben daher unverheiratet. Beim Volke genießen sie weitgehende Rechte und Freiheiten, sodaß nicht leicht es jemand wagt, sie auch nur durch ein Wort zu verletzen. Sobald nun ein Gewitter heranzieht, versammeln sich die Agbui-Mädchen im Freien und versuchen durch Geschrei die erzürnte Gottheit zu besänftigen. Schlägt der Blitz in ein Haus, so reißen sie es nieder, nehmen den von dem Blitzgotte hineingeschleuderten Feuerstein heraus, besprengen die Stätte, wo das Haus stand, mit geweihtem Wasser, in welchem auch alle Hausbewohner zur Sühne sich waschen müssen; denn nur wegen geheimer Schuld, ist die Meinung, könne der Gott das Haus getroffen haben. Auch Zahlung für die Entsündigung hat der Hausbesitzer zu leisten.

Es ist ohne Zweifel die gedrückte Stellung der Frau, welche in denjenigen Gegenden, wo der Agbui-Orden besteht, ihm stets neue Jüngerinnen zuführt. Denn während die Agbui-Mädchen in großer Ungebundenheit ihr Leben führen dürfen, ist das Leben der Frau ein sehr geplagtes. Sie wird stets gekauft; der Preis ist je nach dem Reichtum des Vaters 100—140 Mark. Ihr fast ausschließlich liegt die Arbeit im Haus und Feld ob; doch Gewöhnung und natürlicher Frohsinn machen die Last leichter. Wohl kommen auch Neigungsheiraten vor, doch nur als Ausnahmen. Stets aber wird die Hochzeit als ein Freudenfest gefeiert. Mehr als eine Frau zu haben, gilt schon für ein Zeichen

von Wohlhabenheit; Häuptlinge haben wohl ihrer 20. Gewöhn=
lich wird jeder eine eigene Hütte im Gehöft überwiesen. Gelöst
kann die Ehe nur durch die Willenserklärung des Mannes werden,
gegen dessen Willen von seiten der Frau, selbst gegen Rückgabe
des Kaufpreises, niemals.

Eine große Erleichterung der Stellung der Frau ist die bei
den Ewe bestehende milde Sklaverei; denn dadurch wird ihr die
schwere Arbeit in Feld und Wald abgenommen. Die Sklaven
werden nur durch Kauf erworben und können durch Freikauf
ihre Freiheit wiedergewinnen. Sklavenkinder sind stets frei. Die
Sklaven gelten als Mitglieder der Familie; sie reden ihren Herrn
mit „Vater" an, wie denn auch ihre Stellung sich kaum von
derjenigen der Kinder der Familien unterscheidet. Im Gehöft
bewohnen sie eigene Hütten.

So ein Gehöft umschließt, wenn der Besitzer wohlhabend ist,
eine ganze Anzahl von Hütten, die verschiedenen Zwecken dienen.
Wo nicht diese die Umgrenzung des Hofes bilden, ist ein festes
Gehege aus Rohrmatten gezogen, durch welches von der Dorf=
straße die Pforte hereinführt. Vor dem eigentlichen Wohnhause
befindet sich auf dem Hofe die Feuerstelle, ein etwa 30 cm hoher
und weiter Thonring, der an einer Seite etwas geöffnet ist
zwecks freien Zutrittes der Luft. Auf dem Hofe steht auch die
Schrotmühle, um das Maiskorn zu zermalmen, und der Stampf=
kübel, in welchem die Yams oder andere Nährwurzeln zu Brei
zerquetscht werden. Stets ist der Hof sehr sauber gehalten; die
Haustiere sind in den Stallhütten untergebracht; nur die Kinder
und die Hühner treiben hier frei ihr stilles Wesen, vielleicht ein=
mal durch ein entschlüpftes Ferkel in Aufregung gebracht.

Diese Togo=Schweine gleichen im Aussehen durchaus unsern
Wildschweinen, sind aber bedeutend kleiner. Überhaupt sind die
Haustiere der Ewe kleiner von Gestalt als die unserigen. Namentlich
sehr verbreitet sind die Ziegen, welche nur um des recht schmack=
haften Fleisches willen gehalten werden. Sie sehen meist weiß
oder rötlichbraun aus, doch kommen auch einzelne vor, die in
Farbe und Zeichnung den Antilopen ganz ähnlich sehen. Die
Schafe indes sind fast immer weiß; es sind kleine, glatt= und
kurzhaarige Tiere von viel Lebendigkeit, welche gut marschieren,
aber nur wenig Fleisch geben. Zugleich als Schlacht= und Milch=
vieh dient das Rind; es ist von untersetztem Körperbau und

vorherrschend dunkelbraun von Farbe; troß seines gutmütigen
und geduldigen Charakters kann es doch wegen seiner kleinen
und schwachen Bauart zum Ziehen und Tragen nicht benußt
werden. Pferde sind in der Küstenlandschaft nicht heimisch. Nur
der Hund könnte noch den Haustieren hier zugezählt werden;
aber die kleinen Tiere, schlecht gepflegt, sind scheu, wenig wachsam und bellen fast nie. Zur Beaufsichtigung des Weideviehes
sind sie nicht zu gebrauchen; weswegen denn auch stets ein Teil
des Rindviehes sich in den „Busch" verläuft, wo die Kühe nur
aufgesucht werden, wenn einmal eine geschlachtet, d. h. abgeschossen
werden soll.

Bei den Wohlhabenderen befinden sich die Stallhütten für
die Haustiere gewöhnlich außerhalb des eigentlichen Gehöftes,
sodaß dieses ausschließlich die Wohnhütten, größere und kleinere,
umschließt. Das Material, aus welchem diese gebaut sind, sind
Quadern von Thon, dem man durch Beimischung von Binsen
und Stroh größeren Halt gegeben hat. Aus Balken wird die
Decke hergestellt; und über dieser erhebt sich das schräge Dach,
welches aus einer 15 cm dicken Schicht von Binsenstroh besteht.
Vorn ragt das Dach in der Regel weit über, sodaß eine
Vorhalle entsteht, welche zugleich schattig und luftig ist. Mitunter hat die Hütte auch noch ein Obergeschoß, zu welchem
an der Außenwand die Treppe emporführt. Die Länge der
Hütten beträgt 3—5 m, die Tiefe etwa halb so viel. Die
Thür wird nachts durch eine Matte geschlossen; in Agotime
dagegen durch eine Holzthür, die mit einem Schlosse versehen
ist. Gewöhnlich enthält die Hütte zwei Räume; der vordere
ist mit Tisch und Stühlen oder niedrigen Holzsesseln ausgestattet,
enthält auch wohl bei Wohlhabenden allerhand europäischen Zierrat, einen Spiegel, ein paar Bilderbogen oder einen billigen Öl-
druck von Kaiser Wilhelm und Bismarck. In dem hinteren Raume
sind verschiedene Krüge, Töpfe und Waffen untergebracht; aber die
Hauptstelle nimmt die Binsenmatte ein, auf welcher geschlafen wird.

Für die Sklaven bringt jeder Morgen in einem größeren
Anwesen Arbeit genug. Einige haben das Vieh in den Ställen
zu versehen, andere treiben das Weidevieh hinaus. Dann sind auf
den Feldern die heranwachsenden Yams und Kassaden zu behäufeln.
Die Yams treiben bei guter Pflege Wurzeln von 1 m Länge
und 15 cm Dicke, das Kraut derselben über der Erde rankt sich

an Stangen empor. Gekocht ähnelt die Wurzel im Geschmacke
einer groben mehligen Kartoffel. Die Kaſſada-Wurzel gleicht in
Größe und Ausſehen unſerem Meerrettig, und hat ebenfalls einen
kartoffelähnlichen, jedoch etwas zarteren Geſchmack als die Yamswurzel. Von dem Mais ſind unreife Fruchtkolben abzuſchneiden,
die geröſtet werden, oder die reifen abzuernten, die, geſchrotet
und mit Palmwein geſäuert, in Form von breitgedrückten Klößen
in Blätter gewickelt, auf Kohlenfeuer gebacken werden. Die
„Kinke“, eine Nachahmung des europäiſchen Brotes, iſt zwar
recht zäh, aber nicht ohne einen gewiſſen Wohlgeſchmack. Dann
wieder iſt von den Ölpalmen Palmwein zu zapfen, oder die Öl-
frucht abzuernten, deren Ölertrag in
großen Kalabaſſen nach Gbome oder
Wo oder gar zu den Faktoreien an
der Küſte gebracht wird. Hier und da
ſind auch Kautſchuklianen anzuzapfen,
deren Milchſaft, zu fauſtgroßen Kugeln
eingedickt, in den Handel gebracht wird.
In Gegenden beſonders dichter Bevölkerung wird der Boden ſogar dreifach
ausgenutzt: zwiſchen die Yams, Kaſſa-
den und Maispflanzen werden Bananen gepflanzt, welche wiederum von
Ölpalmen überragt werden. Und dabei empfängt der Boden nie eine andere Düngung als die Aſche der ver-
brannten Brachbüſche und Stoppeln.

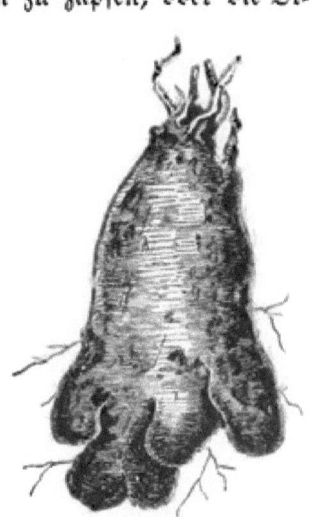

Yamswurzel.

        Mit Rauchen verbringt unterdeſſen, wenn die Arbeit aus-
geteilt iſt, der „Vater“, in der Vorhalle ſitzend, die Stunden.
Oder er geht, wenn etwa ein Palawer angeſagt iſt, durch die
engen, vielgewundenen Gaſſen zwiſchen den Gehöften zum Dorf-
platz, dem gewöhnlich ein großer Baum Schatten gewährt. Weiter
im Innern ſteht an dieſem Platze auch in der Regel das Ge-
meindehaus, auf deſſen Bau viel Sorgfalt verwendet wird. In
Abóbo z. B. wird es ringsum, während das Innere leer iſt, von
einer Art von Bogenhallen eingefaßt, und iſt ſo geſtellt, daß es
den darin Weilenden einen freien Ausblick auf die herrliche Landſchaft darbietet.
        Am Spätnachmittag aber finden wir den „Vater“ wieder

unter seinem eigenen Dache sitzen. Die Nachbarn kommen zum
Besuche: jeder wird mit Verbeugung, Händeklatschen und um-
ständlicher Höflichkeit begrüßt. Auch die Weiber sammeln sich,
rauchend und fröhlich schwatzend, und die Sklaven kehren von der
Arbeit heim. Es wird geraucht und Palmwein getrunken, wenn
es hoch kommt, Ahá (Alkohol, aus den Faktoreien als Rum be-
zogen), der für das edelste Getränk gilt. An Unterhaltung fehlt
es nicht. Es wird gesungen. „Die Weisen sind im allgemeinen
in Moll gehalten: einfache Modulationen mit leichten Intervallen, welche in zahllosen Variationen sich zu kleinen musikali-
schen Sätzen aneinander reihen. Ein beliebtes Intervall ist
namentlich die Oktave; die einzelnen Sätze klingen stets mit langgezogenen Fermaten aus.“[1] Oder es bläst jemand auf einer
kleinen Mundharmonika, immer die gleichen Rhythmen, wozu die
andern mit den Händen den Takt klatschen. Die Texte der Gesänge sind entweder allgemein bekannte kleine lyrische Lieder oder
gewöhnlich Improvisationen, den bairischen Schnaderhüpfln vergleichbar. So macht sich ihr guter Deutschpatriotismus Luft:
„Dumm machen sie uns, die Engländer machen uns dumm; sie
nahmen Besitz von unserem Lande und machten uns zu ihren
Sklaven.“ Oder einer greift mit einer Art Leberreim einen andern an; dieser antwortet in der gleichen Weise, und der herum-
hockende Chorus fällt beim Schlusse ein, diesen als Kehrreim singend.

Nun erwacht die Tanzlust. Einige springen auf und treten
in den Kreis. Eine eintönige Mollweise wird angestimmt, und
ein taktmäßiges Klatschen, wie Kastagnettengeklapper klingend,
begleitet die unglaublichen Gliederverrenkungen, welche die Tänzer
genau dem markierten Takte anzupassen wissen. Für die Er-
müdeten treten stets andere in den Kreis: da legt der „Vater“
die Thonpfeife weg und erhebt sich von dem niedrigen Schemel,
auf dem er gesessen. Von dem jubelnden Gelächter seiner Sklaven
begrüßt, tritt auch er als Tänzer in den Kreis; aber, seiner
Würde eingedenk, begnügt er sich die Tanzgesten nur leicht an-
zudeuten. Freilich bei den feierlichen Umzügen und Opferfesten,
wenn der Lärm der metallenen Glocken, der Trommeln und der
gell rasselnden Schüttelklapper alles in Aufregung versetzt, tanzt
er ebenso wild, wie alle andern.

---

[1] E. Henrici, Das deutsche Togogebiet, S. 63.

Wie harmlose Unterhaltungen der Ewe erscheinen auch das Mühlespiel, das, in den Regeln dem unserigen gleich, mit Stäbchen an der in den Sand gezeichneten Figur gespielt wird, und das Brettspiel, das mit Palmkernen wie unser Puffspiel gespielt wird. Aber in Wahrheit spielt der Ewe nie zum Zeitvertreib; stets hat er den Gewinn im Auge, sodaß das Spiel nur eine entsittlichende Wirkung haben kann.

Auf Ackerbau und daneben auch auf Viehzucht ist das Leben des Ewe-Volkes gegründet; doch hat sich an manchen Orten auch eine bestimmte gewerbliche Thätigkeit ausgebildet. So ist in Bolú (Nord-Towe) die Töpferkunst heimisch, da es in der Umgegend einen sehr bindigen, fetten Töpferthon giebt. Nur mit der immer wieder in Wasser getauchten Hand formen die Töpfer, meist Weiber, hier Töpfe und Schalen in allen Größen bis zu der meterhohen Urne, die zur Aufbewahrung des Getreides dient; lediglich bei den allergrößten nehmen sie eine Holzkelle, um den Thon festzuschlagen, zu Hülfe. Ohne die Töpferscheibe zu kennen, bringen sie doch die ansprechendste Form in tadelloser Rundung heraus. Auf Holzkohlenfeuer werden die Gefäße gebrannt und dann rot oder braun mit Rotholz gefärbt, auch wohl mit zierlichen bunten Linien geschmückt. So gehen sie weit in das Land hinein, bis an die Küste.

In Kpetu (Agotime) findet man die Schmiedekunst in Übung. Das Holzkohlenfeuer wird durch einen sinnreichen, wie ein Lötrohr geformten Blasebalg entfacht, und dann das Eisen mit Hülfe eines schweren Hammers und einer Zange von einheimischer Arbeit auf einem steinernen Ambos bearbeitet.

In Kewe und Agotime befinden sich ausgedehnte Pflanzungen der Baumwollenstaude, die dort auch überall wild in den Wäldern wächst, bei den Dörfern. Mit Handspindeln wird die Baumwolle zu Fäden versponnen und dann auf sehr sinnreich konstruierten, selbstgefertigten Webstühlen verarbeitet. Diese Gewebe sind haltbarer als gutes europäisches Segeltuch, sodaß selbst von Europäern zu Hängematten ihnen der Vorzug gegeben wird. Gefärbt wird das gelblichweiße Baumwollengarn in der Regel mit Indigo; denn in den Wäldern von Agotime ist die Indigostaude sehr häufig, deren Farbstoff die Ewe, in faustgroßen, dunkelblauen Kugeln getrocknet, aufbewahren und verhandeln.

Alle diese Gewerbs- und Erwerbsverhältnisse haben eine feste

Rechtsordnung zu ihrer Voraussetzung. Und diese zu sichern, ist
daher auch die vornehmste Aufgabe der Häuptlinge. Aber sie
sind bei ihren Rechtssprüchen an das Gewohnheitsrecht gebunden,
während bei strafrechtlichen Schädigungen die davon betroffenen
Familien ohne Urteil die Vergeltung selbst in die Hand nehmen.
Häuptlinge giebt es nur in größeren Siedelungen; stets steht
ihnen der Rat der Ältesten zur Seite, mit welchen sie gemein=
schaftlich die Angelegenheiten der Gemeinde zu beraten und zu
ordnen haben. Kleinere Gemeinden verwaltet als Ältester das
Haupt derjenigen Familie, auf deren Grund und Boden sich die
Siedelung befindet; doch bleibt er stets einem Häuptlinge unter=
geben. In einigen Gegenden, wie in Agotime, in Togo, hat in
weitem Umkreise über die Häuptlinge sich ein Oberhäuptling er=
hoben, der wohl im stande ist, eine ganz ansehnliche Macht auf=
zubringen. So hat der Oberhäuptling von Agotime bei Kpetu
1870 den Ashanti, die eroberungslustig in sein Land eingefallen
waren und den Todschi schon überschritten hatten, eine empfind=
liche Niederlage, die sie wieder zurückwarf, beigebracht. Die große
Ebene, wo dies geschah, heute nur mit Fächerpalmen bestanden,
heißt noch jetzt „das Schlachtfeld der Agotime und Ashanti“.
Mit dem Volke verkehrt der Oberhäuptling in der Regel durch
den „Stabträger“, der als Zeichen seiner Vollmacht den mit
einem silbernen Knopf versehenen Stab seines Gebieters führt.
Jedoch bei Staatshandlungen und wichtigen Gerichtssitzungen er=
scheint der Oberhäuptling in Person unter dem großen Schatten=
baum auf dem Dorfplatze. Hier hat sich dann außer den vor=
geforderten Parteien eine große Menge Volkes, auch Weiber und
Kinder, eingefunden; doch ist es nur Männern verstattet, das
Wort zu ergreifen. Der Stabträger verneigt sich vor dem Häupt=
ling, faßt mit beiden Händen dessen Silberstab und wirft ihn,
um den Beistand der Götter anzurufen, in die Höhe. Dann
wendet er sich zum Volke. „Ich zeige euch den Stab“, ruft er
der Menge zu und eröffnet damit die Verhandlung. In längerer
Rede setzt er nun die vorliegende Sachlage auseinander und er=
teilt danach auch den Parteien das Wort. Nachdem die Ältesten
beide angehört, auch durch den Stabträger noch mehrere Fragen
zur weiteren Aufhellung haben thun lassen, ziehen sie sich mit
dem Häuptlinge zurück, „um das Wort zu besehen“. Dann ver=
kündet der Stabträger, den Häuptlingsstab in der Hand, das

Urteil und schließt damit die Verhandlung. Den Beschluß macht
stets ein Mahl der Ältesten, das der Verurteilte ihnen zu liefern
hat. Das Urteil lautet stets entweder auf Bußgeld (in Vieh
zahlbar) oder auf Tod. Doch kommt es zu einem Todesurteile
nur in seltenen Ausnahmefällen, da die Blutrache der geschädigten
Familie, keinen Unterschied zwischen Mord und Totschlag an=
erkennend, ihm meist schon vorgegriffen hat.

So gewähren in bemerkenswerter Weise dem Ewe, wenn er
seine Freiheit nicht mißbraucht, die Verhältnisse, sein Leben nach
seinem Behagen zu gestalten. Die deutsche Oberherrschaft giebt
ihm überdies noch erhöhte Gewähr für die Sicherheit von Leben
und Eigentum gegen Übergriffe und Gewaltthätigkeit. Gar
mancher macht sich daher auch auf, um bei den Herren selbst in
Dienst zu treten und dadurch seine Lage noch zu verbessern. Der
Lohn ist in den Faktoreien nicht hoch: 35 Pfennige bis zu 1 Mark
(außer der Beköstigung) für den Tag und die Arbeit nicht leicht.
Aber der Ewe erweist sich anstellig und ausdauernd; 25 kg kann er
15 bis 20 km weit, ohne abzusetzen, in schnellem Schritte auf
dem Kopfe tragen. Fest greift er zu, wenn es gilt, die schweren
Ölfässer zu verladen; in den Pflanzungen gräbt und schafft er
bis zum Sonnenuntergang. Das brandende Meer zwar macht
ihm Angst; aber allmählich getraut er sich auch in ein Boot und
lernt von den seefesten Kruburschen das Rudern. In einigen
Wochen hat er auch so viel Deutsch begriffen, daß er die ihm
erteilten Befehle gut verstehen kann. Schon bilden sie ein kleines
Röllchen, die blanken Markstücke, die schwer verdienten, die er
sich sorgsam zusammenspart: aber da, eines Morgens, ist er spur=
los verschwunden; das Heimweh hat ihn in den „Busch", in sein
Heimatsdorf zurückgeführt.

3. Die Fetischberge.

Mit scharf abgesetztem Steilrande fällt die Hochebene von
West=Sudan gegen Süden und Südosten zu dem flachen Küsten=
lande ab. Aber die reichlichen Niederschläge haben den aufge=
worfenen Rand der sudanischen Hochebene zersägt und zerschnitten
und zu Kettenzügen ausgespült. In den Höhen von Akkra auf
englischem Gebiete hart an der Küste heben diese an; dann ziehen
sie sich in nordöstlicher Richtung in das Binnenland hinein. In
Stromschnellen und Wasserstürzen durchbricht sie der mächtige

Wolta, der aus dem sudanischen Hochlande heranströmt. Immer
höher, je weiter sie sich vom Meere entfernen, werden die Ketten;
als ein ansehnliches Gebirge überschreiten sie westlich von Ago=
time die deutsche Grenze und durchziehen dann, immer die gleiche
Richtung im ganzen innehaltend, in seiner ganzen Breite das
deutsche Gebiet bis zu der Grenze von Dahome hin.

Mit verschiedenen Namen, meist nach den Landschaften, be=
zeichnen die Anwohner die Gebirgszüge; doch ist auch die allge=
meine Bezeichnung Obossum, d. i. Fetischberge, im Lande bekannt.
In seinem ganzen Bau verrät das Gebirge noch seine Hoch=
flächennatur. Denn es besteht im Grunde aus einer bergigen,
gegen Osten immer breiter werdenden Hochebene, welche an beiden
Seiten von Bergketten eingefaßt wird. Mehr wie ein sehr man=
nigfaltiges und abwechselungsreiches Bergland daher als wie ein
Gebirge erscheinen die Fetischberge; nur die Ränder spiegeln ge=
treu den Gebirgscharakter wieder: der Südrand, welcher um
300 bis 500 m schroff zur Küstenlandschaft abfällt, wie der Nord=
rand, dessen 200 bis 400 m hoher Steilabfall zur westsudanischen
Hochfläche geht. Die höchsten Erhebungen liegen im Südrande.
Vulkanische Natur darf man nach diesem Bau nirgends in den
Fetischbergen vermuten; es tritt auch kein anderes Gestein als
Gneis, Granit und Sandstein zutage. Meist aber überkleidet
eine tiefe Humusschicht Kuppen wie Hänge und Thäler.

Dieser vorzügliche Boden giebt zusammen mit dem reich=
lichen Regenfall der Vegetation des Gebirges eine Frische und
Üppigkeit, welche diejenige der Ebene übertrifft. Denn auch in
der Trockenzeit regnet es häufig, sodaß ein scharfer Unterschied
zwischen den Jahreszeiten im Gebirge nicht besteht. Dennoch ist
der allgemeine Feuchtigkeitsgehalt der Luft hier nicht so hoch
wie in der Ebene; dazu ist die Luft kühler und durch fast be=
ständige Winde, vornehmlich Südwinde, lebhaft bewegt, sodaß
das Klima im Vergleich zu demjenigen der Ebene angenehmer
und gesunder ist. Wald bedeckt etwa den dritten Teil des Ge=
birges, das übrige ist meist Savanne. Diese nimmt die Kämme
und breiten Thalmulden ein, während an den Abhängen und
Flußläufen breite Streifen von Galeriewald sich herabziehen.
Auch zu vielen Berghöhen steigt dichter Wald empor, aber die
Scheitelflächen selber deckt Savanne.

Nordwärts grenzt an Agotime die Landschaft Agóme, die

schon ganz im Gebirge liegt. Der Lauf des Achódſu, eines
Nebenfluſſes des Todſchi, weiſt hinein. An dem Ufer des etwa
6 m breiten, munteren Gebirgsbaches liegt das große Dorf
Agóme-Pálime, welches einen freien Ausblick auf einen großen
Teil der Südkette gewährt. Von hier — das Dorf liegt 280 m
hoch — angesehen, machen die Fetischberge einen wahrhaft großartigen Eindruck. Die scharfen Linien und Ecken, die zahlreichen,
schroff eingeriſſenen Querthäler geben ihnen einen faſt alpen-
artigen Charakter, zumal in den höheren Regionen, wo oberhalb
des dunklen Waldes zwischen mächtigen Felspartien grüne Hoch-
matten hervorscheinen. Gerade nach Norden ſteigt bis etwa
2300 m der mächtige Kegel des „Königsberges" empor, deſſen
weit ausgreifende Wurzeln bis auf eine Stunde an das Dorf
heranreichen. Von da ſenkt ſich nach Südwesten der Kamm erſt
etwas und bildet dann eine faſt gerade Linie an dem Horizonte:
das iſt der „Agome-Kamm", aus welchem, weithin erkennbar, die
breite oben abgeflachte Kuppe des „Plattenberges" hervorragt.

Gegen Oſten aber erhebt ſich aus den Vorbergen die ge-
drungene Maſſe des wie eine Berginſel erscheinenden Agu-Gebirges,
jenſeit deſſen ſich eine weite unbewohnte Savanne ausbreitet, die
der Oberlauf des Sio durchſtrömt. Hinter dieser eintönigen
Fläche baut ſich dann, den Blick begrenzend, bis zu 2000 m
Höhe der Diklotó auf, ein Seitenaſt des Gebirges, der ſcharf
gegen Süden abbiegt.

Sanft ſteigt, wenn wir tiefer in das Gebirge eindringen,
der Weg zu dem in 360 m Höhe gelegenen Jo empor. Das
kleine Dorf, das aber doch der Sitz des Oberhäuptlings von
Agome iſt, liegt in einem herrlichen Thalkeſſel. Mit einem Blicke
umfaßt von dem Dorfhause aus das Auge das ganze Thal und
den ganzen Kamm bis zum Königsberge hin: über liebliche Abhänge ragen ſchroffe Grate empor; Bananen und Palmen verlieren ſich unter der Maſſe des Laubholzes; allenthalben rieſeln
friſch ſprudelnde, kryſtallhelle Quellen und der erfriſchende Hauch
der vom fernen Meere herüberwehenden Briſe lindert die Hitze.

Etwa 20 Minuten hinter Jo ſtreckt das Gebirge eine nach
allen Seiten ins Thal abfallende Landzunge vor, an deren Fuße
ein kühler, klarer Gebirgsbach über Felſen dahineilt. Die ebene
Kuppe der Erhebung iſt ausersehen, die Station „Miſa-Höhe" zu
tragen. Unmittelbar vor dem Bache hebt die Paßſtraße an, welche

über den Südkamm der Fetischberge herüberführt. Zwar liegt die
Paßhöhe nur 280 m über dem Dorfe, aber doch schließt ihre Ersteigung die außerordentlichsten Schwierigkeiten in sich. Denn der Paß
ist nur ein Saumpfad, an manchen Stellen nicht breiter als 15 cm,
der steil an schwindelnden Abgründen sich hinzieht. Zuerst führt
er durch loses Steingeröll, dann folgen große Blöcke, welche
treppenartig in die Höhe führen. Aber der Boden ist hier,
häufig gerade an den steilsten Stellen mit einer nassen Thonschicht bedeckt, sodaß man Wurzeln und Zweige ergreifen muß,
um nicht zu gleiten und in die jähe Tiefe hinabzustürzen. Jedoch die Ewe passieren ihn, schwere Lasten auf dem Kopfe, mit
bloßen Füßen über zähen Thon, über spitzes Geröll dahinschreitend, mit erstaunlicher Sicherheit.

Von der Paßhöhe reicht der Blick weit nach der Nordseite
des Gebirges hinüber: wie ein Bild aus Thüringen erscheint sie,
ein liebliches Bergland, in welchem Kette an Kette sich fügt. Gemächlich ist der Abstieg dorthin; an rauschenden Gießbächen entlang
geht es durch malerische Schluchten 160 m hinab zu dem kleinen
Alpendörfchen Tomegbé, welches dem Passe den Namen gegeben hat.

Auch die Nordseite des Gebirges macht einen landschaftlich
sehr schönen Eindruck; namentlich ist sie reich an Wasserfällen,
die aber jetzt alle westwärts zum Wolta ihren Ablauf haben.
Gerade nordwärts erhebt sich steil und schroff der mächtige Bogli-
Berg, die Landschaft abschließend. Nach Nordosten indessen setzt
sich das Gebirge in dem Ewetú fort, einem langgestreckten, dichtbewaldeten Hochrücken, der ohne merkliche Kuppenbildung die
Richtung des Agome-Kammes innehält, jedoch nach Süden unter
1° östl. L. den Seitenausläufer des Diklotó entsendet.

In ihrer östlichen Fortsetzung zeigen die Fetischberge immer deutlicher ihre Hochflächennatur. Die Randgebirge werden zu schroff zerschnittenen Hängen, welche wie Riesenstufen zu der Hochfläche hinaufführen. Die allgemeine Abdachung derselben geht nun nach Südosten, sodaß die Wasserläufe dem Monu sich zuwenden, welcher jenseit
der deutsch-französischen Grenze bei Groß-Popo ins Meer mündet.

Als ein ebenes, leicht gewelltes Gelände zieht sich von Süden
her die Landschaft Muatschä gegen das Gebirge heran. In der
Trockenzeit ist sie wasserarm, da dann die zahlreich sie durchschneidenden Bäche, selbst der sonst 10 m breit in seinem steinigen
Bette sie durchfließende Haho bis auf einige Tümpel austrocknen.

In großen Töpfen bewahren sich die Eingebornen ihre Wasser= vorräte auf, die aber stets mit der Zeit eine trübe, milchige Farbe annehmen. Indessen der sehr reichliche Morgentau be= wirkt, daß alle Feldfrüchte, selbst Baumwolle vortrefflich gedeihen. Im ganzen macht die Landschaft den Eindruck eines vernach= lässigten Parkes oder Obstgartens; allenthalben finden sich Öl= und auch Kokospalmen in üppigen Beständen, und das saftige Gras bietet eine vorzügliche Viehweide.

Bald aber erkennt man, daß die Flüsse nicht mehr südwest= lich zum Haho, sondern südöstlich zum Monu fließen: wir haben die Wasserscheide überschritten und befinden uns in der Land= schaft Atakpame, die aus der Küstenebene ins Gebirge hinein= reicht. Mehr als bisher tritt das Gestein in Form von Granit, Sandstein und Raseneisenstein frei zutage. Die Gegend wird wasserreich, die Flüsse ansehnlicher. Gleich der Annu, der erste, welcher dem Monu zuströmt, ist 25 m breit und 1 m tief; mit einer Geschwindigkeit von 60 m in der Minute fließt der Sohn des Gebirges dahin. Und bald gesellt sich ihm, 15 m breit und ¹/₂ m tief, der Amutui. An diesem liegt das große Dorf Do Kossi, d. i. Dorf des Häuptlings Do, von welchem es in dem schönen, mit vielen Feldern und Dörfern bedeckten Flußthale auf= wärts gegen das Gebirge geht.

Auch hier zeigt das Randgebirge durchgehends Gebirgs= charakter: Höhen, die bis zu 700 und 800 m aufsteigen, steile Hänge, bewaldete, tief eingeschnittene Wasserläufe, Schluchten, die gewöhnlich einen reichen Bestand an Ölpalmen tragen. Außer mächtigen Wollbäumen fallen Butterbäume und Bambus ins Auge. Wasser ist reichlich vorhanden, klar und kühl. Wie ein gewaltiger Eingangswächter erhebt sich über dem Flußthale, frei aus dem Randgebirge vortretend, der mit dichtem, dunklem Walde bedeckte Lobo=Berg. Sanft steigt der Weg von Do Kossi, wel= ches nur 170 m hoch liegt, hinan; bei dem Dorfe Wu, welches schon 110 m höher liegt, ist die Eingangspforte erreicht. Nun aber geht es in kurzen, scharfen Windungen 440 m so steil hinan, daß der Pfad für jedes Reittier völlig unersteiglich ist und auch Menschen ihn nur mit der größten Vorsicht und in steter Gefahr abzustürzen erklimmen können. Unregelmäßig geformte, sehr oft 2 m hohe Quarz= und Granitblöcke bilden ihn, so wirr durch= einander geworfen, daß man oft lange suchen muß, wohin man

den Fuß setze. Aber an jeder ebeneren Stelle entschädigt der
wundervolle Rückblick für die Mühsal: wie ein Palmenhain, aus
welchem sich blaue Rauchwolken von den versteckten Dörfern
emporschlängeln, erscheint das weite Thal unten; hier und dort
schimmert der glänzende Lauf des Amutui und seines Neben-
flusses, des Wu, hervor, die wie Silberfäden den dunkelgrünen
Teppich durchziehen, und jenseit des Thales erhebt sich der bewaldete dunkle Südostrand der Fetischberge wie eine fortlaufende
Bergkette bis zum Lobo hin.

Endlich ist die erste Stufe der Hochfläche erstiegen. Einige
Stunden geht es jetzt ziemlich eben fort, bis ein etwa 2 km
breites Thal, mit Baumgruppen, Feldern, Ölpalmen und Wiesen
bedeckt, die Fläche unterbricht. Hier schauen von den gegenüberliegenden Abhängen desselben die beiden großen Dörfer Unambe
und Amusu zueinander hinüber. Wiederum führt ein steiler Hohl-
weg, der nur aus riesigen Felsblöcken und tiefen Löchern zu bestehen scheint, aus dem schönen Thale hinaus, um gleich zu einem
noch schöneren Bilde zu geleiten. Wiederum bettet sich ein pracht-
volles Thal voller Ölpalmen in die Fläche. Eine große Anzahl nie-
derer hellgrüner Hügel, die kesselartig von dunkelgrünen Höhen umgeben sind, bieten sich dem Auge als ein einziges weites Mais- und
Yamsfeld dar; zahlreiche klare Bäche schlingen sich dazwischen hindurch, von üppigen Öl- und Raphiapalmen überwölbt, und hier und
dort erhebt sich aus den Feldern das gelbbraune Dach einer Hütte.

Steil geht es jetzt wieder bergan. Bald sind schroffe Höhen
zu übersteigen, bald hochufrige, mit Felsblöcken übersäete Bäche
zu durchschreiten; spitzes Gestein, unter dem Grase des Pfades
verborgen, verletzt den Fuß. Erst mit dem großen Dorfe Idje,
das 580 m inmitten schöner Bananenpflanzungen liegt, ist die
Oberstufe der Hochfläche erreicht. Aber noch einmal geht es steil
bergan: bis zu dem nur 5 km entfernten Dorfe Uku hebt sich
das Land um 130 m. Nun erst sind wir wirklich auf der Hochfläche. Mit größerer Gleichmäßigkeit als bisher zieht sich jetzt
der Boden hin, bald mit lichtem, parkähnlichem Baumbestande
bedeckt, bald von üppigen Mais- und Bohnenfeldern eingenommen,
aus denen zahlreiche Papayas (Melonenbäume) und Bananen em-
porragen. Aber fort und fort durchreißen ihn steilufrige, mit großen
glatten Felsblöcken angefüllte Bäche, zu denen man durch scharf-
kantiges Geröll hinabsteigt, um durch nicht minder spitzes Gestein

den jenseitigen jähen Uferhang zu erklimmen. Adasé, 760 m hoch gelegen, ist das letzte Dorf der Landschaft Akposso, welche den ganzen Südosten der Hochfläche der Fetischberge bis nach Atakpame hin einnimmt.

Nordwärts an Akposso grenzt das Land der Kebu. Jetzt senkt sich die Hochfläche merklich, obgleich immer noch die Wasser- läufe zum Amutschi, der mit dem Amu im Tieflande sich vereinigt, ihren Abfluß nehmen. Zugleich gewinnt die Landschaft, wenn sie auch im allgemeinen ihren Charakter bewahrt, an Fruchtbarkeit; dicht reihen sich die volkreichen Dörfer, von üppigen Ölpalmenbeständen, vorzüglichen Weiden und kräftig ge- deihenden Pflanzungen umgeben, aber immer treten in kurzen Zwi- schenräumen steile, steinige Höhen- rücken oder tief eingeschnittene Bäche dazwischen. Palawé, das Haupt- dorf der Kebu, liegt nur noch 560 m hoch. Es lagert sich eine sanft an- steigende, breite Höhe hinauf, von Feldern und Wiesen umgeben und von zahlreichen Bächen umspült, die mit klarem Wasser unter üppig ge- deihenden Palmen dahinrieseln. 4 bis 6 m hoch bauen die Kebu ihre Häuser, die vielfach mit einer Plattform versehen und hier und da innen und außen mit rotbrau- nen Malereien geschmückt sind.

Kebu = Krieger.

Nördlich von Palawe behält die Hochfläche nicht mehr lange ihren bei aller Fruchtbarkeit doch steilen und unwegsamen Cha- rakter; sie faltet sich allmählich, ohne an Höhe erheblich einzu- büßen, zu einer stärker oder schwächer gewellten Fläche aus, um erst gegen den Nordrand hin, zu 670 m und darüber ansteigend, wieder mehr die Formen eines Gebirges anzunehmen. Die ewigen Fehden der Kebu mit den Adeli, ihren nördlichen Nachbarn, welche

das nördliche Randgebirge inne haben, sind die Ursache, daß von
Palawe an das ganze weite Gebiet zwischen beiden Stämmen
völlig verödet und menschenleer ist. Aber ohne Bewohner ist
darum die üppig sprossende Einsamkeit nicht. „Hier steht ein
Rudel riesiger Antilopen auf einem freien Platze dicht neben
einem Busch und ergreift schon auf weite Entfernung bei der
Annäherung einer Karawane in unglaublichen Sätzen die Flucht.
Dort, rechts vom Wege, ertönt plötzlich von einer mit Stein=
geröll bedeckten Höhe lautes Gebell. Es ist eine Herde bären=
großer Paviane, die ihren Ärger über die Anwesenheit von Men=
schen durch diese hundeähnlichen Laute kund geben. Hunderte
von possierlichen Meerkatzen schaukeln sich in den schlanken Wipfeln
der Palmen in den Galeriewäldern. Daß auch der Leopard und
die Hyäne nicht fehlen, sieht man aus den breiten Eindrücken
ihrer Tatzen, die von den Resten einer zerrissenen Antilope weg=
führen. Kreuzt der Weg eine etwas sumpfige Stelle, so glaubt
man sich auf einem Viehmarkte zu befinden, so zertreten und voller
Losung ist der Platz. Die sich von einem Baum zum andern
schlingende Kautschukliane, Ölpalmen, wilde Yams und Indigo
treten allerorten in den Galeriewäldern auf, während auf den
Grasebenen vereinzelte Affenbrotbäume ihren rübenähnlichen,
schwammigen Stamm emporstrecken und Fächerpalmen ihr an=
mutiges Haupt im Winde schaukeln." [1]

Das Land Adeli ist gebirgig und umschließt infolgedessen
neben fruchtbarem auch viel steinigen Boden. An Wasser fehlt
es nirgends. Die Flußläufe sind westlich und südwestlich gerichtet;
sie streben alle dem Wolta zu. Denn die Wasserscheide zwischen
Wolta und Monu geht zwischen Adeli und Kebu hindurch. Die
vorzüglichen Bergweiden begünstigen die Rindviehzucht; der
Wasserreichtum befördert den Reisbau. Auch einheimische Baum=
wolle wird viel angebaut, welche die Adeli für ihre Bekleidung
verarbeiten. An Wild ist das Land reich; außer Büffeln
und Antilopen kommen auch Elefanten vor. Die Bevölkerung
indessen ist nur spärlich. Aber weit und breit steht das Land
wegen seiner mächtigen Fetische, für die ein geregelter Kultus ein=

---

[1] Premierlieutenant Klings Bericht (Mitteilungen von Forschungsreisen=
den und Gelehrten aus den deutschen Schutzgebieten, herausgegeben von Frei=
herr von Danckelman, II, 70, 71).

gerichtet ist, in so hohem Ansehen, daß die Nachbarvölker streitige
Fragen hier entscheiden lassen und sich völlig dem Urteil Adelis
fügen. Die großen Götter der Adeli sind Neijo, Frikko und
Nikkola. Peréu am Nordrande der Fetischberge ist ihr heiliger
Fetischort.

Pereu liegt noch 750 m hoch. Dann aber senkt sich das
nördliche Randgebirge rasch um 500 m nach Norden zur Ebene.
Der Abfall ist häufig ein so jäher, daß die wilden Schweine,
welche sehr zahlreich in dem Bergwalde hausen, den steilen Hang
auf ihrem Hinterteile hinabzurutschen pflegen. Eine zusammen=
hängende Masse stellt das Gebirge nicht dar, sondern es ist in
mehrere gleichlaufende Höhen zerschnitten, zwischen denen tief
unten klare Bäche murmelnd in steinigem Bette eilfertig dahin=
fließen. Mitunter stößt man hier auf ganze Gruppen von
Riesennashorn=Vögeln, welche bei dem Nahen des Wanderers
mit lautem Flügelrauschen unter häßlichem Geschrei sich erheben
und dem dichteren Walde auf der Höhe zustreben, während in
ungezügelter Eile, schäumend und rauschend, aus diesem der
Abumpapá herabstürzt, um höchst malerischen Laufes in zahl=
losen Windungen die Ebene zu erreichen.

Es ist ein großartiger Anblick, den von der Ebene aus die
wilden, 700 bis 900 m hoch aufsteigenden Bergzüge gewähren.
Massig zusammengedrängt, überragt ein Bergkegel den andern.
Dunkles Waldesgrün überkleidet sie alle; schlanke Palmen er=
heben sich daraus, den Lauf der Bergwasser anzeigend. Eine
feierliche Stille ist über die Landschaft ausgebreitet, die nur von
Zeit zu Zeit einmal der häßliche, tiefe Kehlschrei eines Affen
unterbricht. Hier liegt, nur noch 240 m hoch, das Dorf Da=
diassi, in welchem der mächtigste Fetischpriester von West=Adeli
wohnt, der freilich den Anspruch erhebt, der Oberherr des ganzen
Adeli=Gebietes zu sein. Mit sanfter Neigung dacht sich von hier
an das ebene Vorland westwärts ab: Korantei hat 200, Odu=
mássi, wo die Nordgrenze der Verbreitung der Ölpalmen liegt,
170 und Kedjéwi nur noch 140 m Erhebung. Das Gelände
ist eine leichtwellige Savanne mit Bäumen, welche immerfort
den freien Ausblick auf die im Süden steil aus der Ebene auf=
steigenden Fetischberge gewährt.

Kedjewi gegenüber biegt das Randgebirge scharf aus der
ostwestlichen in die nordsüdliche Richtung ab, die es nunmehr

bis zur Westgrenze des deutschen Gebietes inne hält, immer
mehr auf diese Weise dem südlichen Randgebirge sich nähernd.
So erhält die Binnenfläche der Fetischberge ihre Dreiecksgestalt,
die gegen Südsüdwesten immer schmaler sich zusammenzieht. Zugleich beginnt mit der Abschwenkung des Randgebirges die vor-
gelagerte Ebene wieder allmählich anzusteigen: Dutukpenne, nur
12 km südlich von Kedjewi, hat doch schon wieder 190 m Erhebung. Eine Menge von Flußläufen rinnen hier aus dem
Gebirge herab, von Galeriewäldern eingefaßt, und versumpfen
stellenweis die Savanne. Affenherden treiben in den Galeriewäldern ihr munteres Wesen und flüchten, wenn Störung naht,
unter lautem Geschrei, während von den nahen Berghängen
große Paviane ihr lautes Gebell vernehmen lassen. Auch Elefanten wechseln hier in der Trockenzeit, während sie in der
nassen Jahreszeit nach den Einöden von Kebu hinaufwandern.

Wesentlich verschieden von den beiden Langseiten ist endlich
die schmale Nordostseite der Hochfläche der Fetischberge gestaltet.
Hier bildet der ansehnliche Lobo-Berg die Marke. Eine breite
Vorstufe zieht sich von ihm um die ganze Ost- und Nordostseite
der Hochfläche herum: erst von dieser senkt sich das Gelände zu
dem Thale des Monu hinab, dem alle Wasser dieses Ostrandes
mit ostwärts gerichtetem Laufe zufließen.

Basasé am Fuße des Lobo liegt 290 m hoch. Von hier
steigt nach Norden sanft der Boden an: Atakpame, der Hauptort der Landschaft Atakpame, hat schon 330 m Erhebung. Die
„Stadt" liegt in einem schmalen Thale, welches von niedrigen,
langgestreckten Höhen eingeschlossen ist. Sie besteht aus den drei
Dörfern Jangá, Ehudu und Jalina. Janga, das größte derselben, umfaßt etwa 2000 Hütten, welche in Gruppen von je
5 bis 25 von massiven, roten Lehmmauern umschlossen sind.
Diese Hütten sind meist niedrig, von viereckigem Grundriß, mit
einem runden, oben spitzulaufenden Strohdache überdeckt; hier
und dort aber ragen zwischen ihnen auch zweistöckige, mit einem
Giebeldache versehene Gebäude hervor. Zwischen und in den
einzelnen Gehöften sind allenthalben Orangen- und Citronen-
bäume, untermischt mit Bananen, Öl- und Kokospalmen, angepflanzt. Das grüne Laub dieser Bäume, die dunkelbewaldeten
Höhenzüge im Hintergrunde, von denen sich die rotgelben Lehmhütten kräftig abheben, die saftgrünen Wiesen im Vordergrunde,

auf denen scheckige oder schwarze Rinder weiden, lassen den Ort in einem anmutigen Bilde erscheinen, das freilich seinen Reiz völlig einbüßt, wenn man die engen, holprigen, ziemlich verwahrlosten Straßen betritt.

Von Atakpame zieht sich die Vorstufe in gleicher Höhe nordwärts, bald durch flache Thalungen, bald durch mäßige Höhenzüge unterbrochen. Meist überzieht sie ein lichter Wald, in welchem die zahlreichen kleinen Dörfer mit ihren Pflanzungen zerstreut liegen. Streckenweis nimmt man das Randgebirge der Hochfläche kaum wahr, so sanft ist der Abfall, nur daß alle Flüsse und Bäche aus Westen herbeifließen; aber an anderen Stellen steigt es mit steiler Böschung zu ansehnlicher Höhe aus dem Vorlande auf. So erhebt es sich gleich nordwestlich hinter Atakpame mit schroff abgeschnittenem Hang gegen 100 m über das Vorland, und dann wieder zu noch bedeutenderer Höhe bei Agbeada, welches selbst nur 310 m Erhebung hat.

Dicht bei Agbeada, jenseit eines sehr fruchtbaren und wohlbebauten Thales liegt das Dorf Atakfemme, von Dahome-Leuten bewohnt, die sich aus ihrer Heimat geflüchtet und hier in der Landschaft Akposso nach ihrer Landesweise angebaut haben. Es sind immer 6 bis 12 Gebäude zu einem Gehöft vereinigt, das von einer Mauer umschlossen und mit einem Eingangsturme versehen ist. Von Atakfemme schwenkt das Randgebirge gegen Nordwesten ab. Bis zu 400 m steigen die Bergzüge empor, von denen sich häufig hohe, einzeln stehende Kegel ablösen. Auch das Vorland weist jetzt stärkere Wellungen auf und ist streckenweis wie besäet mit Steinen, während an anderen Stellen Raseneisenstein und Quarz anstehen. So geht es bis Gamme, welches 320 m hoch liegt. Dann aber folgt bald ein breites, etwa 60 m tiefer liegendes Thal, welches, von vielen klaren Bächen durchflossen, mit Fächer- und Ölpalmen sowie zahlreichen kleinen Waldinseln bestanden ist. Ein steiler, steiniger Pfad führt aus diesem Thale 70 m hoch zu dem Dorfe Jaga empor; aber gleich hinter demselben senkt er sich wieder in ein leicht wellenförmiges Thal hinab mit zahlreichen Dörfern und schönen, teils waldigen, teils parkähnlichen Buschparzellen, zwischen welche Mais- und Bohnenfelder, Baumwoll- und Bananenpflanzungen sich einschieben.

Diese höheren und mehr sich drängenden Bodenwellen kün-

digen eine stärkere Erhebung des Bodens an. Das Dorf Bato,
jenseit dieses Thales, nur 2½ km von Jaga entfernt, liegt
schon 360 m hoch; und weiterhin verwischt sich gegen das Adeli=
Gebiet immer mehr der Unterschied zwischen der Vorstufe und
der Binnenfläche der Fetischberge.

4. Das sudanische Hinterland.

Unabsehbar breitet sich von den Fetischbergen nach Norden,
Osten und Westen die sudanische Hochebene aus. Wie eine
Warte des Friedens und der Kultur schaut von dem Berge
Adadó die Station Adadó oder Bismarckburg auf sie hinab.

Wohnhaus der Station Bismarckburg.

Der Adadó (0° 35′ östl. L., 8° 11′ nördl. Br.), 710 m hoch, er=
hebt sich um 100 m dominierend über seine Umgebung. Er liegt
im Gebiete der Adeli, welche, 3000 Köpfe stark, in 15 Dörfern
und einigen Weilern den Nordrand des Gebirges bewohnen.
Nur wenige Kilometer von Adado entfernt liegen die Dörfer
nach Südwesten Jege, nach Nordosten Ketschenki, und gerade
westwärts auf benachbarter Bergeshöhe der heilige Fetischort
Peréu.

Die Station nimmt die Höhe des Adado ein. Die steinige
Kuppe des Berges ist geebnet; 9 Gebäude erheben sich auf ihr
als Wohn= und Werkhäuser, rings umgeben von einem sehr
starken Palissadenzaune. Die Tausende von Stämmen, welche
hierzu nötig waren, hat der unerschöpfliche Vorrat der benach=

barten Galeriewälder geliefert. Den steilen Hang der Südseite
führt eine Treppe von 370 Stufen hinab zu dem Bache Abadiá,
welcher, 1 bis 2 m breit in steinigem Bett am Fuße des Abado
vorüberfließend, der Station klares, kühles Trinkwasser liefert.
Nach Nordosten zu aber zieht sich von der Station ein 5 m
breiter Weg, eingefaßt von Gummi- und Melonenbäumen, den
Berg herab in der Richtung auf das Dorf Ketschenki zu.

Am Nordnordosthange des Stationsberges ist in etwa 690 m
Meereshöhe ein Versuchsgarten angelegt; außerdem sind in
größerem Maßstabe auch in dem äußerst fruchtbaren Orba-Thale
westlich am Fuße des Abado sowie an anderen Stellen An-
pflanzungsversuche unternommen worden. Das Ergebnis derselben war ein sehr verschiedenes. Kartoffeln und Zwiebeln
lieferten zweimal im Jahre eine äußerst reiche Ernte, bunte
Bohnen, sich vertausendfachend, sogar dreimal, ebenso die
großen Staudenbohnen. Auch Gurken, Kürbis, Rettige und
Petersilie gediehen gut. Dagegen gingen sonstige europäische
Gemüse- und Blumensamen zwar auf, brachten aber mit geringen
Ausnahmen keinen Ertrag und gaben auch keinen Samen. Bei
den einheimischen Pflanzen indessen war das Ergebnis durchweg
ein sehr günstiges. Erdnüsse gediehen vorzüglich, Reis und
Yams, von denen 2 Knollen an Durchschnittsgröße zur Tages-
nahrung für einen Erwachsenen ausreichen, sehr gut; ebenso
Baumwolle und Bananen. Reichen Ertrag gewährte auch der
Tabak, sowohl der europäische wie der amerikanische: überall
schoß er wie Unkraut aus dem Boden. Mais und Maniok
wurde nur als Nahrung für die Mannschaft der Station angebaut.

Pfeffer und Ingwer kultivieren auch die Eingebornen; hohe
Ricinusstauden finden sich vielfach unmittelbar bei ihren Gehöften
gepflanzt. Dagegen war ihnen die Gewinnung von Kautschuk
aus der Landolphia, welche in den Galeriewäldern der unzähligen
Bäche des Gebirges in sehr großer Menge vorkommt, bisher
unbekannt.

Von den Versuchsherden der Station gediehen namentlich
die langhaarigen Schafe vortrefflich; auch Trut- und Perlhühner
zeigten eine ziemliche Vermehrung, obgleich Adler und Habichte
manches Küchlein holten. Nachts umschleichen auch Leoparden
häufig die Station; aber die wackeren Hunde derselben reichen
aus, sie zu vertreiben. Löwen indessen sind selten.

Auch für den allgemeinen Gesundheitsstand erwies sich das
Klima der Station als zuträglich. Zwar ist die Zahl der Tage
mit Regen zuzeiten groß (im Juni 26, im Juli 16, wenn auch
darunter nur im Juni 16, im Juni 10 mit mehr als 1 mm
Niederschlag waren), aber die Lufttemperatur ist ziemlich gleich=
mäßig und nicht sehr hoch (im Juni im Mittel 22°, im Juli 21°).

Schon jetzt trotz ihres kurzen Bestehens hat sich die Station
Bismarckburg als ein großer Segen für die Eingebornen er=
wiesen. Weit und breit übt sie einen mächtigen Einfluß auf die
umwohnenden Völkerschaften aus. Die benachbarten Adeli haben
sich ihr freiwillig untergeordnet und bringen ihre Streitigkeiten,
die oft Jahrzehnte lang sie entzweit hatten, in die Station zur
Entscheidung, obgleich es bei den dortigen Deutschen Grundsatz
ist, sich nicht in die Angelegenheiten der Eingebornen zu mischen.
Dagegen richten sie mit Erfolg ihr Absehen darauf, durch ihre
Vermittelung die häufig sehr alten blutigen Stammesfehden zu
schlichten: wie denn lediglich durch die Station die Spannung
zwischen den Timu und Adeli ausgeglichen, das Volk der räube=
rischen Kebu gestraft und damit der Weg zur Küste wieder frei
geworden ist. So erweist sie sich als eine wirksame Stütze der
deutschen Herrschaft im Binnenlande, indem sie mit Erfolg den
Frieden fördert und die allgemeine Sicherheit mehrt. In handels=
politischer Beziehung endlich dient die Station der Aufgabe, den
Verkehr aus dem ihr vorgelagerten sudanischen Binnenlande nach
den deutschen Handelsplätzen am Strande von Togo zu ver=
mitteln. Und dieser Zweck ist bestimmend dafür gewesen, sie auf
der Grenze des Gebirges, hinausschauend auf das noch wenig
bekannte sudanische Hinterland zu errichten.

Der Teil der sudanischen Hochfläche, welcher sich nörd=
lich von den Fetischbergen auf den großen Nordbogen des Nigir
zu erstreckt, stellt sich als eine von mäßigen Höhenzügen unter=
brochene Hochebene dar, deren allgemeine Neigung nach Westen
zum Wolta gerichtet ist. Baumsavanne deckt überwiegend den
Boden; charakteristisch unter den Bäumen sind der Butterbaum,
die Tamarinde und der Wollbaum. In den Waldinseln ist über=
dies der Affenbrotbaum zahlreich vertreten. Die Savanne selbst
besteht aus niedrigem, meist starrem Grase. Doch nimmt die
Kraft und Fülle des Pflanzenwuchses nach Norden sehr merklich
ab. Tribo, Banjaue und Dagomba sind fruchtbare Landschaften,

in den nördlicher gelegenen indes, in Grussi und Muschi, wird nur ein karger Ertrag dem Boden abgewonnen.

Die Ursache hierfür ist, daß der feuchte Niederschlag nach Norden zu immer geringer wird. Die Regenfälle verlieren nach Norden an Mächtigkeit. Überhaupt sind sie auf der Hochebene spärlicher als im Küstenlande; auch Taufall ist selten. Scharf sind voneinander die trockene und die Regenzeit geschieden. Überdies dörrt der von Dezember bis zum Februar nicht selten wehende Nordwind alles durch seinen Hauch aus. Auch die Temperatur ist auf der Hochebene im allgemeinen höher als in der Küstenlandschaft: die höchste gemessene Temperatur ist 37°, die niedrigste 21°; die Abkühlung in der Nacht ist ziemlich unbedeutend, sodaß nicht bloß in den Cisternen, sondern auch in den Flüssen das Wasser stets lau ist.

Die Bevölkerung der Hochebene ist ziemlich dicht. Die zahlreichen Mohammedaner unter ihr zeichnen sich durch die Gleichartigkeit ihrer Kleidung aus. Sie tragen ein weites Hemd und weite Beinkleider und darüber einen Burnus. Sonst begegnet man großer Mannigfaltigkeit in der Kleidung; ärmere Leute gehen im Grussi=Gebiet sogar ganz unbekleidet.

Ackerbau wird viel getrieben, besonders rege jedoch Viehzucht. Nicht selten begegnet man Rinder= und Schafherden. Die Rinder sind klein, meist braun von Farbe; in Muschi wird auch das größere graue Buckelrind gezüchtet. Neben dem einheimischen kurzhaarigen, hochbeinigen Schafe findet sich auch eine große hochbeinige, meist schwarzweiß gescheckte Art, welche aus den Haussa=Staaten eingeführt ist. Auch Ziegen sind häufig, doch werden sie nicht zu Herden vereinigt. Dagegen findet man das Schwein weder als Haustier noch wild.

Aus den Haussa=Ländern eingeführt ist auch das Pferd. Es ist klein, von einem untersetzten, gedrungenen Bau, an Farbe meist braun. Es ist geschmückt mit einer langen weichen Mähne und ebensolchem Schweife, und ausgezeichnet durch Klugheit und Gelehrigkeit.

Sehr vorteilhaft unterscheiden sich die Hunde der Hochebene von denen des Küstenlandes. „Es ist eine Spitzart von etwa 50 cm Höhe, hohen Beinen, mit schlankem Leibe, spitzer Schnauze, spitzen Ohren, plattem, kurzem, meist gelbbraunem Haar. Sie sind sehr wachsam, bellen viel, sind anhänglich, gehorsam und

handfreundlich wie unsere Hunde. Meist dienen sie als Hofhunde,
im Grussi-Gebiete werden sie auch zur Jagd abgerichtet." [1]

Die Bewohner der Hochebene sind in der großen Mehrzahl
Heiden, doch ist der Fetischdienst nicht so ausgebildet, wie an
der Küste; auch Fetischbilder sind seltener. Die Vornehmen sind
jedoch fast alle Mohammedaner.

Während im Küstengebiete und im Gebirge meist jede Ortschaft ihren eigenen Häuptling hat, finden sich hier, durch den
allgemeinen Charakter der Hochebene begünstigt, Anfänge von
Staatenbildung. Wenigstens giebt es in Jendi, Salaga, Karga
und Gambaga Herrscher, welche allgemein anerkannt sind und
ihr Land nach außen vertreten. Freilich darf man den Einfluß
dieser Sultane in ihrem eigenen Lande nicht zu hoch anschlagen.
Doch sind ihre Sitze immerhin wichtige Stationen in den Handels-
wegen, welche die Haussa-Händler ziehen, die den Verkehr der
Hochebene beherrschen.

Wenn man am Nordrande der Fetischberge entlang zieht,
das schroff aufsteigende Gebirge zur Linken, so sieht man zur
Rechten nordwärts in blauer Ferne ein Gebirge aufragen. Das
ist das Gebirgsland Adjuti, ein reich bewässertes, fruchtbares
Gebiet, dessen Bevölkerung zum Timu-Stamme gehört. Man erkennt, daß man etwa in Dadiassi (240 m) sich nicht auf der
freien Hochebene, sondern in einer breiten Thalung befindet,
welche der Oti mit seinen Zuflüssen entwässert. Erst jenseit des
anmutigen Adjuti-Gebietes hebt die sudanische Hochfläche an,
welche in ihrer Eintönigkeit bald aller landschaftlichen Reize ver-
lustig geht. Bei Kue, dem nördlichsten Adelidorfe, beträgt die
Erhebung des Landes noch 670 m; schnell sinkt sie von da nordwärts bis auf 470 m, um dann wieder langsam anzusteigen,
bis sie in Jasugu, dem Hauptorte des Timu-Stammes, wieder
580 m erreicht. Es ist eine unbewohnte wasserreiche Wildnis,
die sich von Kue bis Jasugu 73 km weit hinzieht, meist mit
Graswuchs bedeckt, aus dem sich stellenweis dichte Baumparzellen
erheben, die Schlupfwinkel zahlreicher Büffel, hie und da auch
von Elefanten. Jasugu, ein ansehnlicher Ort von 3500 Ein-

---

[1] Bericht des Hauptmanns von François (Mitteilungen von Forschungsreisenden und Gelehrten aus den deutschen Schutzgebieten, herausgegeben von
Freiherr von Danckelman, I, 167).

wohnern, reich an Rindern und Pferden, ist ein wichtiger Mittel=
punkt des sudanischen Handels. Hierher kommen vom Nigir die
Handelszüge der Haussa, um die Sklaven, Pferde und Rinder,
die sie bringen, gegen Kolanüsse umzusetzen.

Die Kolanuß ist der Samen der Sterculia oder Cola acuminata. Sie hat ungefähr die Größe und Farbe einer Kastanie;
ihrer 6 bis 12 befinden sich in der 8 bis 15 cm langen, holzigen
Hülse. Die Nuß, die man richtiger eine Bohne nennen würde, enthält
gegen 2 Prozent Kaffein, also mehr als die besten Kaffeesorten.
Sie ist daher ein sehr wirksames Anregungsmittel, das von den
Negern mit einer gewissen Leidenschaft gekaut und gegessen wird.
Wo der Baum nicht gedeiht, wird sie darum in Menge eingeführt,
sodaß sie neben Gold und Salz den wichtigsten Handelsartikel
des westlichen Sudan darstellt. Timbuktu und Kano sind die
wichtigsten Stapelplätze. Trocken indessen verliert sie ihren
Muskatgeruch und auch größtenteils ihren bitteren Geschmack.
Sie muß daher frisch verführt werden. Doch hält sie sich, gleich
nach der Ernte in grüne Blätter verpackt und von Zeit zu Zeit
in frischem Wasser gewaschen, monatelang frisch und bleibt dadurch,
ohne an Wert zu verlieren, auch auf weite Entfernungen ver=
sendbar. Indes je näher der Produktionsstätte der Markt, um
so größer die Nachfrage.

Durch die Handelszüge der Haussa hat sich auf der ganzen
Hochebene die Haussa=Sprache so verbreitet, daß sie neben
den Stammessprachen ziemlich allenthalben verstanden wird.
Auch hat längs der Handelsstraßen an Stelle der umständlich=
ceremoniösen Begrüßungsweise der Einheimischen der Haussagruß
sich allgemein eingebürgert: „Sanu. sanu, sanu! Kaka dina?"
(Guten Tag, guten Tag, guten Tag! Wie befindest du dich?),
wobei dreimal in die Hände geklatscht und eine leichte Verbeugung
gemacht wird.

Antwort: „Latia!" (gut!).

In der westlichen Hälfte der Hochebene ist Jendi die größte
Stadt. Aber die hohen Abgaben, welche hier durch den Sultan
und seine Unterhäuptlinge von den Handelszügen erhoben werden,
haben bewirkt, daß Salaga, dank der Gunst seiner Lage und der
verständigen Politik seines Sultans, Jendi weit überflügelt hat:
in dem ganzen Gebiete bis an den Wolta hin ist es die für den
Verkehr weitaus wichtigste Stadt.

Sálaga liegt der Mitte des großen Nigirbogens gegenüber, von dem vier Handelswege hier zusammentreffen, um nun nach der Küste wieder auszustrahlen: über Atakpame nach Aneho, über Kratji nach Lome und die Wasserstraße des Wolta hinab. Es ist eine leichtgewellte Fläche, auf welcher, 6 Stunden vom linken Wolta-Ufer entfernt, die Stadt in 171 m Meereshöhe erbaut ist. Die Umgegend ist mit niedrigem Savannengras, hie und da etwas Buschwerk dazwischen, bedeckt; dann folgen gut angebaute Mais-, Hirse- und Yamsfelder. Schatten giebt es nirgends. Nur als eine kahle Fläche, weithin besetzt mit niedrigen, meist kegelförmigen Dächern, zwischen denen nur vereinzelt da und dort ein Schattenbaum hervorragt, stellt die Stadt dem Auge sich dar. Sie zählt etwa 10000 Einwohner, welche zusammen mit den zahllosen Fremden, die zur Handelszeit von Dezember bis April hier weilen, in 6000 Hütten ihr Unterkommen finden. Diese Hütten, 3 bis 4 m hoch, 4 bis 5 m im Durchmesser haltend, sind aus Lehm gebaut und mit Stroh gedeckt. Ihrer 5 bis 10, durch Lehmmauern, lebendige Hecken, mitunter auch durch Holzzäune miteinander verbunden, umschließen einen rundlichen, mitunter auch viereckigen Hof, zu welchem der Zugang durch eine Hütte führt, die gewöhnlich als Pferdestall und Wohnraum für Fremde dient. Zwischen diesen in größter Regellosigkeit gebauten Gehöften ziehen sich enge und winklige Gassen hin, 1 bis 3 m breit, die zu zahlreichen kleinen und zwei größeren Plätzen führen. Auf die Straßen nun wird aller Unrat geworfen, auf ihnen wird jedes Bedürfnis befriedigt. Sie starren daher von Schmutz und verbreiten entsetzliche Düfte; und unter den schlimmen die schlimmsten sind die Gassen des Fremdenviertels im Westen der Stadt, dessen rasch wechselnde Bewohner noch weniger Interesse für die Wohnlichkeit der Stadt haben, als die Einheimischen. Da sind denn die Aasgeier eine wahre Wohlthat für die Stadt, denn sie räumen wenigstens den schlimmsten Schmutz bei Tage etwas fort, und die Hyänen und Schakale, die bei Nacht Aas und faulende Stoffe wegfressen und wegschleppen. Eine Säuberung durch Menschenhand aber erfahren die Straßen nie. Der Sultan hat seine Residenz nach Pembi, eine Stunde südöstlich von Salaga verlegt: man möchte meinen, daß er vor dem Schmutz und Gestank seiner Hauptstadt sich dorthin geflüchtet habe.

Selbst dicht bei den Cisternen sieht man totes Vieh und ganze Haufen von Unrat liegen: so sorglos ist das Volk. Da sich nämlich in der ganzen Umgebung der Stadt kein fließendes Gewässer befindet, so hat jedes Gehöft ein trichterförmiges Loch, um das Regenwasser aufzufangen und aufzubewahren. Für gewöhnlich sind nun diese Cisternen mit Strohmatten zugedeckt; ist aber gegen Ende der Trockenzeit ihr Wasservorrat, verbraucht, so werden die Cisternen als Latrinen und Abfallgruben benutzt. Brunnen giebt es in der ganzen Stadt nicht.

Das Herz von Salaga ist der große Markt. Er wird denn auch wirklich mitunter gereinigt. Denn er ist der Mittelpunkt des Handelsverkehrs; in Salaga ist aber jedermann Händler oder steht wenigstens zu dem Handel in irgend welcher Beziehung. In den Geschäftsmonaten verdoppelt sich die Bevölkerung der Stadt. Dann kommen und gehen täglich Karawanen, die nicht selten bis zu 500 Personen zählen: Handelszüge aus Muschi, aus den Haussa=Ländern, aus den Fulbe=Staaten, von der ganzen Guinea=Küste. Die meisten fremden Händler haben ihre ständigen Gastfreunde; für die übrigen sind leere Häuser im Karawanenviertel da. Aber für den gewaltigen Verkehr ist der große Markt viel zu klein; auch auf den übrigen Plätzen, selbst in Menge in den schmalen Gassen sitzen die Händler unter 1½ m breiten, aus Gras geflochtenen Schirmen und bieten ihre auf dem Boden ausgebreiteten Waren feil. Indessen überall herrscht, wenngleich die verschiedensten Stämme sich durcheinander drängen, die musterhafteste Ordnung.

Speisehäuser für die Fremden giebt es nicht; auch der Gastfreund bietet nur Obdach dar. Für seine Mahlzeiten hat der Fremde selber zu sorgen. So haben denn auf der Nordwestecke des großen Marktes die Fleischer von Salaga ihre Schlacht= und Verkaufsstände eingerichtet. Da schlachten sie jeden Morgen an die 20 Ochsen und noch viel mehr Hammel, und verkaufen am Platz das frische Fleisch. Die Abfälle werfen sie den Geiern zu, welche in Menge die Fleischbänke umlungern. Daneben hat ein Trommlercorps von 6 Mann sich aufgestellt und macht den ganzen Tag über Musik, gern von den Vorübergehenden mit kleinen Gaben bedacht. Wasser= und Holzverkäufer bieten laut rufend ihre Ware aus; Barbiere und Friseure sind vor ihren Buden in lebhafter Thätigkeit, und Schuster und Schneider arbeiten inmitten des

Gewühles mit mehr Gemächlichkeit bei ihren Ständen. Nur der
Kaufmann sitzt still bei seinen Waren und erwartet die Kauf=
lustigen.

Die Mannigfaltigkeit der ausgebotenen Waren ist außer=
ordentlich groß. Von einheimischen Lebensmitteln, die haupt=
sächlich auf dem kleineren Markte feil stehen, giebt es nichts,
das nicht vertreten wäre, von der Kolanuß, die 2 Pfennige
kostet, bis zum Schlachtochsen, der auf 40 Mark kommt. Auch
einheimische Baumwollenstoffe, Töpferwaren und Lederartikel sind
in größter Fülle vorhanden. Die europäischen Waren bestehen
meist aus Bekleidungsgegenständen und Waffen. Indessen der
weitaus wichtigste Artikel sind Sklaven, deren jährlich gegen
15000 in Salaga verkauft werden. Die meisten Haussa= und
fast alle Muschi=Karawanen bringen ihrer eine ganze Anzahl,
mitunter bis zu 400, mit. Der Preis wird bedingt durch die
Nachfrage; im Durchschnitt kostet ein erwachsener Mann
140 Mark, ein zehnjähriges Mädchen halb so viel.

Den ganzen Tag dauert das bewegte Leben, dem lebhaftesten
Meßverkehr vergleichbar. Erst mit Einbruch der Dunkelheit
schließen die Verkäufer ihre Buden; und alles Leben zieht sich
in das Innere der Gehöfte zurück. Dann schweifen in ganzen
Rudeln Schakale und Hyänen durch die nächtlich stillen Gassen,
durch die Dunkelheit dreist gemacht; und wer jetzt noch über die
Straße zu gehen hat, thut es nur mit einer Lanze bewaffnet, um
der schleichenden Bestien sich zu erwehren.

Noch eine Strecke über Salaga hinaus erstreckt sich die Land=
schaft Banjaue; erst am Wolta, 40 km westwärts von Salaga,
erreicht sie ihre Grenze. Der mächtige Strom hat hier noch 80 m
Meereshöhe; er fließt, 250 m breit, in einer weiten, flachen
Mulde, die er bei Hochwasser weithin überschwemmt. Indessen
in der Trockenheit beträgt seine Tiefe nur 1 bis 2 m, sodaß
dann auf kleinere Strecken die Sandbänke und Felsbarren, welche
der Fluß birgt, trocken aus dem Wasser heraustreten. Der Quell=
fluß des Wolta ist der Jode oder Weiße Wolta, welcher aus der
Hochebene von Westsudan nordsüdlichen Laufes herabkommt, aber
trotz seiner Breite von 150 bis 200 m wegen der vielen Barren
und Schnellen in seinem Bette auch in der Hochwasserzeit, in
welcher er 5 bis 6 m steigt, nicht schiffbar ist. Westlich von
Salaga nimmt er den kleinen Adere oder Schwarzen Wolta auf.

Der vereinigte Strom fließt nun gerade auf die Stadt zu, biegt aber dann etwa halben Weges nach Südosten um, bis er, mehr und mehr in eine südliche Richtung ablenkend, auf die Fetischberge zuströmt. Der Wasserstand des Wolta ist sehr wechselnd. Von Dezember bis Februar führt er wenig Wasser, jedoch die Regenzeit läßt ihn bis zu 15 m steigen: dann ist er ein reißender Strom, dessen zahlreiche Strudel und Wirbel den Schiffen oft gefährlich werden. Bei Kratji setzt ein Wasserfall der Schiffbarkeit ihre Grenze. Daher ist hier, wo der Verkehr sich staut, am Flusse jüngst der Handelsplatz Kratji entstanden, welcher 6000 Einwohner zählt. Das alte Dorf, wo der Häupt= ling wohnt, liegt eine halbe Stunde entfernt. Indes bald be= ruhigt sich der Strom wieder und setzt nun, fast gerade südwärts gerichtet, seinen Lauf fort. Das Gelände seines linken Ufers stellt sich im allgemeinen als eine wellige, von vielfachen Galerie= wäldern unterbrochene Savanne oder auch als lichter Wald dar. Zahlreiche Wasserläufe strömen aus derselben ihm zu; der bedeutendste unter ihnen ist der Oti, welcher langsamen Laufes durch die Landschaft Tribu, aus dem Berglande Adjuti herab= kommend, dem Wolta zugeht.

Südlich vom Oti wird die Vegetation bis an das Gebirge hin kräftiger und reicher; Hitze und Trockenheit nehmen ab; lichter Wald bedeckt das Gelände, und inmitten ausgedehnter Ölpalmenpflanzungen und Mais= und Yamsfelder liegen die Dörfer. Bei Kpandu beginnt der Wolta seinen Durchbruch durch das Gebirge. Damit endigt auch für die zweite Strecke seines Mittellaufes die Schiffbarkeit: der Verkehr trennt sich von dem Flusse und schlägt den Landweg nach dem Passe von Tomegbé ein, von wo viel betretene Handelspfade zu dem deutschen Strande hinabführen.

Litterarische Nachweisung.

H. Zöller, Das Togoland und die Sklavenküste. Stuttgart 1885.

E. Henrici, Das deutsche Togogebiet und meine Afrikareise 1887. Leipzig 1888.

Missionar G. Zündel, Land und Volk der Eweer auf der Sklavenküste in Westafrika (Zeitschrift der Gesellschaft für Erdkunde zu Berlin, 1887, S. 376, 401).

K. Kommissar P. Grade, Land und Leute im Togogebiete (Aus allen Weltteilen, 1888, S. 321, 349).

Missionar E. Bürgi, Reisen an der Togoküste und im Ewegebiet (Petermanns Mitteilungen, 1888, S. 233).

Missionar J. Kopp, Eine Wolta-Reise auf dem Pionier (Mitteilungen der Geographischen Gesellschaft in Jena, 1882, S. 71).

Berichte des K. Kommissars von Puttkamer (Mitteilungen von Forschungsreisenden und Gelehrten aus den deutschen Schutzgebieten, herausgegeben von Freiherr von Danckelman, I, 89. 93).

Berichte des Hauptmanns von François (Ebenda, I, 87. 143; II, 1. 33).

Berichte des Stabsarztes L. Wolf (Ebenda, I, 99. 182; II, S. 37. 81. 84).

Berichte des Premierlieutenants Kling (Ebenda, II, S. 2. 70. 76. 123. 191. 194).

Deutsches Kolonialblatt. Amtsblatt für die Schutzgebiete. 1890.

A. Kirchhoff, das Deutsche Schutzgebiet an der Sklavenküste, nach H. Zöllers Forschung dargestellt (Separatabdruck aus der Revue Coloniale Internationale).

P. Langhans, das Deutsche Gebiet an der Sklavenküste (Petermanns Mitteilungen, 1885, S. 211).

H. Roskoschny, Westafrika vom Senegal zum Kamerun.

Viertes Kapitel.

Deutsch-Südwestafrika.

---

1. Das Gelände am Meer.

Nur kahle Felsen, gegen welche, hoch aufspritzend, die Brandung anschlägt, und Sandhügel bietet vom Oranienflusse an die
Küste von Deutsch-Südwestafrika dem Auge dar, und selbst wenn
man zum Fernrohre greift, erblickt man nichts als Wasser, Fels
und Sand. Da weicht die bisher wenig gegliederte Küste nach
Osten zurück: ein großes Holzkreuz zeigt, daß wir die Diaz-Spitze
erreicht haben. Hier war einst 1486 Bartholomäus Diaz auf
seiner großen Afrikafahrt gelandet und hatte des zum Gedächtnis
ein Marmorkreuz auf der Spitze aufgerichtet, dessen Postament,
vor einem Menschenalter im Meer aufgefunden, jetzt im Museum
der Kapstadt aufbewahrt wird. Breit schneidet hinter der Diaz-
Spitze die Shearwater-Bucht bis zur Angra-Spitze in die Küste
ein, während hinter der Angra-Spitze die schmale, flache „Lagune"
sich sehr weit in das Land südwärts hineinzieht. Diese 9 km
lange Lagune war es, welcher Diaz den Namen Angra pequena,
d. i. die kleine Bucht, im Gegensatz zu der großen, 12 km breiten
Meereseinbuchtung zwischen der Diaz- und der Nordost-Spitze
gab. Die Zufahrt zu der Lagune, an der Ostseite von der Haifisch-Insel flankiert, bietet bei einer Breite von etwa 3 km eine
solche Tiefe, daß auch große Schiffe in ihr ankern können; allein
binnenwärts nimmt die Wassertiefe so sehr ab, daß die Bucht
für Seeschiffe unzugänglich wird.

Mit der Haifisch-Insel beginnt eine Reihe von drei Inseln,
welche sich in nördlicher Richtung zu der Nordost-Spitze hinüberzieht. Es sind die Haifisch-, die Pinguin- und die Seehunds-

Insel, Felseilande von länglicher Gestalt, jedes fast 2 km lang,
welche die Dünung des Oceans abhalten und dadurch die hinter
ihnen liegende Binnenbucht „Lüderitzhafen" zu einem geräumigen
und sicheren Ankerplatze gestalten. Vorzeiten ein Tummelplatz
der Robben und die bevorzugte Brutstätte der Vögel, waren sie
mit beträchtlichen Guanolagern bedeckt; aber der anwachsende
Schiffsverkehr hat jetzt die Robben verscheucht, und die Guano-
lager sind abgeräumt: nur als kahle Felsklippen bieten die Inseln heute sich dem Auge dar.

Zu beiden Seiten der Pinguin-Insel führt eine 11—13 m
tiefe Zufahrt in den Lüderitzhafen, welcher bis dicht an die Festlandsküste heran eine Tiefe von etwa 7 m bewahrt. Allein
so geräumig, wie er erscheint, ist der Hafen in Wahrheit nicht.
Die vom Binnenlande stetig vorschreitende Versandung hat schon
die Haifisch-Insel durch eine Untiefe, welche nur noch $3\frac{1}{2}$ m
Tiefe bietet, also Seeschiffen unzugänglich ist, an das Festland
herangezogen und auch zu der Seehunds-Insel eine unterseeische
Brücke von noch nicht $5\frac{1}{2}$ m Wassertiefe hinübergeschlagen. So
sind die beiden Enden der Lüderitzbucht ebenso wie die Lagune
dem großen Verkehre entzogen.

Der Zufahrt südlich von der Pinguin-Insel gegenüber bildet
die Festlandsküste eine geringe Einbuchtung, den Roberthafen.
Oberhalb desselben, an einer durch die Pinguin-Insel geschützten
Landungsstelle, zu Füßen einer um 150 m aufragenden Felshöhe,
liegt die Faktorei von Lüderitz, die erste deutsche Niederlassung
an der unwirtlichen Küste. Es sind zwei langgestreckte Häuser
aus Holzfachwerk unter Eisendach, das Wohnhaus und das Lager-
haus, welche sie bilden. Ihr zur Seite liegt „Fort Vogelsang",
nicht sehr bedrohlich: ein Sandwall, mit einem alten Böller armiert. Wüst und öde erscheint die Umgebung, ohne Baum und
Schatten; aber völlig anders wird der Eindruck, wenn wir jene
Felshöhe, die Nautilus-Spitze, auf der als weithin sichtbare Land-
marke ein großes Holzkreuz aufgerichtet ist, ersteigen und nun
mit einem Blicke das blaue Meer, darin die weißlich-grauen
Inseln, um welche zahllose Vögel herumflattern, die Schiffe in
der Bucht umfassen, alles mit einer Fülle von Licht übergossen,
das von dem wolkenlosen Himmel niederstrahlt. Ganz in der
Ferne, noch über die Diaz-Spitze hinaus, erscheint Halifax mit
den andern englischen Guano-Inselchen, auf denen noch heute

Hunderttausende von Pinguinen, Tauchern und blauschwarzen
Enten nisten. Näher zu uns heran liegen an der Lagune einige
Fischerhütten und zur Seite der Nautilus=Spitze etwas weiter zurück
eine Gruppe von Hütten, in denen die Arbeiter der Faktorei,
Hottentotten, wohnen, armselig und schmutzig, aber doch aus der
Entfernung nicht ohne einen gewissen romantischen Reiz und die
Landschaft belebend.

Wenden wir aber den Blick landeinwärts, so sehen wir ein
Sandmeer vor uns, dessen graugelbe Wogen, soweit nur das
Auge reicht, nach Osten sich hinziehen. Das ist der Dünen=
gürtel, welcher, mehrere Tagereisen breit, die Küste von dem
Binnenlande scheidet.

Das Grundgerüst von Südwestafrika bilden Gneis und
Glimmerschiefer, stellenweis auch Marmor. Steil aufgerichtet,
streichen die Gesteinsschichten im ganzen in nordsüdlicher Richtung.
Zahlreiche Basaltgänge durchsetzen sie; auch Granit kommt allent=
halben vor. Auf weite Strecken, namentlich im Norden und im
Süden des deutschen Gebietes, ist das Grundgebirge von jüngeren
Sandstein=Tafelbergen überlagert. Allerorten arbeitet die Ver=
witterung an der Ausgleichung der Höhen. An deren Fuße häuft
sich das zerbröckelte Geröll, die Vertiefungen ausfüllend, oder
auch hoch an den Felswänden emporsteigend. Sonnenglut, Trocken=
heit der Luft und Winde wirken zusammen, um die Höhen ab=
zutragen und das Land einzuebnen. Nur die kahlen Bergkuppen
ragen auf, und die Flüsse haben durch Felstrümmer und Schutt
sich ihre Betten gespült. In Einsenkungen, aber auch auf nie=
drigeren Höhen finden sich quarzreiche Kalke, die, vielfach zer=
klüftet und zerfallen, bald als Nester und Krusten im Schutt auf=
treten, bald aber auch, besonders im Norden, in ausgedehnten
Schichten abgelagert sind.

An das Auftreten der zahlreichen Gänge von Granit, Ser=
pentin und Olivin im Gneis ist auch in den meisten Fällen das
Vorkommen der Kupfererze gebunden, welche häufig in dem Ko=
lonialgebiete gefunden worden sind, besonders als Verwitterungs=
produkte (Malachit, Kieselkupfer). Auch das Vorkommen des
Goldes scheint mit diesen Schichten in Verbindung zu stehen;
es findet sich hauptsächlich in Olivingestein eingesprengt.

Im Binnenlande nun ist der Schutt zu einem sandigen,
mürben und durchlässigen Erdreich verwittert; weiter westwärts

geht er in einen feinen Grus über; im Küstengebiete jedoch liegt
er als Sand und Geröll zutage. Es ist der Einfluß der Nieder=
schläge, welcher diesen Unterschied bewirkt. Wenn sich im Bin=
nenlande Haufenwolken im Dezember bilden, so treibt sie der
glühende Nordostwind auf die Küste zu; immer näher rücken sie
dieser im Januar, noch mehr im Februar; aber wirklich erreichen
können sie den Dünengürtel doch nicht. Denn eisigen Hauches
weht ihnen der Südwestwind entgegen, der, über eine polare
Meeresströmung herstreichend, bei seiner niedrigen Temperatur
nur geringe Feuchtigkeit mitbringt. Schnell erhitzt er sich an
dem entgegenstehenden Landwind, und kann infolgedessen seinen
dürftigen Wassergehalt nicht niederschlagen. Zugleich aber drängt
er die Wolken zurück oder zerstreut sie, sodaß es im Küstengelände
so gut wie nie regnet. So bleibt der Dünengürtel, wie er von
jeher war, öde und wüst. Zwar ganz ohne Pflanzenwuchs ist
er doch nicht. Hier und da zwischen den Steinen oder in den
Schluchten wachsen armselige Sträucher, welche die geringe
Feuchtigkeit, deren sie zum Leben bedürfen, aus dem nächtlichen
Tau gewinnen oder mit ihren sehr tief reichenden Wurzeln aus
dem Boden heraufsaugen. Aber nirgends kommt es auch nur
zu der geringsten vegetativen Decke.

Der Dünengürtel besteht aus endlos langen, gegen Nord=
nordwesten verlaufenden Sandrücken, welche durch breite Mulden
voneinander getrennt sind. Nirgends sind die Rücken genau
einander gleichlaufend, sondern neigen nach der einen oder an=
deren Richtung sich leicht einander zu; dadurch entstehen in ihnen
Knotenpunkte, und die Mulden werden zu langgezogenen, allseitig
abgeschlossenen Komben. Aber diese Regelmäßigkeit verliert sich,
jemehr die Dünen dem Meere sich nähern. Hier werden die
Rücken zu kürzeren Hügelzügen; kürzere Mulden greifen ineinander
und lappen aus; Hochflächen entstehen; andererseits wieder bilden
sich Einsenkungen voller Sandkuppen, in welche Mulden hinein=
greifen. Sehr bedeutend ist die Erhebung der Sandrücken über
die ihnen benachbarten Mulden nicht; sie beträgt etwa 60 bis
66 m und steigt nur ausnahmsweise bis zu 90 m.

Das Material, aus welchem diese Dünen aufgebaut sind,
ist ein weißgelber oder graugelber, fast nur aus Quarzkörnern
bestehender Sand. Mitunter finden sich rote oder schwarze Flecken
darin, von denen jene aus verwittertem Eisenkiesel, diese aus

Magneteisensteinkörnchen bestehen. Stets nimmt der gröbere und schwerere Sand die Kämme der Höhenzüge, der leichtere und feinere die Vertiefungen ein. ·

Keineswegs zeigen die beiderseitigen Abhänge der Sand=rücken die gleiche Böschung. Stets sind die seewärts gekehrten Westflanken in fortlaufenden Kurven profiliert, fest und regel=mäßig geriffelt; auf den landeinwärts gekehrten Ostflanken da=gegen, der Windschattenseite, liegt der Sand tief und lose; der Abfall geschieht in vielen verschlungenen, unregelmäßigen Stufen, zwischen denen sich Schluchten hinwinden, Kessel gähnen, Steil=ränder und tiefe Sandwehen ineinander greifen.

Es ist der stetige, südwestliche Seewind, welcher die Dünen so geformt hat; aufgebaut aber hat er sie mit nichten, wenn auch hier und da wohl die spärlichen Dünengewächse, Salsola, Nara, Palmiet, oder das fußhohe Sarcocaulon, welches thalergroße, rosenfarbene Blüten trägt, mit ihren Schößlingen und Wurzeln den wehenden Sand festhalten und binden. Es finden sich viel=mehr feste, salzig=schlickige Sandflächen zwischen Dünenhügeln, teilweise vom Sand wieder überweht, welche bis zu einer Meeres=höhe von 20 m Schalen von Lagunenmuscheln in größter Fülle ent=halten. An anderen Stellen trifft man auch auf Meeresalgen führenden Schlick, sogar auf Unmassen von Walfischknochen. Diese Umstände geben den Beweis, daß die Dünenhügel vorzeiten vom Meere bedeckt waren: die Brandung des Meeres hat sie aufge=baut. Nachdem sie aber infolge eines Zurückweichens des Meeres, was man irrig als Landhebung aufzufassen pflegt, Küstensaum geworden waren, ist es hauptsächlich der Seewind gewesen, der ihnen ihre Gestalt gegeben hat.

Bei Lüderitzhafen etwa 90 km breit, ein halb im Sande vergrabenes Gebirge, verliert nach Norden der Dünengürtel stetig an Breite; jenseit des Steinbock=Wendekreises erfüllt das Meer die erste Mulde, sodaß der vorliegende flache Sandrücken wie eine Halbinsel in das Meer vorragt. Das ist die niedrige Punta d'Ilheo, welche den Sandfischhafen vom Ocean scheidet. Aber nur wenig noch darüber hinaus reicht der Dünengürtel nach Norden. In Gestalt einer flachen Landzunge schiebt er sich in das Meer vor und endigt mit der Pelikan=Spitze. So wird eine zweite Bucht vom Ocean abgesondert: die Walfischbai. Indes immer noch weiter zieht sich das Meer ganz langsam von diesen

Küsten zurück: stetig wird das Wasser den Strand entlang seichter, und ganz langsam wächst das Land um die Baake auf der Peli= kan=Spitze an.

Scharf ist hier in diesem letzten Teile die Ostgrenze des Dünengürtels durch das Thal des Kuisib bezeichnet. Weither aus Osten zieht es heran, als suche der Fluß im Sandfischhafen den Zugang zum Meere; aber der Dünengürtel verlegt ihm als unüberwindliches Hindernis den Weg, sodaß das Flußthal nun= mehr nach Norden ablenkt und immer am Ostrande des Dünen= gürtels entlang in die Walfischbai hinausläuft. Aber doch scheint bei der Abbiegung, wenn auch der Fluß nur zuzeiten Wasser führt, eine Spaltung des Flußlaufes stattzufinden in der Art, daß ein Teil des Wassers, die westliche Richtung festhaltend, unter den Dünen fortsickert und in den nie versiegenden Quellen süßen Wassers, welche den besonderen Vorzug von Sandfischhafen aus= machen, wieder zutage tritt. Ganz zweifellos indes zeigt diese Erscheinung der Nordlauf des Kuisib; denn das Wasserloch von Sandfontein, 6 km östlich von Walfischbai, liegt in der flachen Thalmulde des Flusses.

Überhaupt ist hier nördlich des Wendekreises der Feuchtig= keitsgehalt der Dünen merklich bedeutender. Der Pflanzenwuchs ist daher nicht so verschwindend geringfügig wie bei Lüderitzhafen, ja in der Nähe von Sandfischhafen finden sich sogar Stellen, welche eine wirkliche Pflanzendecke tragen. Die wichtigste Pflanze der nördlichen Dünen sind die Naras. Die sehr langen Wurzeln dieser Cucurbitacee reichen tief bis zu den vom Grundwasser durchfeuchteten Bodenschichten hinab. Der sichtbare Teil der Pflanzen besteht aus zahllosen gelbgrünen Ranken, welche, mit Dornen besetzt, aber ohne Blätter, gleich schwanken Zweigen wirr durcheinander wachsen. In ihnen fängt sich der Flugsand und verschüttet sie; aber immer wachsen aus dem Sandhaufen die jungen Triebe wieder hervor, bis sie darüber eine struppige Perücke darstellen, in der die Früchte massenhaft sich entwickeln. Ihre Reifezeit reicht vom November bis zum April. Dann sind diese orangefarbigen, melonenähnlichen, faustgroßen Kugelfrüchte das Labsal der Eingebornen. Fleisch, Saft, Kerne verzehren sie roh, oder kochen auch daraus einen Brei, der, durchgeseiht und auf den heißen Sand gegossen, dünne Leimtafeln giebt, die sich lange aufbewahren lassen. Und dazu liefert ihnen das Meer

Fische in unerschöpflicher Fülle. Zumal die Bucht von Sand=
fischhafen, die sie Anixab nennen, ist überaus fischreich.

Auch als Hafen ist Sandfischhafen vortrefflich; denn die
Bucht ist gegen alle Winde geschützt und von der Punta d'Ilheo
führt eine so tiefe Fahrrinne hinein, daß Schiffe von mittlerem
Tiefgange dicht am Ufer, wo bei Hochwasser immer noch 6 Meter
Tiefe ist, anlegen können. Und außerdem stößt man in geringer
Tiefe beim Graben hier allenthalben auf unversiegbares, frisches
Süßwasser. Dicht am Strande stehen zwei ausgedehnte, aber
jetzt aufgegebene Fischfaktoreien, und weiterhin folgt eine Gruppe
von Häusern, in deren Gärten Melonen, Blumenkohl und alle
Gemüse mit gutem Erfolge gezogen werden; selbst ziemlich aus=
gedehnte, mit magerem Grase bewachsene Flächen fehlen nicht.
Aber hinter dem Hafen steigen die Dünen, deren Breite hier doch
immer noch 28 km beträgt, so steil und hoch empor, daß ein
Verkehr mit dem Binnenlande nur unter großen Schwierigkeiten
möglich ist; denn diese Dünen erklimmt kein Wagen. Deswegen
hat sich hier der Verkehr nicht angesiedelt, wie er Lüderitzhafen
wegen des Wassermangels und der Breite des dahinter liegenden
Dünengürtels wieder aufgegeben hat.

Das Eingangsthor des Handels ist vielmehr die Walfisch=
bai, obgleich dieser Hafen mit dem benachbarten Küstenstriche in
den Händen der Engländer ist. Denn die Verbindung mit dem
Binnenlande ist hier nicht eben schwierig; und das unentbehrliche
Wasser liefert das nahe Sandfontein. Indes auch Walfischbai
ist erst eine werdende Siedelung. Auf einer breiten Sandauf=
schüttung, um vor den Springfluten gesichert zu sein, ist etwa
ein halbes Dutzend Häuser erbaut, überragt von einem kleinen
hölzernen Kirchlein. Selbst die Hütten der Eingebornen, deren
in Sandfischhafen etwa 150 leben, fehlen hier. Zudem schmückt
weder Baum noch Strauch die Umgegend; nichts als niedrige,
weiße Sanddünen trifft der Blick. Nur auf einer einzigen Stelle
zeigen diese grünen Pflanzenwuchs, wo ein Gebüsch von Tabaks=
stauden (Nicotiana glauca) aufgesproßt ist, deren Samen eine
Hochflut des Kuisib aus dem Binnenlande herabgeschwemmt hat.

So ist denn zu erwarten, daß die englische Walfischbai ihre
Bedeutung als Hauptzufuhrhafen zu dem deutschen Gebiete bald
an die deutsche Croß=Bai (Kreuzbucht) abtreten wird, welche 120 km
weiter nördlich liegt. Denn hier fehlt der Dünenwall ganz, viel=

mehr schließt sich unmittelbar an das Gestade ein grasreiches Hügelgelände an: aber noch harrt sie ihrer Bewohner!

Indes so ungastlich das Küstengelände erscheint, so zuträglich ist doch sein Klima. Hier sind die Fieber der Tropen unbekannt; geringe Vorsichtsmaßregeln genügen, daß auch der Europäer sich durchweg frisch und wohl fühle. Die Temperatur der Luft ist an der ganzen Küste erheblich niedriger, als nach der Breite zu erwarten wäre. Es ist der von Süden herandringende kalte Meeresstrom, welcher dies bewirkt. Sein Wasser hat vor Lüderitzhafen nur 10° C., vor der Walfischbai nur 15° C. Dadurch wird der über ihn hinstreichende Südwestwind durchkältet und kühlt auch die Küste. Diese niedrige Meerestemperatur ist auch die Erklärung dafür, daß hier in der Nähe des Wendekreises früher Walfische und Robben in Menge vorkamen, deren Andenken noch die Seehunds-Insel und die Walfischbai in ihren Namen bewahren. Jetzt freilich hat der regere Schiffsverkehr sie verscheucht.

Allein an der Walfischbai sind bisher systematische Wetterbeobachtungen (von Deutschen) angestellt worden. Danach beträgt die mittlere Jahrestemperatur 17° C. Die höchste beobachtete Temperatur ist 38° (Mitte Juli), die niedrigste 3° (Ende August). Der heißeste Monat ist der Februar mit einem Monatsmittel von 20°, der kälteste der August mit 14°. Auch die täglichen Temperaturschwankungen sind mäßig: im Jahresmittel sind morgens um 7 Uhr 14,3°, mittags um 1 Uhr 21,8°, abends um 9 Uhr 15,6°. Die größten Schwankungen zeigt der Juli: 10,3—21,9 — 13,3; die kleinsten der Januar 17,8—22,4 — 18,1°. Daraus ergiebt sich, daß das Klima sehr gemäßigt ist, etwa dem der Küsten des Mittelmeeres entsprechend, und zudem sehr gleichförmig. Dies hat seine Ursache darin, daß die kalten Seewinde im Sommer vorherrschen, im Winter aber heiße Landwinde deren Einfluß abwehren. Dazu kommt die Häufigkeit der nächtlichen Nebel, welche die Ausstrahlung hindern.

Im Binnenlande indes verschiebt sich die Gegenwirkung der Winde und die Küstennebel verschwinden. Daher steigert sich landeinwärts trotz des bedeutenden Ansteigens des Landes die Jahrestemperatur, während zugleich die Extreme weiter auseinandergehen. So wurden in Ni-Guib (50 km von der Küste) 3° Kälte beobachtet; die Tagestemperatur dagegen erhob sich in demselben Monat (Juli) bis auf 34°. Hopemine (100 km von der Küste und 612 m über dem Meere gelegen) hatte in denselben Tagen, wo in Walfischbai (3,7 m über dem Meere) das Thermometer auf 18,9° stand, eine Luftwärme von 24,3°, überhaupt eine mittlere Jahrestemperatur von 21°, also um 4° über diejenige der Walfischbai hinaus.

So ziemlich die Hälfte aller Luftbewegung bildet an der Küste der Südwestwind. Aus welcher Richtung auch morgens der Wind wehen mag, mit größter Regelmäßigkeit schlägt er gegen Mittag in eine steife Südwestbrise (Windstärke durchschnittlich 2,4) um, welche gegen Abend erst, manchmal mit einer leichten Drehung nach Westen oder Süden, abflaut und während der Nacht meist in Windstille übergeht. Dann setzen regelmäßig um Mitternacht die nächtlichen Nebel ein, Wolken, welche vom Meere her über das Küstengelände hinwallen, aber doch nur, da sie ihren reichen Wassergehalt nicht niederschlagen, dessen Oberfläche netzen. Läuft dann auch zuzeiten das Wasser von den Dächern herab, so dringt es doch kaum einige Centimeter tief in den Boden ein und bald nach Sonnenaufgang ist auch die Oberfläche wieder so staubtrocken, wie sie war. Den Pflanzenwurzeln kommt nichts zugute.

Aber auch des Regens wird die Küste nur selten teilhaftig. Wohl bringen die Seewinde Wolken herbei. Dicht steigen diese am westlichen Horizonte auf, zerstreuen sich aber im Zenith und sind meist völlig aufgelöst, bevor sie den östlichen Horizont erreichen. Was aber von Gewitterwolken aus dem Innern zur Regenzeit heraufkommt, entladet sich vorher oder verdampft auf dem weiten Wege über den wüsten Dünengürtel. Daher kommt es, daß das ganze Jahr an der Küste nur 21 Regentage hat, und daß hier der ganze jährliche Regenfall nicht mehr als 44 mm ausmacht. In den Monaten Juli bis Oktober regnet es überhaupt nicht.

Gewitter, von Regengüssen begleitet, sind an der Küste nur Ausnahmeerscheinungen; aber im Binnenlande, wenn gegen Weihnachten die Temperatur auf 38—40° im Schatten gestiegen ist, brechen sie mit furchtbarer Gewalt los. Der ganze Horizont ist dann in ein tiefes Dunkel gehüllt, das unablässig fahle Blitze durchfurchen. Ohne Aufhören rollt der Donner. Orkanartige Stürme verwandeln die Luft in glühende Sandwolken. Angst-

Volz, Kolonien. 12

volle Beklemmung fesselt den Menschen. Endlich fallen die ersten
Tropfen: erleichtert atmet man auf. Dann stürzt aber auch gleich,
wie ein Wolkenbruch, vom Sturmwind gepeitscht, der Regen
nieder, manchmal nur eine Viertelstunde lang, oft aber auch
mehrere Stunden anhaltend, bis das Gewitter, gewöhnlich nach
Südosten, abzieht. Das dauert so bis in den April hinein.
Dann folgt dem langen Sommer ein kurzer Herbst und im Juni
und Juli der Winter, während deren es weder Gewitter noch
Regenfall giebt. Das Pflanzenleben erstirbt, um im Frühling
(August und September) von neuem zu erwachen. Aber das
Küstenland kennt einen solchen Wechsel nicht; zu allen Jahreszeiten bietet es den gleichen Anblick dar, gleichsam stets in das
ewig gleiche Gewand des Winters gekleidet.

2. Das Namaland und die Nama.

Der Südwestwind, kann man sagen, ist der Tyrann der
Küste; aber das Gute hat er doch, daß er, gerade zur heißesten
Tageszeit am kräftigsten einsetzend, das Reisen landeinwärts durch
den wüsten Dünengürtel sehr erleichtert und selbst bei 30° Wärme
und mehr durchaus erträglich macht.

Das Gefährt, dessen man sich bei solchen Reisen bedient, ist
der Ochsenwagen, ein handfestes Gefüge, das allen Unbilden
afrikanischer Wege gewachsen ist. „Die Achsen sind außerordentlich stark im Holze; außerdem liegen unter jeder noch dicke eiserne
Unterzüge. Die Räder erinnern in ihrer kompakten Art fast an
die schweren Räder einer Lokomotive oder eines antiken Triumph-
wagens; die eisernen Reifen, die sie umspannen, haben eine
Stärke von 2—2½ cm. Hinter den Hinterrädern ist ein solides
Schleifzeug mit dicken hölzernen Schleifklötzen angebracht, die
während der Reise oft der Erneuerung bedürfen. — Auf diesem
mächtigen Unterbau steht nun ein langer, geräumiger Bretter-
kasten, der seinerseits wieder mit einem über eiserne Reifen gezogenen Segeltuchdache überspannt ist, wodurch das Vehikel einem
unserer sogenannten Planwagen etwas ähnlich wird. Im Innern des so geschaffenen Raumes, der übrigens vorn und hinten
noch zum Schutze gegen Sonne oder Wind durch eine Art leine-
ner Rouleaux geschlossen werden kann, befindet sich zunächst, auf-
liegend auf den Rändern des Kastens, die sogenannte Kattel, ein

kreuzweis mit dünnen, aber festen Riemen überzogener Holz=
rahmen, bestimmt, das Lager des Reisenden zu bilden. — Der
Hohlraum unter der Kattel dient zur Aufnahme von Proviantvor=
räten und Tauschwaren. Unter dem Plandache und neben der
Kattel pflegt man dagegen in Leinwandtaschen oder in Ösen und
Schlingen Dinge anzubringen, die man rasch zur Hand haben
will, als Karten, Tagebücher und namentlich die stets schußbereit
zu haltenden Gewehre. Zur Befestigung verwendet man dabei
immer nur Riemen, da Stricke sich bei den furchtbaren Stößen,
die das Fahrzeug oft zu erleiden hat, unglaublich rasch durch=
scheuern, oder auch infolge der überaus trockenen Luft des Landes
bald wie Zunder zerfallen. — Gegenstände des täglichen Bedarfs,
wie Trinkbecher, Teller, werden außerdem noch in den ziemlich
großen Holzkisten untergebracht, von denen je eine außen an der
Seite des Wagens befestigt ist, während die sogenannte Vorkiste
über dem hinteren Ende der dicken, eisenbeschlagenen Deichsel
steht. — Auch der Raum unter dem Wagen wird ausgenützt.
Hier hängen die eisernen Kübel mit der Wagenschmiere und
die kesselartigen, dreifüßigen, eisernen Kochtöpfe. Auf dem Brett
über dem Schleißzeug endlich stehen die unentbehrlichen Wasser=
fässer. Um indes auch während der Fahrt trinken zu können,
was das enorm durstige Klima des Landes oft genug nötig
macht, werden an vorstehenden Teilen des Wagens gewöhnlich
auch noch einige sogenannte Wassersäcke aufgehängt, eine Art von
taschenförmigen Trinkflaschen aus wasserdichter Leinwand mit
einem kunstlosen hölzernen Mundstück oben dran, welche einen
der wenigen einheimischen Industrieartikel darstellen.“ [1]

Neben diesem zwar sehr widerstandsfähigen, aber überaus
schwerfälligen Ochsenwagen ist für kürzere Reisen auch die „Karre“
im Gebrauch, ein zweirädriger, sehr festgebauter Halbwagen, der
mit vier Pferden, Maultieren oder auch Ochsen bespannt wird.

Diese Zugochsen, aufgewachsen auf der freien Steppe, haben
nichts von der apathischen Trägheit ihrer europäischen Vettern.
Der tückische Blick des Auges, das wilde, fast löwenartige Brüllen
zeigen, daß sie niemals ganz gezähmt sind. Mit ihren spitzen,
breit ausgelegten Hörnern, die sie auf dem kleinen, antilopen=
ähnlichen Kopfe tragen, stoßen sie oder treffen mit ihren breiten,

---

[1] B. Schwarz, Im deutschen Goldlande, S. 49—51.

schweren, stahlharten Hufen und ihrem starken, buschigen Schwanze
sehr empfindlich den, der unbedacht ihnen zu nahe kommt. Sind
sie aber, gewöhnlich zu acht Paaren, einmal eingespannt, so ziehen
sie (nicht mit dem Kopfe, sondern mit dem stark ausgebildeten
Widerrist) den Wagen bergauf, bergab, stark ausschreitend, viele
Stunden, ohne zu ermüden. Dabei sind sie gewöhnt, mehrere
Tage ohne Futter, und noch länger ohne Wasser auszukommen.
Mit seiner scharf treffenden Peitsche, einem mehrere Meter langen
Bambusrohre mit einer noch längeren Schwippe aus Giraffen=
haut daran, hält sie der Treiber in Gang und Ordnung; aber
an den Halteplätzen, bevor er an sich denkt, sorgt er zuerst für
seine Tiere.

Auch zum Reiten werden besonders solche Ochsen, welche
herabgebogenes oder auch gar kein Gehörn haben, dressiert; doch
erfordert es große Übung, festen Sitz auf ihnen zu gewinnen,
da den Tieren die Haut außerordentlich lose auf dem Leibe sitzt.

Überhaupt sind die Vorteile des Wagens überwiegend; er
verstattet eine Last von 2500 kg und darüber mitzunehmen, er
bietet stets ein gutes Obdach und eine trockene Schlafstelle; man
kann sogar eine Feuerstelle in ihm einrichten; und er macht völlig
unabhängig von der Gastfreundschaft der Eingebornen.

Freilich bedarf es für Wagenreisen der Wege. Aber diese
hat, seit Europäer in das Land gekommen sind, der Verkehr selbst
geschaffen. Denn es ist Lebensfrage für den Reisenden, daß er
stets zur rechten Zeit eine Wasserstelle oder einen Werftplatz
(Dorfsiedelung) erreiche. Dadurch sind die Wege bestimmt. Gras
und Buschwerk wird niedergefahren; Stämme von der Dicke der
Wagenachse bricht der Wagen selbst um; kleinere Steine zer=
malmt der Stoß der Räder. Nur Felsblöcke müssen umgangen
und starke Bäume gemieden werden. Wo aber ein Wagen durch=
gekommen ist, da folgen die andern nach; und mit jedem Jahr
wird der Weg besser und freier.

Allmählich aber haben von den Europäern auch die Ein=
gebornen den Wagenverkehr übernommen; heute besorgen sie den
ganzen Frachtverkehr im Lande mit ihren Wagen allein. Sie
nun sind es gewesen, welche in eigenem Interesse die vorhande=
nen Wege verbessert haben. So hat der Häuptling von Bethanien
durch Sträflinge die Steine aus dem Wege wegräumen und zur
Seite desselben aufschichten lassen; derjenige von Barmen hat

die Dornbüsche aus den Wegen weghauen lassen; andere haben
hemmende Bäume wegbrennen, selbst Felsen wegbrechen lassen.
Aber sie haben auch nach der Eigenart des Landes neuere, bessere
Wege ausfindig gemacht. Denn wo Granit und Gneis vor=
herrschen, kommt man am besten auf dem Kamm entlang vor=
wärts; im Schiefergebirge muß man auf das Streichen der
Schichten Rücksicht nehmen, um nicht unversehens durch eine
querliegende Felswand aufgehalten zu werden; im Sandstein=
gebirge dagegen muß man die Schluchten benutzen, um von einer
Terrasse zur anderen zu gelangen. So kommt es, daß man
heute von der Küste bis zum Ngami=See über Höhen von 1500 m
hinwegfahren kann, ohne auch nur ein einziges Mal den Hemm=
schuh anlegen zu müssen.

Das Eingangsthor von Namaland ist Lüderitzhafen. An
die zackigen Gneisgipfel und die mehr rundlichen Granitkuppen
der Küste schließt sich hier ein Streifen Flugsand an, zu dessen
Überwindung die Ochsenwagen zwei Tage brauchen. Dann folgen
weite, sandige Ebenen, aus denen hier und da einzelne Berge,
stellenweise auch ganze Gebirgszüge hervorragen. Hier ist der
Dünengürtel nicht ganz ohne Wasser; aber die wenigen Quellen,
auf welche man trifft, führen salzig=bitteres Wasser, das nur die
Not genießbar macht. Wohl aber hat sich an den dürftigen
Wasserläufen eine kräftigere und reichlichere Vegetation ange=
siedelt. Die spärlichen Pflanzen der Wüste sind alle darauf ein=
gerichtet, lange Trockenheit zu ertragen; die Mesembryanthemum=
Arten enthalten in ihren fleischigen Stengeln und Blättern eine
salzige Flüssigkeit; das Sarcocaulon schwitzt ein Harz aus, wel=
ches den Stengel umgiebt und die Feuchtigkeit darin zurückhält.
An den Wasserplätzen dagegen trifft man strauchartige Euphor=
biaceen, sogar einige baumartige Aloe=Arten.

Mit den Bergen von Tsirub bessert sich das Aussehen der
Landschaft. Die Ebene fängt an, sich stellenweise mit Gras zu
bedecken, das büschelartig bald fein und nur fingerlang, bald
grob und kniehoch dem sandigen Boden entsproßt. In den
Spalten und Ritzen der felsigen Berge wächst Strauchwerk, und
an den trockenen Flußbetten haben die ersten Bäume, Akazien,
sich angesiedelt. Doch muß noch ein zweiter Gebirgszug über=
schritten werden, bevor in Aus die Grenze des öden Gneis=
geländes erreicht ist.

Man kann dies ganze Gelände als ein zusammenhängendes Gebirgsland betrachten, das bis auf die höchsten Gipfel und Kämme im Sande vergraben liegt. Meist von Norden nach Süden streichen die Gneisflasern, zwischen denen vorzeiten durch Erosion breite Flußthäler gebildet sind, während in dem Sande sich wieder jüngere Flußbetten, die aber jetzt trocken sind, vielfach eingegraben haben.

Rasch steigt von der Küste her das Land an; bei Aus erreicht es mit 1600 m seine höchste Erhebung. Aus (a-us) liegt in einem an Akazien reichen Thale zwischen mächtigen Gneis- und Granitbergen; es ist der erste Ort von der Küste her, welcher gutes, trinkbares Wasser hat, das allerdings in Brunnen gegraben worden ist. Daher haben sich in mehreren Krals hier Eingeborne angesiedelt; selbst eine Handelsfaktorei besteht hier.

Gleich hinter Aus ändert der Charakter der Landschaft sich völlig. Aus einer flachen Mulde erhebt sich eine lange Reihe von Tafelbergen, welche durchweg die Gestalt abgestumpfter Kegel zeigen. Es sind die „Kranzberge", der westliche Steilrand der Huib-Hochfläche, die sich ostwärts unabsehbar weit ausdehnt, indem sie ganz allmählich nach Bethanien hinabsteigt, nach Süden aber zu dem breiten Thale des Oranienflusses ziemlich steil abfällt. Diese Hochfläche erhält ihren Charakter durch die Sandstein- und Kalksteinbänke, welche sie auf einer Unterlage von Gneis und Granit bilden. Zahlreiche Thäler, oft schluchtartig eng, oft aber auch von ansehnlicher Breite, durchfurchen sie, aber sie entziehen sich dem Auge, das nur eine sandige Steppe zu überschauen glaubt. Denn die Höhe der Fläche trägt nur eine spärliche Vegetation, über die sich vereinzelt hier und dort eine baumartige Aloe erhebt. Die Thäler dagegen enthalten fruchtbaren Boden, welcher auch ohne künstliche Bewässerung Ackerbau verstattet. Denn obwohl zahlreiche Flußthäler die Hochfläche durchziehen, so sind sie doch den weitaus größten Teil des Jahres völlig wasserleer.

Auch im Tierleben zeigt die Hochfläche eine wachsende Mannigfaltigkeit. Während in dem wüsten Küstengelände hauptsächlich Eidechsen, Schlangen und Heuschrecken die Vertreter desselben sind, treiben in den Felsen zwischen Aus und Bethanien Paviane und kleinere Affen ihr munteres Spiel; Fledermäuse schwirren in den Klüften: hier und da sieht man ein Rudel Springböcke oder Kudu=Antilopen äsen; ein Hase duckt sich ins Gras, oder Springmäuse und größere schwarzgestreifte Mäuse suchen nach Grassamen. Sehr häufig ist der Klippdachs; und nachts schleichen Schakals, Leoparden und Hyänen auf Raub aus. In den Gebüschen flattern zahlreiche Singvögel und kleine grüne Papageien umher; freilich der Strauß, übereifrig gejagt, kommt nur noch selten vor.

Über die Hochfläche, sanft sich senkend, führt der Weg zu den Dorns, einem guten Weidefelde in breitem Thale. Am östlichen Ende desselben liegt, von Akazien beschattet, Guibes, wo eine ausdauernde Quelle springt. Dann geht es wieder zu dem Rücken der Hochfläche hinauf, und nun stetig abwärts nach Bethanien.

Ui Ganis, von den Missionaren Bethanien genannt, der Hauptort des ganzen Namalandes, liegt, nur noch 1050 m hoch, in einer breiten Einsenkung, in welcher mehrere Flußbetten von Norden sich herabziehen. Meist trocken, führen sie in der Regenzeit doch ihr Wasser dem größten Flusse des Landes, dem Fischflusse, zu, welcher über den steilen Südabfall des Landes dem Oranienflusse zugeht. Indessen das größte dieser Flußbetten, das des Löwenflusses, enthält einige Quellen, welche auch in der Trockenzeit fließen und Bethanien mit Wasser versorgen. Daher ist der Ort, dessen wechselnde Bevölkerung doch nicht über einige hundert Einwohner hinausgeht, hart an den Rand dieses Flußbettes gebaut. Es sind einige Gruppen von bienenkorbähnlichen Lehmhütten, welche den Ort ausmachen. Ganz stattlich erhebt sich aus ihrer Mitte das Missionshaus und das Staatsgebäude des Häuptlings, beide aus Stein und Lehm unter Strohdach gebaut; und auch sie wieder überragt die zweitürmige, strohgedeckte Holzkirche. Viele der Eingebornen indes begnügen sich auch mit bloßen Mattenhütten, die, etwa 5 m im Durchmesser und 2½ m in der Höhe haltend, leicht transportabel und im Sommer sehr kühl sind. — Im Missionsgarten gedeihen Feigen, Weintrauben, Pfirsiche aufs schönste; auch Getreide und europäisches Gemüse wird darin gezogen. Denn der Boden der ganzen Umgebung von Bethanien ist sehr fruchtbar; aber die Orlams, aus dem Kaplande ausgewanderte Hottentotten, welche die Einwohnerschaft von Bethanien ausmachen, lieben eine geregelte Thätigkeit, wie sie der Ackerbau verlangt, wenig.

Im Osten der Einsenkung von Bethanien erhebt sich wiederum
ein Zug von Tafelbergen.   Sie sind der 1500 m hohe westliche
Steilrand der Han=Amihochfläche oder Zwiebelfläche, welche sich
über Bersaba bis zum Fischflusse hinzieht.   Horizontal gelagerte
Thonschieferschichten bilden in ihr die Grundlage der Sandstein=
und Kalksteinbänke, deren Oberfläche Steinhalden, aber auch
Grasflächen, mit niedrigem Buschwerk untermischt, trägt.   Aus
der Zwiebelfläche erhebt sich nordwärts von Bersaba der gewaltige
Porphyrstock des Großbrukkaroß, während nach Osten die Hoch=
fläche sich sanft in das Dorofeld, ein Rotsandsteinbecken, abdacht.

Das Bett des Dub oder Fischflusses ist schon hier etwa so
breit wie die Oder bei Glogau; aber auch er enthält nur in der
Regenzeit fließendes Wasser.   Einige Monate nach derselben löst
er sich in große Wasserpfützen auf, welche, wenn auch mehrere
hundert Schritte lang, doch nur eine Tiefe von 30—50 cm haben.
Zwischen ihnen bewegt sich in ganz flachen, wenige Schritte brei=
ten Rinnsalen das Wasser von Lache zu Lache langsam abwärts,
bis endlich auch dieser schwache Zusammenhang zerreißt und nur
noch bis zur nächsten Regenzeit stagnierende Tümpel übrig bleiben.
Aber selbst diese genügen den Fischen, ihr Leben zu fristen; bis
zu Armeslänge findet man deren in dem Flusse, der von ihnen
den Namen trägt.   Akazienwälder säumen durchweg das Bett;
dann bedecken sich die Stellen, von denen zuerst das Wasser ab=
läuft, mit sehr reichem Graswuchs; aber das Wasser läuft schneller
ab, als der Graswuchs nachzurücken vermag, sodaß die zuletzt
trocken werdenden Stellen den kahlen, lehmigen Sandboden zeigen.
Kleinere Flüsse indes trocknen völlig aus, wenn sie auch immer
ziemlich dicht unter der Oberfläche Wasser enthalten; aber Fische
vermögen doch in ihnen nicht auszudauern.

Östlich vom Fischflusse geht die einförmige Hochfläche all=
mählich in eine andere Gebirgsformation über.   Sanft steigt man
zu einer mehrere hundert Meter höheren Rotsandstein=Terrasse
hinauf, die ein reiches Weidegebiet darstellt.   Keetmanshop, der
Hauptort in demselben, ein Dorf von etwa 800 Einwohnern,
vermag daher Tausende von Rindern und Fettschwanzschafen zu
erhalten.   Dann folgt der steile Absturz der Karas=Hochfläche
oder des Kalksteinrandes, von welchem es auf Kilometer breiten
Stufen wieder in das enge, zum teil mit Schilf bestandene Fluß=
bett des Bitterflusses, der in südöstlicher Richtung dem Oranien=

fluſſe zuſtrebt, hinabgeht. Jenſeit deſſelben türmen ſich hohe
Sandſteinberge auf und ſcharf hinter dieſen zieht der 20. Meri=
dian entlang, die Grenze des deutſchen gegen das engliſche Gebiet.

Gegen Süden zerſpaltet ſich die Hochfläche des Kalkſtein=
randes in viele Bergketten, rauhe Bergkämme und vereinzelt
ſtehende Granitkegel, aus denen ſich zwiſchen dem 27. und 28.°
ſüdl. Br. der gewaltige Gebirgsſtock des „Karas“, d. i. Stein=
feld, erhebt. In tief eingeſchnittenen Betten führen zwiſchen
dieſen Bergzügen während der Regenzeit die Flüſſe ihr Waſſer
mit rapidem Gefälle hinab, ſodaß von der zeitweiligen Über=
fülle deſſelben die Nachbarſchaft doch keinen Vorteil gewin=
nen kann.

Dies ſind, vom unteren Fiſchfluſſe oſtwärts, die Gebiete der
Gami=nus oder Bondelzwaarts, eines Namaſtammes, deſſen Haupt=
ort das Dorf Warmbad (19° öſtl. L.) iſt. Je weiter man in
dieſen gegen Süden und Oſten vordringt, um ſo reicher werden
die Weideflächen. Der Baumwuchs wird häufiger und ſtattlicher.
Der Kameldorn erreicht nicht ſelten rieſenhafte Dimenſionen.
Doch bilden die Bäume keinen geſchloſſenen Wald, ſondern ſie
ſtehen in kleineren Gruppen zuſammen oder einzeln. Gegen den
Oranienfluß hin gleicht die Landſchaft einem abwechſelungsreichen
Parke: hier ragt ein einzelner Berg empor, dort zieht ſich eine
Hügelkette hin oder aus loſen Felsblöcken türmt ſich kahl und
braun eine Pyramide auf.

Es iſt der Oranienfluß, welcher, quer laufend, alle Waſſer=
läufe auffängt. So ſtellen ſich denn die Ufer deſſelben als eine
Folge größerer und kleinerer Thäler dar, zwiſchen denen nur hin
und wieder auf kurze Strecken das Gebirge unmittelbar an den
Fluß herantritt. Dieſe Thäler enthalten alle fruchtbaren Acker=
boden; die Höhen zur Seite aber bieten reiche Viehweiden dar.
Dazu iſt das Klima ſo milde in den geſchützten Thälern, daß in
der Niederlaſſung Auſenkjer im Anfange des Auſenkjer=Thales
mit gutem Erfolge Tabak und Wein gezogen wird, und die
Feigenbäume auf jedem Sand= und Steinhauſen am Fluſſe ge=
deihen.

Nordwärts indeſſen von der Zwiebelfläche nimmt das Land,
ſtark anſteigend, mehr und mehr einen gebirgigen Charakter an.
Zwar am Oberlaufe des Fiſchfluſſes, nördlich von dem Groß=
brukkaroß, überwiegen noch die Tafelberge, welche von frucht=

baren, genügend bewässerten Thälern durchzogen werden; aber
westlich davon baut sich das mehr als 2000 m hohe, wilde Auas-
Gebirge auf, aus dem der gewaltige Gansberg, die Gestalt eines
steilen ungeheuren Tafelberges bewahrend, bis nahe an das Thal
des Kuisib sich vorschiebt.   Die Folge dieser größeren Mannigfaltigkeit der Bodengestaltung ist die größere Zahl stark und ausdauernd rinnender Quellen, sodaß wenigstens in seinem Oberlaufe
der Fischfluß fast stets, wenn auch in wechselnder Menge, fließendes
Wasser führt.   Dies macht das Gebiet des oberen Fischflusses
zu dem fruchtbarsten des ganzen Namalandes. Auch an dicht bestandenen Grasflächen fehlt es hier nicht.

So zieht sich denn an dieser Hauptader des Namalandes
eine Reihe größerer Niederlassungen hin.   An einem Seiten-
flüßchen, das aus dem 1300 m hohen Bergmassive des Großbrukkaroß herabrinnt, liegt Bersaba, weiter nordwärts im Haupt-
flußthale selbst Gibeon, etwas mehr stromauf Girichas.   Hier
umgeben drei mit Steinschanzen befestigte Hügel, von welchen
starke Quellen herabrieseln, das Thal des Dorfes und sichern es
wirksam gegen feindliche Angriffe.   Niedrige Tafelberge säumen
von hier an das breite, von zahlreichen Quellen berieselte Flußthal, welches üppiger Graswuchs, von Kamelbaumgruppen unterbrochen, bedeckt.   Endlich an einem der Quellflüsse des Fischflusses liegt Rehoboth, wo die Menge des Regenfalles sogar Ackerbau ohne künstliche Bewässerung möglich macht.   Das Dorf besteht
fast nur aus massiven Häusern, die zum teil nicht ohne Geschmack
gebaut sind.   Freilich sind seine Bewohner nicht Nama, sondern
sogenannte Bastards, die sich — ein Erbteil ihrer Väter — wie
durch Körperbau und Gesichtsbildung, so auch durch Gesittung
und Mut sehr zu ihrem Vorteil von den Landeseingebornen zu
unterscheiden pflegen.

Schon über die Wasserscheide des Fischflusses hinaus, im
Gebiete des Kuisib liegt an der Südwestseite des Gansberges
Hornkranz, nicht eine friedliche Siedelung, sondern, darf man
sagen, eine Festung der Nama.   Auf einer zu einem kleinen Thale
abfallenden Felsterrasse erheben sich die mehr als hundert Hütten
des Ortes, Pontocks, aus Matten errichtet, die über ein Baum-
astgerippe gelegt sind.   Eine starke Mauer, oben mit weißem
Quarz belegt, umschließt den ganzen Ort und die reichlich Wasser
spendende Quelle.   An geeigneten Punkten sind sogar Schanzen

angelegt. Die Umgebung ist grasreiche Steppe, in der die Herden ausreichende Nahrung finden. Es sind christliche Nama, welche Hornkranz bewohnen; so haben sie denn auch in der Feste eine Kirche errichtet, freilich nur aus dichtbelaubten Baumästen und ohne Dach, in der allsonntäglich Gottesdienst gehalten wird. Als Vorkämpfer sehen sie sich an, welche das Namaland gegen die von Norden her andrängenden Hereró zu decken haben. Damit erscheinen denn selbst die Raubzüge und Überfälle, welche sie gegen ihre Feinde ausführen, ihnen in einem gewissen patriotischen Schimmer.

Und doch ist es noch nicht viele Menschenalter her, daß sie, freilich von den europäischen Einwanderern über den Oranienfluß gedrängt, sich mit Gewalt in den Besitz des Namalandes gesetzt und dessen Urbewohner, die Buschmänner, sich unterworfen, zersprengt oder in die unzugänglichen Klüfte des Karas=Gebirges gescheucht haben.

Ein Namab.

Die Nama[1] oder Nama=khoi= khoin sind derjenige Zweig des Hot= tentottenstammes, in welchem sich die Stammesart am reinsten und kräftig= sten erhalten hat. Anziehender freilich in ihrer persönlichen Erscheinung sind sie dadurch nicht. Ihre Hautfarbe ist ein fahles Gelbbraun in wechselnden Schattierungen, bald mehr dem Leder, bald mehr dürren Blättern gleichend; aber stets ist ein grauer Ton ihm beigemischt. Neugeborene Kinder sehen hellgrau aus. Die Lippen sind etwas aufgeworfen und grau von Farbe. Die Haut ist trocken und zeigt schon früh eine Neigung zu Falten= und Furchenbildung. Das Haar ist wollig und wächst in kleinen krausen Büscheln; meist tragen sie es kurz geschoren und die Weiber unter einem bunten Kopftuche versteckt, das sie nur mit größter Überwindung ablegen. Die Schläfen sind

---

[1] Sing. Namab, Plur. Namagu; doch ist Nama die gebräuchliche Form geworden.

eingebogen, die Stirn kugelig zurückweichend. Das Gesicht erhält durch die hoch vorstehenden Backenknochen und das spitz zulaufende Kinn Dreiecksgestalt. Innerhalb derselben ragt die Nase, an der Wurzel flach und an der Spitze abgeplattet, wenig hervor; die Augen sind weit auseinander gerückt, aber nur selten schief gestellt; der Mund ist breit, doch die Zähne darin klein und ebenmäßig. Das alles giebt der Erscheinung vieler Nama etwas Mittelasiatisch-Mongolisches. Stärkeren Bartwuchs zeigen nur die Bastards.

Der Körperbau der Nama zeigt feine Formen, kein Hervortreten der Muskeln; die Gelenke, Hände und Füße sind auffallend klein. Aber im ganzen fehlt Harmonie der Formen; die Hüften treten kaum hervor; Arme und Beine sind dünn. Nur bei manchen Weibern bewirkt das viele Sitzen am Boden mit hochgezogenen Knien und der reichliche Milchgenuß eine Fettablagerung am Gesäß und Oberschenkeln, welche sie geradezu abschreckend erscheinen läßt.

Ihrem Charakter nach sind die Nama ausgeprägte Sanguiniker, vom Eindrucke des Augenblicks abhängig, für alles Neue sehr empfänglich. Sie sind schlechte Haushalter, verwenden meist ungenügende Sorgfalt auf die ihnen unentbehrliche Viehzucht und geraten oft in Not und Entbehrung. Sie behaupten hartnäckig, was sie für Recht halten, und verlangen vor allem Anerkennung ihrer Persönlichkeit. Als Diener sind sie treu und zuverlässig, jedoch aller Arbeit abhold, die Körperkraft erfordert; denn an dieser gebricht es ihnen. Mit Unrecht hat man sie daher oft faul gescholten, wenn ihrer vier einen Mehlsack anfassen, den ein deutscher Matrose mit Leichtigkeit allein wegträgt. Dafür sind sie aber gelenkig, schwingen sich mit dem Gewehr in der Hand aufs Pferd, sind ausdauernde Läufer, sattelfeste Reiter, brauchbare Fuhrleute. Daneben freilich lieben sie den Schnaps sehr und halten Bettelei mit ihrer Männerwürde durchaus verträglich: allezeit weitherzig im Begehren, bereitwillig im Versprechen, glücklich im Genießen. Ihr Humor versiegt nie; Singen und Märchenerzählen lieben sie über alles. Keineswegs fehlt es ihnen dabei an geistiger Schärfe. Fremde Sprachen erlernen sie leicht; ihre Geschicklichkeit im Spurfinden ist erstaunlich.

Die Kleidung der Nama ist einfach. Sie tragen einen Schurz um den Leib, der häufig mit Perlen und Troddeln reich ge

Namakval.

schmückt ist, und um die Schultern eine Karoß, einen Pelzmantel
aus Schaf= oder Schakalfellen, im Winter die Haare nach innen,
im Sommer nach außen gekehrt, der durch einen Riemen über
der Brust zusammengehalten wird. Fügt man dazu Feldschuhe,
nach dem Augenmaße gemacht, ein Bandelier um den Leib, Tabak
und sonstige Bedürfnisse aufzubewahren, einen alten Filzhut auf
dem Kopfe: so steht der respektable Namab vor uns. Zumal die
Weiber tragen außerdem noch mancherlei Schmuck, besonders aus
Eisen, das ja in der trockenen Luft durchweg seinen Glanz be=
hält. Auch das Einreiben und Bemalen des Körpers mit Fett=
salben gilt ihnen teils als Schmuck, teils dient es ihnen, wie sie
selbst sagen, zum Warmhalten.

Die Pontocks, in welchen die Nama wohnen, sind lang, aber
niedrig. Das Gerüst bilden biegsame Stäbe, welche oben zu=
sammengebunden werden. Über dasselbe werden Matten gebunden,
welche, aus der innern Rinde der Akazien hergestellt, bei trockenem
Wetter durchlässig und luftig sind, im Regen aber aufquellen
und dadurch wasserdicht werden. Bei kühlem Wetter legen sie
über die Matten Tierfelle und beschweren das Ganze mit Steinen,
um gegen den Wind ihm Halt zu geben. Schnell sind diese Pontocks
aufgeschlagen und abgebrochen. Denn die Nama lieben es, öfter
den Platz zu wechseln. Dann trägt ein einziger Ochse das ganze
Haus, alle Stangen und Matten, auf denen oben, von ihrem
spärlichen Hausrat umgeben, mit den jüngsten Kindern die Haus=
frau sitzt. In ihren Siedelungen stellen sie die Pontocks im Kreise;
zur Nacht werden in den freien Mittelraum die Schafe getrieben,
während die Rinder außerhalb des „Krals" angebunden werden.

Das Mattenhaus ist der Brautschatz, welchen die Braut
ihrem Gatten zubringt. Dieser dagegen hat einige Kühe dem
Schwiegervater zu liefern und muß auch nach der Verheiratung
noch längere Zeit auf dessen Werft wohnen, um ihm bei allen
schweren Arbeiten zu helfen und zugleich der Schwiegermutter zu
zeigen, daß er die junge Frau gut behandele. Überhaupt ist die
Stellung der Frau bei den Nama viel günstiger als bei den
Negern. Vielweiberei ist unbekannt. Im Hause schaltet die
Frau frei, erzieht die Kinder und gebietet dem Gesinde, welches
sich auf Zeit vermietet hat, und den Sklaven, die als Kriegs=
gefangene oder durch Erbschaft in den Besitz der Familie ge=
kommen sind. Die Töchter teilen sich mit den Mägden in die

häuslichen Arbeiten; sie reinigen das Haus und die Kleidung,
nähen Karosse und flechten Matten, ihrer eigenen Ausstattung
gedenkend.

Die Männer dagegen liegen der Jagd ob; kralweis ziehen
sie oft aus, oder stellen auch für sich Wildfallen oder graben
Fallgruben. Vollständig sind Bogen und Pfeil durch europäische
Gewehre verdrängt, aber das Nackum, die kurze Wurfkeule, und
das Kirri, der meterlange starke Fechtstock, sind noch im Gebrauche.
Zu Hause rauchen sie Tabak, den Rauch hinunterschluckend,
brauen Bier aus wildem Honig und destillieren aus süßen
Beeren Branntwein. Aber ein Handwerk zu treiben gilt ihnen
als Sklaverei; nur die Jagd nennen sie „Arbeit". Selbst
die Sorge für ihre Herden, auf denen doch der Bestand der
Familie beruht, überlassen sie zum größten Teil dem Gesinde,
gemieteten Buschmännern oder Bergdamara. Dennoch gedeiht
das Vieh bei dem glücklichen Klima meist gut. Die Kühe, hoch-
beiniger und vierschrötiger als die unsrigen, kalben schon mit
anderthalb Jahren; die Ziegen mit langen Schlappohren lammen
meist zweimal im Jahre, ebenso die kurzhaarigen Schafe. Eine
Perle unter diesen sind die jungen Hammel, bedeckt nicht mit
Wolle, sondern mit glänzend weißen Haaren, geschmückt mit dem
bis auf die Erde herabreichenden Fettschwanze, einer gesuchten
Delikatesse. Nur den Pferden wird mehr Sorgfalt erwiesen; sie
dienen allein zum Reiten und tragen unbeschlagen den Reiter tagelang über den Felsboden, durch Sand und Gestrüpp, ohne je
auch nur ein Korn Hafer zu bekommen.

Die Nama zerfallen in eine Anzahl Haoti, d. i. Bänke,
welche wieder je mehrere Geschlechter umfassen. An der Spitze
jeder Bank steht ein Gao-aob, ein erblicher Häuptling, welcher
das Recht hat, die Bank aufzubieten, Krieg zu erklären, Frieden
zu schließen, Todesurteile zu fällen, zu besonderen Unternehmungen
auch Steuern auszuschreiben. Das Zeichen seiner Würde ist der
Gao-heib, ein langer Stab mit einem Messingknopfe. Allein in
der Ausübung seiner Macht ist der Häuptling sehr beschränkt
durch die „Alten", welche er selbst aus den vornehmsten Geschlechtern auszuwählen hat, und durch die von den Familien-
häuptern gewählten Ratmannen, welche die Justiz und die Polizei
verwalten. Den Dank für alle Leistungen erstattet der Häuptling alljährlich seiner Bank um die Jahreswende durch das

Brukkaroßschlachten: sein ganzes Volk, unterstützt von den Alten, bewirtet er dann mit Fleisch, Kaffee und Tabak. Tagelang wird da der Kaffeekessel nicht kalt und der Fleischtopf immer von neuem mit saftigem Fleische gefüllt, während sonst das Jahr hindurch der Namab hauptsächlich von Sauermilch lebt.

Dies ist das Hauptfest des Jahres; aber auch der Wechsel der Mondphasen wird durch Feste begangen. Beliebt ist dabei der Chai=Ana, der Schilfpfeifentanz. Er beginnt damit, daß die mit= wirkenden Männer in einem Kreise zusammentreten und unter fortwährendem Aufstampfen mit den Füßen und tiefen Ver= beugungen ihre Instrumente, lange, mit Bast bewickelte, durch einen verschiebbaren Pfropfen geschlossene Rietflöten, stimmen. Dann beginnt die Musik. Die Musikanten springen dabei, einen Finger ins rechte Ohr gesteckt, im Kreise herum, während um sie die Weiber und Kinder in entgegengesetzter Richtung, taktmäßig in die Hände klatschend und einen gellenden Gesang erhebend, herumtanzen. In ihren Liedern preisen sie ihre Götter oder den Mond oder ihre Volkshelden. Dann gestaltet sich die Scene dramatisch; Vorgänge des Lebens werden aufgeführt, eine Löwen= jagd, das Einfangen eines wilden Ochsen, das Einbringen eines Diebes. Der Verbrecher wird in die Mitte der Tanzenden ge= setzt. Die Weiber beklagen sein Los, aber die Männer sind ent= rüstet über ihn, mit aller Kraft blasen sie in ihre Pfeifen. Plötz= lich drehen sie sich um; die Musik verstummt: das Todesurteil ist ausgesprochen. Unter lautem Wehgeheul bitten jetzt die Weiber, ihnen die Bestrafung zu überlassen. Es wird ihnen gewährt. Jetzt nehmen sie den innern Kreis ein, umtanzen den Verbrecher, geben ihm leichte Schläge und ermahnen ihn singend, sein Leben zu bessern oder wenigstens sich nicht wieder fangen zu lassen. So geht es in lauter Fröhlichkeit die Nacht hindurch, bis der Mond untergeht und der grauende Morgen die Unermüdlichen in die Pontocks scheucht.

Eigentliche gottesdienstliche Feste indessen feiern die Nama nicht; sie kennen auch weder Kulturstätten noch Priester noch Opfer. Aber sie glauben an ein höchstes Wesen und an ein Fortleben der Seele nach dem Tode. Von früh auf wird den Kindern die Verehrung der Ahnen eingeprägt; jedes Geschlecht, jede Bank verehrt ihre Ahnen. Aber am allermeisten wird Tsui= goab, ein sieghafter Urahn, der seine Feinde meist alle nieder=

warf, verehrt; er vermag Segen zu gewähren, aber auch vor=
zuenthalten. Denn eines jeden Namab Seele vermag nach Ge=
fallen nach seinem Tode im Grabe zu weilen oder daraus hervor=
zugehen. Darum verbeugen sich die Nama, die Hand in den
Nacken legend, wenn sie an dem Grabe eines „Alten" vorüber=
gehen, werfen einen Stein oder Zweig auf den Hügel und bitten
um Gesundheit und alles Gute. Der Widersacher des Menschen=
geschlechts dagegen ist Ga=uab: er muß bekämpft werden. Die
Zauberer geben dazu die Anleitung; daher ist ihre Macht groß.
Knaben werden zu ihnen in die Lehre gegeben, die der Meister
nach Beendigung der Lehrzeit mit einem Merkmal unter der
Brust zeichnet und dann zum Wasser führt und darin untertaucht.
Dadurch werden sie Doro=aogu, d. i. Geweihte. Den Inbegriff
der Religion befaßt der Namab mit dem Worte Garuben, das
Buntfarbene. Das oft genannte Heitsi=eibib ist gar kein Nama=
wort, auch kein Göttername, sondern der im Dialekt der Khoi=
Khoin etwa dem Garuben der Nama entsprechende Ausdruck.

Im allgemeinen indes weichen die Dialekte der verschiedenen
Khoi=Khoin=Stämme, wenn auch in einzelnen Ausdrücken, doch
in Bau und Eigenart nicht gerade sehr voneinander ab. Um
so schärfer dagegen ist der Unterschied von den Sprachen der
Nachbarvölker ausgeprägt. Was die Namasprache am auffälligsten
charakterisiert, ist die Tonveränderung und der Gebrauch der
Schnalzlaute.

Die Schnalzen sind im Grunde Konsonanten, welche bei
den Nama eine eigenartige Ausbildung erfahren haben. Es giebt
deren vier. Der Lateral ‖ gleicht dem Tone eines Reiters, der
sein unlustiges Pferd zu rascherem Gange anspornt. Der Dental |,
bei dem man mit leise geöffneten Lippen die Zunge, Luft ein=
saugend, rasch zurückzieht, hat denjenigen Laut, welcher als Aus=
druck des Bedauerns häufig bei uns gehört wird. Der Cerebral
‡, gebildet durch Anpressen der oberen Zungenspitze an den
oberen Gaumen, hat einen Klang, welcher dem Spritzen (Knattern)
des Tannenholzes im Feuer ähnlich ist. Der Palatal ! endlich
hat einen hohlen, tiefen Klang, welcher dem Knall eines ge=
zogenen Pfropfens gleicht.[1] Die Schnalzen stehen nur am An=

---

[1] Missionar Joh. Olpp, Angra=Pequena und Groß=Nama=Land,
S. 35, 36.

fange eines Wortes oder einer Silbe, müssen aber beim Aussprechen mit dem nächsten Buchstaben möglichst eng verschmolzen
werden. Sie dienen dazu, den Wurzelbegriff zu modificieren
und steigern dadurch in einfacher Weise die Ausdrucksfähigkeit
der Sprache. So heißt āb Loch, |āb Wassergraben, !āb Fluß,
‡āb Speichel; nami um etwas herumgehen, ‖nami im Zweifel
oder wirr sein, ‡nami herumspringen, !nami umzingeln.

Hiernach mag nunmehr nachgetragen werden, daß die im
Vorhergehenden erwähnten Namaworte, mit ihren Schnalzen,
soweit sie deren haben, geschrieben, folgende Gestalt zeigen:
|Aus (S. 182), |Garuben (S. 192), ‖Ga=uab (S. 192),
|Girichas (S. 186), !Han=‡Ami, Zwiebelfläche, (S. 184), !Haoti
Bänke (S. 190), ‖Karas=Gebirge (S. 185), !Kuisib=Fluß (S. 175),
!Nara=Pflanze (S. 174), ‖Oub, Fischfluß (S. 184), Tsui=|goab
(S. 191).

Die andere Eigentümlichkeit der Namasprache ist, daß die
Tonhöhe, in der sie gesprochen werden, die Bedeutung der Wörter
völlig verändert. So bedeutet ‡o im Hochton enge, im Mittelton neigen, im Tiefton salzig; ga im Hochton überlisten, im
Mittelton vernichten, im Tiefton weise; !keib im Hochton Kälte,
im Mittelton Tuch, im Tiefton Ort.

Dagegen ist der grammatische Bau der Namasprache verhältnismäßig einfach: die Deklination wird durch Anhängung
der Silben di (Genetiv), ba (Dativ) und tsi oder si (Vokativ)
gebildet; bei der Konjugation bleibt das Verbum unverändert,
die Verbalformen werden durch Zuhülfenahme einsilbiger Par-
tikeln, wie ge, go, ra, he u. a., ausgedrückt.

In Sprache und Sitten den Nama nahe verwandt sind diejenigen Khoi=Khoin=Stämme, welche erst vor etwa zwei Menschen-
altern in Namaland eingewandert sind. Sie kamen aus dem
südlich vom Oranienflusse gelegenen englischen Teile des Namalandes, den man auch wohl im Gegensatz zu dem viel größeren
deutschen Gebiete Klein=Namaland zu nennen pflegt, und brachten
infolge der älteren Berührung mit Europäern eine höhere Kultur mit. Sie nahmen das südwestliche Viertel des Landes in
Besitz bis an den Mittellauf des Fischflusses hin. Von ihren
Zweigen wohnen die !Amas im Westen bis nach Bethanien.
Orlams nennt man sie nach einem Ansiedler, der schon früh
sich unter ihnen niederließ. Am Fischflusse wohnen dann die

Khouas um Berseba und nordwärts von diesen die |Kowesis um Gibeon.

Der Norden und Osten des Landes aber ist das Gebiet der Nama, welche das weitaus zahlreichste Bevölkerungselement des Landes darstellen. Ihr Vorposten sind die Topnas oder ‡Aonin an der Nordwestküste. Eine Anzahl von diesen hat sich dauernd am Sandfischhafen niedergelassen; hier sind sie fleißige Fischer geworden und halten durch strenge Zucht die Ordnung in ihrem Gemeinwesen aufrecht. Durch Zuhülfenahme von allerhand Schiffsabfällen wissen sie ihre Pontocks gegen die nassen Seenebel zu schützen; trockene Fischköpfe dienen ihnen als Feuerungs-material; an Wasser, Nahrung, Kleidung, wie so oft ihren ärmeren Brüdern im Binnenlande, gebricht es ihnen nie. Andere Zweige haben das Gebiet des oberen Fischflusses inne; am oberen Bitterflusse im Nordosten wohnt der große Zweig der Gei-|khous, des Roten Volkes, deren Hauptort !Hoacha-!nas ist. Der Osten ist das Gebiet der ‖Hawubes oder Feldschuhträger; den Südosten endlich haben die !Game-‡nus oder Bondel-zwarts inne.

Die christliche Mission, meist die Rheinische Missionsanstalt, hat seit dem Anfange des Jahrhunderts eine Anzahl von Statio-nen im Namaland angelegt, welche sich meist zu den Haupt-orten der Stämme entwickelt haben: ein äußeres Zeichen schon für den Erfolg der Mission. Gemeinden von mehreren hundert Seelen, von europäischen Missionaren geleitet, giebt es in Be-thanien, Berseba, Gibeon, Keetmannshoop, !Hoacha-!nas und Rehoboth; in Hornkranz leitet ein Namab die Gemeinde. Man darf danach die Anzahl der Christen in Namaland sicher auf einige tausend anschlagen, während die Gesamtzahl der Bewohner auch nach der höchsten Schätzung[1] 35000 nicht übersteigt.

3. Hereroland und das weitere Interessengebiet.

In Rehoboth sind wir den Quellen des Fischflusses nahe: es sind die Hakos- und Eichagai-Berge, welche die Wasserscheide zwischen dem Fischflusse und dem !Kuisib bilden. Wir stehen an

----

[1] F. Fabri, Angra Pequena und Südwestafrika, S. 12. Andere und wohl annehmbarere Schätzungen gehen viel niedriger, Pechuël-Lösche gar bis auf 10000 herab.

der Grenze des Hererolandes. Der verschiedene Charakter des Geländes ist augenfällig: als ein Gebirgsland stellt es sich dar, aufgebaut auf Gneis und Granit. Bald finden wir längere Gebirgszüge, wie das bis zu 2130 m aufsteigende Awas-Gebirge, an das die Eichagai-Berge fast rechtwinklig sich anfügen, bald mächtige Gebirgsstöcke oder breitschultrig sich aufbauende Berggipfel, wie der weithin sichtbare Gansberg; doch fehlen dem Lande der Hereró auch breitgelagerte Hochflächen nicht, zumal weiter nach Norden hin. Die Oberfläche ist großenteils von jüngeren kalkigen Ablagerungen bedeckt, welche aus Brackwasserseen sich niedergeschlagen haben. Sie weisen darauf hin, daß die Landschaft, wie überhaupt Südafrika, vorzeiten eine ausgedehnte Wasserbedeckung muß gehabt haben, von welcher der Ngami-See und die Seen der nördlichen Kalahari heute nur noch die spärlichen Reste sind.

Namaland hat seine Abdachung nach Süden, Hereroland aber ausgesprochen nach Westen, direkt zum Ocean. Der Kuisib ist der erste Fluß, welcher die Richtung des Oranienflusses wieder aufnimmt; aber seine Verwandtschaft mit den Flüssen des Namalandes verleugnet er darum doch nicht.

Im Awas-Gebirge hat der Fluß seinen Ursprung. Zwischen steilen Felswänden in einem cañonartig scharf eingeschnittenen Bette nimmt er seinen Lauf nach Südwesten, bis Hudoab (15° 25′ östl. L.) so beständig in seinem Wasserstande, daß sogar Fische in ihm leben. Von hier an aber versiegt er während der Trockenzeit. Sein Bett besteht nun aus feinem Sande; in allen tieferen Stellen aber, häufig auch zur Seite, hat sich Schlick, Schlamm aus zerriebenen Glimmerblättchen abgesetzt, welcher die Feuchtigkeit festhält. Auf diesem siedelt an günstigen Stellen bis hart an die Flutbahn, welche durch grobes Geröllе aus abgeschliffenen Steinen gekennzeichnet ist, sich Pflanzenwuchs an; bei Chaibis nördlich vom Gansberge ist im Flußbette ein ganzer Hain von Thujen mit zarter, blaugrüner Belaubung aufgesproßt, den bunte Papageien von Meisengröße munter beleben. Nun kommt aber die Regenzeit im Gebirge; dann gewinnt der Fluß Kraft und kommt herab in seinem staubig trockenen Bette: er „kommt ab". 200—250 m breit und 2 m tief wälzt er seine gelben Fluten herab, er überschwemmt den Thalboden, reißt Baumstämme mit sich fort und zerstört nicht selten die Pontocks, welche allzu nah an seinem Ufer errichtet sind. Mit einem Male entfaltet das Thal liebliche Landschaftsbilder: die Ebenholzbäume hängen ihre trauerweidenähnlichen Zweige ins Wasser; Kameldorn und Wildfeigen richten sich kräftig empor, und stillvergnügt schauen die durstgewohnten Ochsen auf das fremde Bild.

Mit raschem Gefälle (3—5 m auf 1 km) dringt der Fluß vor, täglich weiter seinen Segen spendend. Aber mit den 286 m über dem Meere liegenden Schwarzbankbergen (14° 50′ östl. L.) endet sein linksseitiges Felsufer; Sanddünen treten an ihn heran. Sofort saugen diese das Wasser auf; ein Teil des Flusses rieselt bis nach Sandfischhafen hindurch. Mühsam dringt der Rest weiter vor, fort und fort vom eigenen Bette aufgesogen. Nur in regenreichen Jahren erreicht der Fluß noch Schepmannsdorf; eine seltene Ausnahme aber ist es, wenn er gar bis zur Walfischbai gelangt. Doch erkennt man, daß das Wasser, wenn auch im Sande verschwunden, hinter Schepmannsdorf sich teilt: ein Teil strebt im Bogen über Frederiksdam und Wortel auf die Lagune der Bai zu, der andere geht geraderen Weges über Sandfontein zum Meere. Es ist der wellige Felsuntergrund, welcher hie und da das Wasser aufstaut, sodaß es in Lachen zutage tritt oder wenigstens durch frischeren Pflanzenwuchs als hochstehendes Grundwasser sich verrät. Aber die Nähe des Meeres macht das Wasser in Frederiksdam und Wortel brackig, sodaß es nur für die genügsamen Zugochsen noch genießbar ist.

Nach wenigen Tagen indessen zieht sich der Fluß schon wieder bis zu den Schwarzbankbergen zurück; zwischen den Felsufern hält er dann wohl sich länger, aber lange, bevor die Trockenzeit zu Ende geht, ist er auch bis Hudoab wieder zurückgewichen.

Vom Kuisib bis zum Tsoaxaub, den die Europäer Swachaub oder auch Swakop aussprechen, breitet sich die Namieb aus, von den Europäern die Baifläche genannt. Sie ist eine wellige Felsplatte, hauptsächlich aus Gneis und krystallinischem Schiefer gebildet. Vorzeiten Meeresgrund, ist sie durchweg mit Tiefseeschlamm bedeckt, welcher sich zwischen dem am Meeresboden verwitternden Gestein absetzte. Jetzt gleicht ihr Boden steinhartem, weißgelbem oder bräunlichem Beton, in welchem Sand und Gesteinsbrocken durch Thon eingekittet sind. An vielen Stellen des Bodens finden sich indes sandige Gypskrusten und Salzschmitzen, welche beim Rückzuge des Meeres durch Verdunstung des hier und dort in Lagunen noch längere Zeit zurückgehaltenen Meerwassers entstanden sind.

Wie eine Oase liegt am Rande der Namieb 6 km von Walfischbai Sandfontein. Hier tritt zwischen hohen, kahlen Sandhöckern in einem kleinen Bassin das Wasser des Kuisib zutage; zwar ist es schmutzig aber doch süß. Allerhand bestäubtes sparriges Gestrüpp hat sich dabei angesiedelt, und einige Familien der Topnas haben hier ihre Zweighütten aufgeschlagen. So armselig ist der Ort, in welchem man Abschied vom Leben nimmt; denn nun geht es, nachdem die Ochsen sich noch einmal, um in Sandfontein nicht das ganze Bassin auszusaufen, an dem trüben Brackwasser in Wortel haben satt saufen können, hinein in die Namieb, in das Reich des Todes.

Steil steigt die Fläche an, etwa 10 m auf 1 km; unabsehbar weit reicht daher das Auge über sie hin. Eine flache Bodenwelle folgt auf die andere, nur hier und da einmal durch schroff hervorragende Felsreihen unterbrochen. Scharf zeichnen sich diese dunklen alten Klippen gegen die graugelbe Fläche ab, welche im Sonnenschein schimmert, als wäre sie bereift. Kein Baum, kein Strauch belebt die Einöde. Hin und wieder erscheinen flache Rundhöcker und Schuttkegel, Zeugen der stetig fortschreitenden Verwitterung, deren Geröll der Wind mit darauf geblasenem Sande förmlich poliert hat.

Kommt aber die Regenzeit, so wachsen auch auf der Namieb flacher wurzelnde Kräuter erstaunlich rasch und üppig empor. Dann wandelt sich die harte Scheuertenne in wenig Tagen in eine blühende Prärie, und bis an die Knöchel wohl sinkt der Fuß in den aufgeweichten Boden. Aber fast ebenso schnell wieder ist alles vertrocknet und zerstäubt; auch die Vleys, Regenlachen, verdunsten rasch, und von dem kurzen Aufleben der Einöde ist jede Spur verwischt.

Endlich sind die 50 km der Wüstenfahrt überwunden; wir befinden uns 300 m über dem Meere; die Ochsen, seit 40 Stunden ohne Wasser und Futter, nehmen einen kräftigeren Anlauf: sie wittern die Nähe des Swachaub.

Der Swachaub ist der größere Bruder des Kuisib; etwas weiter als dieser reicht er ins Binnenland hinauf; an den Okandjose-Bergen hat er seinen Ursprung. Im ganzen hält er in seinem oberen und mittleren Laufe eine westliche Richtung inne; indessen bei Pot-Mine biegt er nach Südwesten ab, jedoch nur um bei Salem in die westliche Richtung zurückzukehren. Es ist eine gewaltige Felsspalte, welche ihm als Bett dient; Schluchten führen von beiden Seiten zu ihr hinab. Bei Kanakontes bedeckt eine dichte Grasflur das ganze breite Bett; denn bis hierher kommt der Fluß selten herab. Nur flache Rinnsale mit leise rauschendem Wasser durchziehen die Niedgrasflur. Bäume giebt es hier, der Mündung nahe, noch nicht; aber Akazienbüsche in Menge säumen das wiesenartige Flußbett, dessen äußere Einfassung schroffe Klippen und Felszacken zu beiden Seiten bilden. Bald aber stellen sich stromauf auch Bäume ein. Bei Heykamkob, wo der Swachaub den Kahn, seinen größten Nebenfluß von Norden her empfängt, erscheinen Anabäume (Acacia albida), welche sich vor anderen Akazienarten durch dichteres Laub und frischeres Grün auszeichnen; auch einzelne Welwitschien finden sich ein, dazu baumartige Aloes und giftige Wolfsmilchbäume, deren armdicke Zweige mit furchtbaren Dornen bewehrt sind.

Der Kahn, dessen Quellen nicht so gar weit ab von denen des Swachaub liegen, biegt ganz allmählich aus der westlichen in die südwestliche Richtung ab, sodaß er schließlich völlig gleichlaufend mit diesem dahinzieht. Nur die breite, steppenartige, etwa 950 m hohe Hochfläche des „Durstfeldes" trennt hier die Flüsse voneinander.

Oberhalb des Zusammenflusses treten bei Ujab die Thalwände schluchtartig näher aneinander. Dichtes Gebüsch, aus dem die gelben Blüten des wilden Tabaks hervorschimmern, erfüllt das Flußbett. Aber 200—300 m hoch steigen zu beiden Seiten desselben die Felsen empor, so steil, daß weder Baum noch Strauch an ihnen sich hat ansiedeln können. Nur an einigen ganz unzugänglichen Stellen klammert ein kleines Pflänzchen sich an den kahlen Fels, das Alpenkind Edelweiß, das seine rosigen Blütenknospen in weißwollige Blättchen hüllt: ein reizendes Bild in der großartigsten Umgebung.

Mehr und mehr dichten in dem stromauf wieder breiter werdenden Thalbette sich die Akazien zu einem Walde; hin und wieder liegen Wasserlachen oder auch künstlich gegrabene Wasserlöcher dazwischen; mitunter fügt auch wohl eine freie Wiese, mit schilfigem Grase bedeckt, sich ein: da erhebt sich auf einer Blöße,

unter den Schutz einer Klippenreihe gedrängt, eine Anzahl von
Schilfhütten, von Bastards bewohnt. Das ist Salem. Zur Seite
des Dörfchens ragt ein Hain von mächtigen Akazien, über die
eine hochwipfelige Dattelpalme, ein Fremdling im Lande, ihr
schwankes Haupt neigt. Und jenseits schließt die graubraune,
vielgestaltige Thalwand das anmutige Bild ab. Hier ist die
Wende des Flusses.

Immer reicher und stattlicher wird jetzt die Vegetation des
Flußthales. Im Unterholz unter den majestätischen Baumakazien
erscheint die berüchtigte Buschakazie „Wacht en betjen“ (Acacia

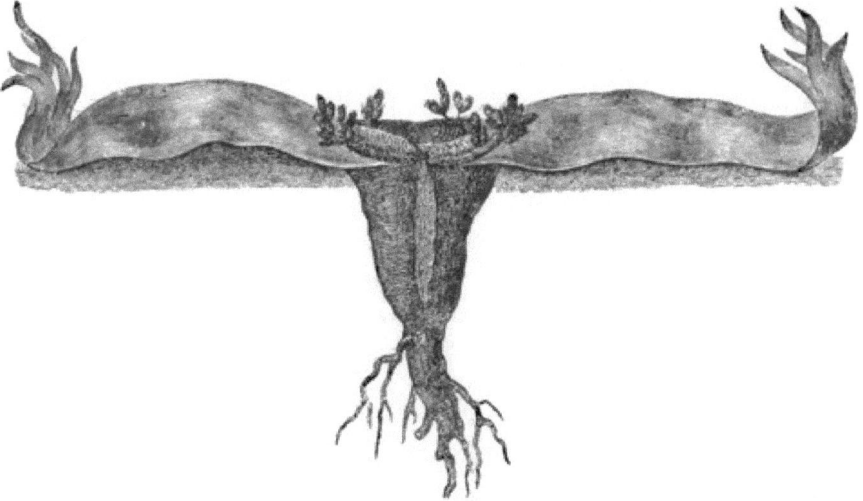

Welwitschia mirabilis.

detinens), welche mit ihren gepaarten, abwärts gebogenen Stacheln
den achtlos Vorübergehenden ergreift und verzweifelt festhält.
Auch der Ebenholzbaum tritt auf, zumeist ein umfangreicher Busch
mit schmalen, weidenartigen Blättern, und die Ricinusstaude in
üppigster Entwickelung.

Von Horebis an wird das Flußthal sehr gewunden, bis es
bei Pot=Mine dauernd die Richtung nach Osten einschlägt. Auf
einer über der Thalsohle aufsteigenden Plattform, von hohen
Bäumen beschattet, ringsum mit einem starken Dornenzaun bewehrt, liegt die kleine Siedelung von Berghäusern. Eine kleine,
etwa 100 m hohe Berginsel mitten in dem breiten Flußthale
stellt das Werk dar, das sie — jedoch nur mit geringem Erfolge
— auf Gold abbauten.

Jetzt in der östlichen Richtung hebt sich das Flußthal bedeutend; die Uferberge werden infolgedessen kleiner und treten mehr zurück; der Blick wird freier, bis Otjimbingue, der Sitz des deutschen Reichskommissars, vor uns liegt.

Stetig ist von der Ramieb an die Erhebung des Landes gestiegen: bei der Kahnmündung lagen die Thalränder des Swachaub erst 238 m über dem Meere, bei Salem schon 630 m, bei der Pot-Mine 857 m, und Otjimbingue liegt gar in 1150 m Meereshöhe. Die Landschaft macht den Eindruck einer Steppe. Zunächst überwiegt in ihr das „blaue" Gras, ein niedriges, filziges Gewächs von staubgrauer Farbe, das als Pferdefutter sehr geschätzt ist. Allmählich aber tritt an dessen Stelle ein Stengelgras, das aus dünnen, strohgelben, blätterlosen Halmen besteht, die büschelweis zusammenstehen. Dazwischen finden sich dichte, oft undurchdringliche Gebüsche, aus mannshohen Sträuchern gebildet. Der Baumwuchs ist fast ausschließlich auf die Flußbetten beschränkt. Die Tierwelt vertreten mehrere Antilopenarten und Hasen mit durchscheinend dünnen Ohren. In gebirgigen Gegenden treiben sich zudem zahlreiche Affen umher. Von Raubtieren sind Hyänen und Schakale ziemlich häufig; auch der Leopard kommt, jedoch nur selten vor. Hier und dort erheben sich aus der Steppe wohl Höhenzüge, selten einmal auch ein einzelner trotziger Berg wie der Gawieb bei Salem; aber der Anblick ist doch ermüdend eintönig, da nur in weiten Zwischenräumen einmal eine Herde sie belebt.

Nach dieser Einförmigkeit und Einsamkeit macht es einen um so bedeutenderen Eindruck, wenn von der Höhe der letzten Bodenschwelle aus sich plötzlich das wohlbebaute und dichtbewohnte Thal von Otjimbingue vor unsern Blicken aufthut.

Auf einer mäßig breiten, aber langgestreckten Fläche, welche nordwärts von einer zersägten Hügeldecke, südwärts dagegen von dem einige Meter tiefer belegenen Swachaubbette begrenzt wird, liegt die Ortschaft. Den Hintergrund bildet ein weiter Bogen von ansehnlichen, leise verblauenden Hochgebirgen. Freilich nicht wie ein Gewässer erscheint der Swachaub, sondern wie eine grüne, wogende Wiese.

Ein breiter, gleichfalls wasserloser Nebenfluß des Swachaub teilt den Ort in zwei Hälften, die wohl eine halbe Stunde Weges auseinander liegen. Das Gelände ringsum erscheint völlig kahl;

sobald aber im Herbste die ersten Regen fallen, verwandelt es sich wie mit Zauberschlag in eine blütenprangende Flur. Im Oberdorfe wohnen die Europäer. Den Mittelpunkt bildet das einfache, aber sehr geräumige Wohnhaus des Reichskommissars am steilen Flußufer, mit Jagdtrophäen, Geweihen, Hörnern, Fellen, sehr wohnlich ausgeschmückt. Ein ausgedehnter Garten senkt sich von dem Hause in Terrassen zu dem Flußbette hinab. Hochstämmige Palmen und tropische Gewächse gedeihen darin, unter ihnen ein Weinstock mit armdickem Stamme, der jahraus jahrein, an einem laubenartigen Spalier emporgezogen, vortreffliche Trauben in Fülle trägt. Aus dem Garten schweift der Blick hinab auf den Wald uralter, breitwipfeliger Akazien, die sich im Flußbette hier angesiedelt haben, und auf das in ihrem Schatten von den Herero ausgegrabene Tränkbassin, welches stets von dürstenden Rindern umgeben ist. Gemüsegärten der Herero reihen sich flußaufwärts an den „Regierungsgarten" an, sauber gehalten, kunstgemäß in Beete abgeteilt, in denen sie Gurken, Zwiebeln, Kartoffeln, Salat mit gutem Erfolge ziehen. Freilich müssen sie das nötige Wasser aus den mehrfach vorhandenen Brunnen mühsam täglich herbeitragen.

In der Nähe nun hat sich eine ganze Kolonie von Europäern angesiedelt. Da stehen neben Bretterbuden Wellblechschuppen und Leinwandzelte der verschiedensten Form. Auch einige Häuser aus Luftziegeln sind hier gebaut mit Glasfenstern und weiß getünchten Mauern. Sie enthalten Kaufläden und Warenlager; bei dem einen befindet sich sogar ein feuerfester Turm, in dem die Pulvervorräte des ganzen Ortes lagern. Stets herrscht hier das regste Leben, fast wie auf einem kleinstädtischen Jahrmarkt. Beamte in Uniform, Händler, Jäger kommen und gehen; lederfarbene Nama mit tiefdunklen Herero treiben ihre Hantierungen oder stehen lachend und schwatzend umher.

Wir gehen zum Unterdorf hinunter. Eine lange Kette steiler Felsklippen steigt an dem Flusse entlang auf. Eine der größten dieser Zacken ist die alte Citadelle des Ortes. Eine steile Treppe führt zu der Scheitelfläche empor, die rings von einer Brustwehr umzogen ist.

Den Mittelpunkt des Unterdorfes bildet, auf einem freien Platze gelegen, die Kirche. Zwar ist sie ohne Turm; aber am Dachfirst hängen die Glocken, welche sonntäglich dreimal die Be-

wohner zum Gottesdienste rufen: in der Frühe die Europäer,
denen die Bastards es lieben sich anzuschließen, mittags die Nama,
nachmittags die Herero, damit jedes Volk in seiner Sprache die
Predigt höre. Unfern steht, von Dattelpalmen beschattet, das
Missionshaus. Herum liegen, in Gruppen zerstreut, die Hunderte der landesüblichen Hütten. Von halbkugeliger Gestalt, sind
sie aus Baumästen und Zweigen errichtet, zum Schutze gegen
das Wetter aber dick mit Lehm oder Ochsendünger beworfen, sodaß sie aus der Ferne wie Backöfen aussehen. Hier und da
mitten im Dorfe befinden sich große, mit manneshohen Lehmmauern umgebene Einfriedigungen; in diese Krale werden abends
die in der Nähe weidenden Herden getrieben, um sie vor Raubtieren, aber auch vor den räuberischen Überfällen der bis hierher
schweifenden Nama zu sichern. Denn Viehzucht ist die Lebens-
grundlage für den Herero.

Zuzeiten nun gestaltet sich in Otjimbingue ein Viehmarkt
im größten Stil. Wenn die Händler, um Einkäufe zu machen,
von der Walfischbai mit ganzen Wagenzügen voll Waren an-
gekommen sind, so werden auf die Kunde davon Tausende von
Rindern tagereisenweit aus der ganzen Umgegend zusammenge-
trieben. Ganze Herden kaufen die Händler, meist Deutsche, dann
zusammen und treiben sie über den Ngami-See durch die Kalahari
nach den Staaten der Buren. Zwar geht auf der vielmonat-
lichen Wanderung manches Tier ein, aber die Buren zahlen für
einen Ochsen, der in Otjimbingue vielleicht 15 Mark gekostet hat,
den zehn- und zwölffachen Preis; das muß dann für alle Verluste und Gefahren entschädigen.

In Otjimbingue treiben die Herero neben der Viehzucht auch
Ackerbau. Sie haben es von den Europäern gelernt. Wenn um
Weihnachten der Swachaub „abkommt“, so durchtränkt er allmählich sein ganzes 500 Schritt breites Bett; selbst die Ränder
zur Seite werden tief durchfeuchtet. Manchmal kommt er gemächlich herangeflossen, manchmal aber stürmt er auch meterhoch
mit Gebrüll herbei, Bäume und Sträucher mit sich wälzend.
Aber bis zum Mai ist stets die ganze Wasserfülle wieder abge-
flossen oder versiegt, und der Sand liegt wieder trocken im Flußbett da. Indessen in geringer Tiefe enthält er doch noch genügende
Feuchtigkeit. Jetzt beginnt die Bestellung des Flußbettes. Die
Grenzen der zu den einzelnen Haushaltungen gehörenden Par-

zellen werden neu aufgepflügt und der Dünger, welcher sich in den Viehkralen angehäuft hat, aufgefahren. Die Nachbarn helfen sich mit Fuhrwerk aus; ganz arme Leute tragen in Säcken selbst den Dünger zum Flusse. Tag und Nacht geht die Arbeit. So= bald der Dünger, ein trockenes Pulver, ausgebreitet ist, wird sogleich die Saat (Weizen) ganz dünn darüber gestreut und flach untergepflügt. Dann werden Schaf= und Ziegenherden darüber gejagt, um den aufgelockerten Sand wieder fest zu treten. Bald beginnen nun aus jedem Korn ganze Büschel von Halmen auf= zuschießen. Jetzt muß das ganze Feldstück zum Schutze gegen das Vieh eingezäunt werden: die schwierigste Arbeit der ganzen Bestellung. Gegen Ende des Jahres ist dann die Ernte reif. Von weither finden sich dazu alle Verwandten zusammen, nicht um mitzuernten, sondern um mitzuessen. So wird denn ein Teil der Ähren gleich im Flußbette ausgeklopft, am Feuer geröstet und gegessen. Den Rest klopfen die Eingebornen auf einem Felle mit einem Steine aus für späteren Gebrauch.

Dagegen wird in die Landstreifen zur Seite des Flußbettes Gemüse gepflanzt; doch muß dies so lange begossen werden, bis die Wurzeln die feuchten Bodenschichten erreicht haben. Auch die Dattelpalmen gedeihen gut, sobald nur ihre Wurzeln einmal bis an das Grundwasser gelangt sind; Feigen vollends wachsen wie Unkraut.

Indessen bei allem Gedeihen schwebt doch wie eine drohende Wolke über Otjimbingue der schon ein Menschenalter währende Krieg mit den Nama. Mehrmals schon haben diese den Ort überfallen und seine Viehherden weggetrieben. Zwar die Euro= päer haben kaum etwas zu besorgen; denn ihnen geben die Nama auf Reklamation anstandslos das Geraubte zurück; auch hat eine Anzahl Nama in gutem Frieden zwischen den Herero sich angesiedelt. Aber die Herero sind fortwährend in Eigentum und Leben bedroht. Infolgedessen ist das Gebiet vom Swachaub bis zum Kuisib menschenleer geworden. Die Herero wagen nicht sich darin auszubreiten, und die Nama haben, die Rache der Gegner fürchtend, die meisten ihrer Siedelungen, selbst so starke, wie Windhuk am Nordabhange des Awas=Gebirges war, aufge= geben, sodaß Hornkranz, das doch schon auf der Südseite des Kuisib liegt, der am meisten vorgeschobene Posten ist.

In diesen Umständen ist die Ursache zu suchen, daß die

Schutztruppe, welche das Deutsche Reich in Hereroland hält, nicht
am Hauptorte des Landes, sondern 24 km gegen Südwesten
davon vorgerückt in Tsaobis stationiert ist. Denn sie beherrscht
von hier aus die Übergänge über die Wittwater Berge, welche
das vornehmste Scheidegebirge zwischen Kuisib und Swachaub
darstellen. Es war früher ein armseliges Nest; denn ein unter-
irdisches Querriff im Bette des Tsaobis, der unterhalb der Pot-
Mine in den Swachaub einmündet, staut das Grundwasser des
Flusses auf, sodaß es in einem schmutzigen Sumpfloch zutage
trat. Daher war hier eine kleine Siedelung entstanden, aber
aus Furcht vor den Nama später wieder aufgegeben. Jetzt nun
ist auf einem flachen vorspringenden Felsen am rechten Ufer des
Tsaobis das Fort „Wilhelmsfeste" erbaut. Es bildet ein Rechteck aus meterdicken und mehr als 2 m hohen Feldsteinmauern,
welche mit Schießscharten und bastionartigen Ausbauten versehen
sind. In der Mitte erhebt sich ein großer, runder Turm, ebenfalls aus Feldsteinen aufgeführt, von dem die deutsche Flagge
herabweht. Einige hundert Schritt vom Fort entfernt ist auf
einem spitzen Felsen eine kleine Schanze angelegt, zu deren Be-
setzung drei Mann genügen.

Unter dem Feuer des uneinnehmbaren Fort liegt die Wasserstelle. Mehrere Bassins sind hier ausgegraben, welche durch
Kanäle miteinander verbunden und mit dichten Dornbüschen
eingefriedigt sind, damit das dürstende Vieh die Wasserlöcher nicht
eintrete. Jetzt ist das Wasser rein und klar; denn alles Baden
und Waschen darin ist den Eingebornen verboten. Ein reges
Leben hat sich um die Wasserstelle entwickelt; Herden lagern sich
ringsum, um aus Trögen getränkt zu werden; Ochsenwagen
langen an, um Rast zu halten; denn die jetzt zuverlässig fließende
Wasserstelle erlaubt ihnen von Salem den direkten Weg über
Tsaobis nach Otjimbingue einzuschlagen. Gravitätisch schreiten
Kamele heran, um in kleinen Fässern das nötige Wasser zur
Feste hinaufzutragen. Und eine ansehnliche Anzahl von Familien
der Bergdamara hat ihre Pontocks hier aufgeschlagen; denn den
von aller Welt Gehetzten bietet die schwarzweißrote Flagge Sicherheit und Frieden. So ist an der Wasserstelle des Tsaobis eine
kleine Ortschaft entstanden, welche wie das Fort den Namen
Wilhelmsfeste trägt.

Immer noch weiter steigt von Otjimbingue das Land an,

bei Barmen hat es 1220, bei Okahandja 1330 m Meereshöhe.
Zugleich gewinnt die Steppe an Fruchtbarkeit: das Gras reicht
den Ochsen bis zum Bauche; am rechten Ufer des Swachaub
findet sich ein ausgedehntes Tamariskengebüsch. Das ist auf=
fällig, denn die Tamariske findet sich nur so weit, wie das
Grundwasser noch etwas brackig ist; am untern Kuisib bedeckt
sie daher ansehnliche Flächen. Sie macht den Eindruck kräftigen
Knieholzes; der Stamm ist kurz und gedrungen, das wunderlich
gereckte Geäst strebt seitwärts, nur die jüngsten Zweige sind gerade
emporgerichtet.

Barmen verdankt seine Entstehung einer warmen Quelle,
welche den Garten der Missionsstation bewässert und darin Ge=
müse in üppigster Fülle hervorsprossen läßt. Dattelpalmen und
mächtige Anabäume sind ein besonderer Schmuck des Ortes, da
sonst die Gegend wenig Baumwuchs zeigt. Der Ana (Acacia
albida), in der Jugend sparrig und langschüssig, bildet ausge=
wachsen eine domförmige, weit ausladende Krone mit dicht be=
laubtem, niederhängendem Gezweig. So spendet er Schatten so
dicht, wie kein anderer Baum. In Bündeln hängen zur Zeit
der Reise leuchtend rotgelbe Schoten an den Zweigen; ausgereift
fallen diese spiralig gewundenen, dünnen Schoten zu Boden und
sind dann ein treffliches Viehfutter.

Stark steigt jetzt der Boden gegen Okahandja an; denn ob=
wohl die (direkte) Entfernung nur 23 km beträgt, liegt Okahandja
doch 110 m höher als Barmen. Die Vegetation deutet schon
auf reichlicheren Regenfall. In Menge ragen mächtige Kamel=
dorne empor, unter welchen die Herero ihre Pontocks aufzuschlagen
lieben. Der Kameldorn, den die Herero Omumbonde nennen
(Acacia erioloba), bedarf zu seinem Fortkommen nur geringer
Feuchtigkeit; daher findet man ihn besonders häufig. Sein dicker
Stamm ist kurz und knorrig, sein gekrümmtes Astwerk bildet eine
umfangreiche, aber dürftig belaubte Krone. Das Holz ist sehr
hart und schwer zu bearbeiten. Die Schoten sind silbergrau und
markreich; jedoch nur in höchster Not frißt sie das Vieh.

Die Menge stattlicher Bäume giebt Okahandja ein freund=
liches Ansehen. In Gruppen zerstreut liegen die halbkugeligen
Hütten in der Ebene. Den Mittelpunkt bildet die Kirche und
das Missionshaus. Nach dem Muster des letzteren haben sich
aber die Vornehmen des Ortes ihre Häuser gebaut, deren Reihe

sich ganz stattlich ausnimmt. In einem dieser viereckigen, aus Luftziegeln gebauten Häuschen wohnt der Oberhäuptling der Herero: das ist's, was dem kleinen Orte seine Bedeutung giebt.

An der Nordseite von Okahandja erhebt sich 1500 m hoch der Kaiser Wilhelms-Berg. Hohes Gras überzieht seine Abhänge bis zum Gipfel empor; an schattigen Felswänden wachsen zierliche Farne. Auch Buschwerk und Bäume finden sich in Menge in den Falten des Bodens. Um 220 m überragt der Gipfel das Gelände; weit reicht daher der Blick nach Westen und Norden über die ebene Steppenlandschaft hin. Aber im Süden und Osten trifft er auf wildes Gebirgsland mit zahlreichen Ketten und Spitzen, von denen die höchsten wohl um 1000 m unsern Standpunkt überragen mögen. Es ist nach Süden das Awas-Gebirge, nach Osten sind es die mannigfaltigen Erhebungen, welche das Gebiet des Swachaub von demjenigen des Ngami-Sees scheiden: ein Blick umfaßt von der Höhe beide.

Unabsehbar weit dehnt sich gegen Norden die Steppe: fast durch vier Breitengrade bewahrt sie den Charakter eines mageren Weidelandes, durchzogen von zahlreichen, meist trockenen Flußthälern, in denen sich ziemlich ausgedehnte Bestände von Akazien angesiedelt haben. Gar nicht selten erscheint unter diesen auch, sie weit überragend der Omumboromboga (Combretum primigenium), ein sehr stattlicher Baum mit mächtigem Stamm und weit ausladendem Astwerk, das in der Regenzeit dichte Belaubung trägt. In ihm sehen die Herero ihren Urahnen, von dem sie alle abzustammen glauben. Hier und da unterbrechen auch massig aufgetürmte Berggruppen, wie das 2300 m hohe Omataka- und das etwas niedrigere Erongo-Gebirge, die Eintönigkeit.

Bis über den Omarurufluß hinaus haben die Herero das weite Gebiet mit ihren Herden inne. Dann begegnet man mehrere Tagereisen hindurch an den Wasserplätzen nur schweifenden Bergdamara. Geht man aber weiter nach Norden, so trifft man auch wohl auf die Werft eines Buren. Denn hier hatten vor nicht gar langen Jahren nördlich von dem in der Trockenzeit völlig verschwindenden Omambonde-See (20° südl. Br.) Buren, welche aus den südafrikanischen Buren-Republiken ausgewandert waren, den Freistaat Upingtonia gegründet. Nachdem indes ein Teil derselben wieder in die alte Heimat zurückgekehrt war, haben die Zurückbleibenden den Schutz des Deutschen Reiches erbeten.

Nördlich vom Unterlauf des Omaruru liegt Kaoko, ein Ge=
biet, das die gesamte Abdachung zum Atlantischen Ocean umfaßt.
Es ist eine hügelige Hochebene von 600 bis 1200 m Erhebung,
wenn auch der Name „ohne Wasser" bedeuten soll, das beste Weide=
gelände, das die Herero haben.

Es ergiebt sich hiernach, daß das Hereroland für Viehzucht,
auch im großen Stil, sehr wohl geeignet ist. Ackerbau kann nur
in den Flußthälern getrieben werden; hier bieten auch die Ufer=
leisten, welche meist aus sehr fruchtbarem Schwemmlande be=
stehen, vortrefflichen Ackerboden. Eine Zeit lang hat man auch
von dem Goldreichtume des Gebietes gesprochen. In der That
ist auch die Zahl der Goldfundstellen nicht gering. Zuerst wurde
Gold in der Pot=Mine gefunden, im Ausgehenden von Kupfer=
sulfid=Einlagerungen im Granatfels, danach bei Ussab am rechten
Ufer des Swachaub, 50 km von der Walfischbai, im Ausgehenden
von Kupfersulfid=Einlagerungen im Gneis, ferner bei Ussis, zwi=
schen dem mittleren Kuisib und Swachaub, mit Wismut in Quarz=
gängen, im Chuos=Gebirge zwischen Kahn und Swachaub un=
weit Usab in Quarzpartien und Quarzgängen mit Kupferglanz,
nordwärts davon zwischen Usakos am Kahn und Karibib (22°
südl. Br.) in zersetzten Kupfer= und Eisensulfid=Einlagerungen in
körnigem Kalk.[1] Allein so verschieden auch die Lagerungsver=
hältnisse sind, so ist doch an allen diesen Fundstellen der Gold=
gehalt ein zu unbedeutender, als daß bei den Schwierigkeiten
des Abbaus ein Gewinn zu erhoffen wäre.

Endlich, etwa um den 18.° südl. Br., endigt die Steppe.
Wir treten in das Land der Ambo, das eine wenn auch nur
kurze, doch für Getreidebau ausreichende Regenzeit hat. Mit
einem Schlage, möchte man sagen, ändert sich damit das Antlitz
der Landschaft. Aus dem Gebiete scharfstacheliger Akaziengebüsche
steigt man in wogende Getreidefelder hinab. Es ist Kafferkorn
(Sorghum vulgare) und Negerhirse (Pennisetum distichum),
was hier angebaut wird. Dick wie Zuckerrohr treibt das Ge=
treide 3 m hoch seine Stengel empor; nur die Ähren werden,
wenn es reif ist, abgeschnitten; die Halme dienen als Futter für
das Vieh, das sie äußerst gern frißt. Hier und dort erheben sich

---

[1] Bericht des **Dr. Gürich**, abgedruckt in der Deutschen Kolonialzeitung
1890, Nr. 7, S. 81.

in den Feldern weit ausgebreitete und in dunklem Laubschmuck
prangende Bäume, während die weit zerstreuten Gruppen von
Fächerpalmen untrüglich die Nähe menschlicher Wohnungen bezeichnen.   Denn nicht in Dörfer vereinigt leben die Ambo, sondern inmitten ihrer Felder hat jede Familie ihre Werft, die zur
Sicherung mit einer hohen und starken Umzäunung umgeben ist.
Dennoch ist die Bevölkerung so dicht, daß man etwa 25 auf
1 qkm rechnen kann.   Als eifrige Ackerbauer beschäftigen sie sich
nur nebenbei mit Viehzucht; der Mangel an Wasser und Weide
nötigt sie, ihr Vieh weit entfernt von ihren Werften zu halten.
Denn das Wasser ist ihnen bei dem Mangel an Flüssen in ihrem
Lande so kostbar, daß es gekauft wird.   Sie sind ein friedlieben-
des Volk, das in etwa ein Dutzend Stämme sich teilt, deren jeder
von einem ziemlich unumschränkt gebietenden Häuptlinge regiert
wird.   Einen gemeinsamen Namen führen die Stämme nicht;
nur von ihren Nachbarn, den Herero, werden sie Ovambo (Ova
ist Pluralbezeichnung) genannt.

In endlosen, nur von Fußpfaden unterbrochenen Kornfeldern
dehnt das Land sich gegen Norden.   Erst der Kunené bildet seine
Grenze.   Doch beginnt schon, wenn man sich dem Strom nähert,
bei Olukonda das Waldgebiet, welches zu den Seiten ihn einfaßt.   Breitblättrige Laubbäume bilden den Bestand; ihre dichtbelaubten Kronen berühren sich und wehren der Glut der Sonnenstrahlen.   Und am Fuße der Waldriesen trifft man auf pyramiden-
förmige Termitenbauten, welche von allerlei Schlinggewächsen
über- und durchwachsen sind.   Der Affenbrotbaum erscheint mit
seinem weit ausladenden Geäste, neben ihm himmelanstrebend
die graziöse Cassia, und von Baum zu Baum schlingen sich gleich
Tauen armdicke Lianen.   Die Ufer des Flusses selbst bekleidet
eine dunkellaubige Eugenia, unter deren weit herabgebogenen
Ästen die blaugrünen Fluten ruhig dahingleiten.

Bei niedrigem Wasserstande beträgt die Breite des Kunene
hier in seinem Mittellaufe etwa 105 m, die Strömung 50 cm
in der Sekunde; bei Hochwasser indessen verzehnfacht sich die
dahinströmende Wassermasse.   Dennoch scheint der Strom nicht
immer ausdauernd seinen Weg zum Meere zu finden; Sandbänke
in seinem Unterlaufe hemmen ihn, sodaß er, nicht immer stark
genug, um sie zu durchbrechen, zuzeiten versiegt, bevor er den
Ocean erreicht.

Vom Kunene schwingt sich die nördliche Grenze des deutschen Gebietes ostwärts zum Okavango hinüber. Wir betreten damit eine völlig andere Landschaft: Omaheke, die Abdachung des Hererolandes ostwärts zum Ngami=See. Hier dehnen sich endlose Ebenen, denen Landmarken in Gestalt von Spitzen oder Kuppen fast gänzlich fehlen. So allmählich ist die Senkung der Landschaft, daß der Okavango nur in endlosen Krümmungen, halb versumpft, den in 900 m Meereshöhe liegenden Ngami=See zu erreichen vermag, und daß nordostwärts die Gebiete bis zum Sambesi immer noch eine Erhebung von 800 m haben.

Die Gegend am mittleren Okavango trägt den Charakter einer durch ihre Gleichförmigkeit höchst ermüdenden Parkland= schaft; südwestlich vom Ngami=See dagegen ist der sandige, mit Kalkgrund gemischte Boden dicht mit Wald bewachsen; er enthält dazu gutes Weideland, aber wenig oder gar kein Wasser. In charakteristischer Menge tritt hier der gewaltige Omumborom= bonga auf, seine weit ausgebreiteten Äste hoch in die Luft em= porstreckend; und zu ihm gesellt sich hier zuerst auch der riesige Affenbrotbaum, der Sohn der Tropen. Wellenförmig zieht sich das Gelände bis an den See hin, der den letzten ständigen Rest der Wasserbedeckung darstellt, welche sich vorzeiten über einen großen Teil des centralen Südafrika erstreckte.

Als wichtigsten Zufluß empfängt der mehr und mehr ein= schwindende See den Okavango oder Kubango, welcher in seinem Mittellaufe die westöstliche Richtung inne hält, jedoch von dem Dorfe Andara an, wo er in die südöstliche Richtung ablenkt und die deutsch=portugiesische Grenze ihn verläßt, um, gerade ostwärts dem Sambesi zuzustreben, den Namen Tonke oder Tioge em= pfängt. In endlos verschlungenen Windungen, bald sich teilend, bald wieder vereinend, sucht der Tioge seinen Weg zum See. Üppige Vegetation bedeckt die Flußufer. Prachtvolle Laubbäume, die vom Zwitschern der Vögel wiederhallen, werfen ihren Schatten auf den Fluß, während man in der Ferne ganze Herden von Antilopen erblickt. Überhaupt belebt ein reiches Tierleben das Flußgebiet. Flußpferde und Büffel liegen träge im Wasser, und nachts kommt das Nashorn in Gruppen zum Flusse herabgestiegen. Indessen der Mündung nahe werden die Flußufer so niedrig, daß der Fluß oft seine Umgebung weithin überschwemmt und in ein mit Rohr bewachsenes Sumpfland verwandelt, dessen Ein=

tönigkeit nur hier und da Gruppen von Dattel- und Fächerpalmen unterbrechen. Das Mündungsgebiet selbst ist weiter nichts
als ein ausgedehnter Sumpf, von vielfach sich verzweigenden
Flußläufen und Kanälen durchzogen. Die Wasserzufuhr, welche
der See durch den Tioge erhält, ist deshalb äußerst gering und
gleicht den Verdunstungsverlust des Sees schwerlich aus.

Vor einem halben Jahrhundert rückten die Batoana, ein Zweig
des Betschuanenstammes der Bamangwato, bis an den Ngami-See
vor und unterwarfen sich die ganze Umgegend. Bald dehnten sie
ihre Herrschaft auch weit den Tioge hinauf aus. Dadurch wurden
die Bewohner des Tioge-Gebietes, die Bajeje, ihre Bakoba (Diener)
ein Betschuanenhäuptling regiert sie. Diese Bajeje oder Jeje (ba
ist Pluralbezeichnung), die man also nur irrtümlich als einen
Bakoba-Stamm bezeichnet, sind ein Volk, das in manchen Stücken
an die Hottentotten erinnert; inzwischen haben sie aber auch von
ihren Herren manche Betschuanensitten, wie die Beschneidung und
die Männertracht, angenommen. Sie sind ein Fischervolk, das
im Schutze seiner Sümpfe zu fechten verlernt hat. Ihre Hütten,
bienenkorbartig, mit Matten bedeckt, stehen einen großen Teil
des Jahres im Wasser. Doch leben sie meist in ihren Kähnen,
in denen sie Feuer unterhalten, kochen und essen. Ackerbau wird
wenig, und nur durch die Weiber, getrieben. Die Beschäftigung
der Männer ist der Fischfang; in der Handhabung der Fischspeere,
der Angeln und Reusen sind sie sehr geschickt. Außerdem bietet
das Wasser ihnen Pflanzenkost in Fülle; von vielen Wasserpflanzen
essen sie Wurzeln und Samen, von manchen auch die Stengel und
Blätter. Außer Ziegen und Hühnern halten sie keine Haustiere.

Die Wohnsitze der Jeje reichen bis an den Tschobi heran.
Dieser ist weiter nichts als eine seeartige Ausweitung des Kuando,
der eine große Strecke neben dem Sambesi gleichlaufend einherfließt, bis er endlich ihm sich zuwendet und oberhalb der be-
rühmten Victoria-Fälle in ihn sich ergießt. Sein ganzes Gebiet
ist bis an den Sambesi hin durch einen ungemeinen Reichtum
an Riesenwild ausgezeichnet, Nashörnern, Nilpferden und Büffeln;
besonders aber sind Elefanten häufig, und selbst Löwen durchaus
nicht selten.

Von dieser weitausgedehnten Ngami-Landschaft sind indessen
nur die peripherischen Gebiete deutsch. Die deutsch-englische
Grenze, welche vom 22.° südl. Br. dem 21. Meridiane bis zum

18. Breitengrade folgt und dann diesen ostwärts bis zum Tschobi-laufe begleitet, um schließlich an diesem Flusse hinzuziehen, durch-schneidet Omaheke und durchtrennt in der Mitte den Mittellauf des Okavango (Tioge). So zieht sich zwischen der portugiesischen und englischen Grenze nur ein schmaler Streifen deutschen Ge-bietes ostwärts bis an den Sambesi heran, der, auf eine kurze Strecke ein deutscher Fluß, die Ostgrenze dieses schmalen deutschen Gebietes abgiebt. Innerhalb seiner oberen Katarakte überschreitet der majestätische Strom die deutsch-portugiesische Grenzlinie.

Basaltgebirge durchsetzt ihn hier und zwingt ihn, in endlosen Wasserfällen und Stromschnellen seinen Weg zu suchen. In einer Breite von 200 m tritt er in das vulkanische Gebiet ein, das zwischen den dunklen Basaltfelsen des Ufers und in üppigstem Pflanzenwuchs prangenden Felsinseln ihn zusammenpreßt und zu wild vorwärts stürzendem Laufe zwingt. Mit dem großen Kata-rakt von Catima-Moriro, d. i. der Feuerlöscher, stürmt er über die Grenzlinie fort. Sofort aber mäßigt er dann seine Eile. Er hat das Gebirge verlassen: durch weite Ebenen mit sandigem Boden strömt er nunmehr dahin. Die Ufer sind von Erdschichten gebildet, auf denen grünlicher Thon liegt. Ihre Oberfläche stellt unabsehbare, hier und da von Baumgruppen unterbrochene Prä-rien dar, auf denen zu Tausenden Büffel, Zebras und Antilopen weiden. Zahlreiche Inseln von ansehnlicher Ausdehnung unter-brechen fort und fort die weite Fläche des Stromes; aber es sind nicht die malerischen Felseilande, gegen welche eben noch im Katarakt die Flut weißschäumend anspritzte, sondern flache An-spülungen, eintönig mit mannshohem Röhricht eingefaßt, in dem Fischadler hausen.

So zieht der Sambesi gemächlich jetzt gegen Osten hin, der zweiten Region seiner Katarakte entgegen, die in dem gewaltigsten aller seiner Wasserfälle, den Victoria-Fällen gipfelt. Schon wendet er sich nach Südosten, dem Gebirge zu: da erreicht ihn der träge ihm zufließende Tschobi, dessen Einmündung die östliche Grenz-marke des deutschen Gebietes bildet.

4. Herero, Berg-Damara, San.

Ein Weideland ist das ganze weite Gebiet vom Oranien-flusse bis gegen den 18.° südl. Br. hin. Darin liegt seine Ge-

14*

schichte beschlossen. Denn bei dem sehr günstigen Klima des
Landes vermehren sich die Herden so schnell, daß sie fort und fort
weiterer Weideplätze bedürfen. Das muß aber zu nie endenden
Fehden der Vieh besitzenden Stämme unter einander führen, deren
stets schwankender Erfolg das Schicksal des Landes bestimmt.

Wir brauchen nicht sehr weit in die Vergangenheit zurück-
zugehen, so finden wir die San, welche wir Buschmänner zu
nennen pflegen, im unbestrittenen Besitze fast des ganzen Landes.
Nur im Norden sitzen die ackerbauenden Ambo, als deren Vor-
trab sich allgemach nach Süden in das Weideland hinein die
nomadisierenden Berg-Damara ausbreiten. Von Süden her aber
dringen indessen die Hottentotten ein, allen voran die Topnas;
dann folgen vor wenig mehr als einem halben Jahrhundert die
viel stärkeren Nama. Die Berg-Damara werden von ihnen unterworfen und in Abhängigkeit gehalten, sodaß sie im Dienste ihrer
Besieger auch deren Sprache annehmen.

Da dringen aber, ohne Zweifel von Osten her, selbst gedrängt,
die Herero mit ihren Herden in das Land. So tapfer, wenngleich
vergeblich, kämpfen sie gegen ihre Bedränger an, daß der weitaus
größte Teil des Stammes der Mbandieru in diesen Kämpfen seinen
Untergang gefunden hat. Nach Westen ausweichend, stoßen sie
aber auf die Nama, welche, obgleich weit in der Minderzahl,
nicht gewillt sind, den unwillkommenen Einwanderern ihre Triften
zu überlassen. Es kommt zu scharfen Kämpfen: die kühneren
Nama behalten die Oberhand, und die Herero beugen sich unter
die Herrschaft der Sieger. Nur diejenigen, welche den äußersten
Norden des Gebiets besetzt haben, vermögen ihre Freiheit zu bewahren. Indes gerade in dies Gebiet kamen 1879 Auswanderer
aus der transvaalischen Burenrepublik gezogen und gründeten
hier, die Herero zurückdrängend, den Freistaat Upingtonia.

Unterdessen aber hatte sich im Süden der verwegene Häuptling Kamaherero, von dem Missionar Hahn in Otjimbingue vielfach mit Rat unterstützt, gegen die gebietenden Nama erhoben,
deren Herrschaft mit Glück abgeworfen und die Freiheit seines
Volkes errungen. Aber die Fehde ward nun endlos. Sobald, um
den anwachsenden Herden weitere Weideplätze zu verschaffen, die
Herero den Swachaub nach Süden, die Nama den Kuisib nach
Norden überschritten, stießen sie auf die Gegner und wurden mit
ihnen handgemein. Darüber verödete das Land zwischen den

beiden Flußthälern; volkreiche Siedelungen, wie das von einem
Dutzend warmer Quellen berieselte, durch üppigen Baum- und
Graswuchs ausgezeichnete Windhuk am Awas-Gebirge wurden ganz
aufgegeben. Beide Völker leiden unter der steten Kriegsgefahr
schwer. Da ist's denn ein Segen für sie, daß von der Wilhelmsfeste der starke Schutzherr ihnen Frieden zu halten gebieten kann.

Die langjährige Unterdrückung und Mißhandlung, welche sie
erlitten haben, hat in dem Charakter der Herero begreiflicher-
weise tiefe Spuren zurückgelassen: sie sind mißtrauisch, schwer zugänglich und in sich gekehrt. Neben dem seiner Laune rasch folgenden Namab erscheint der Herero verständig
abwägend und stetig. An Verstand fehlt
es ihnen keineswegs, aber sie sind schwer-
fällig und eigensinnig. Doch kann man sich,
wenn sie einmal Vertrauen gefaßt haben,
auf ihre Dienstwilligkeit verlassen.

Der persönliche Eindruck, welchen die
Herero machen, ist meist ein günstiger.
Sie sind stattliche, kräftige Leute von
schwarzbrauner Hautfarbe, etwas schwer-
fällig in ihren Bewegungen, auch wohl
ungehobelt in ihrem Betragen. Aber die
hochgewölbte Brust, die kräftigen Arme
kommen ihrer Erscheinung zustatten; auch
ist die Kopfform bei ihnen höher, die Nase
besser entwickelt, die Kinnbacken sind
schwächer und die Lippen nur mäßig auf-

Herero, Mann und Frau.

geworfen. Ihre Kleidung besteht aus einem oder zwei Ziegen- oder
Schaffellen, die sie um den Leib schlagen. Dazu schlingen die Männer
lange Lederriemen wie einen lockeren Gurt um die Lenden, auch
wohl um die Beine; um Hals, Arme und Knöchel tragen sie
Ketten von allerlei Perlen. Die Weiber dagegen tragen an
Stelle des Gurtes eine Art Schürze, die aus zahllosen Leder-
streifen besteht. Ihr Schmuck sind Spiralen von dickem Eisen-
draht, die um die Handgelenke und die Knöchel förmlich herum-
geschmiedet werden. Auch der Kopfschmuck der verheirateten Frauen,
ein Lederhelm, von dem drei eselsohrartige Zipfel steif in die
Höhe ragen, ist mit Schnüren von Eisenperlen geschmückt, sodaß
eine wohlhabende Hererofrau wohl an 10 Kilogramm Eisen-

schmuck mit sich herumträgt. Lederne Sandalen endlich vervoll-
ständigen die Kleidung.

Leder ist alles in ihrer Tracht. Denn in der Viehzucht geht
das Dasein der Herero so ziemlich auf. Klima und Land sind
ja freilich auch trefflich dafür geeignet; Futter giebt's reichlich
das ganze Jahr hindurch. Das meterhohe Federgras ist ein vor-
zügliches Futtergras, und wenn es das nicht giebt, so frißt das
Vieh auch die Ovipembatibüsche und die Schoten der Akazien
gern. An das Einbringen von Winterfutter braucht daher gar
nicht gedacht zu werden.

Die Herero hüten ihre Herden ohne Hund. Sie müssen
daher selbst beständig laufend die Herde umkreisen; aber gerade
das macht ihnen Vergnügen. Denn ihrem Vieh sind sie außerordentlich zugethan. Das erste, was das Kind lernt, sind die
Farben und Merkzeichen des Viehs; das erste, was der Knabe
thut, ist Kälber und Lämmer zu hüten. Auch die Söhne der
Häuptlinge setzen ihren Stolz darin, die stattlichen Herden ihrer
Väter zu hüten; sogar der greise Häuptling hängt oft die Mus-
kete über und zieht hinter seinen Rindern auf die Trift.

Der Garten- und Ackerarbeit werden die Herero stets bald
überdrüssig; aber in aller Arbeit für ihr Vieh sind sie unermüdlich. Um es zu tränken, wühlen sie mit kleinen hölzernen Schalen
tiefe Trichter in den Boden der Flußläufe, bis sie das Grundwasser erreichen. Dann wird der Tränktrog aufgestellt, aus dem
3—7 Kühe zugleich saufen können. Unablässig schöpfen sie nun
in allem Sonnenbrand in den Trog, singend und lachend, bis
alle Tiere sich satt getrunken haben. Immer von neuem muß
dabei der Brunnen aufgegraben werden, sodaß es nicht selten
4—6 Stunden dauert, bis eine größere Herde getränkt ist.

Indes von einer rationellen Bewirtschaftung ihres reichen
Viehstandes haben die Herero keine Ahnung. Jedes Kalb und
Lamm ziehen sie auf; zum Verkaufe an die europäischen Händler
bringen sie nur diejenigen Stücke, welche ihnen am wenigsten
gefallen; Schlachten ist ihnen verhaßt. Denn mit der Zahl und
Stattlichkeit der Häupter zu prunken ist ihr ganzer Stolz. So
besteht denn ein großer Teil der „Posten", wie die für sich weidenden Abteilungen des Herdenviehes genannt werden, aus ausgewachsenen Ochsen und alten Kühen; würden diese unproduktiven
Häupter abgeschafft und auch das junge Schlachtvieh immer dann

verkauft, wenn es am besten im Fleisch ist, so wäre der Ertrag ein viel höherer; das Muttervieh könnte dem entsprechend vermehrt werden, ohne daß immer wieder über die vorhandenen Weideplätze hinausgegriffen und damit immer von neuem die Überfälle der Nama herausgefordert zu werden brauchten. Aber das begreift der störrische Hererokopf nicht.

Nur eine Veranlassung giebt es, bei welcher der Herero des geliebten Viehes nicht schont. Mit der Ermahnung auf den Lippen, nach der Väter Art auf die Herden anzupassen, stirbt der Hausherr. Nun schlachten die Söhne den größten Ochsen und nähen in dessen Haut des Vaters Leiche; und dann zur Leichenfeier werden noch 50 oder 60 der besten Ochsen und Kühe, gerade die, deren Schönheit und Stattlichkeit sie abends in ihren improvisierten Liedern am meisten gepriesen haben, ausgewählt und zur festlichen Bewirtung der weither zusammenströmenden Verwandten geschlachtet, die Schädel und Hörner aber werden neben dem Grabe an einen Baum gehängt zum Zeichen, daß hier ein rechter Herero den langen Schlaf schläft.

Diese Leichenschmäuse sind denn so ziemlich auch die einzigen Gelegenheiten, bei denen der Herero sich mit Fleisch so recht voll ißt. Sonst ist seine Nahrung die Milch, welche seine Herden ihm liefern. Er ist zufrieden mit dem, was die Kälber und Ziegenlämmer ihm übrig lassen; erst müssen diese sich satt saugen, dann wird die Kuh von zwei Männern festgehalten und ein Weib melkt mit einer Hand in ein kleines Gefäß, das sie in der andern hält. Bei dem Ungeschick der Weiber und der Unruhe der Tiere geht stets viel Milch verloren, sodaß es lange dauert, bis eine genügende Menge von Milch zusammengemelkt ist. Diese wird nun in Kalabassen gegossen, in welchen noch ein Rest vom vorigen Tage übrig ist. Die Kalabasse wird eine bis zwei Stunden lang geschüttelt, wobei der Rest alter Milch die neue Füllung in schnelle Gärung versetzt und so die „Omaire", ein scharf sauer schmeckendes Produkt, erzeugt, von dem der Herero, Erdnüsse dazu essend, täglich 5—9 Liter zu sich nimmt.

Die Straußenzucht indessen, obgleich unter Umständen wohl gewinnreich, ist nicht nach dem Geschmacke der Herero; sie überlassen sie den Bastards und Europäern, welche sich unter ihnen angesiedelt haben. Besonders in Otjimbingue und Omaruru haben diese Versuche damit gemacht; aber nicht immer ergiebt

sich ein Erfolg. Zwar vermehren sich die Strauße so schnell wie
Hühner, und mit Brutmaschinen ist es auch nicht schwer, die
Eier auszubrüten. Aber der Vogel ist eben zu dumm: alles was
ihm auffällt, schluckt er hinunter. Und da giebt es denn in der
Nähe menschlicher Wohnungen Dinge in Menge, wie Nägel,
Glasscherben, glühende Kohlen, die selbst ein Straußenmagen
nicht vertragen kann. Sodann behält der Strauß, wenn er mit
anderm Vieh auf die Weide getrieben wird, stets die Neigung
sich zu verlaufen. Spannt man ihm, etwa wie Pferden, die
Beine, so stirbt er nach gar nicht langer Zeit. Er muß daher
eingekoppelt werden. Freilich genügt für ihn eine ganz niedrige
Einfriedigung, da er trotz seiner langen Beine nie darüber hinweg-
steigt; aber setzt ihn irgend etwas in Schrecken, so rennt er in
blinder Aufregung gegen die Umzäunung und bricht sich Hals
und Beine. Endlich ist der Preis für Straußenfedern im letzten
Jahrzehnt auf ein Viertel des frühern herabgegangen. Ein Vogel
giebt jährlich 6—8 Federn, von denen 180—200 auf ein Kilogramm
gehen. Dafür wurden 1881 noch 1000—1200 M. gezahlt; jetzt
ist der Preis in der Kapstadt 240—280 M., in London etwa
320 M. Ein erheblicher Gewinn ist aus der Straußenzucht
demnach nur unter besonders günstigen Verhältnissen zu erwarten.
Aber nicht dies, sondern der Umstand, daß sie zu festen Wohnsitzen zwingt, macht die Herero ihr abhold. Darum entschließen
sie sich auch nicht leicht, Ackerbau zu treiben.

Dem Hirtenleben, das sie allem anderen vorziehen, ent-
sprechen auch ihre Wohnungen. Die Hütten sind leicht, schnell
aufgeschlagen, schnell abgebrochen. Der Hausrat ist überaus
einfach: ein paar hölzerne Gefäße, ein paar irdene Kochtöpfe, ein
Lederbeutel mit Fett, ein anderer mit Ocker oder Rötel, die
Haut zu färben, das ist so ziemlich alles. Aber den Mittelpunkt
der wandernden Gemeinde bildet das heilige Feuer. Seine
Hüterinnen sind die Ondangere. Diese „Zaubermädchen", meist
Häuptlingstöchter, haben, während bei gutem Wetter vor jeder
Hütte ein Feuer brennt, bei schlechtem Wetter das Gemeinde-
feuer vor dem Erlöschen zu bewahren. Erlischt es dennoch, so
hat die Gemeinde ein Sühnopfer darzubringen, und die uralten,
von den Voreltern ererbten Feuerhölzer werden hervorgesucht
und durch scharfes Reiben zum Erglimmen gebracht. Und zieht
die Gemeinde weiter, so geht die Ondangere mit dem Feuer voran.

Diese unstäte Lebensweise hemmt auch die Entwickelung eines festeren staatlichen Zusammenhanges. Den Häuptlingen fügt sich der Hausherr nur so weit es ihm genehm ist. Noch weniger halten die Häuptlinge untereinander zusammen. Doch steht an der Spitze aller Herero ein Oberhäuptling, dessen Macht wesentlich auf seinem persönlichen Ansehen beruht. So haben auch die Mbandieru, welche nur unerheblich von den Herero verschieden sind, einen Oberhäuptling, der in Otjifuni residiert. Dieser lockere Zusammenhalt bedingt auch die Schwäche der Stämme jedem Gegner gegenüber, obgleich man die Zahl der Mbandieru auf noch 20 000, die der Herero aber auf 80 000 annehmen kann.

Auch den reich ausgestalteten Aberglauben teilen die Herero mit allen Hirten und Schäfern. Sie glauben an Beschwörungen und Besprechungen und fürchten nichts mehr als Verwünschungen. Darum nehmen sie jeden Fremden gastfrei auf — es könnte ja ein Zauberer sein — und schlachten wohl gar, um ihn sich freundlich zu stimmen, ein altes Schaf zu gemeinsamem Schmause. Als den Stifter aller ihrer abergläubischen Bräuche betrachten sie Mukuru, den „Uralten"; aber jede Stammgenossenschaft nimmt einen eigenen Mukuru für sich in Anspruch, der ihr Regen und Sonnenschein verleiht. Ihren Ursprung leiten die Herero von dem Omumborombonga ab, einem mächtigen Baume mit spärlichem, graugrünem Laube und tiefgefurchter, silberweißer Rinde, der dem Bewohner der baumlosen Steppe als ein Bild festgewurzelter Kraft erscheint. Auf ihm, glauben sie, seien vorzeiten die Ahnen ihrer Eltern und ihrer Ochsen gewachsen; aber jetzt sei er ein Greis geworden, und es sei daher ganz vergeblich, in seinem Schatten zu warten, daß er noch weiter Ochsen ihnen trüge.

Nach dem Besitze von Ochsen bestimmen sie überhaupt den Wert des Menschen. Ihre herabgekommenen und versprengten Stammesverwandten, die ihre Herden verloren haben und nun unstät im Kaoko oder auch als Gesinde bei reicheren Herero leben, nennen sie Ovatjimba — etwa 5000 Köpfe mag deren Zahl betragen — und sind nicht geneigt, sie noch als Herero anzuerkennen. Sie zählen diese „armen Schlucker" am liebsten zu den Ovatua, den „Rechtlosen".

Aber freilich die eigentlichen Ovatua sind in den Augen der

Herero die Berg-Damara; denn diese sind nicht bloß herden-
los, sondern auch wirklich fremden Stammes.

Den Namen Damara tragen sie eigentlich aus Irrtum.
Die Nama lieben es, ihre Feinde, die Herero, mit Daman,
einem schmutzigen Schimpfwort, zu bezeichnen; davon ist der
Bildung nach Damara der Dual des Feminins, den die Engländer als Volksbezeichnung der Bewohner des Hererolandes
verstanden. Die Herero indessen sind mit der Zeit zu dem
Namen, welchen sie sich selbst beilegen: Ovaherero (Ova ist

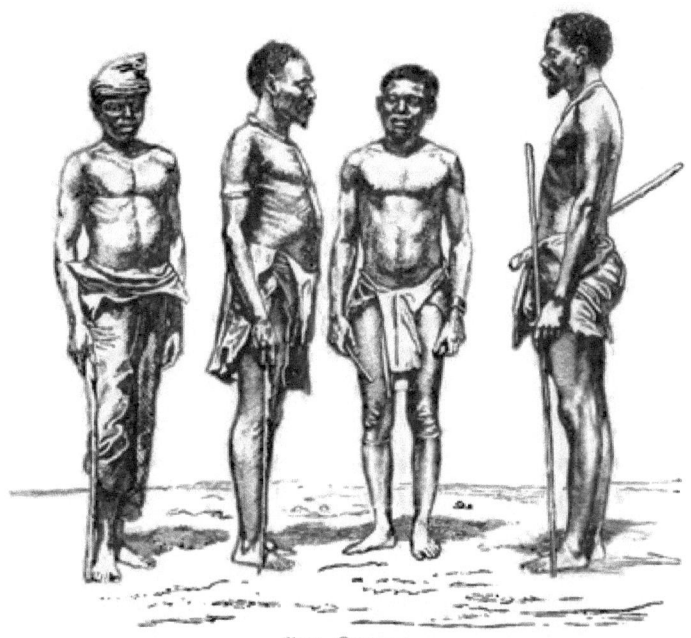

Berg-Damara.

Pluralbezeichnung), gelangt; an den Berg-Damara dagegen ist
das Schimpfwort haften geblieben. Bergbewohner sind sie schon
seit jenen Zeiten, als sie noch allein im Verein mit den Buschmännern das Land inne hatten, in dessen Ebenen diese sich hielten,
während die Gebirge den Damara gehörten. Sie selbst nennen
sich !Hau-khoin, was in der Namasprache, die sie sprechen,
„wahre Menschen‟ bedeutet.

Jedenfalls sind die Berg-Damara, die Stiefkinder des Geschickes,
allen Interesses wert. Am nächsten verwandt sind sie mit den
Ambo, sodaß es kaum gewagt ist, sie als deren versprengten

Vorschwarm zu betrachten. Von den Herero unterscheiden sie sich durch einen mehr gedrungenen, aber wohl proportionierten Körperbau und durch eine dunklere Hautfarbe. Während jene die Farbe gekochter Schokolade haben, sind die Berg-Damara fast schwarz. Sie heißen daher auch bei den Herero Ovosorotua, die „schwarzen Rechtlosen". Ihre Züge sind zwar meist, wie die der Ambo, ziemlich grob geschnitten; doch trifft man auch gar nicht so selten Personen unter ihnen, welche überraschend schöne Körperformen mit ansprechendem Gesichtsausdruck ver= binden.[1] In ihrem ganzen Wesen zeigen sie etwas Gewandtes und Freies; sie haben nichts von der plumpen Anmaßung, mit welcher der Herero selbst Europäern zu begegnen sich mitunter erdreistet; sie sind bescheiden, dienstwillig und anstellig. Ihre Klei= dung ist die denkbar einfachste: ein kurzer lederner Schurz genügt ihnen, höchstens daß die Weiber dazu noch einige billige Perlen= schnüre umhängen, wenn sie deren bei ihrer Armut erschwingen können. An Ausdauer und Abhärtung fehlt es ihnen nicht; ein Marsch von zwanzig Stunden verschlägt ihnen wenig; eine steinharte Brotrinde und einige Blätter Tabak ist ihnen dazu ausreichende Ausrüstung.

Als Nahrung ist den Berg-Damara alles recht, was nur irgend genießbar ist; zerklopfte Wurzeln, Beeren, Früchte, was sie nur erlangen können. Das fade=süßlich schmeckende Gummi arabicum gilt ihnen als Delikatesse. Käfer und Heuschrecken ersetzen ihnen das Fleisch. Die fleißigen Ameisen tragen in der Steppe als Wintervorrat allerlei Grassamen in ihren Bauten zusammen. Nach Regenwetter legen sie ihren Getreidevorrat vor den Bauten sorgsam zum Trocknen aus, um ihn abends wieder heimzutragen. Aber dann hat schon längst der hungrige Da= mara ihn erspäht, gräbt mit einem spitzen Stocke die Bauten aus und nimmt den Ameisen ihre Vorräte ab: das ist seine Kornernte.

Aber auch sonst trägt die Steppe ihm Frucht. Da wachsen in manchen Gegenden die Djozen, kleine zwiebelartige Gewächse, deren Knollen, wenn sie reif sind, etwa die Größe einer kleinen Kirsche erreichen. Dann werden sie von den Damara mit dem Grabstocke aus der Erde geschart, in der Asche gebraten und entweder gleich frisch und warm abgeschält und gegessen, oder

---

[1] Bernhard Schwarz, Im deutschen Goldlande, S. 87.

zu Mehl gestampft und aufbewahrt. So weiß der Damara zu
ernten, ohne gesäet zu haben. Ist die Ernte besonders ergiebig
ausgefallen, so kommt es ihm auch nicht darauf an, einen oder
zwei Tagemärsche weit zu wandern und seinen Überfluß in
Otjimbingue oder sonstwo zu verkaufen. Freilich erhält er für
einen Fellsack mit etwa 10 Liter Ojozen nur ein ungegerbtes
Schaffell, das einen Wert von etwa 50 Pf. hat. Aber er ist
nun doch im stande, sich den geliebten Tabak zu kaufen. Denn
die Damara sind alle, Männer wie Weiber, leidenschaftliche
Raucher, manche auch Schnupfer. Als Pfeife genügt ihnen ein
hohler Schafsknochen. Freilich, wenn sie es sich leisten können,
rauchen sie auch Dacha, Hanf, aus Wasserpfeifen, was sie von
den Nama gelernt haben; dabei schlucken sie den Rauch hinunter,
bis sie, völlig betäubt, bewußtlos zur Erde sinken.

Manche vermieten sich auch als Gesinde; namentlich auf den
Werften der Bastards findet man häufig Damara als Knechte
und Mägde. Den Herero und Nama dienen sie gewöhnlich als
Hirten; an den Fehden ihrer Herren nehmen sie niemals teil,
sondern warten gemächlich das Ende des Kampfes ab und
treiben dem Sieger die Herden zu. Dabei pflegt denn wohl ein
und das andere Schaf zu verschwinden, auch wohl einmal ein
Rind, das sie in aller Stille sich braten und verzehren. Aber
den ergiebigsten Ertrag muß ihnen doch die Einfalt der Leute
liefern. Sie kennen allerlei heilsame Kräuter und tödliche Gifte,
sie verstehen sich auch darauf, Kranken auf geheimnisvolle Weise
aus den schmerzenden Gliedern die Melonen= oder Kürbiskerne
wieder herauszusaugen, die irgend ein boshafter Feind ihnen
dahinein gezaubert hat; manche haben es sogar in Wunderkuren
so weit gebracht, daß sie ganze lebendige Schlangen dem Patienten
aus dem Rücken oder den Beinen heraussaugen.

Bei dem schweifenden Zigeunerleben, das die Damara, in
Laubhütten und Felsklüften familienweis wohnend, von aller
Welt mißachtet und verfolgt, führen, ist es schwer, ihre Zahl
abzuschätzen. Die Schätzungen schwanken demnach zwischen
25 000 oder 30 000 und 50 000. Indessen wo ihnen Sicherheit
des Lebens und ihres geringen Eigentums sich bietet, wie in
Wilhelmsfeste, siedeln sie gern sich dauernd an und werden bei
ihrer körperlichen Kräftigkeit und geistigen Gewecktheit bald
brauchbare Arbeiter, die singend und scherzend ihre Arbeiten

verrichten. Aber sie verlangen freundliche Behandlung und nach Feierabend volle Freiheit, um dann ihres Lebens von Herzen froh zu werden. Die Damara, darf man erwarten, werden dermaleinst die besten Gehülfen der deutschen Siedler sein. Denn das ist klar, daß durch Anlegung von Stauwerken in den Fluß-thälern neben der Viehzucht auch ein ausgiebiger Ackerbau sich wird ermöglichen lassen.

Im Norden indessen, sowohl im nördlichen Hererolande wie im nördlichen Kaoko, wo sie in größerer Anzahl wohnen, leben sie auch in Gemeindeverbänden, die von Häuptlingen regiert werden; aber auch hier legen sie ihre Niederlassungen mit Vorliebe auf schwer zugänglichen Felsbergen an. In diesen fehlt es jedoch keineswegs an allerlei Annehmlichkeiten des Wohnens und Lebens, welche beweisen, daß die außerordentliche Bedürfnislosigkeit, welche den Damara sonst auszeichnet, ledig-lich durch die Umstände ihm aufgezwungen ist. Selbst Herden von Rindern und Kleinvieh halten sie sich hier und bauen sich ihren Bedarf an Hanf. Mit den Ambo, ihren nächsten Nachbarn, unterhalten sie zudem einen regen Verkehr, wie es den fried-lichen Neigungen beider Stämme entspricht. Hier ist ihnen zu-statten gekommen, das ihre früheren Überwinder, die Topnas, im Laufe der Zeit völlig entkräftigt und bis auf wenige Hundert zusammengeschmolzen sind.

Häufig trifft man mit den Damara, wenn auch nur zeit-weise, zusammenlebend, die Buschmänner, welche in noch größerer Vereinzelung als diese in Horden und Familien zersprengt, ohne Habe, vogelfrei für jedermann, außerhalb der Wohnsitze geschlossener Stämme hausen. Ihre Hand ist gegen jedermann und jedermanns Hand ist wider sie. Freilich sind sie ein Jägervolk, das weite Jagdgründe braucht, um existieren zu können, und das sich in kleine Trupps teilen muß, da volkreiche Gemeinden das Wild verscheuchen. In größerer Anzahl leben sie daher auch nur im Norden des Hererolandes, in der nörd-lichen Kalahariseppe bis gegen den Ngami-See hin und im ‖Karas-Gebirge; und auch nur in diesen Gegenden giebt es die Anfänge staatlicher Gemeinschaft bei ihnen, indem sie das einflußreichste Familienhaupt als ihren „Kaptein" anerkennen. Denn ihr un-gezähmter Freiheitsdrang erträgt nur mit Mühe selbst eine gelinde Beschränkung des Eigenwillens.

„Buschmänner" sind sie von den alten holländischen Kolonisten
des Kaplandes genannt worden; sie selbst nennen sich Sān
(Sing. Sāb). Ihre nächsten Stammesverwandten sind die Hottentotten; und im allgemeinen, kann man sagen, macht ein Sab den
Eindruck eines schmutzigen und verkommenen Namab. Ihre Sprache
ist auch unzweifelhaft mit derjenigen der Nama nahe verwandt;
doch haben die San nicht 4, sondern 6 Schnalzlaute und legen
beim Zählen nicht das System der 10, sondern das der 5 zu
Grunde. Indessen die Dialekte ihrer verschiedenen Stämme
weichen so stark voneinander ab, daß z. B. ein ‖Ai Sab vom
Ngami-See nur schwer einen ǂ Au Sab versteht.

Von Gestalt sind die Buschmänner klein; 50 gemessene
‖Ai San hatten als Mittelgröße nur 157 cm, die sogar bei
anderen Stämmen für den erwachsenen Mann bis auf 144 cm
herabsank. Hände und Füße sind klein, aber ziemlich breit, der
Daumen stets auffallend kurz. Die Gesichtsform ist meist viereckig, die Stirn schmal, Stirnhöcker und Backenknochen stark
vortretend. Die Glieder sind dürr, der ganze Körper mager,
nur der Bauch ragt stark vor. Im Knochenbau weichen die
Weiber kaum von den Männern ab. Die Haare sind büschelförmig verfilzt, jedoch weniger auffallend als bei den Nama.
Die Hautfarbe ist dunkler als die der Nama, doch viel lichter
als die der Herero; freilich ist es schwer, darüber zu entscheiden,
da den Sab stets eine ekle Schmutzkruste bedeckt. „Dreck wärmt",
meinen sie zur Entschuldigung. Daher mag es denn auch wohl
kommen, daß ihre lederartig trockene Haut eine breitrissige
Fügung zeigt und früh sich faltet und runzelt.

Fast möchte man meinen, daß der Schmutz dem Buschmanne
die Kleidung ersetzt. Denn was er außerdem trägt, genügt
nicht für das rauhere Klima der Berge. Die Männer ziehen
ein durch Recken und Klopfen weich gemachtes Steinbocksfell
zwischen den Schenkeln durch; die Weiber gürten sich mit einem
Jakal aus gegerbtem Leder, der den Unterleib bis zu den Knien
bedeckt. Besitzen sie außerdem noch eine Karoß, so machen sie
einen Tragmantel daraus, in welchem sie ihre kleinen Kinder
tragen. Als Schmuck reihen sie Pflanzensamen oder Stückchen
von Straußeneiern auf Sehnen; beliebt sind auch blaue und
gelbe Perlen aus Europa.

Die Buschmänner sind Jäger: das ist der Inbegriff ihres

Lebens. Und unverkennbar ist ihre Begabung für das Jäger=
leben. Ihre Sinne sind sehr scharf, und ganz genau kennen sie
alle Hülfsmittel, welche die Natur ihnen bietet. Ihre Ausdauer
ist groß; im Ertragen aller Strapazen sind sie geübt. In langer
Linie im Zickzack laufend, suchen sie das Feld nach der Wildspur
ab. Selbst das geringste Anzeichen entgeht nicht ihrer Beobachtung.
Das aufgespürte Wild jagen sie, ebenso schnellfüßig wie das=
selbe, aber ausdauernder in stundenlanger Hetze, bis es erschöpft

Buschmänner von der Grenze der Kalahari.

zusammenbricht; oder sie treffen es mit ihren Giftpfeilen und
lassen es laufen. Dann geht es sicher nach einigen Stunden ein
und wird ihre bequeme Beute. Ein Straußenfell umgehängt,
mischen sie sich unter die grasenden Strauße, täuschend alle
Bewegungen des scheuen Vogels nachahmend, bis sie nahe genug
sind, um den stattlichsten Hahn zu erlegen. Oder sie beschleichen
nachts die Herden der Herero und treiben lautlos ein Rind oder
wenigstens ein Schaf weg. Dann haben sie Überfluß für einen
oder zwei Tage, bis die alte Not zurückkehrt. Denn das Jäger=

leben macht sie ganz vom Zufall abhängig; und diese Unsicher=
heit des Unterhaltes läßt ihnen keine Zeit für edlere Arbeit.
Die Jagd hält sie in ihrer Zersplitterung fest; ja sie erlaubt
ihnen nicht einmal feste Wohnungen. In der That besitzt auch
der Buschmann keine Hütte; er schläft in Felsenritzen, unter
überhängenden Steinen oder in der verlassenen Grube eines
Ameisenbären. Dabei rollt er sich, da seine Lendenkreuzwirbel
eine außerordentliche Gelenkigkeit besitzen, eng wie eine Schlange
zusammen. Nur in ganz offener Gegend baut er wohl einmal
aus Zweigen und Fellen sich ein dürftiges Obdach. Selbst den
Häuptling der M'kabba am Ngami=See, einen kleinen Kerl von
125 cm Höhe, fand Farini[1] in einem in die Erde gegrabenen
Loche wohnen, über welchem die Zweige zweier daneben stehender
Gebüsche zusammengebunden waren.

Wichtiger als die Wohnung ist dem Sab=Jäger sein Schieß=
zeug. Der Bogen ist länger als er selbst; er besteht aus einem
mäßig gebogenen Stabe harten Holzes. Der Köcher, aus Baum=
rinde gefertigt und mit ledernem Boden und Deckel versehen,
enthält etwa 30 Rohrpfeile, einen Stein zum Schärfen der Pfeil=
spitzen, ein pinselartig zerfasertes Holzstück, um damit das Gift
auf die Pfeile aufzutragen, und die Feuerhölzer zum Feueran=
machen. Die Pfeile bestehen aus einem fingerdicken Rohrschaft,
in dessen oberes Ende eine Spitze aus Knochen oder Eisen ein=
gesetzt ist. Hinter die Widerhaken dieser wird das Gift gestrichen;
denn nur vergifteter Pfeile bedient sich der Buschmann. Er ge=
winnt das Gift aus dem Eingeweidesaft einer Käferlarve oder
aus der Giftblase von Schlangen oder aus dem Saft der Eu=
phorbia virosa. Diese Wolfsmilchart läßt aus jeder Verletzung
reichliche Milch ausfließen, welche nach dem Verharzen am Rauch=
feuer zu schwarzen Pillen gedreht wird, deren jede an ein Holz=
stäbchen gespießt wird. Diese Pillen gelten für sehr wertvoll;
für eine Ziege erhält man ihrer nur 20. Auf 200 Schritt schießt
der Buschmann seine Giftpfeile; bis zu 80 Schritt trifft er sicher,
und dann ist jede Wunde tödlich. Daher ist ihm neben seinem Schieß=
zeuge der Keulenstock, Kirri, den er mit faustgroßem Knopfe aus
dem harten Akazienholze schnitzt, nur von untergeordnetem Werte.

Auch auf das Familienleben der San wirft das Jägerleben

---

[1] Farini, Durch die Kalahari=Wüste, S. 246.

seine tiefen Schatten. Bei den Herero, wenigstens bei den wohl=
habenden unter ihnen, herrscht unbegrenzte Vielweiberei; dem
Berg=Damara gesellt sich nur ein Weib; der Buschmann hat ge=
wöhnlich deren mindestens zwei. Kaufen kann er sie freilich
nicht, denn er besitzt nichts. Hat er sie aber durch Werbung
gewonnen, so sind sie ihm zu=
gleich Dienerinnen und Last=
tiere. Es ist ein trauriges
Bild, wenn diese mageren,
runzligen Weiber mit den
häßlich an Armen und Bei=
nen hervortretenden Gelen=
ken, mit Kindern, Kochgeschirr
und Vorräten beladen, hin=
ter dem Manne einherziehen,
der nichts als seine Waffen
trägt. Und dazu erfahren
sie die rohesten Mißhandlun=
gen von ihm, die nicht selten
zum Tode führen. Werden
sie krank oder schwach, so
läßt er sie ohne weiteres zu=
rück: sie mögen verschmachten
oder den Schakalen zum Fraße
werden. Auch alte Leute, die
den Jagdstreifereien nicht
mehr zu folgen vermögen,
läßt der Buschmann in der
Einöde zurück. Eine Schale
mit Wasser, ein Streifen
Dörrfleisch, ein paar Wur=
zeln wird ihnen gereicht;
dann zieht die Familie weiter.

Buschmann auf der Straußenjagd.

Auch kleine Kinder, die dem Vater lästig fallen, werden kurz=
weg ausgesetzt.

Da ist es denn freilich zu begreifen, daß der Buschmann
sich nichts daraus macht, dem geraubten Vieh, das er nicht fort=
treiben kann, die Sehnen der Fersen gefühllos zu durchschneiden,
damit es vor Schmerz und Durst zu Grunde gehe.

Livingstone gegenüber rühmte sich ein Sab, bei dem Über-
falle eines anderen San-Stammes fünf Feinde niedergemacht zu
haben. „Zwei", zählte er an den Fingern her, „waren Weiber,
einer ein Mann und zwei Kälber (Kinder)." „Welch' ein Schurke
seid Ihr", erwiderte Livingstone entrüstet, „daß Ihr Euch rühmt,
Weiber und Kinder Eures eigenen Volkes getötet zu haben! Was
wird Gott sagen, wenn Ihr einst vor ihm zu erscheinen habt?"
„Er wird sagen, daß ich ein tüchtiger Kerl war!"

Eine solche wahrhaft niederträchtige Gesinnung bewirkt natürlich, daß die Buschmänner bei allen verhaßt sind, die mit
ihnen in Berührung kommen. Ein Zulukaffer, wird erzählt, der
in einem Hause einen Buschmann als Diener angestellt fand,
glaubte sich den Dank des Herrn dadurch zu erwerben, daß er,
ohne auch nur ein Wort zu sagen, die nichtswürdige Kreatur
niederstach. Selbst seine Götter glaubt der Buschmann sich abhold. Wenigstens wird man kaum je einen Sab finden, dem
nicht das erste Glied — manchen auch mehrere — des kleinen
Fingers der linken Hand fehlte. Sie schneiden es sich ab, um
es als Sühne der grollenden Gottheit darzubringen. Zumal
wenn Krankheit sie befällt, thun sie es, da sie meinen, daß
mit dem Blute zugleich der Krankheitsstoff ihnen aus dem
Leibe rinne.

In Aufregung versetzt, verliert der Buschmann alle Überlegung. Auch sonst schon den Impulsen des Augenblicks erliegend,
schwindet ihm dann jegliche Erwägung der Folgen. Mit einer
Tollkühnheit, die an Wahnwitz grenzt, stürzt er in der Erregung
sich in die Gefahr. Mit seinem elenden Bogen stellt er bewaffneten Europäern sich entgegen; waffenlos stürzt er sich auf den
Schakal und hält die Bestie an der Zunge fest. Das macht ihn
mit Recht gefürchtet, und man kann nur zweifeln, ob er bei den
Nachbarvölkern mehr verhaßt oder mehr gefürchtet sei. Die Ansiedler in der Nähe von Buschmannsgebieten schlagen jeden Baum
und Strauch in der Nähe ihrer Wohnungen nieder, um vor dem
Anschleichen der Buschmänner, die kein Erbarmen kennen, sich zu
sichern. Ja die alten holländischen Kolonisten am Vaal veran-
stalteten in früheren Jahren nicht selten gemeinschaftliche Treib-
jagden auf die Buschmänner und schossen jeden Mann nieder,
ihnen vor die Büchse kam.

Seitdem indessen hat sich die Zahl der Buschmänner sehr

vermindert; innerhalb des deutschen Gebietes mag sie noch 7—10000 betragen, stetig mehr einschwindend. Anderwärts hat man wohl beobachtet, daß die Gaben der Civilisation wilden Völkern verhängnisvoll werden, indem sie ihr Leben in neue Bahnen weisen: von den Buschmännern kann man sagen, daß sie untergehen, weil sie jeglicher Civilisierung mit unzähmbarer Wildheit widerstreben.

Litterarische Nachweisung.

Ch. J. Andersson, Reisen in Südwestafrika bis zum See Ngami. 2 Bde. Leipzig 1857—58.

B. Schwarz, Im deutschen Goldlande. Berlin 1889.

—— Otjimbingue, ein Städtebild (Deutsche Kolonialzeitung, 1889, S. 124).

Serpa Pinto, Wanderung quer durch Afrika, II. Bd. Leipzig 1881.

C. W. Wegner, Aus Deutsch-Afrika! Leipzig 1885.

J. Olpp, Angra Pequena und Groß-Nama-Land. 1884.

C. G. Büttner, Das Hinterland von Walfischbai und Angra Pequena. 1884.

—— Ackerbau und Viehzucht in Südwestafrika. Leipzig 1885.

—— Über die Eröffnung von Wegen in Südwestafrika (Mitteilungen von Forschungsreisenden und Gelehrten aus den deutschen Schutzgebieten, herausgegeben von Freiherr von Danckelman, II, S. 180).

—— Die Missionsstation Otjimbingue (Zeitschrift der Gesellschaft für Erdkunde in Berlin, 1885, 1. Heft).

F. Fabri, Angra Pequena und Südwestafrika. Elberfeld 1884.

F. M. Stapff, Notiz über das Klima von Walfischbai (Deutsche Kolonialzeitung, 1887).

—— Karte des unteren !Kuisebthales (Petermanns Mitteilungen, 1887, S. 202).

—— Das untere !Kuisebthal und sein Strandgebiet (Verhandlungen der Gesellschaft für Erdkunde zu Berlin, 1887, 1. Heft).

H. Schinz, Durch Südwestafrika (Verhandlungen der Gesellschaft für Erdkunde zu Berlin, 1887, 7. Heft).

A. Schenck, Die geologische Entwickelung Südafrikas (Petermanns Mitteilungen, 1888, S. 225).

—— Das deutsche südwestafrikanische Schutzgebiet (Verhandlungen der Gesellschaft für Erdkunde zu Berlin, 1889, 3. Heft).

—— Das Gebiet zwischen Angra Pequena und Bethanien (Petermanns Mitteilungen, 1885, S. 132).

R. Marloth, Reisen in Deutsch-Afrika (Deutsche Rundschau, 1887, Dezember und 1888, Januar).

Freiherr von Steinäcker, Aus dem südwestafrikanischen Schutzgebiet (Petermanns Mitteilungen, 1889, S. 89).

Berichte des Lieutenants E. Hermann, Ein Ritt durch das südwestafrikanische Küstengebiet (Deutsche Kolonialzeitung, 1888, S. 233) und Aus Südwestafrika (Ebenda, 1889, S. 201).

Pechuel-Lösche, Zur Bewirtschaftung Südwestafrikas (Deutsche Kolonialzeitung, 1888, S. 253).

Tsaobis (Deutsche Kolonialzeitung, 1889, S. 351).

Bericht des Dr. Gürich, Die wissenschaftliche Bestimmung der Goldfundstellen in Deutsch-Südwestafrika (Ebenda, 1889, S. 81).

———

Deutsches Kolonialblatt, Amtsblatt für die Schutzgebiete. 1890.

H. Roskoschny, Südafrika bis zum Sambesi und Kap Frio.

F. Ratzel, Völkerkunde, I.

S. 229.

Sansibar von der Seeseite.

Fünftes Kapitel.

Deutsch-Ostafrika.

---

1. Sansibar: Stadt und Insel.

Wie eine niedrige dunkelgrüne Linie stellt die ostafrikanische Küste dem Nahenden sich dar. Um den 6.° nördl. Br. bildet sich eine flache Einbuchtung, als deren Abschluß gegen den freien Ocean hin die langgestreckte schmale Insel Sansibar erscheint. In dieser Lage liegt ihre Bedeutung. Denn aus dem ganzen weiten, von den großen ostafrikanischen Seen umgürteten Gebiete streben die Handelsstraßen, den kürzesten Weg zum Meere suchend, jener Einbuchtung zu: und die Insel beherrscht diese, Sicherheit mit Zugänglichkeit einend. Daher ist denn auch das Antlitz der Insel dem Festlande zugekehrt: auf der Ostseite liegen nur einige unansehnliche Dörfer, auf der Westseite aber, so ziemlich die ganze Bevölkerung der Insel in sich fassend, die Stadt Sansibar.

Höchst stattlich breitet die mehr als 80000 Einwohner zählende Stadt Sansibar, nur wenig über das Meer sich erhebend, vor dem Landenden sich hin. Tausend Lichter flimmern abends am Strande; in der Mitte erhebt sich ein hoher, viereckiger Turm, mit vielen Lichtern besetzt, und von seiner Spitze leuchtet weit über das nebligverschleierte Land und über das glitzernde Meer ein mächtig strahlendes elektrisches Licht. Und bei Tage dann reihen sich in kaum absehbarer Flucht die weißen Paläste am Meere entlang aneinander; hie und da stehen grüne Büsche davor, und im Hintergrunde erheben sich nickende Palmenwedel. Den Mittelpunkt des freundlichen Bildes bildet der neue, ansehnliche Palast des Sultans, vor welchem jener viereckige Leuchtturm aufragt. Daneben steht der alte Sultanspalast, dem die grünen

Fensterjalousien ein bürgerlich-behagliches Ansehen geben. An
diesen fügt sich über eine Straße das Gebäude der Sultansfrauen.
Diese Paläste umschließen mit dem Marstall des Sultans und
der Schloßwache einen nicht sehr großen Platz, auf welchem die
Paraden über die Armee des Sultans abgehalten werden. Hier
ragt auch der Mast empor, welcher die rote Flagge des Sultans
trägt. Ein wenig weiter nach Süden erheben sich die massiven
Mauern der alten Festung, um welche einst blutige Kämpfe
zwischen den Arabern und den Portugiesen geführt worden sind.
Weiterhin ziehen sich dann die europäischen Konsulate und Han-

delshäuser am Strande hin, alle im arabischen
Stile gebaut, große, fensterreiche Vierecke mit
flachen Dächern, im Innern einen großen Hof
umschließend, voller Gänge und Treppen.

Auf dem Paradeplatz entfaltet sich gewöhnlich Freitags die ganze Streitmacht Sansibars.
Da ist zunächst die Leibgarde des Sultans, drei
Compagnien Infanterie und etwa 20 Kavalle-
risten. Wie die slowakischen Kesselflicker sehen
in ihren grauen Uniformen diese Belutschen
mit ihren scharfgeschnittenen Zügen und ihrem
glänzend schwarzen, strähnigen Haar aus. Sehr
viel kraftvoller und straffer erscheinen die Re-
gulären, 6 Compagnien stark, fast durchweg
schwarze Suaheli. Ihre Uniform ist weiß;
alle sind mit einem guten Hinterlader und
einem Säbel bewaffnet. Sie versehen den
Polizeidienst in der Stadt und sorgen auf

Belutsche.

das beste für die öffentliche Sicherheit. Endlich die Irre-
gulären, spottweis die „Flöhe" (Viroboto) genannt. Sie stammen meist aus Südarabien, haben sich selbst zu bekleiden und zu
bewaffnen und üben den Polizeidienst in der Nähe des Sultanspalastes. Ihre Schwerter schwingend, führen sie bei den Paraden unter dem Gesange wilder arabischer Kriegslieder die hüpfen-
den Tänze auf, welche den Namen Viroboto ihnen eingetragen
haben. So phantastisch sie erscheinen, gelten sie doch für tapfere
Soldaten.

So mischen sich, jedoch ohne daß die Eigenart untergeht, in
der Armee die Völker. Nicht anders ist es mit der ganzen Be-

völkerung: der Verkehr mengt fort und fort Asiaten und Afri=
kaner durcheinander; aber doch lebt jedes Volk für sich. Darin
liegt für den Beobachtenden gewiß ein besonderer Reiz.

Das dichteste Völkergewühl zeigt schon am frühen Morgen
der Markt unweit des Forts. Hierher ziehen schon in aller
Frühe von den Pflanzungen im Innern der Insel lange Reihen
von Sklaven; sie tragen auf ihren Köpfen Gemüse und Früchte
herbei, oder bringen Ziegen und Rindvieh zum Verkaufe. Bald
erfüllt den kleinen Platz eine undurchdring=
liche Menschenmenge; das Schreien und Lär=
men ist unbeschreiblich. An den Häuserreihen
entlang haben arabische Händler ihren Stand,
Waffen oder Kleidungsstücke feilbietend: oder
ein Inder preist seine feinen Silberarbeiten
an. Zuzeiten drängt sich durch die lachende
und schwatzende Masse der Wasuaheli auch eine
Gruppe selbstbewußter Somal, die der Handel
vorübergehend hergeführt hat. Der intelligente
Gesichtsausdruck und die mächtige, braune
Haarperrücke macht sie leicht kenntlich und ihr
ganzes stolzes Auftreten sondert sie scharf von
dem gutmütig=fröhlichen Neger. Sehr gut paßt
auch der Araber mit seinen wallenden Gewän=
dern und der buntgekleidete Inder in das far=
benreiche Durcheinander; nur der Europäer in
seiner knappen weißen Kleidung mit dem un=
schönen Korkhelm auf dem Kopfe erscheint
fremdartig in der Menge.

Somal.

Ungudja, welches seine arabischen Herren
die „schwarze Gegend“ (seng=bar d. i. Sansibar)
nennen, liegt um eine lange, schmale, zur Ebbezeit teilweis
trockene Lagune herum, welche von dem Körper der Insel den
westlichen dreieckigen Vorsprung fast ganz abtrennt. Dadurch
wird die Stadt in drei deutlich voneinander geschiedene Quar=
tiere gesondert. Auf der dreieckigen Halbinsel liegt Schangani,
das Araber=Viertel, auf der andern Seite der Lagune das
Neger=Viertel Ngambo und nordwärts davon am Eingange
der Lagune das indische Viertel Malindi. Aber sein Antlitz
kehrt Schangani westwärts dem freien Meere zu, sodaß Malindi

und Ngambo nur als die Hinterorte des stärkeren Bruders erscheinen.

In das Kap Schangani laufen die beiden Seefronten von Schangani aus: stattliches Ansehen, regen Schiffsverkehr zeigt die eine, gegen Nordwesten gerichtet, als deren Mittelpunkt der Sultanspalast sich geltend macht; stilleres Leben, mehr ländlichen Charakter bietet, gegen Südwesten schauend, die andere, an der wir, etwas südöstlich vom Kap, die schwarzweißrote Flagge vom Dache des deutschen Konsulates wehen sehen. Hinter dieser Frontlinie hin zieht sich eine vortreffliche Chaussee; der Küste ziemlich gleichlaufend, überschreitet sie auf einem festen Damme die Lagune und führt aus der Stadt hinaus zu den Schambas des Sultans. Man begegnet hier mitunter dem Karossenzuge, in welchem sich, von berittenen Belutschen eskortiert, nächtlicher Weile die Sultansfrauen aus der Stadt nach dem einen oder andern dieser Landgüter begeben.

Wie eine Coulissendekoration sind die stattlichen, weißgetünchten Häuser der Seefronten dem eigentlichen Quartier Schangani vorgebaut. Betreten wir vom Markte aus, auf den mehrere Straßen münden, die Binnenstadt, so umfängt uns gleichsam eine andere Welt. Ganz enge Gassen ziehen sich in labyrinthischen Windungen zwischen den Häusern hin, deren größter Teil Lehmhütten sind, mit Palmenwedeln gedeckt. Mitunter unterbricht die Reihe ein arabisches Haus, aus Korallenkalk aufgebaut, mit flachem Dache. Die Moscheen sind unansehnlich; man erkennt sie meist nur daran, daß man darin auf den Bastmatten des Fußbodens die Beter knien sieht. Gar nicht selten fügt sich eine malerische Ruine in die Reihe, halb eingestürzte Mauern, von üppigem Grün umrankt. Doch sind sie keineswegs ein Zeichen des Verfalls, sondern eher der Pietät. Denn wenn der Bauherr während des Hausbaues stirbt, so wird als Zeichen der Trauer der Weiterbau aufgegeben, und der Sohn baut auf einer anderen Stelle sich an. Die verschiedenen Gewerbe, ja die verschiedenen Verkaufsartikel sondern sich nach Straßen und Häusergruppen. Wir werden in das deutsche Mittelalter versetzt, wenn wir in dieser Straße nur Klempner, in jener nur Kupferschmiede wohnen finden. Eine Straße für sich nehmen die Manufakturisten, eine andere die Spezereihändler ein; in dieser Straße giebt es nur Gemüse und Früchte, in jener nur Betelnüsse, in einer

andern nur Fische zu kaufen. Nur die lange, krumme Bazar=
straße, in welcher sich Hunderte von kleinen Inderläden befinden,
zeigt größere Mannigfaltigkeit. Hier ist darum auch das Ge=
treibe am dichtesten. Zu reiten ist in diesen engen Gassen be=
schwerlich; man sieht daher auch nur selten ein Pferd oder einen
Reitesel in ihnen; alles geht zu Fuß. Mit Würde schreitet hier
ein vornehmer Araber durch die fröhliche Menge der dunkelfar=
bigen Wasuaheli; dort steht eine Gruppe bewaffneter Somal miß=
trauisch vor einem Laden, mit Verachtung auf den gelben Inder
hinabblickend, der sie einzutreten einladet. In kurzem Trabe
tragen zwei stämmige Wanjamuesi=Sklaven eine schwere Last an
schwanker Stange vorüber: „Simile!" rufen sie keuchend, daß
man ihnen ausweiche. Dort kommt eine Reihe von Sträflingen,
durch Ketten aneinander geschlossen, die Straße herabgezogen,
schmutzige, abgerissene Gestalten, aber mit guter Laune in ihr
Schicksal ergeben. Scherzworte rufen sie den Sklavinnen zu, die
hoch aufgerichtet, ihre Lasten auf dem Kopfe tragend, leichten
Schrittes zur Schamba zurückkehren.

Eine mächtige, steinerne Brücke schwingt sich über den schmalen
Eingang der Lagune hinweg und führt von Schangani nach Ma=
lindi, dem nördlichsten Stadtviertel, das auch Madagascar=Town
genannt wird. Malindi ist das Quartier der Inder; in Schan=
gani der übrigen Bevölkerung beigemischt, wohnen sie hier unter
sich. Der Mehrzahl nach sind sie Hindi, d. h. Mohammedaner;
diejenigen, welche Buddhisten sind, werden Banianen genannt.
Diese pflegen, während die Hindi sich in Sansibar heimisch
machen, ihre Familien in der indischen Heimat zurückzulassen,
da sie selbst dorthin zurückkehren, sobald sie sich genug erworben
haben. Denn Erwerb ist das Streben aller; sie beherrschen den
Handel und haben die meisten Gewerbe in Sansibar an sich ge=
bracht. Freilich ist der Erfolg ein sehr verschiedener: man sieht
indische Millionäre mit kostbaren Rassepferden nach ihrer Schamba
hinausfahren und andere Hindi als Barbiere oder Hausierer
kümmerlich um ihre Existenz kämpfen.

In der breiten Straße, aus welcher eigentlich allein Ma=
lindi besteht, drängt sich Laden an Laden; alles was irgend einen
Preis hat, ist hier aufgestapelt: Lebensmittel, Zeuge, Messer,
Perlenschnüre. Im Hintergrunde des Ladens hockt die ganze
Familie des Hindi den lieben langen Tag; nur das Essen wird

hier vor den Augen der Welt nicht eingenommen. Dazu ziehen
sich alle in die dunklen, hinteren Schlafräume des Hauses zurück, in welche dem Fremden nie Zutritt gewährt wird: mit
Recht, denn hier, wo auch gekocht wird, starrt alles von Schmutz
und üblen Gerüchen. Nur manchmal, wenn es dem Inder doch
zu arg wird, wirft er den Unrat auf die Straße. Allein durch
seine große Genügsamkeit bringt der Inder doch in der Regel
sich vorwärts: natürlich auf Kosten des unbedachten und leicht-
herzigen Negers. Denn gegen Abend, wenn die Neger von ihrer
Arbeit aus der Stadt heimkehren, pflegen sie noch in Malindi
einzusprechen. Dann entwickelt sich hier ein lebhaftes Treiben,
bei dem der geriebene Inder es versteht, mit glatten Worten
dem Neger einen guten Teil des verdienten Lohnes meist für
allerhand nichtigen Tand abzunehmen.

Durchweg einen freundlichen Eindruck macht dagegen Ngambo,
das Neger-Viertel, welches jenseit der Lagune sich hindehnt.
Sauber und reinlich ziehen zwischen den Hütten der Neger sandige Pfade sich hin, beschattet von schwankenden Kokoswedeln
oder von den mächtigen Kronen dunkellaubiger Mangobäume.
Die Hütten bestehen nur aus fest verbundenem Ast- und Latten-
werk, dessen Wandflächen mit Lehm ausgestrichen sind. Das
weit vorspringende Dach wird aus geflochtenen Palmwedeln oder
aus Schilf gefertigt, dicht genug, um jeden Regenguß abzuhalten.
Hie und da fügt sich dazwischen ein kleiner indischer Laden „für
alles" oder eine Garküche, der Fischgerüche nicht der besten Art
entströmen.

Den ganzen Tag herrscht in Ngambo fröhliches Leben.
Scherzende Gruppen dunkelfarbiger Wasserträgerinnen durchziehen
die schattigen Alleen und aus den Hütten rufen allerliebste Kinder mit blitzenden Augen übermütig ihren Gruß „Jambo!" uns
zu. Singend hissen am Brunnen die Weiber den Kübel empor
mit Neckereien und Schabernack, bis denn doch einmal eines ins
Wasser fällt, aber unter allgemeinem Jauchzen wieder ans Tageslicht befördert wird. Und wenn abends die Trommel zum Ngoma-
Tanze ladet, dann ist bald hier und dort ein Kreis versam-
melt. In trippelnden Sprüngen bewegen die Tänzer sich im
Kreise und singen dazu ihre einförmigen Lieder mit schwermü-
tigem Tonfall, die durch den weichen Klang ihrer Sprache einen
eigenartigen Reiz bekommen. Senkt sich alsdann mit hellem

Mondſcheine die Nacht herab, ſo wird der Tanz immer lebhaf=
ter und das Bild immer bewegter, bis endlich der grauende
Morgen zur Ruhe mahnt.

Das iſt das fröhliche Volk der Waſuaheli. Einen Stamm
kann man ſie nicht nennen; denn auf den ſtolzen Namen eines
Mſuaheli hat nur derjenige Anſpruch, welcher auf Ungudja ge=
boren iſt, gleichgültig, welchem Stamme auch ſeine Eltern ange=
hörten. Daher auch die verſchiedene Hautfarbe der Waſuaheli
vom tiefen Schwarz bis zu einem
milden Braun. Ihre Tracht iſt
einfach: ein weißes Hemd und dazu
ein weißer Lendenſchurz mit bunt=
geſtickten Säumen, auf dem Kopfe
meiſt eine weiße, zierlich ausgenähte
Mütze. Mehr Sorge verwenden die
Weiber auf ihren Schmuck. Ein
grellbuntes Tuch knüpfen ſie unter=
halb der Schultern feſt, mitunter
auch noch einen Überwurf um die
Achſeln hinzufügend. Von einer
ſilbernen Haarſchnalle hängt nach
hinten ein dreieckiges Tuch herab,
nach vorn umziehen blaue Schnüre
das Geſicht. Dazu kommen Hals=
bänder von Glasperlen, ähnliche
Armbänder und ſilberne Fußringe.
Sehr beliebt iſt außerdem, die
Fingernägel gelb und die unteren
Augenlider blau zu färben, um
einen ſchwärmeriſchen Geſichtsaus=
druck zu bekommen. Denn obgleich

Gepuzte Negerin.

Mohammedanerinnen, gehen ſie doch ſtets unverſchleiert, durch=
aus nicht abgeneigt, von dem europäiſchen Neuling ſich bewun=
dern zu laſſen.

Eine Oſtgrenze für Ngambo giebt es nicht. Unmerklich
geht hier die Stadt in das Land über. Schamba reiht ſich an
Schamba faſt über die ganze Inſel hin. Dadurch erſcheint das
Land wie eine weitläufige Parklandſchaft, zwiſchen deren Baum=
gruppen Felder angelegt ſind. Durcheinander ſtehen hier licht=

grüne Bananen mit den Riesenbüscheln gelber Früchte, schöngefiederte Kokospalmen, schwarzgrüne Mangos; dazwischen Reis- und Zuckerrohrfelder, Ananaspflanzungen, Wiesen mit mächtigem Graswuchs, mit gelbem Hibiscus und roten Winden, Teiche voll Schilf und Binsen, überdeckt mit wunderbaren weißen und blauen Nymphäen.   Denn die Insel, aus Korallenkalk aufgebaut, ist mit einer starken, leicht mit Sand gemengten Humusschicht bedeckt, auf welcher sich bei dem warmen und feuchten Klima die Vegetation zu wunderbarer Üppigkeit entfaltet.

Eine Gewürznelkenplantage in Sansibar.

Mitten in all dem Grün versteckt liegen die weißen Schambas, manche schloßartig, noch aus den portugiesischen Zeiten herstammend, andere in dem arabischen Kastenstil gebaut, die meisten jedoch wirkliche Landhäuser mit luftigen Räumen und weit ausladenden Veranden.

Nur in dem nördlichen Teile der Insel hat sich vor den Schambas und den ausgedehnten Gewürznelkenplantagen noch Wald behauptet.   Hier liegt auch unmittelbar am Meere, 6 km von der Stadt entfernt die deutsche Plantage Kibueni, in der Mitte von der Chaussee durchschnitten, welche von Malindi, der Küste gleichlaufend, nach Norden führt. Ein großer Teil ihres Bodens ist mit Kokospalmen dicht bepflanzt, in deren Schatten Gewürznelkenbäume gezogen werden. Denn gerade auf Sansibar gedeihen diese Bäume so gut, daß die Insel etwa drei Viertel des Weltbedarfes an diesem Gewürze zu decken im stande ist.

2. Die Mrima.

Deutlich vermag man bei klarer Luft von Sansibar aus die Mrima, die afrikanische Festlandsküste, mit ihren Bergen zu erkennen. Bei günstigem Winde trägt eine arabische Dhau auch in wenigen Stunden uns hinüber. Diese Küstenfahrer sind kutterartige Schiffe mit einem einzigen sehr großen Segel; ein schräges Dach von Palmblättern bedeckt, die Fracht schützend, fast das ganze Schiff. Nur am Hinterteil befindet sich ein kleines Holzverdeck, auf dem der Mitfahrende weilen mag.

Zahlreiche Flußmündungen und Einbuchtungen gliedern die festländische Küste. Kleine Ortschaften haben sich da angesiedelt; denn dies sind die Stellen, welche der Binnenlandsverkehr erstrebt, dessen Einzelstrahlen in Sansibar sich sammeln. Darum schwindet mit der Entfernung mehr und mehr dessen belebende Kraft.

In das morastige Delta des Umba, dem Nordufer folgend, läuft die deutsch-englische Grenzlinie aus. Somit ist Wanga, auf einem Sandrücken innerhalb dieses Deltas gelegen, der erste Mündungsplatz, welcher für das deutsche Hinterland eine Bedeutung hat; ein kleiner Ort von einigen hundert Lehmhütten, die, unter Palmen versteckt, von einer Mauer umschlossen werden. Weiter südwärts mündet, als ein reißender Gebirgsstrom aus den Bergen von Usambara herabkommend, der Sigi in die idyllische, ringsum waldbeschattete Bucht von Tanga. Am Südufer derselben liegt, von üppigster Vegetation umgeben, der etwa 5000 Einwohner zählende Ort Tanga. Deutlich gliedern sich die Strohhütten, welche ihn bilden, in drei Gruppen: im östlichen Viertel wohnen die Araber, im westlichen die Neger; dazwischen haben die Inder sich angesiedelt. Und hier vor der Front des Inderquartiers liegt auf dem hohen Uferrande die deutsche befestigte Station, welche den Ort beherrscht. Aber nur kleine

Schiffe können bis zur Stadt gelangen, da Korallenbänke die
Einfahrt in die Bucht gefährden; größere müssen daher 800 m
von der Küste entfernt im offenen Meere ankern. Daher liegt
auch die Wichtigkeit von Tanga wesentlich nur darin, daß es
die nächste Überfahrt nach der sansibarischen Insel Pemba
bietet.

Die große Wasserader, welche, in der mächtigen Berggruppe
des Kilima-Ndscharo geboren, weiterhin südöstlichen Laufes das
Bergland von Usambara von den Hochflächen Useguhas scheidet,
ist der Pangani. Mit weithin hörbarem Getöse stürzt er bei
Kisunga in das Tiefland sich hinab. Ein breites Flußthal hat
er sich ausgespült, in welchem er in unendlichen Windungen

Fort Ras Muhesa.

dem Meere zuströmt. Er erreicht es, 300 m breit, in einer
breit in die Küste einschneidenden Bucht. Aber die Einfahrt ist
durch Korallen- und Sandbänke gesperrt; Seeschiffe müssen daher
auf der offenen, fernen Reede ankern; nur kleinere Fahrzeuge
vermögen die nur 2½ m tiefe Zufahrt zu benutzen.

Den Eingang in die Bucht deckt ein altes portugiesisches
Fort. Eine stumpfe Halbinsel des südlichen Ufers schiebt sich
halb vor die Flußmündung. Auf ihr liegt, 20 m über dem
Meere, stets von der frischen Seebrise umfächelt, das kleine
Fort Ras Muhesa, das den Zugang zum Flusse vollständig
sperrt. Noch sieht man von Ansiedelungen nichts. Dichte
Kokospflanzungen bedecken das flache nördliche Ufer. Erst hinter
diesen, etwa 1 km vom Meere entfernt, taucht die Stadt

Pangani auf. Flache Hügelkuppen steigen hinter ihr an, während weiter stromauf höhere Bergzüge, dunstig verschleiert, sich zeigen, die Vorberge von Usambara. Die Stadt macht trotz ihrer etwa 5000 Einwohner einen unbedeutenden Eindruck. Sie liegt in dem sumpfigen Schwemmlande des Flusses. Kokospalmen beschatten die Hütten, zwischen denen sich einige dreißig größere Gebäude, aus Korallenfels erbaut, erheben. Winklige, schmutzige Straßen durchschneiden das Gewirr der Quartiere. Hart am Flußufer, weit in die Stadt einspringend, liegt die befestigte deutsche Station. Reizende Kokoswälder, in denen Negerhütten zerstreut liegen, schließen nordwärts an die Stadt sich an, wohl eine halbe Stunde weit. Dann erst ist die Grenze des Flußthales erreicht. In rötlichen Steilwänden steigt jetzt das Land zu dem Rande der Binnenhochfläche empor, in welche der Fluß sein weites Thal eingespült hat. Zahlreiche Schluchten, erfüllt mit prächtigen, lianenumschlungenen Baumgruppen, führen in dem Steilhange empor.

Eine Fähre verbindet mit Pangani das Suahelidorf Mambo Sassas. Hier auf dem Südufer des Flusses ist der Steilrand des Flußthales viel näher herangerückt: gleich hinter dem Dorfe erheben sich die steilen Hänge der Randhöhe. Ersteigt man sie, so hat man von den Bohnen= und Papayafeldern, welche den Boden zunächst einnehmen, einen schönen Rundblick auf die breite Flußmündung, auf die Stadt mit ihren Kokospalmen, auf die Niederung, welche der Fluß in glitzernden Windungen durch= zieht, bis die Bergkämme des Innern das Bild begrenzen. Nur ein kurzer Weg führt von hier über die leicht gewellte, grasige Hochfläche, in welcher Gruppen von Mangobäumen und Dum= palmen zerstreut stehen und ansehnliche Viehherden weiden, im Angesicht des Meeres nach der deutschen Farm Kikogwe, welche von ausgedehnten, ertragreichen Baumwollpflanzungen umgeben ist.

Fährt man den stattlichen Panganifluß aufwärts, so hat man den hohen Thalrand zunächst eine Strecke zur Linken, wäh= rend das nördliche Ufer, flach und etwas sumpfig, von Mangroven bedeckt ist. Aber der Fluß ergeht sich in seiner Thalniederung in so weit ausgreifenden scharfen Biegungen, daß die Randhöhen bald auf der rechten, bald auf der linken Seite an das Wasser heran= treten. Am Fuße sind sie meist kahl, die Gipfel jedoch und die

leicht gewellten Kämme der Hochfläche sind bewaldet. Hinter
der ersten großen Schleife des Flusses, etwa 7 km (Luftlinie)
von Pangani entfernt, treffen wir auf eine ansehnliche Schamba,
wo Mais und Zuckerrohr gebaut wird und Kokospalmen die
Wirtschaftsgebäude beschatten. Es ist Mundo, die Schamba
Buschiris: hier wurde er von den Deutschen gefangen genommen,
um sein Schicksal zu erfüllen. Auch andere arabische Schambas
sind hier und dort erkennbar; dazwischen jedoch schieben sich auch
sumpfige Strecken ein, von dichtem Grase bedeckt, aus dem
Raphia- und zierliche Arekapalmen aufragen.

In einer solchen Niederung führt weiterhin ein Pfad vom
nördlichen Ufer eine ziemlich steile, leicht bewaldete Anhöhe
hinan. Auf der Kuppe derselben liegt die deutsche Farm
Deutschenhof oder Lewa. Von der Veranda des Wohnhauses
streift der Blick nach allen Seiten über die wogenden Reihen
kräftig gedeihender Tabakspflanzen, welche die Deutschen hier
angepflanzt haben, während an dem waldigen Abhange zahlreiche Negerdörfer verstreut liegen.

Weit gegen Süden hin, etwa bis zur Mündung des
Rufidschi, erstreckt sich vom Pangani ganz flaches Küstengelände.
Hart am Meere besteht es aus Sand, weiter landeinwärts aus
einem braunroten Lehmboden; Savanne bedeckt diesen zum
großen Teil; ansehnliche Strecken nehmen jedoch auch die
Baumwollenpflanzungen, in welchen die Eingebornen ihren
Hausbedarf ziehen, und die Mais-, Hirse- und Maniokfelder ein,
welche die Dörfer umlagern. Erst wenn sich der Boden merk-
licher hebt, zeigt sich ein Buschwald von Akazien, sparrigen
Euphorbien und Dumpalmen.

Das niedrige Flachland nimmt auch den Flüssen ihre Kraft:
trägen Laufes, halb verschlammt schleichen sie in ihrem Unterlaufe dem Meere zu. Selbst der ansehnliche Wami, der Hauptstrom des deutschen Schutzgebietes, teilt sich, nachdem er in
engem Thale die Hügel von Udoë durchbrochen, in zwei Arme,
welche in Sumpfwäldern, Sansibar gegenüber, kaum bemerkbar
in das Meer sich verlaufen. So bilden selbst die Flußmündungen
keine brauchbaren Zufahrtsstellen; vielmehr müssen bei der
Seichtheit des Wassers alle Seeschiffe weit vom Lande entfernt
zu Anker gehen. So wäre Saadani am nördlichen Mündungsarme des Wami als Festlandhafen für Sansibar gewiß zu großer

Bedeutung berufen, wenn nicht die Seeschiffe schon 5 km davor auf offener Reede ankern müßten und selbst Boote nur bis auf 1 km dem Lande sich nähern könnten, sodaß bei der Landung die letzte Strecke im Wasser durchwatet werden muß. Der Ort Saadani, während des Aufstandes wiederholt zerstört, besteht heute nur aus dem deutschen Fort und einer Gruppe von Hütten, in welcher sich Neger-Arbeiter in der Nähe des Forts angesiedelt haben. Das Fort ist ein Rechteck, 20 m lang und 15 m breit. An den vier Ecken springen Bastionen vor; ein Zaun von Stacheldraht umschließt die ganze Anlage. Bewehrt ist es mit vier Kanonen; 50 Mann bilden die Besatzung. Ähnlich sind auch die andern deutschen Küstenforts angelegt, umschlossen von einer etwa 3 m hohen Mauer aus dem landesüblichen Korallen= stein und völlig sturmfrei. Von der Aushebung eines Grabens wird grundsätzlich Abstand genommen, da Erdarbeit in der Nähe von Wohnräumen in den Tropen unvermeidlich Krankheiten hervorruft.

Bis zur Mündung des Kingani bleibt die Beschaffenheit der Küste unverändert. Dann erheben sich die Sanddünen etwas, zusammengehalten durch kriechende Winden mit fleischigen Blättern und lilafarbenen Blüten. Aus dem seichten Meere ragen Sand= bänke auf, hinter denen sich dicht mit Mangrovengebüsch um= säumte Lagunen hinziehen. Dumpalmen erheben sich über die graugrünen Buschmassen.

So ist denn auch die Zufahrt zu dem 8 km südlich von der Kingani-Mündung gelegenen Bagamoio, wenn auch nicht schwierig, so doch umständlich. Auf der offenen Reede, 3 km von der Stadt, ankern die Schiffe; und die letzten 100 m muß man ans Land waten oder von einem stämmigen Neger sich tragen lassen. Die Stadt, zwei oder dreimal so groß wie Pangani, macht aus der Ferne einen ganz freundlichen Eindruck: sie liegt in einem Hain von Kokospalmen und Mangobäumen, aus dem hier und da weiße Steinhäuser hervorscheinen. Freilich die meisten Häuser sind nur Lehmhütten mit Blätterdach, von engen, übelriechenden Gassen durchzogen. Die belebteste derselben ist die Bazarstraße, welche, im Süden bei der deutschen Militärstation anhebend, der Strandlinie gleichlaufend, die ganze Stadt an dem Markte vor= über bis zur Kaserne durchzieht. Die zahlreich aus dem Innern eintreffenden Karawanen bewirken ein ungemein reges Leben.

Denn hier streben die Träger sich für die monatelangen Mühen und Entbehrungen in vollen Zügen zu entschädigen: und in Fülle bietet ihnen Bagamoio, was nur ihr Herz begehrt. Sehr lebhaft ist auch der Seeverkehr mit Sansibar, sodaß die Stadt mit Recht für den wichtigsten Handelsplatz an der Mrima gilt. Noch bunter daher als in Sansibar ist hier das Völkergemisch durch die zahlreich vertretenen Binnenlandstämme, wie die kraftvollen, nur mit einem Lendenschurz bekleideten Wanjamuesi, denen Bagamoio für den Inbegriff alles Großartigen und Genußreichen gilt.

Und fürwahr, einen großartigen Eindruck macht auch auf den Europäer zwar nicht die Stadt, wohl aber die französische Missionsstation, welche etwa 1 km nordwestlich von derselben liegt. Gleich hinter den letzten Häusern beginnt das Gebiet der Mission mit einer ausgedehnten Kokospflanzung; Spazierwege, mit Ananas eingefaßt, durchziehen sie. Nach etwa 20 Minuten gelangt man an das Eisengitter, welches die Missionsgebäude und den Garten einfaßt. Eine Christusstatue aus Bronze steht am Eingang. Hier erhebt sich neben einem geräumigen, schloßähnlichen Wohngebäude die Kirche, welche ausschließlich aus dem Erlöse von Insektensammlungen erbaut ist. Etwas abseits liegen lange, niedrige Gebäude als Wohn-, Schlaf- und Schulräume für die Negerkinder, deren Erziehung die Mission übernommen hat; alle sind aus der Sklaverei losgekauft worden. Unweit steht auch das Wohnhaus der Ordensschwestern, welche die Mädchen erziehen. Eine Schlosser- und eine Tischlerwerkstatt ist im Betriebe; Warenschuppen sind errichtet und in dem Viehgehege grasen Kühe, Esel und Strauße. Eine mit Obstbäumen eingefaßte Chaussee von 1 km Länge führt von der Mission zu der Landungsstelle am Meere hinab. Alles dies haben die Patres fast ohne jede Unterstützung durch eigene Arbeit geschaffen; denn ihr Ziel ist, die befreiten Sklavenkinder zu arbeitsamen, tüchtigen Menschen zu erziehen. Und sie zeigen zugleich, was durch planmäßige Arbeit auch in Afrika gewirkt werden kann. Fast alle Patres sind Deutsche, aus Elsaß-Lothringen stammend, denen es nach ihrer eigenen Erklärung[1] nicht schwer fallen würde, die

----

[1] O. Baumann, In Deutsch-Ostafrika, S. 32.

jetzt französische Mission, wenn die deutsche Regierung es verlangen sollte, in eine deutsche umzuwandeln.

Von Bagamoio an dringt in südöstlicher Richtung die Mrima
gegen das Meer vor. Ihre Zufahrtstellen werden dadurch von
dem binnenländischen Verkehre abgerückt; und nur die Gunst
lokaler Umstände ist es demnach, welche Dar-es-Salaam seine
Bedeutung giebt: ansehnliche Kopalgruben befinden sich in der
Nähe, und es besitzt einen geräumigen und vollständig sichern
Hafen in seiner tief in das Land einschneidenden Meeresbucht.
Der „Hafen des Friedens" ist ein länglich rundes Becken, in
welches von Süden her ein breiter Kriek einmündet. Üppiges
Grün faßt ringsum den Hafen ein; die Nordseite umzieht ein
herrlicher Palmenhain, in welchen Granatbäume und Orangen,
Mangos und Bananen sich mischen. Hier liegt auch die Stadt
Dar-es-Salaam. Vor einem Menschenalter hatte der Sultan
Said Madschid den Plan, seine Residenz von Sansibar hierher
zu verlegen; er begann den Bau von breiten, geraden Straßen,
von Hafenanlagen und anderen nützlichen Bauten. Noch jetzt
steht Haus bei Haus den Hafen entlang; breite steinerne Treppen
führen zum sandigen Quai hinab; sorglich sind die Trinkwasser-
quellen eingefaßt. Aber der Tod ließ ihn das Werk nicht zu
Ende führen; und seine Nachfolger hielten nach arabischer An-
schauung es für pietätslos, es zu vollenden. Das giebt dem
Städtchen den Anstrich des Verfallenen, obwohl es eher aufblüht
als zurückgeht. In regelmäßiger Anlage, mit rechtwinklig sich
schneidenden Straßen zieht es, etwa 150 m vom Wasser entfernt,
sich hin; die befestigte Militärstation der Deutschen aber ist am
Westende der Stadt hart an den Hafen hingebaut. Auf dem
gegenüberliegenden Ufer erhebt sich die zinnengekrönte Ruine
des Sultanspalastes; üppiger Pflanzenwuchs umwuchert heute
den nie vollendeten, jetzt langsam verfallenden stattlichen Bau.

Die Einfahrt in den Friedenshafen bildet eine gewundene
von Korallenriffen eingeengte Gasse, tief genug, um allen Schiffen
bis zu 6 m Tiefgang auch bei Ebbe den Zugang zu gewähren.
Aber ein kleines deutsches Fort, auf dem südöstlichen Ufer, vermag ihn zu jeder Zeit zu sperren. Halbinselartig springt ihm
gegenüber das andere Ufer vor; hier hatte im Januar 1889
während des Aufstandes bei dem im Bau begriffenen Gebäude
der evangelischen Mission eine Araberschar sich festgesetzt. Außer

stande zu entkommen, Pardon verschmähend, fanden sie alle bis
auf den letzten auf der äußersten Halbinselspitze ihren Untergang.

Einen Tagemarsch westwärts von Dar-es-Salaam liegt in
einer freundlichen Gegend die deutsche Tabakspflantage Pugu.
Ihr gegenüber auf einer steilen Anhöhe haben bairische Benedik-
tiner eine Missionsstation errichtet.

Südlich von Dar-es-Salaam stellt sich die Mrima als eine
wellige, stellenweise morastige Savanne dar, die gegen das Meer
hin in ganz flache Mangrovensümpfe übergeht. Eine anmutige
Unterbrechung bildet zwischen den beiden kleinen Küstenflüssen
Mkunda und Mgasi der „Garten von Kwale“, eine durch regelmäßige Regenschauer befruchtete Ebene, welche die reichsten
Ernten an Korn, Kokosnüssen und Mangofrüchten bringt. Südwärts von ihr baut an der Flachküste der mächtige Rufidschi sein
Delta weit in das Meer vor. Mit drei großen und drei kleineren Mündungsarmen durchfurcht der Strom, dem Rhein an
Größe überlegen, das Schwemmland seines Deltas, welches mit
Mangrovenwaldungen dicht bedeckt ist. Schutz gegen den Wogenschwall gewährt ihm die Insel Mafia, welche, vordem ein Haupt-
stapelplatz des Sklavenhandels, unter deutscher Herrschaft berufen
ist, die Rivalin Sansibars zu werden.

Jenseit des Rufidschi von Furn an wird die Küstenniederung
der Mrima immer schmaler; denn näher und näher rückt die
Hochfläche des Binnenlandes an das Meer heran. Bei Kilwa
erreicht sie es und giebt nunmehr der Küste bis zur Mündung
des Rowuma eine durchaus veränderte Gestalt: hügelig und
bergig erhebt sich hinter der Strandlinie das Land; tief einschneidende Buchten bilden die Zufahrtstellen; breite Korallenriffe umsäumen den meist ganz flach unter das Wasser verlaufenden Strand.

So hat Kilwa Kisiwani einen guten Hafen, der gegen Seegang geschützt ist und die größten Schiffe beherbergen kann.
Denn zwei Meerbusen, die sich in mehrfacher Verzweigung weit
in das Land hinein erstrecken, umschließen die Insel, auf welcher der Ort liegt. Zur Zeit der portugiesischen Herrschaft war
Kilwa ein wichtiger Handelsplatz; hier hatten die Portugiesen
ein großartiges Fort mit starken Bastionen erbaut, unter dessen
Schutze eine ansehnliche Stadt entstanden war. Als aber die
Portugiesen wegen des gefährlichen Klimas sich zurückzogen,

sanken alle ihre Bauten bald in Verfall. Heute zählt der kleine
Ort, der am Nordende der 14 km langen Stadtinsel liegt, nur
noch ein Dutzend steinerne Häuser auf der ausgedehnten Trümmer=
stätte. Der Verkehr hat sich ganz nach Kilwa Kivindje gezogen,
welches etwas nördlicher noch in der flachen Küstenebene liegt.
Der Strand besteht hier aus tiefem Sand= und Schlammboden
und fällt so sanft ab, daß Seeschiffe auf der offenen Reede 3 km
vom Lande ankern müssen und auch Boote nur bis auf 1 km dem
Lande sich nähern können, sodaß man diese letzte Strecke durch
flaches Wasser und Schlamm waten muß. Aber gerade diese
Unnahbarkeit hat den Ort emporgebracht; denn so konnten die
arabischen Sklaven=Dhaus die aus dem Binnenlande anlangenden
Sklaven ohne Gefahr an der flachen Küste entlang nach Mafia
bringen. Am Strande liegen verrostend einige alte bronzene
und eiserne Geschützrohre: der Ort bedarf ihrer nicht; denn viel
sicherer als sie deckt ihn die Seichtheit des Meeres.

Dagegen besitzt Lindi weiter südwärts in der Meeresbucht, an
der es liegt, einen guten Hafen. Schon die äußere Bucht bietet
zu jeder Jahreszeit geschützte Ankerplätze; der in dieselbe ein=
mündende, sehr tiefe Lindi oder Ukeredi gestattet aber, bei der
Stadt selbst zu landen, wenn auch die Überwindung der Mün=
dungsbarre nicht immer ganz leicht ist. Der Fluß bildet vor
seiner Einmündung in die äußere Bucht eine nach Süden aus=
greifende Ausweitung, die ein vortrefflicher Hafen selbst für
große Seeschiffe ist. An der Nordseite dieser inneren Bucht liegt
die etwa 2000 Einwohner zählende Stadt Lindi auf einem ganz
niedrigen Gelände, von Sümpfen umgeben. Sie besteht zum
Teil aus kleinen Steinhäusern, welche einstöckig und flachdachig
sind, meist jedoch aus Negerhütten mit Palmblattdächern. Alle
Häuser liegen frei hingestreut zwischen Kokospalmen; zusammen=
hängende Straßen giebt es kaum. Erst die weitere Umgebung
nimmt hügeligen Charakter an. Auf dem südlichen Ufer jedoch
erheben sich mehrere 50 m hohe, mit dichtem Gestrüpp bewach=
sene, steile Hügel, welche durchaus die Stadt beherrschen.

Südöstlich von Lindi öffnet sich die Steilküste zu der Bucht
von Mikindani. Sie ist offen und allen Stürmen ausgesetzt;
aber von ihr öffnen sich drei Seitenbuchten, zu denen zwischen
Korallenriffen hindurch schmale, tiefe Eingänge führen. Um diese
Buchten herum zieht sich eine Reihe von fünf Dörfern malerisch

voneinander durch Kokoswälder getrennt. Das größte dieser
Dörfer ist Kimberi, am Ausgange eines tief eingeschnittenen
Thales gelegen, überragt von einem steil gegen die Bucht abfallenden 100 m hohen Hügel. Hier hat sich auch eine Anzahl von handeltreibenden Indern angesiedelt, deren weiß getünchte Steinhäuser aus dem dichten Grün des Pflanzenwuchses hervorblicken.
Denn mehrere Karawanenwege führen von hier durch sanft ansteigende schattige Thäler zum Njassa-See und eine viel be-
gangene Straße zum unteren Rowuma. Da die Mündung dieses
ansehnlichen Stromes für Schiffe unzugänglich und wegen plötz-
lichen Überganges von tiefem zu flachem Wasser durch seine
Brandung, zumal bei Ostwind, für Boote sehr gefährlich ist, so
ist zum Ausfuhrorte des Rowuma-Gebietes die Bucht von Mikindani geworden.

Fast in der ganzen Länge seines Laufes bildet der Rowuma
die Grenze zwischen dem deutschen und dem portugiesischen Gebiete. Nur im Küstenlande greift die Grenzlinie über den Strom
hinüber; erst das Kap Delgado bildet hier den Abschluß, eine
mit dichtem Gestrüpp überwachsene Halbinsel, welche ein breites
Korallenriff umzieht. Auf ihr liegt das kleine Fort Tunghi, der
südlichste Ort der ganzen Mrima.

3. Das deutsche Binnenland.

Hinter dem zehn Seemeilen (18,5 km) breiten Küstengelände
beginnt landeinwärts das deutsche Binnenland, dessen Herzstück
das deutsche Schutzgebiet ist, die Landschaften Usegua, Nguru,
Ukami und Usagara — also das Stromgebiet des Wami — umfassend, vom Pangani im Norden bis fast an den Kingani im
Süden.

Zu einem Hochrücken von den gewaltigsten Formen schwillt
das Innere von Afrika etwa vom 15.° südl. Br. an. Nirgends
ist diese meridional sich erstreckende Erhebung niedriger als
1200 m, steigt aber vielfach zu 2000 m und darüber auf. Im
ganzen bewahrt sie den Charakter einer Hochfläche, auf welche
Berggruppen und Gebirgszüge bis zu 6000 m Höhe aufgesetzt
sind. Nur Einsenkungen in ihr sind im Süden der Njassa, im
Norden der Victoria-Njansa und der Muta Nsige, während der
langgestreckte Tanganjika nur eine Tieffurche der westlichen Ab-

dachung bezeichnet. Die Breite dieses ungeheuren Hochrückens kann man auf 1100 km annehmen; die flache Einsenkung von Tabora gliedert ihn deutlich in eine nördliche breitere und eine schmalere südliche Hälfte. Steil wie ein Gebirge fällt in dieser südlichen die Landschaft Uhehe von 2000 m Höhe ostwärts zu 500 m ab; aber die Landschaft Ugogo, nördlich von Uhehe gelegen, steigt in zwei breiten Stufen allmählich zu dem Küsten= gelände nieder.

Es ist das deutsche Schutzgebiet, welches diese beiden Stufen etwa in der Mitte ihres Anstieges darstellt. Die untere steigt in der Landschaft Usegua von der Küstenniederung rasch bis zu 250 m, dann allmählich bis zu 360 m in der Makata= Ebene empor. Die zweite Stufe zeigt sehr wechselnde Höhe; auf ihr erhebt sich das Nguru=Gebirge, welches, von Norden nach Süden streichend, im Hochthale von Mgära 1170 m Höhe hat; seine Fortsetzung bilden die Kidete=Berge in der Landschaft Usagara. Von diesen zweigt sich das Rubeho=Gebirge ab, wel= ches nach Norden in die 986 m hohe Ebene von Mbambua ab= fällt. Es trennt, im Windi=Passe 1737 m hoch, die Kleine von der Großen Marenga=Mkali, welche schon nach Ugogo hinüber= reicht.

Diese Mannigfaltigkeit im Bau der Oberfläche ist bedingt durch die geologische Grundlage. Die Küstenebene besteht aus tertiären Ablagerungen: Sand= und Thonlager bilden sie, da= zwischen Korallenfelsen und hie und da Sandstein. Jene Lager enthalten das Kopal, ein halbfossiles Gummi, welches einen be= deutenden Handelsartikel der Ostküste darstellt. Die Korallen= felsen bilden nur einen schmalen Strich längs der Küste; und der Sandstein wird nur vereinzelt, wie in Pangani und Dar=es= Salaam, gefunden. An diese Küstengebilde schließt sich nun landeinwärts ein rotes, kalkhaltiges Sandgestein an, Schiefer= thon, kieselige Lagerungen, gelegentlich Kalkschichten und hie und da Kohleablagerungen, welche jedoch niemals höher als bis zu 300 m vorkommen. Der Strich des Sandgesteins senkt sich nach Osten; meist ist die Senkung sanft; wo sie steil wird, ist dies durch das Eindringen von Basalt hervorgebracht worden, der den Sandstein überdeckt. Metamorphische Gesteine einer viel ältern Zeit, Gneis und Schieferschichten, welche bald Glimmer, bald Hornblende enthalten, fügen sich landeinwärts dem Sand=

steine an; mitunter bestehen sie auch aus Thonschiefer und Grau=
wacke. Der Strich dieser Gesteine geht von Norden nach Sü=
den; sie erscheinen wie die zerklüftete Böschung der centralen
Hochfläche, deren Senkung sehr verschieden sich gestaltet. Gewöhn=
lich stellt sich dies metamorphische Gestein in Bergmassen und
Gebirgsreihen dar, die durch Seitenpressung, zumeist aber wohl
durch Bloßlegung entstanden sind.

Die centrale Hochfläche selbst besteht aus Granit. Große
einförmige Flächen, durchzogen von gewundenen Furchen und
Thälern, bilden die Oberfläche. Gute Rasengründe sind diese
während der Regenzeit; in der Trockenzeit jedoch verdorren sie
zu Wüsten. In Ugogo und Unjanjembe bis zur Senke von Ta=
bora herrscht in der Bodenbildung Sandstein und grauer Thon
vor, je nach den Bestandteilen des Granits abwechselnd. An
vielen Stellen ist der Granit bis zu einer großen Tiefe zersetzt
und bildet Anhäufungen thonigen Sandes; die Oberfläche ist
mit mächtigen Felsblöcken bestreut, welche, der Verwitterung
besser widerstehend, in phantastischen Gestalten einzeln oder in
Gruppen umherliegen. In Uhehe geht der Boden wellenförmig
auf und nieder ohne irgend eine Unregelmäßigkeit, so weit das
Auge reicht: der ödeste Anblick, der gedacht werden kann. In
Ubena aber, südlich davon, erscheinen diese einzelnen kolossalen
Blöcke wieder, welche, wild durcheinander geworfen, in den
wunderlichsten Formen und Stellungen erscheinen: dem Unkun=
digen der Beweis einer gewaltigen Naturumwälzung, während
sie doch nur die Wirkung des fallenden Regens, der wechselnden
Temperatur und der Kohlensäure offenbaren.

Der gewaltige Granitrücken endigt am Tanganjika: das
Südende des Sees umfassen wieder Sandsteinlager, welche den
kalkhaltigen Schichten an der Ostküste im wesentlichen gleichen.
Er hat daher keinen Zusammenhang mit den übrigen großen
ostafrikanischen Seen, welche dem Hochrücken angehören, sondern
ist wahrscheinlich als ein Rest des großen innerafrikanischen
Binnenmeeres anzusehen, welches vorzeiten das ganze Kongo=
gebiet bis zu den westlichen Küstengebirgen eingenommen hat.
Daher haben denn auch viele Muscheln des Sees, ganz ver=
schieden von denen des Njassa, einen entschiedenen Meerestypus.

Von der centralen Hochfläche führt uns der Wami-Fluß in
das Schutzgebiet zurück. Denn unweit des Windi-Passes im

Rubeho-Gebirge hat er als Gombe seinen Ursprung. Als ein reißendes Bergwasser durchströmt er nun die Kleine Marenga Mkali; dann durchbricht er als Mukondokua das Gebirge von Usagara in einem sehr malerischen Felsenthale. Nach dem Austritte aus demselben verdoppelt sich seine Breite; die Ufer werden streckenweis morastig, die Berge weichen so weit zurück, daß sich hier und dort Raum für Dörfer und Ackerfelder findet. So tritt der Wami, 90 m breit und 2 m tief, in die Makata-Ebene, eine ausgedehnte, unfruchtbare Savanne, ein. Die Kidete-Berge zwingen ihn hierauf, sich nordwärts zu wenden, bis er an den Nguru-Bergen die östliche Richtung wieder aufnimmt. Wiederum in einer öden Savanne, von Schilf und Buschwerk eingefaßt, tritt er jetzt in die Landschaft Usegua ein, wo in den Hügeln von Udoë ein letztes Hindernis sich ihm entgegenstellt; vielfach sich hin- und herwindend, durchbricht er in einem engen Thale den Höhenzug und findet nun, nur noch 1 m tief, mühsam durch die Küstenebene seinen Weg zum Meere. Ganz nahe reicht er mit seinen linken Nebenflüssen an den Pangani heran; aber das rechte Ufergelände muß er fast ganz dem Kingani überlassen: so nah ist ihm an dieser Seite die Wasserscheide gerückt.

Die mit dem Fortlauf abnehmende Wasserfülle des Wami wird, wie es scheint, hauptsächlich durch das Klima bedingt. Denn das stufenförmige Ansteigen der Landschaften des Schutzgebietes bewirkt, daß sich landeinwärts die Menge des Niederschlages steigert. Es ist der Südostmonsun, welcher die Feuchtigkeit bringt; über Ebenen streicht er leicht hin, aber an Gebirgen kühlt er sich ab und spendet um so reichlicher Tau und Regen. In Usegua dauert die große Regenzeit von Januar bis März, die kleine von Mitte September bis Anfang Oktober; dagegen auf der oberen Stufe regnet es in allen Monaten, während wieder auf der centralen Hochfläche eine sechsmonatliche Regenzeit mit einer ebenso langen Trockenzeit wechselt.

Auch auf die Temperatur ist die Bodengestalt und Landerhebung von Einfluß. Im Vergleiche mit Sansibar zeigt sowohl die erste wie die zweite Stufe höhere Mittags- und Abendwärme bei gleicher Morgenwärme, da die Nächte auf dem Festlande kühler sind als auf der Insel. So ist in Usegua als mittlere Januartemperatur beobachtet worden morgens 26,2° C., mittags

31,5°, abends 30,2°, während Sansibar gleichzeitig 26,6°, 27,4°, 27,3° hatte; in Usagara als mittlere Februartemperatur morgens 26,4°, mittags 30,7°, abends 29,7°, während Sansibar gleichzeitig 26,2°, 276°, 27,7 hatte. Viel stärker wird der Unterschied mit der Zunahme der Entfernung von der Küste und der Erhebung über das Meer. So ist am Südfuße des Rubeho-Gebirges in Ugogo in 830 m Höhe als mittlere Dezembertemperatur beobachtet worden: morgens 21,4°, mittags 33,4°, abends 26,2°, indem die steigende Nachtkühle in der niedrigen Morgentemperatur sich ausdrückt. Sansibar hatte gleichzeitig 25,4°, 28,5° (nachmittags um 4 Uhr), 27,1°.

Nach dem Gesagten kann es nicht Wunder nehmen, daß die Vegetation in dem Schutzgebiete landeinwärts an Fülle und Kraft zunimmt. Schon 8—10 km von der Küste, sobald der Boden sich auf etwa 100 m über dem Meere gehoben hat, verschwinden die Kokospalmen. Wasserlose Steppe und leichtes Gehölz bedeckt nun den nördlichen Teil von Usegua, bis an dem Pangani hie und da dichter Niederwald erscheint, den mit armstarken Ranken die Kautschuklianen in Menge durchziehen. Weiter westwärts indessen, wo der Berg Khiwa aufsteigt und die weithin sichtbare Bergpyramide Msala sich erhebt, wird das Land hügelig und fruchtbar; denn die Bewässerung nimmt zu und mit ihr die Verwitterung des anstehenden Gneises. Rote, durchlässige Erde erscheint als das erste Verwitterungsergebnis des Gesteins. Durch die Beimengung von organischen Stoffen nimmt sie eine graurote Farbe an und wird zugleich sehr ergiebig für den Ackerbau. Sammelt nun, durch Regengüsse fortgeschwemmt, diese graurote Erde irgendwo sich an, so schreitet die Zersetzung rasch vor: sie wird schwarz oder dunkelbraun. Aus ihr bildet sich, wenn das Wasser nach der Durchfeuchtung gut abfließen kann, ein sehr ertragreicher schwarzer Boden; fehlt es aber dem Wasser an Abfluß, so laugt es aus dem Boden die Salze und Alkalien aus, und es bleibt ein zäher schwarzer Thon zurück, der höchstens nur Schilf trägt. In dem schwarzen Fruchtboden schlagen dagegen mächtige Nutzholzbäume ihre Wurzeln; Unterholz und Schlingpflanzen umgeben die Stämme; bunte Blüten zieren die Gewächse, und auch das Gras des schwarzen Bodens schießt hoch auf mit breiten, schilfartigen Blättern. Die Neger freilich begnügen sich bei der Spärlichkeit der Bevölkerung, nur die am günstigsten gelegenen Stellen des schwarzen Bodens zu beackern; fingertief hacken sie die Oberfläche auf und sind doch reicher Ernten sicher. Es ist das fortwährende Durcheinander dieser verschiedenen Bodenarten, welches der Vegetation ihre Mannigfaltigkeit giebt. In dem südlichen Usegua indessen überwiegen die wasserlosen Steppen mit hohen, harten Gräsern und eingestreuten Busch- und Baumgruppen. Die Dörfer drängen sich in den Flußthälern zusammen, im Thale des kleinen Rukigura liegt die Station Mbusine oder Petershof.

Nguru ist ein aus Hornblende- und Granatgneis aufgebautes Gebirgsland, von zahlreichen kleinen Flußläufen bewässert. Geschlossene Wälder bedecken den größten Teil der Höhenzüge; die Flußthäler sind von solcher Fruchtbarkeit, daß Zuckerrohr und Bananen in üppiger Fülle darin wachsen. So giebt bei Kibanti der schwarze Boden so überreichen Ertrag, daß der Ort trotz seiner starken Bevölkerung noch die weitere Umgegend mit Nahrungsmitteln versorgt.

Ukami wird schräg von Südwest nach Nordost von dem mächtigen Gebirge von Uruguru durchzogen, welches mit dem 1768 m hohen Kungwe abbricht. In weitem Bogen umzieht der Gerengere, in der Regenzeit ein reißender Strom, in den heißen Monaten ein völlig ausgetrocknetes Flußbett, das Gebirge, um dicht unterhalb der Plantagenstation Usungula mit dem Mpezi zu dem Kingani oder Rufu sich zu vereinigen. Als ein starkwelliges Hügelland senkt sich vom Kungwe das Gelände zum Gerengere hinab. Nichts als hartes Savannengras und Akaziengebüsch trägt hier anfangs der dürre Quarzschotter und Grand des Bodens; aber dann umzieht, etwa 12 km breit, ein Wald von Wollbäumen, Tamarinden und Mimosen den Fuß des Berges bis zum Flußthale hinab. Auch im Gebirge selbst steigt der Wald an den Abhängen empor, häufig selbst die Kuppen überkleidend; zahlreiche klare Berggewässer rieseln die Abhänge hinab, an denen bis zu einer Höhe von 1000 m die Dörfer dicht sich folgen. Auf den Feldern derselben gedeihen Korn und Bohnen; Bananenhaine umschließen die Siedelungen; an günstigen Stellen wird Zuckerrohr gebaut, und die Sohle der Thäler nehmen blumige Wiesen ein.

Durch Schönheit der Landschaft und Fülle der Vegetation sind die Thäler der kleinen Flüsse bevorzugt, aus denen an der

Westseite des Uruguru-Gebirges der Gerengere zusammenfließt. Hier liegt, hart an den Mrogoro herangebaut, der Hauptort der Landschaft Simbamueni, die „Löwenstadt". Es ist eine Burg, ein Viereck mit einer 4 m hohen Steinmauer umgeben. Ansehn= liche steinerne Türme bewehren jede der vier Ecken, und an den Seiten befinden sich, von je zwei Türmen flankiert, die Eingangs= thore, deren starke Holzflügel mit kunstvollen Schnitzereien ge= schmückt sind. Kisabengo, ein Msegua, durch Sklavenraub zu Macht und Ansehen gelangt, unterwarf sich vor etwa zwei Men= schenaltern die Gegend und erbaute die Burg zugleich als ein Zwing=Uri und als sichere Wohnstätte für seine Familie und seine hervorragendsten Anhänger. Tausende der unterworfenen Wakami aber haben mit der Zeit um die Burg sich angesiedelt, sodaß eine Stadt ringsum entstanden ist, zu deren Schutze indes eine nie= drige Lehmmauer genügen muß. Aber auch ihre Lage giebt der Löwenstadt Bedeutung, denn sie ist eine Hauptstation an der großen Handelsstraße, welche von Bagamoio ins Hinterland, ja bis zum Tanganjika führt.

Diese Straße geht von Bagamoio gerade nach Westen. Einen Tagemarsch hinter der Stadt überschreitet sie den Kingani. Der ansehnliche Fluß bietet hier nahe seiner Mündung ein Bild tro= pischen Reizes. Zwischen undurchdringlicher Urwaldung, die nur streckenweise von hochgrasigen Prärien unterbrochen ist, wälzt er seine trübbraunen Fluten dahin. Hohe Deleb= und andere Palmen erheben sich an den Ufern; Lianen umschlingen die Stämme, sie hängen von den Zweigen in den Strom, sie wehen von den Wipfeln. Trockene Stämme ragen aus dem Flusse; am Rande stehen Binsen, Schilf und weiße große Amaryllideen. Hier liegt vielleicht ein Krokodil, mißfarbig wie der Schlamm, auf dem sumpfigen Ufer; dort stehen Ibisse und wollhalsige Störche trupp= weise auf den Sandbänken; Nachtreiher und Schattenvögel glei= ten eulengleich durch das Gezweig, Nashornvögel hüpfen schwer= fällig umher und Eisvögel flattern unruhig über das Wasser hin, denn mit heftigem Ruck hebt ein Flußpferd den ungeschlachten Kopf aus dem Wasser und spritzt mit lautem Schnauben Wasser= strahlen aus den Nüstern in die Höhe.

Etwa 17 km stromauf von der Fährstelle liegt an dem hohen Südufer des Kingani die Plantagenstation Dunda auf einer breiten, dicht an den Fluß vorspringenden Landplatte. Hier ist

Simbamueni, die „Löwenstadt".

G. 252.

der Fluß 15—20 m breit; in der Regenzeit indes überschwemmt
er weithin sein flaches Nordufer. Das südliche dagegen ist hoch;
denn die Höhen der Landschaft Usaramo, deren Nordgrenze der
Kingani bildet, treten hier hart an den Fluß heran. Diese Höhen
sind allenthalben licht bewaldet, während zwischen ihnen sumpfige
Thäler der 4 km breiten, flachen, baumlosen Flußebene zustreben.
Binnenwärts flacht sich die Landschaft ab; sie gleicht einem Parke
mit wenig Unterholz und hohem, schilfartigem Grase, hier und
da durch baumlose Savannen oder flache Sümpfe unterbrochen.
Ricinusstaude und Baumwollenstrauch kommen in Menge wild-
wachsend vor.

Vom Kingani zieht sich die Straße, natürlich ein schmaler,
um jedes Hindernis sich herumschlängelnder Negerpfad, mit
schwacher südwestlicher Ablenkung zum Gerengere; dann geht sie
über Simbamueni zum Wami. Es ist die Makata-Ebene, in der
sie den Fluß erreicht, eine breitwellige, 110 km lange und 30 km
breite Fläche mit hartem Riedgras und vereinzelten Bambus-
gebüschen bewachsen. Nur die Flußufer bekleidet dichter Baumwuchs. Die Regenzeit verwandelt die ganze Ebene in schlüpfrigen
Schlamm, den brusttiefe Rinnsale durchziehen, während in den
trockenen Monaten der Thonboden hart wie Stein wird und in
tiefen Rissen zerspringt.

Jenseit der Makata erhebt sich die Landschaft Usagara als
eine trockene Savanne, welche hin und her mit niedrigem Buschwerk und lichten Gehölzen von Delebpalmen und Akazien bewachsen ist. Aber stetig hebt sich der Boden gegen die Kidete-
Berge hin. An ihrem Fuße breitet, 481 m über dem Meere,
sich die Ebene von Farhani aus: völlig ist jetzt das Bild des
Landes verändert. Ausgedehnte Felder, mit Mais und Reger-
hirse bestellt, hellgrüne Bananenhaine, von klaren Bergbächen
durchströmt, erfüllen die Ebene; schönbewaldete Berge bilden den
Hintergrund. Hier pflegen die von der Küste kommenden Karawanen Halt zu machen; hier treffen sie für die Weiterreise ihre
letzten Vorbereitungen, ruhen aus und kaufen von der zahlreichen
Bevölkerung Lebensmittel und sonstige Reisebedürfnisse ein. So
herrscht das ganze Jahr hindurch hier ein reger Verkehr.

Dicht hinter Farhani beginnt das Gebirgsland von Usagara.
Hart an die Kidete-Berge treten von Süden her die Vorhöhen
des bis zu 2160 m aufsteigenden Rubeho-Gebirges heran, wel-

ches den tausendfach eingescharteten Rand der centralen Hochfläche darstellt.   In einem engen Felsthale hat sich der Wami,
welcher hier Mukondokua heißt, eine Bahn hindurch gebrochen,
welche den Karawanen ihren Weg aufwärts weist. Raschen Laufes
fließt der Fluß in seinem eng geschlossenen Thale dahin, dessen
jähe Abhänge Akazien und Tamarisken bekleiden, während Schilf-
gras, Rohr und Dorngebüsch in der Tiefe die braunen Fluten
einfassen.   Innerhalb dieser Felsenge empfängt der Mukondokua
von Norden her den kleinen Sima, dessen fruchtbares Thal Palmen und hohe Laubbäume schmücken.   Am Ausgange desselben,
wo die Thalsohle zu einer kleinen Ebene sich erweitert, liegt die
Plantagenstation Sima.

Wie eine Erlösung empfindet es der Wandernde, wenn er
endlich oben aus der dunstigen Hitze des engen Felsthales auf
die freie grasige Ebene hinaustritt.   Es ist die Kleine Marenga
Mkali, welche sich hier auf der Höhe bis an das Rubeho-Gebirge
ausbreitet.   Quer durch dieselbe fließt aus dem Gebirge der
Ugombe dahin, der eine der Quellflüsse des Wami, während der
andere, der Matamombo, in dem Ugombe-See seine Kraft sammelt, bevor er mit dem Bruder vereint den Durchbruch durch
das Felsenthal unternimmt.   Aber die Eintönigkeit der wasserlosen Savanne, welche nur von rauhen, mit Buschwerk bedeckten
Hügeln unterbrochen wird, ermüdet bald das Auge.   Auch der
Ugombe-See mit seinem grauen Wasser, das rings ein hoher
Schilfgürtel einfaßt, trägt nichts dazu bei, die Landschaft zu beleben.   So gleichmäßig dehnt sich die Steppe hin, daß der See
nur um ein geringes zu steigen brauchte, um weithin das Land
zu bedecken.   Der größere Fluß, der Ugombe, führt zu dem
1710 m hohen Windi-Passe hinauf, welcher aus der 852 m über
dem Meere liegenden Kleinen Marenga Mkali zu der höheren
und sehr viel ausgedehnteren Großen Marenga Mkali westwärts
hinüberleitet; der kleinere aber, der Matamombo, weist nordwestlich in die Richtung der Berge von Mbambua, deren bewaldete Kuppen und Thäler voll fruchtbarer Wiesen und Felder
den Eindruck der Südschweiz hervorrufen.

Mbambua, dessen Namen die Araber in Mpuapua entstellt
haben[1], ist ein Gebirgszug, welcher von den Quellen des Mata-

---

[1] H. M. Stanley, Wie ich Livingstone fand, I, 164.

Das Mukondokua-Thal.

Z S. 251.

mombo in einem nach Süden offenen Bogen eine reiche Frucht-
ebene umspannt. Eine Gruppe von Dörfern lagert an seinem
Fuße sich hin, welche den gleichen Namen Mbambua trägt. Auf
einem Hügel in ebenem Gelände liegt an einem kleinen Bache
die deutsche Plantagenstation, und nicht fern davon auf einer
von allen Seiten sanft ansteigenden Anhöhe die deutsche Militärstation, ein Viereck 40 m ins Geviert, von einer 2 m hohen
Mauer aus Granitblöcken umschlossen, in deren Schutze die Hütten
der Soldaten und die Zelte der Offiziere errichtet sind. Zahlreiche Bäche rinnen weiterhin von den dichtbelaubten Bergab-
hängen herab und bewässern die Felder; riesige Sykomoren und
Mimosen beschatten mit ihren fallschirmartigen Laubdächern die

Das Rubeho Gebirge von der kleinen Marenga Mkali aus gesehen.

Hütten. Gerade an der Nordseite der 986 m hoch gelegenen
Ebene erhebt sich der 1800 m hohe Kiboriani, von dessen Abhängen ein weitreichender Rundblick über die Landschaft sich darbietet. Zu den Füßen hat man die ausgedehnten Ackerfelder,
zwischen denen oder in Lichtungen des Waldes die Dörfer liegen.
An den Abhängen des Mbambua ragen hier und da große Basalt-
blöcke empor; weidendes Vieh belebt die bergan steigenden Thäler.
Weißlich braun dehnt sich dann die Steppe; durch Farnkräuter
gewinnt sie hier und dort ein braungrünes Ansehen; wie dunkelgrüne Flecken hebt sich das Buschwerk ab; in der Ferne glitzert
der Spiegel des Sees. Gerade nach Süden erheben sich in
dunstigem Schleier die hochstrebenden Spitzen des Rubeho-Ge-

birges, und gegen Westen dehnt sich unabsehbar in purpurnem Schimmer die öde Fläche der Großen Marenga Mkali aus.

Der bittersalzige Geschmack ihrer Gewässer hat dieser Steppe, welche das Schutzgebiet von der Landschaft Ugogo trennt, ihren Namen Marenga Mkali, d. i. Bitterwasser, gegeben; ja an manchen Stellen ist der Salzgehalt des Bodens so groß, daß sich weißlich-flimmernde Salzablagerungen gebildet haben. Die Steppe ist eine ebene sandige Fläche, in welcher zahlreiche kleine Granithügel zerstreut liegen. Dünnes Gras, mit Dorngebüschen hier und da untermischt, bedeckt sie, die spärliche Weide der Rudel von Zebras und Antilopen, welche sie durchschweifen.

Allmählich wird die Vegetation kräftiger; hohes Unkraut siedelt da und dort sich an, Laubholz wächst auf den Bergen: wir sind in Ugogo. Die Landschaft bildet eine weite Ebene, bald flach, bald leicht sich erhebend; eckige, zerrissene, halb verwitterte Felsen, manchmal zu mehreren aufeinander geschichtet, wie ein Riesenspielzeug liegen umher; gigantische Affenbrotbäume mit unförmlich dicken Stämmen wachsen dazwischen. Wir sind, 1200 m über dem Meere, auf dem Rücken der centralen Hochfläche von Afrika. Frische grüne Streifen umrahmen die Lachen schmutzigen, aber süßen Wassers, die Tränkstätten der Giraffen und Nashörner. Umfangreiche Wälder schließen sich zusammen, Gummi- und Dornbüsche bilden Dickichte, offene Waldwiesen schieben sich dazwischen. Je mehr sich der Boden zu größeren Wellen hebt, um so malerischer wird die Landschaft; und die zahlreichen Dörfer an allen Wegen zeugen von ihrer Fruchtbarkeit. Aber dennoch ist in den trockenen Monaten, da es dem Lande ganz an fließenden Gewässern fehlt, die Not oft groß, wenn jene kleinen Teiche einmal ganz austrocknen. Dann vermögen die Wagogo nur kümmerlich aus den Erdlöchern, in welchen sie den Regenfall gesammelt haben, sich und ihr Vieh zu erhalten.

Der Wassermangel macht den Westen von Ugogo zur Mgunda Mkali, d. i. Feuerfeld. So furchtbar brennt auf die schattenlose Steppe die Sonnenglut herab, daß vor Durst und Hitze mancher Karawanenträger hier seinen Tod gefunden hat. Indessen seitdem sich, von Süden gedrängt, die Wakimbu in der Mgunda Mkali niedergelassen haben, hat sie ihre Schrecken verloren. Sie haben das dornige Gestrüpp ausgerottet, große Landstrecken in Ackerfelder verwandelt und Wasserreservoire angelegt, sodaß jetzt

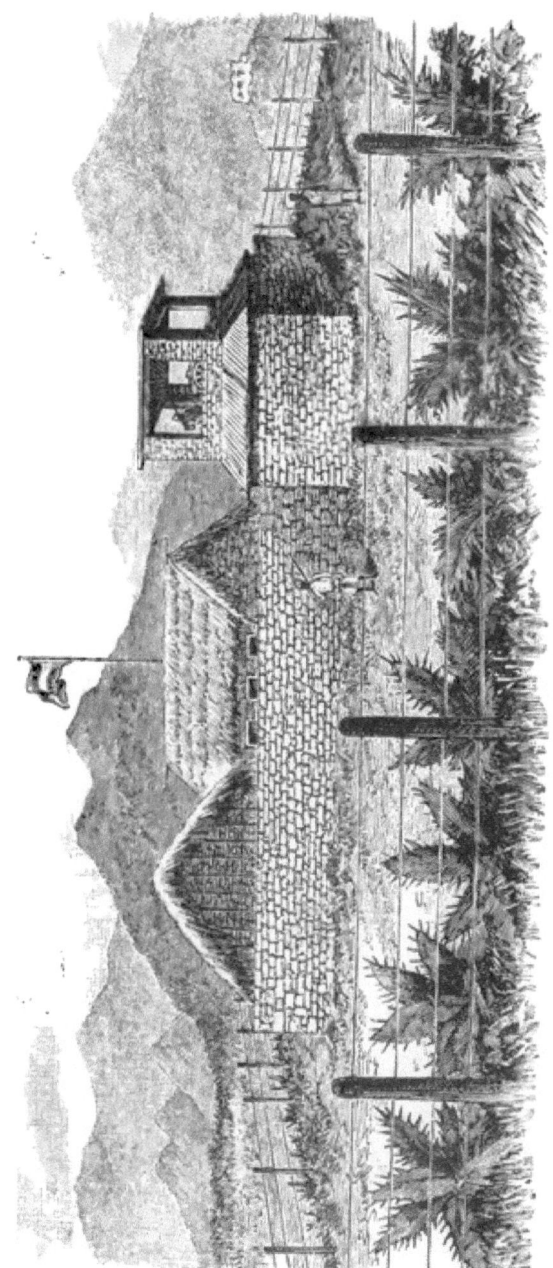

Das neue Fort in Abambua (Alpuapua).

S. 255.

das „Feuerfeld“ Ujansi eine Menge friedlicher Ortschaften
enthält.

Ujansi grenzt an das „Mondland“ Unjamuesi, welches, seinem
Umfange wie seiner Handelsbedeutung nach die wichtigste Landschaft des centralen Hochafrika, schon zu dem Tanganjika hinüber-
weist. Es erscheint als ein welliges Tafelland; große Berge
umschließt es nicht, nur isolierte Hügel und wunderlich geformte
Einzelfelsen. In der Trockenzeit bietet das Land mit seinem
grauen Boden keinen freundlichen Anblick dar; aber in der Regenzeit trägt es allenthalben eine reiche Vegetation. Vom November
bis zum April sind die „Mondleute“ fleißige Ackerbauer; sie

Felsblöcke in Ugogo.

graben dann mit Spaten ihre Äcker um und heimsen danach die
reiche Ernte ein, von April an aber verdingen sie sich als Träger
an die Karawanen. Trotz der zahlreichen Bevölkerung ist doch
nur ein kleiner Teil des Bodens in Bearbeitung; daher ist die
Zahl des Wildes groß, das auf den Grasweiden und noch mehr
in dem dichten Buschwerk und Unterholz sich aufhält. Von hier
kommen Elefanten und Nashörner nachts zu den Tränkstellen;
Zebras, Giraffen und Büffel weiden in den Ebenen; selbst Leopard und Löwe sind nicht selten.

An den Flüssen entfaltet Pflanzen- und Tierleben sich in
besonderer Fülle. Der Hauptstrom des Mondlandes ist der

Ugalla, welcher in ihrer ganzen Breite die Landschaft in einem großen Bogen durchfließt, um mit dem Malagarasi vereint dem Tanganjika zuzustreben. Er besteht aus vielen, stromartig aneinander gereihten Wasserbecken und schmalen, gewundenen Kanälen, die nur zur Regenzeit durch meist ganz enge Pässe miteinander in Verbindung treten und sich dann in einem Gewirr von Buchten und Hinterwassern weit in die benachbarte Waldung und Savanne hineinziehen. Dichte Uferwaldung säumt den Fluß überall. Bald strömt er stattlich zwischen Baumgruppen dahin, die, als dichte Wände coulissenartig sich vorschiebend, seine Windungen verdecken; bald windet er sich als schmaler, dunkler, von Teichrosen halb bedeckter Kanal zwischen hohen Uferwänden hin, von denen sich die Bäume mit ins Wasser tauchenden Ästen herüberneigen; hier bildet er Schilfinseln und Sandbänke; dort schießt er in schmalem Durchlaß zwischen Büschen und Bäumen hindurch, die im Flußbette selbst aufgewachsen sind. Hin und wieder erheben sich ungeschlachte Flußpferde schnaubend aus dem Wasser; Banden von Meerkatzen und Pavianen flüchten kreischend von Baum zu Baum, ganze Völker von Perlhühnern schnurren auf; träge sonnt sich ein Krokodil, niemals von den „Mondleuten" belästigt, am Ufer, und nachts erhebt wohl am Tränkplatz ein Löwe sein donnerndes Gebrüll.

Innerhalb des großen Bogens, welchen der Ugalla beschreibt, zwei kurze Tagemärsche von dem Flusse entfernt, liegt bei dem Brunnen Kaseh die Hauptstadt des „Mondlandes" Tabora. Es ist keine geschlossene Stadt, sondern in einer ganz flachen, sehr weiten Mulde, auf welche die grün bewaldeten Höhenzüge von Quihara hinabschauen, liegen die Wohnhäuser ganz unregelmäßig umhergestreut. Bald hier, bald dort, sieht man über die grünen Euphorbienhecken, von Palmen beschattet, eins der grauen Häuser hervorschimmern. Durchgehends sind es Tembés: viereckige Häuser, in der Mitte einen Hof umschließend, auf den sich die sämtlichen niedrigen und modrig riechenden Gemächer öffnen. Die Araber, deren eine nicht große Anzahl in Tabora sich angesiedelt hat, haben diesen Baustil hier eingeführt und die „Mondleute" ihn dann nachgeahmt. Verteidigungsfähig sind diese Tembés nicht, ebenso wenig wie der ganze Ort irgend welchen Schutz gegen Angriff und Überfall hat. Die ganze Umgebung von Tabora ist auf 3 bis 4 Stunden hin sehr dicht

Landschaft bei Tabora.

S. 282.

bevölkert; viertelstündlich trifft man auf ein Dorf oder auf einen Weiler. Die Wasserfülle des Ortes, welche in den Muldensohlen sich ansammelte, und der vielfach leicht sumpfige Boden, welcher zum Reis= und Gerstenbau einlud, scheinen die Ursachen der Erbauung des Ortes gewesen zu sein; aber seine Handels= bedeutung verdankt er doch nur seiner Lage. Denn die flache Einsattelung, welche hier der centrale Hochrücken zeigt, zog von selbst den Handelsverkehr an, welcher von der Mrima zum Tanganjika geht. Durch die Ansiedelung arabischer Händler wurde Tabora die Außenstation für Sansibar und dann weiter= hin der Stützpunkt für die arabischen Handelsunternehmungen selbst über den Tanganjika hinaus. In den „Mondleuten" findet jede Karawane während der trockenen Monate willige und kräftige Träger, während die Wasuaheli sich selten weiter als bis Tabora verdingen. Daher müssen die Karawanen sich in Tabora stets neu formieren. Alles dies bedingt einen so starken fortwährenden Wechsel der Bevölkerung, daß es unmöglich ist, deren Zahl auch nur annähernd zu schätzen.

Viel geringer als nach dem Westen ist der Verkehr Taboras nach dem Norden zum Victoria=Njansa. Hierher führt der Weg durch Usukuma, das „Mitternachtsland". Wellig zieht sich das Flachland bis an den See heran; graubrauner Sand bedeckt den Boden, aus welchem Buschwerk und niedrige Bäume aufsprossen. Palmengruppen da und dort deuten auf hochstehendes Grund= wasser, wie es auch denn nirgends an Brunnen gebricht. Größere Flüsse indessen fehlen, da eben Usukuma keine höheren Gebirge hat. Alle ansehnlichen Ströme, welche in den See sich ergießen, fließen aus den gebirgigen Seiteneinfassungen ihm zu: von Osten der Schimiju, in welchem man vielleicht den fernsten Nilquellfluß sehen darf, von Westen der Lohugati und der Ka= gera. Viehweiden und zahlreiche Pflanzungen, besonders auch Baumwolle, nehmen das wohl bevölkerte Land ein, bis von der letzten Bodenschwelle, die nicht höher ist, als die übrigen, der Blick auf den See sich aufthut. Mehrere Dörfer, aus kegel= förmigen Hütten bestehend, liegen am Ufer; hie und da steht ein Hain schattiger Laubbäume; grünes, wallendes Schilfrohr säumt die Küste und hinter demselben zeigt sich die weite Silberfläche des Sees, bis in nebeliger Ferne dunkelblaue Berge ihm eine Schranke setzen. Einige kleine graue Felsinseln liegen im See zerstreut:

wie arabische Dhaus erscheinen sie, die mit aufgespanntem Segel
in der Ferne dahinfahren.

Der Victoria-Njansa liegt 1237 m über dem Meere, eingebettet in den breiten Hochrücken Centralafrikas. Daraus erklärt sich seine offene Lage, die ihn, den Lagunen des Mondlandes und Ugogos vergleichbar, als zur zeitweiligen Aufspeicherung
ausgedehnter Fluten bestimmt erscheinen läßt. Auch die Sanft-
heit seiner im Süden und Norden flachen oder leichthügeligen
Ufer findet in dieser Lage ihre Erklärung, wie nicht minder wohl
auch seine rundliche Gestalt, welche in Länge und Breite je etwa
330 km Ausdehnung zeigt. Er ist denn auch das gewaltige
Reservoir, welches den Nil nährt und zuallermeist das regel-

Der Mfumbiro-Berg.

mäßige Steigen und Fallen dieses Flusses bewirkt. Die Farbe
seines Wassers ist, wenn man aus einiger Entfernung ihn sieht,
ein lichtes Blau; sobald aber vormittags sich der regelmäßige
Südostwind erhebt und das Wasser leicht kräuselt, nimmt es
einen milchigen oder graulichen Ton an.

Das östliche, noch mehr aber das westliche Ufer des Victoria-
Sees ist hoch und bergig. Hier begrenzt ihn das gebirgige,
seenreiche Land Karagwe, welches durchschnittlich 1300 bis
1500 m über dem Meere liegt. So weit das Auge reicht, ziehen
lange, schmale Hügelrücken sich hin, durch tiefe und enge Thäler
voneinander geschieden. Hier und da erweitern die Thäler sich
zu Seebecken, welche sehr dazu beitragen, den Reiz des Landes
Karagwe zu erhöhen. So bildet unter 2° südl. Br. die Scheide
zwischen der Küstenlandschaft Jhangiro und dem eigentlichen Ka-

Ansicht des Victoria-Njansa von der Küste des Speke-Golf aus.

S. 260.

ragwe der Urigi-See, deſſen 40 km lange Waſſerfläche von 360 m
hohen, grasbedeckten Berghängen überragt wird. Nördlich von
ihm liegt der buchtenreiche, anmutige Windermere-See. Dann aber
ſammeln ſich die Waſſerläufe alle zu dem Kagera oder Alexandra-
Nil, deſſen breites, mit Papyrusſtauden beſtandenes Bett die
deutſch-engliſche Grenzlinie durchſchneidet. Trotzig ſchaut weſt-
wärts über die Grenze der 3050 m hohe, zuckerhutförmige
Berghaufen des Mſumbiro herüber, welcher, obgleich er ſüdlich
von dem 1. Breitengrade liegt, dem engliſchen Gebiete vor-
behalten iſt.

Der Urigi-See.

Einfacher in großen
Formen gestaltet ſich der
ſüdliche Ausgang des
centralen Hochrückens, ſoweit er in das deutſche Intereſſen-
gebiet hineinfällt. Den Zugang von der Küſte her bildet hier
das weite Gebiet zwiſchen dem Rufidſchi und dem Rovuma.
Ihm fehlt das raſche, ſtufenförmige Anſteigen, welches das
Schutzgebiet charakteriſiert; ganz allmählich und einförmig, wenn
auch von manchen Erhebungen unterbrochen, erhebt ſich das
Land; erſt bei 330 km Entfernung vom Meere hat es eine
Meereshöhe von 240 m erreicht. Infolgedeſſen iſt das Klima
trocken und heiß. Denn erſt am Steilrande der centralen Hochfläche fangen ſich die Waſſerdünſte.

Steil wie ein Gebirge, vielfach eingeſchartet, erhebt ſich dieſe

Hochfläche mit der südlich von Ugogo liegenden Landschaft Uhehe, die, eintönigen Charakters, langsam gegen Süden ansteigt. Allmählich indes wird das Land mannigfaltiger: Bergzüge mit abgerundeten Formen bilden sich, tiefe Rinnen durchschneiden sie, an deren Wänden eine dichte Vegetation sich angesiedelt hat und Quellen herniederrieseln. Wie ein Fjord ist in dies Hochland der Njassa eingeschnitten. Tief eingebettet liegt er in der Tiefe: zu einem schwachen Geräusch verhallt die tobende Brandung seiner weiß schäumenden Wellen; steil erhebt sich das gebirgshohe Ufer aus dem Wasser, meist nicht einmal Raum zu einem Fuß- pfade frei lassend; bald sind es malerische Gipfel, bald ein- gezahnte Bergkämme, welche den See einfassen; hochstämmiger Wald deckt die steilen Hänge, über welche rauschende Wasserfälle hinabstürzen. Nur an der Nordwestecke, etwa bis zur Ein- mündung des kleinen Songwe, hat der Regen allgemach aus den Bergen eine sumpfige Niederung zusammengespült, auf der ein paar kleine Fischerdörfer stehen, die einzigen Spuren mensch- lichen Lebens, welche der See an seinem Nordende zeigt.

An der Mbampabucht, etwa in der Mitte des Ostufers, trifft den See die deutsch-portugiesische Grenzlinie. Aus Furcht vor den Maviti haben die Bewohner sich hier in Pfahlbauten im See angesiedelt oder auf den felsigen Klippen im Wasser ihre Hütten gebaut. Ihre Anpflanzungen (Mais, Bataten, Tabak) liegen am Lande; dorthin bringen sie auch ihr Vieh auf die Weide, holen es aber stets nachmittags auf die Felsen zurück. Fortwährend sieht man sie, ihr Lendentuch mit der einen Hand hoch über Wasser haltend, hin und her schwimmen.

Der Njassa liegt nur 480 m über dem Meere, aber seine Ufer erheben sich mehrere hundert Meter, an der Westküste sogar bis 900 m, über die Wasserfläche. Ein Wassersammler ist er nicht, denn die Wasserscheide gegen den Ocean drängt sich ganz nahe an sein östliches Ufer heran. Hier hat, nur 100 km von dem See entfernt, der Rovuma, als ein winziges Bächlein einem Sumpfe entfließend, seinen Ursprung und nähert sich weiterhin, ein Fluß von 30 m Breite geworden, dem See gar bis auf 50 km; und der Ruaha, der durch Uhehe abfließende Haupt- quellfluß des Rufidschi, rinnt aus drei Bächen zusammen, welche dicht am Nordende des Sees entspringen. Vielmehr liegt etwas Oceanisches in seinem Charakter. Denn lang und schmal,

Der Tanganjika-See.

S. 263.

nirgends über 90 km breit, wie er ist, verfangen sich in der
hohen Uferumrandung die Winde; donnernd schlagen dann die
Wogen gegen ihre steilen Felsufer; und selbst Scharen von
Ziegenmelkern und Kormoranen geben ihm eine an den Ocean
gemahnende Staffage. Sein Wasser ist auch nur an den Ufern
entlang hellgrün; sonst zeigt es das tiefe Blau des Oceans. Es
scheint indessen, als wenn der Njassa allgemach einschwände; denn
sicher entführt wenigstens in der Trockenzeit sein Abfluß, der
rasche und tiefe Schire, ihm mehr Wasser, als ihm dann zufließt.

Vom Nordende des Njassa, hinauf an dem Laufe des Songwe,
zieht die deutsch-englische Grenze hinüber zu dem kleineren
Kilambo, der in den Tanganjika sich ergießt. So führt sie uns
von dem centralen Hochrücken hin zu dessen Westgrenze, und
versetzt uns damit in eine andere Welt. Denn welch' eine Fülle
von Leben und Kulturmomenten im Vergleich zum Njassa umschließt
der Tanganjika in seinen Ufern!

Wir steigen von der eintönigen Hochfläche dem Kilambo
folgend, zu dem Südende des Tanganjika hinab und ein Bild
von fesselndem Reize thut sich vor uns auf. Unabsehbar weit
gegen Norden erstrecken sich seine klaren, lichtblauen Fluten. Zur
Linken zieht ein Stück Land wie ein großer Quai in den See
hinein; es erhebt sich in felsigen Anhöhen von 100 m Höhe,
deren Gipfel mit dunkelgrünen Bäumen besetzt sind, während
unten um graue und rote Sandsteinklippen leise die Wellen plät-
schern. Malerische Berge erheben sich uns gegenüber am westlichen Ufer, über welche zwei Wasserfälle glitzernd herabstürzen.
Jenseits der Landspitze tauchen einige grüne Inseln auf. Auf
unserer, der östlichen Seite schwingt sich das Ufer in leichter
Krümmung nach Norden und erhebt sich in stufenweisen, schrägen
grünen Flächen, bis es zu einem mächtigen Gebirge von mehr
als 2000 m Höhe aufsteigt. Ein klarer Bach ergießt sich hier
murmelnd in den See. Ein dichter, dunkler Hain umfaßt den
Abschluß des Sees; hinter einem festen Zaun von Wasserrohr
liegen die Kanoes der Fischer versteckt, deren Hütten ein wenig
rückwärts errichtet sind. In reizvoller Mannigfaltigkeit ziehen
so die Ufer sich hin bald als drohende Felsmauern, bald als
sanft sich abflachende Gestade; hier ragt ein feckes Vorgebirge vor,
dort zieht sich eine malerische Bucht in das Land hinein. Aber
in den schönsten Farben erglänzt der See, wenn morgens oder

abends bei niedrigem Stande die Sonne ihre Strahlen über ihn
ausstreut. Dann taucht sich Land und Wasser in Farben, wie
sie nur den Tropen eigen sind. „Ist die Luft morgens mit
Wasserdünsten erfüllt, so erscheint die unübersehbare Fläche des
Sees als ein dämmerig leuchtender, herrlich sanftorangefarbener
Spiegel, in dem die Wasserfurchen in karminroten, violetten und
glänzend blauen Farben spielen, während der Horizont in blauen
Dünsten verschwimmt und der Himmel darüber aus Violett in
rötliche und gelbe Töne übergeht. Bei reiner Luft glänzt dagegen der See in herrlichstem Azurblau, während sich die kom-
mende Sonne durch glühend rote und gelbe Farben unter einem
fast farblosen Himmel verkündet, welche die an und für sich schon
in den mannigfachsten Abstufungen von Gelb, Rot und Grün
glänzenden Berge förmlich metallisch reflektieren lassen. Noch
viel größeren Kontrast bieten die Untergänge der Sonne. Manchmal ist See und Himmel derart von einem graublauen Nebel
überlagert, daß ihre Grenzen unsichtbar in einander übergehen,
und man auf einen ungeheuren, ausgespannten Vorhang zu sehen
glaubt, auf dem die Sonne als eine strahlenlose, kupferrot glim-
mende Scheibe steht. An anderen Abenden aber flammt der westliche Horizont in dem leuchtendsten Gelb und Orange, während
der ganze Himmel darüber in einem ganz unbeschreiblich prachtvollen Blau strahlt, von dem sich grell abgezeichnete Wolkenflecken
in feurigem Rosenrot abheben, während andere größere Massen
ihr wunderbares Metallgelb im See wiederspiegeln, der sonst
wie aus Streifen und Bändern von glänzendem Blau und Rosenrot zusammengesetzt erscheint."[1] Dazu nun die waldbedeckten
Ufergebirge in schweigender Majestät, während unten ein Schiff
vorüberzieht, von dem der Chorgesang der Ruderer in einförmigem
Takte leise heraustönt.

Den Westrand der centralafrikanischen Hochfläche umzieht
eine ungeheure Furche. In diese ist, 800 m über dem Meere,
der Tanganjika eingebettet. Das giebt ihm seine Gestalt. Denn
bei einer Länge von 660 km beträgt seine Breite doch nirgends
über 180 km, ja sie sinkt in seinem schmaleren Südteil bis auf
ein Drittel dieses Maßes. Durch Einsturz, wie es scheint, ist
jene Furche entstanden: daher der malerische Eindruck, welchen

---

[1] R. Böhm, Von Sansibar zum Tanganjika, S. 162.

besonders das im allgemeinen höhere Ostufer hervorruft. Man wird nicht irre gehen, wenn man die nördliche Fortsetzung dieser Furche in dem von hohen Ufern eingefaßten Muta Nfige sieht, ja vielleicht auch noch in dem nordöstlich einschwenkenden Albert= See, welcher auch noch 700 m über dem Meere liegt.

Es ist Grund zu vermuten, daß der südliche Teil des Tanganjika mit noch größerer Meereshöhe vorzeiten einen selbstän= digen See gebildet habe, welcher erst durch Dammbruch mit dem größeren See sich vereinigte. Noch liegt in einer Parallelfurche

Vorgebirge Mtombwa am Tanganjika.

neben diesem Südsee der Nikwa oder Hikwa, den etwa 2500 m hohe Gebirgszüge rund herum in fast ununterbrochener Linie umgeben.

Seinen Namen Tanganjika, d. i. „Vereinigungsplatz", trägt der große See mit Recht. Denn er staut die ihm zufließenden Gewässer auf, sodaß sich dann allgemach sein Niveau hebt und er die flachen Usergelände, wie die Anwohner sagen, „wegfrißt". Aber schließlich bricht sich dann das aufgestaute Wasser freie Bahn westwärts zu dem gewaltigen Kongo. Dieser zeitweilige Seeabfluß ist der Lukuga, der darum bald wie ein rascher Strom

wirbelnd gegen Westen hinausfließt, bald wie ein Dickicht von
Schilf und Papyrus mit kaum bemerkbarer Strömung zwischen
den hohen Rohrstengeln erscheint.

Unter den Zuflüssen des Tanganjika ist der weitaus bedeutendste der Malagarasi, welcher seine Quelle weit nach Norden
in nächster Nähe derjenigen des zum Victoria-See abfließenden
Lokugati hat. Verstärkt durch den aus dem Mondlande ihm zufließenden Ugalla, stürzt er sich, nach Westen umwendend, als
ein ungestümer Gebirgsstrom von dem centralen Hochrücken herab
und mündet, unschiffbar und nur an wenigen Stellen von Furten
durchsetzt, unweit Udschidschi in den See.

Hier in diesem Udschidschi endet die von Tabora herabkom-
mende Karawanenstraße. Sie macht den Ort zum ersten Handels-
platze in dem ganzen Seegebiete. Schon vor mehreren Menschen-
altern haben hier dicht am Ufer des Sees die Araber ihre
Tembes gebaut mit den kühlen, nach der Straße zu offenen Veranden. Palmen und Melonenbäume breiten ihre Zweige über die
graubraunen Häuser, welche Ugoy, das arabische Viertel, bilden.
Nördlich von Ugoy liegt Kawele, das Quartier aller nicht arabischen Bewohner; hier wohnen in kegelförmigen und viereckigen
Hütten die einheimischen Neger, die Sklaven der Araber, Mondleute
u. a. Dichte Bananenhaine umgeben die Hausgruppen, über
welche hier und da ein graziöser Melonenbaum oder eine Ölpalme mit goldfarbigen Früchten sich erhebt. In Ugoy liegt der
Marktplatz von Udschidschi, ein weiter, offener Raum dicht am
See. Mit tiefem Ächzen wälzen sich unablässig dessen schaum-
gekrönte Wogen gegen das Gestade, auf welches, dicht neben einander, die plumpen Kanoes emporgezogen sind. Über sie hinaus
schweift der Blick, jenseits der stets unruhig gekräuselten Wogen
des Sees, bis zu den dunklen Massen des Goma-Gebirges, dessen
gewaltige Berge, je weiter sie zurückweichen, in immer zarteren
Farben abgetönt sind. Das regste Leben und freilich auch ein
fast betäubender Lärm entwickelt sich mit dem Morgengrauen auf
dem Markte. Zu Wasser und zu Lande sind die Verkäufer her-
beigeströmt, um die Erzeugnisse ihrer Heimat, Früchte, Gemüse,
Ziegen, Fische, feil zu bieten. Jeder hat auf dem Markte seinen
festen Stand; viele bauen auf demselben sich auch kleine Hütten
aus Baumzweigen, um die brennenden Sonnenstrahlen abzu-
wehren. Feilschend gehen dazwischen die Käufer umher: eilig

hat es niemand, wohl aber ist jeder bedacht, durch möglichst viel
Geschrei seinen Vorteil zu wahren. Auch Sklaven und Elfenbein sind stets in jeder Menge in Udschidschi zu bekommen; aber
ein Geschäft darin macht nur der arabische Großhändler, der in
Udschidschi wohnt oder dort wenigstens seinen Agenten hat.

Etwa 200 km südlich von Udschidschi liegt die Station
Karema auf einer leichten Anhöhe in dem hier schwach hügeligen
Küstengelände. Sie hat die Gestalt eines Sechsecks. Drei Ecken
sind von Schießtürmen flankiert, deren Höhe 6—8 m beträgt.
Die Umfassungsmauer, aus Luftziegeln wie die Türme gebaut,
ist 3—5 m hoch; innen doppelt und durchweg überdacht, bietet

Der Malagarasi.

sie zugleich die Wohnräume für die Besatzung dar. In der
Mitte des Sechsecks erhebt sich das zweistöckige Wohngebäude
der Europäer; doch dient das Erdgeschoß ausschließlich zur Aufbewahrung von Vorräten. Das flache Dach, eine leicht über-
deckte Plattform, gewährt einen schönen Rundblick in die seewärts sehr anmutige Landschaft; landeinwärts dagegen liegen
sumpfige Ebenen, welche die Station zu einem wahren Fieber-
herde machen. Selbst die in einem naheliegenden, wohlverpali-
sadierten Dorfe angesiedelten Stationsarbeiter haben darunter
zu leiden. Ursprünglich am See gebaut, ist die Station doch
jetzt von ihm weit getrennt. Denn da jetzt der Lukuga-Abfluß

offen ist, so ist der Spiegel des Tanganjika allmählich so sehr
gefallen, daß an dem flachen Ufer eine Strecke von 2 km trocken
gelegt ist. Allein der freigelegte fette Schieferthonboden, urbar
gemacht, erweist sich so außerordentlich fruchtbar, daß er reiche
Ernten von Mais, Negerkorn, Reis und afrikanischen Gemüsen
aller Art liefert. Indessen, da die von Belgiern gegründete Station innerhalb des deutschen Interessengebietes liegt, so hat sie
der Kongostaat aufgegeben; französische Missionare haben sie jetzt
inne. Denn in die Ufer des Tanganjika teilen sich hüben Deutschland, drüben der Kongostaat.

4. Die Bevölkerung.

Kaum giebt es in ganz Ostafrika schönere und brauchbarere
Gebiete als diejenigen, welche als Vorstufen zu dem centralen
Hochrücken hinansteigen. Berechtigt wäre also die Erwartung,
daß wir hier eine zahlreiche Bevölkerung in wohl geordnetem Ge-
meinwesen finden müßten. Aber die Wirklichkeit bestätigt das
traurige Gegenteil. Denn nicht nur ist die Bevölkerung spärlich, sondern auch so unstät, daß mit ihrem Hin- und Herschwan-
ken auch fort und fort die Landschaftsnamen sich ändern. Vom
Volksnamen leitet die Sprache den Landschaftsnamen ab: das
Präfix Wa bezeichnet das Volk (Singular M—), U das Land.
Wo liegt Uhehe? Da, wo die Wahehe wohnen. Vaterland und
Heimat sind für den Ostafrikaner durchaus schwankende Begriffe.
Denn nicht einzelne wandern aus, sondern ganze Völker werden
verdrängt oder ziehen, andere vertreibend, unstät umher. Einem in
beständiger Bewegung befindlichen Meere gleicht das weite Gebiet
des östlichen Afrika, wo stets eine Welle die andere drängt und
nimmer die Ruhe einkehrt. Die Folge ist, daß unter dem Drange
gleicher Umstände die bedrängten Völker allmählich etwas Gleich-
artiges bekommen und weitaus diejenige Kulturstufe nicht erreichen, zu der sonst die Umstände ihnen günstig wären. Man
muß weit in das Innere gehen, wenn man kräftige Stämme,
welche ihre Eigenart sich bewahrt und eine reichere Kulturentwickelung gewonnen haben, noch finden will.

Es ist ein durch reichliche Erfahrung gestützter Satz, daß vom
Meere nach dem Binnenlande zu die Kulturentfaltung sinkt; im
östlichen Afrika dagegen steigt sie mit der Entfernung vom Meere.

Dadurch wird es klar, daß die ertötende Ursache vom Meere aus landeinwärts ihre unheilvollen Wirkungen muß ausgeübt haben. Und kein Zweifel bleibt, daß wir in den Arabern diese unheilvolle Ursache zu sehen haben.

Seit dem Beginne des sechzehnten Jahrhunderts hatten die Portugiesen allmählich sich in den Besitz der ganzen Ostküste Afrikas gebracht. Im Norden derselben sicherte die Festung Mombas, im Süden Mosambique ihre Herrschaft. Da war es der Fürst Sultan ben Sif von Oman, welcher, nachdem er den Portugiesen Maskat, die letzte Feste, welche sie in Oman noch besaßen, abgenommen hatte, nun auch 1661 nach Ostafrika hinübergriff. Eine Abordnung der Bewohner von Mombas lud ihn ein, sie von der portugiesischen Herrschaft zu befreien. Er folgte dem Rufe und nahm wirklich die Festung ein, jedoch nur, um sie nach kurzer Zeit wieder an Portugal zu verlieren. Aber sein Sohn und Nachfolger Sif ben Sultan rächte den Verlust. Wiederum durch die Einwohner herbeigerufen, erschien er 1698 vor Mombas und eroberte den festen Platz. Der Fall der Festung machte die Küste weithin wehrlos. Aus allen Küstenplätzen bis zum Kap Delgado hin, von allen Inseln der Küste vertrieb er die Portugiesen; von Mosambique jedoch mußte er weichen. So hielten die Araber in Ostafrika ihren Einzug.

Nur allzubald wurden die Afrikaner inne, daß sie aus dem Regen in die Taufe geraten waren. Denn ohne zu säen, gedachten die Araber zu ernten. Ernster Arbeit durchaus abhold, waren sie nur darauf aus, mit möglichst geringer Anstrengung und Gefahr aus dem unterworfenen Lande die Mittel zu pressen, um in Oman, dann auch in Mombas und Sansibar mit ihren Harems und Sklaven ein Herrenleben führen zu können. Der Handel mit Sklaven und Elfenbein wurde ihnen der kürzeste Weg dazu. An die zwei Jahrhunderte haben sie so Ostafrika ausgewirtschaftet, ja ausgeplündert, meist mit den Häuptlingen, denen sie Anteil am Gewinne gaben, im Bunde, über die Einöden, die sie geschaffen, ihren Fuß immer weiter landeinwärts setzend, bis Tabora, bis Udschidschi, bis Njangwe und Kasongo im Kongostaate. Zwar ist der Sklavenhandel durch die europäischen Nationen verboten: aber wer will dem Verbote im Innern Achtung verschaffen?

Das Elfenbein ist unter den Ausfuhrartikeln Afrikas der

wertvollſte: 1 kg koſtet jetzt 50 Mark, während vor 50 Jahren
der Preis nur 11 Mark betrug. Ein ausgewachſener Stoßzahn
aber wiegt bei 2 bis 2½ m Länge 30 bis 50 kg. Freilich bedingt auch die Qualität einen Unterſchied im Preiſe; dieſe aber
hängt weſentlich von dem Breiten- und Längengrade ab, unter
welchen der Elefant gelebt hat: die Zähne der weſtafrikaniſchen
Elefanten ſind ſchlank, hart und etwas durchſcheinend; diejenigen
der oſtafrikaniſchen dagegen mehr gewunden und von weicherer,
weißer und undurchſichtiger Beſchaffenheit. Indeſſen aus Oſtafrika kommt noch einmal ſo viel wie aus dem Weſten in den
Handel und hiervon bildet das über Sanſibar ausgeführte ein
volles Drittel: etwa 200 000 kg. Um nun eine ſo ungeheure
Maſſe von Elfenbein zu liefern, wobei das in Afrika ſelbſt zu
Schmuckgegenſtänden, Kriegshörnern u. a. gebrauchte ganz außer
Rechnung bleibt, werden in Afrika jährlich etwa 65 000 Elefanten getötet! Damit iſt aber, da ſeit 1879 ſchon eine ſtetige Ab-
nahme der Elfenbeinzufuhr wahrzunehmen iſt, die gänzliche Aus-
rottung des Elefanten in Afrika beſiegelt, dieſes ſtarken und
klugen Tieres, das in Indien, gezähmt, im ſtande iſt, 1000 kg in
einem Tage 70 km weit über ſteinige Gebirgspfade zu tragen,
auf denen weder Pferd noch Ochſe fortkommen.

Erſt eine einzige deutſche Firma (Heinrich Adolf Meyer in
Hamburg) kauft durch eigene Agenten im Innern von Oſtafrika
Elfenbein auf und ſchafft es durch eigene Karawanen an die
Küſte. Sonſt ſind es ausſchließlich Araber, welche den Elfen-
beinhandel in Oſtafrika in Händen haben; freilich von dem Gewinne müſſen ſie ein gutes Teil den Indern überlaſſen. Wenn
ſo ein Araber, dem der Boden der Heimat unter den Füßen zu
heiß geworden iſt, nach Sanſibar herüberkommt, um in Afrika
ſein Glück zu machen, ſo beginnt er damit, daß er gegen die
einzige Bürgſchaft ſeines volltönenden Namens bei einem der
reichen Inder der Inſel zu ungeheuren Zinſen ein Darlehn aufnimmt, um einen Elfenbeinzug ins Innere zu unternehmen. Auch
die dazu nötige kleine Zahl von bewaffneten Trägern ſtellt ihm
der Hindi. Anfänglich genügte eine mäßige Zahl von Tage-
märſchen, um an einen Elfenbeinplatz zu gelangen; allgemach
mußte jedoch, da die Elefanten mehr und mehr vor ihren Ver-
folgern ſich zurückzogen, immer weiter in das Innere vorgedrungen werden. Nun wird nicht etwa ſelbſt Jagd gemacht;

der Araber begnügt sich, mit dem Elfenbein besitzenden Neger=
häuptlinge um dasselbe zu handeln. Nach wochenlangem Feil=
schen, Zahn um Zahn, ist endlich ein den sehr begrenzten Mitteln
des Arabers entsprechender Vorrat von Elfenbein eingetauscht;
jetzt bleibt nur die Frage noch: wie ihn nach der Küste schaffen?

Rat ist bald gefunden. Der Häuptling liegt mit dem einen
oder andern seiner Nachbarn in Fehde, oder er hat auch nur
einen Nachbar, der ihm mißliebig ist. Gegen diesen bietet der
Araber ihm seine Hülfe an: ein Vertrag wird geschlossen, mit
vereinten Kräften den Nachbar zu überfallen; sein Land fällt
dann dem Häuptling zu, alle Kriegsgefangenen dem Araber, die
sonstige Beute wird geteilt. Der Überfall wird ausgeführt; nachts
wird das nachbarliche Dorf umstellt, angezündet und beschossen.
Den entsetzten Einwohnern ist ein Entrinnen unmöglich; am
Morgen werden sie gemustert. Alle Kranken, alle alten Männer
und Weiber werden ohne weiteres totgeschlagen; ist der Fang
ergiebig genug, so werden auch von den kräftigen Männern und
Jünglingen, so viele entbehrlich scheinen, erschlagen, da sie nicht
leicht in die Sklaverei sich fügen würden, und aus den Weibern,
Mädchen und Knaben wird die Karawane gebildet, welche das Elfen=
bein nach der Küste zurücktragen soll. Dreifacher Gewinn also er=
giebt sich dem Araber: aus dem Verkaufe des Elfenbeins, aus dem
Verkaufe der erbeuteten Menschen und aus der freien Rückfracht.

Um das Entspringen der Gefangenen zu verhüten, werden
sie mit Ketten aneinander geschlossen, oder in die Sklavengabel,
an der immer je zwei zu tragen haben, gesteckt; es kommt auch
vor, daß ihnen die Ohren durchbohrt und durch die blutigen
Löcher ein Strick gezogen wird. Wer ermattet niedersinkt, dem
schneidet der Araber erbarmungslos den Hals ab, damit nicht
etwa andere auch Ermattung heucheln. So zieht denn der trost=
lose Zug dahin. Wandelnden Gerippen gleich, von Hunger,
Trauer und Sorge zermartert, kommen die Unglücklichen einher=
gewankt, oft ohne die notdürftige Bedeckung der Blöße. Der
Ausdruck der schmutzigen Gesichter mit den eingesunkenen Augen=
höhlen, den vorstehenden Backenknochen ist entsetzlich. In zahl=
losen Falten bedeckt die fahlgrau erscheinende Haut die eben noch
durch die Sehnen zusammengehaltenen Knochen.

Erst einige Tagemärsche von der Küste wird Halt gemacht.
Denn da jetzt in Sansibar der Sklavenhandel verboten ist, so

bedarf es mancher Vorsichtsmaßregeln, um das Verbot zu um=
gehen. Die Gefangenen werden in kleinern Trupps bei Ara=
bern oder Wasuahelis untergebracht, die in der Nähe der Küste
ihre Besitzungen haben. Hier werden sie einigermaßen bekleidet
und wieder etwas herausgefüttert; auch einige Dienstverrichtungen
müssen sie lernen sowie ein wenig von der Suahelisprache. Als
Sklaven aus altem Familienbesitz werden sie jetzt an gewerbs=
mäßige Sklavenhändler verkauft, die sie mit aller Vorsicht an
Käufer auf dem Festlande absetzen oder auch nach Pemba oder
Sansibar heimlich hinüberschaffen, wo die Preise, dem größeren
Wagnis entsprechend, erheblich höher stehen. Mindestens drei
Viertel der Bewohner von Sansibar sind Sklaven. Ihrer Ar=
beitskraft verdankt die Stadt hauptsächlich ihre hohe Entwicke=
lung, ihren Frondiensten der zugleich stolze und träge Araber
seinen Reichtum; auch der Hindi weiß dabei seinen Vorteil
wahrzunehmen. In Sansibar gilt ein Knabe etwa 100—120 Mark,
ein erwachsenes Mädchen etwa 250—300 Mark. Gelingt es in=
dessen bei Gunst der Gelegenheit die Sklaven noch weiter in die
jenseit des Meeres liegenden mohammedanischen Länder Asiens
auszuführen, so steigt der Preis sehr erheblich. In seine Hei=
mat jedoch gelangt von den Unglücklichen nie einer zurück.

    So sehr haben zweihundertjährige Sklavenjagden ganz Ost=
afrika verödet, daß jetzt nur noch jenseit des Tanganjika und
des Njassa der Fang lohnend ist. Nicht wenig indessen hat zu
dieser Verwüstung auch das Andrängen und die Raubzüge be=
nachbarter Stämme gegen die geschwächten Völkerschaften beige=
tragen. Im Norden sind es besonders die mit den Galla ver=
wandten Massai, welche aus den Gegenden am Kilima Ndscharo
ihre verheerenden Streifzüge weit nach Süden in die Gebiete
friedlicher Nachbarstämme, in denen sie die fremde Volksart
hassen, ausdehnen. Im Waldesdickicht haben darum die von
ihnen stets bedrohten Komboko ihre Dörfer angelegt, zu denen
nur verborgene Pfade, häufig von Fallgruben unterbrochen, hin=
führen.

    Auch im Süden ist es die nationale Verschiedenheit, welche
die Raubzüge gegen die durch Sklavenjagden decimierten Nach=
barstämme schürt. Ein Zweig des Zulukaffern=Stammes der
Maviti waren die Watuta, welche vor etwa einem Menschenalter
ihre Heimat am westlichen Ufer des Njassa verließen, um rau=

bend und mordend gegen Norden vorzudringen. Sie durchzogen das Hochland bis zum Tanganjika und überfielen Udschidschi, dessen Bewohner auf den Inseln im See Zuflucht suchen mußten. Durch ihre Erfolge angereizt, warfen sie sich nun auf Unjamnesi und verheerten es bis zum Victoria-Njansa hin. Nach einigen Jahren indes zogen sie ostwärts weiter und brachen in Usambara ein, von wo sie dann, nachdem sie sich eine geraume Zeit in der benachbarten wiesenreichen Landschaft Ugomba, friedlich ihre Rinder weidend, aufgehalten hatten, südwärts verschwunden sind.

Ein Mtuta.

Den Watuta stammverwandt sind die Wahehe, welche das centrale Hochland am oberen Ruaha inne haben. Ein kräftiges Volk der Berge, allen Mühsalen leicht gewachsen, haben sie sich zuzeiten weithin furchtbar gemacht, eine Zeit lang selbst die große Landschaft Urori beherrscht. Ihr Land ist meist Steppe, hin und wieder mit einem Akazienbaum oder einem Baobab besetzt. Dort weiden sie ihre Rinder, mit denen sie nachts, um der Wärme willen, die Hütte teilen. Selbst ihre Hauptstadt Mkubwasanja liegt in einer Einöde: weit umher giebt es weder ein Ackerfeld noch Baum oder Strauch.

Aus Uhehe stürzt sich der Ruaha, ostwärts fließend, von der centralen Hochfläche herab. Hier liegt vor dem steilen Abfall im Niederlande ausgebreitet auf dem rechten Ufer des Ruaha die Landschaft Mahindsche. Das Land ist eben, von zahlreichen Fluß= läufen durchzogen, aber freilich auch weite Lagunen und Sümpfe nach dem Ulanga zu, der weiterhin mit dem Ruaha zum Ru= fidschi zusammenfließt, umfassend. Flußpferde und Krokodile giebt es allenthalben. Indessen die höher gelegenen Gegenden stellen sich als üppige Gefilde dar, und um die Dörfer findet man aus= gedehnte fruchtbare Ackerfelder. Es sind echte Maviti, welche Mahindsche bewohnen, ein kleiner Stamm, der jedoch durch seine Raubzüge alle seine Nachbarn in Schrecken erhält und weite Land= striche völlig entvölkert hat. Ja, man darf in Mahindsche die eigentliche Heimat[1] des Maviti=Stammes sehen, von dem ein Teil erst von hier zum Njassa ausgewandert ist.

Die Maviti, schon durch die dunklere Hautfarbe von ihren Nachbarn deutlich unterschieden, erinnern in ihrem Typus an die Zulu; sie haben auch eine straffe, staatliche Organisation, wie sie den Bantuvölkern überhaupt eigen ist. Ihre Kleidung besteht aus Baumbast, welcher wie ein schottischer Plaid umgelegt wird. Wenn sie in den Krieg ziehen, beschmieren sie sich den Leib mit Öl und färben sich das Gesicht weiß. Bogen und Pfeile verschmähen sie; sie führen einen Schild, mit dem sie parieren und stoßen, und Wurfspeere, die sie äußerst geschickt handhaben. Außerdem be= nutzen sie einen großen Stoßspeer. In den Kämpfen gehen sie niemals blind vor, sondern verfolgen eine gewisse planvolle Taktik. Noch in der Regenzeit beraten sie in ihrer Hauptstadt Mkomokero ihre Unternehmungen für das Jahr; arabische Händler sind stets dabei zugegen, da diese ihnen Gewehre und Pulver liefern und die erbeuteten Sklaven abnehmen. Selbst in ihren Raubzügen ist Methode, da sie den überfallenen Nachbarvölkern immer wieder

---

[1] Auf Grund der Mitteilungen Jos. Thomsons (Expedition nach den Seen von Central=Afrika, I, 144) hat man bisher angenommen, daß diese Maviti von Mahindsche nur, obgleich verschiedenen Stammes, die Kleidung, Bewaffnung und das Gebaren der Maviti vom Njassa angenommen hätten, also unter die sog. „Zulu=Affen" zu rechnen wären. F. Bley dagegen, der mit ihnen eingehend bekannt geworden, erklärt (in einem 1890 in der Deut= schen Kolonialgesellschaft in Berlin gehaltenen Vortrage) sie für echte Maviti und sieht in Mahindsche die Heimat des Stammes der Maviti.

Zeit lassen, sich zu erholen. Sobald die Regen vorüber sind, stürzen sie sich auf das ausgewählte Gebiet: wehe dann dem Dorfe, das unterliegt; alle seine Bewohner werden als Sklaven fortgeschleppt, um nach und nach an die Araber verkauft zu werden. Dreimal wehe aber dem Dorfe, das ihnen Widerstand entgegenzusetzen wagt: alle seine Bewohner werden abgeschlachtet. Denn ihre Grausamkeit ist noch größer als ihre Habgier. Unendlich haben so Ukami und Usaramo schon durch die Maviti gelitten; bis nach Kilwa sind sie mordend und plündernd gezogen und haben 1887 auch die deutsche Station Usungula ernstlich bedroht. Einen neuen Ansturm von ihnen hat im Oktober 1889 die deutsche Schutztruppe unter dem Freiherrn von Gravenreuth zurückgewiesen. Fort und fort indes bilden sie eine furchtbare Gefahr für die friedlichen Völker des Schutzgebietes, wenn nicht des Schutzherrn starker Arm die zuchtlosen Gesellen bändigt.

Mit tiefen Furchen sind alle diese Drangsale diesen friedlichen Völkern eingeätzt. Gehetzt und gescheucht, sind sie unstät geworden; die fruchtbarsten Striche sind verödet, und die Bewohner gezwungen worden, in möglichst abgelegenen Landstrichen sich anzusiedeln. In Sümpfen haben die Komboko, auf Bergeshöhen die Wasagara sich ihre Dörfer gebaut, aus denen sie bei dem Herannahen von Karawanen sich angstvoll in die Wildnis zu flüchten pflegen. Die Stammesverbände sind zerfallen, da jedermann nur auf seine eigene Rettung bedacht ist. So hat die Furcht sie noch mehr geschwächt als die Not.

Dazu kommt, daß die allgemeine Unsicherheit, die Schutzlosigkeit der Person und des Eigentums zahllose Freie veranlaßt, sich freiwillig als Sklaven ihren Häuptlingen hinzugeben. Sie hoffen deren Schutz mit dem Opfer der Freiheit zu erkaufen: denn sein Eigentum wird doch der Häuptling in der Stunde der Gefahr nicht im Stiche lassen. So kommt es, daß bei diesen echten Negerstämmen 80 bis selbst 98 Prozent Sklaven, also eigentlich nur die Häuptlinge und deren Verwandte noch Freie sind. Manche geben sich selbst bei Arabern aus eigenem Antriebe in die Sklaverei; mit der lebenslänglichen Tagelöhnerarbeit in deren Schambas oder mit dem Lastentragen in den arabischen Handelskarawanen scheint ihnen die Sicherung ihres Lebens nicht zu teuer erkauft.

Natürlich wird eine solche Sklaverei milde gehandhabt; Zwangsmittel zur Arbeit werden nicht angewandt; Mißhandlungen sind selten. Im allgemeinen verkehrt der Neger mit seinen Sklaven auf dem Fuße der Gleichberechtigung, da eben der Vorteil auf beiden Seiten ist. Aber dennoch muß jedes Volk unter einer solchen Massensklaverei doppelt schnell entarten. Denn die Sklaverei vernichtet die Selbständigkeit des Willens und damit die Selbständigkeit des Denkens und Handelns. Jene Übung der Kraft, welche die unerbittliche Konkurrenz fordert, fällt für den Sklaven fort. Gleichgültig lebt er in den Tag hinein, gewöhnt, daß andere für ihn denken. Er wird stumpf, bis er einer eigenen Entschließung überhaupt nicht mehr fähig ist. Stets geleitet, kann er bald der Leitung nicht mehr entbehren. Es ist das Entnervende der Sklaverei, welches den Sklaven auf der Kindesstufe festhält und ihn in Wirklichkeit niemals zum Manne heranreifen läßt.

Es ist demnach kein erfreuliches Bild, welches diese braunen Völker im Gebiete des Wami darbieten. Die schmächtigen Wasegua setzen an der Mrima ihren Stolz darein, die Sitten und Kleidung der Araber nachzuahmen; sie sind faul und unzuverlässig; ihre „Intelligenz gipfelt in der Erfindung der glaubwürdigsten Lügen". Im Binnenlande treiben sie Ackerbau. Jede Dorfschaft hat ihren Häuptling; zu einer umfassenderen politischen Gemeinschaft haben sie sich nirgends erhoben. In der gleichen dorfweisen Zersplitterung leben westlich von den Wasegua die Wanguru. Zum großen Teile haben sie ihre Felder inmitten von Waldungen angelegt und mit Euphorbiahecken umzäunt; nur ein langer, durch mehrere Thore gesperrter Weg führt zu der Eingangspforte des Dorfes. So groß ist ihre Furcht vor den Massai, daß sie bei deren Einfällen, ohne auch nur an Widerstand zu denken, ihnen alles geben und leisten, was die Räuber nur irgend von ihnen verlangen.

Einen Anfang politischer Organisation indes zeigen die Wasaramo. Jedes Dorf bildet bei ihnen ein Gemeinwesen, an dessen Spitze ein Häuptling steht. Die einzelnen Familien des Dorfes haben zwar getrennte Hütten, aber nicht getrennte Felder. Durch gemeinsame Arbeit bestellen sie das Dorffeld mit Reis oder Mais oder Hirse, und der Ertrag der Ernte wird auch gemeinschaftlich verzehrt. Mehrere Dorfgemeinden nun thun sich zu einem Gau zusammen und wählen sich einen Oberhäuptling: aber hier bleibt ihre Organisation stehen; zu einer Zusammenfassung des ganzen

Stammes kommt es nicht. Das Volk ist arm. Die Männer
verdingen sich daher, um etwas zu erwerben, als Träger an die
Karawanen oder als Arbeiter in den Küstenplätzen. Dadurch
haben manche arabische Sitten bei ihnen Eingang gefunden. So
sieht man den Fes fast allgemein. Weiße Kaftane indessen tragen
nur die reicheren; die große Menge begnügt sich mit einem weißen
oder blauen Lendenschurz, der die schlanken kaffee= bis schokoladen=
braunen Gestalten gut hervortreten läßt. Durchaus treten gegen
die Wasaramo ihre Nachbarn, die Wakami, zurück. Sie sind gut=
artige, fleißige Ackerbauer, aber Sklavenjagden und Raubanfälle
haben sie so scheu gemacht, daß sie ihre kleinen Dörfchen im
Waldgestrüpp verstecken und durch Umpflanzungen und feste Thore
sichern. Ein Teil von ihnen ist der Herrschaft von Simbamueni
unterworfen, was sie zwar wohl vor den Sklavenjägern, aber
nicht vor Erpressungen aller Art schützt. Schlimmer indessen sind
die südlich von Ukami wohnenden Wakhutu daran, welche nur der
Ruaha von den Maviti in Mahindsche scheidet. Man sieht es
ihnen an, wie viel sie von diesen zu leiden haben. Schwächlich
ist ihr Körperbau, elend ihre Nahrung, deren beste Bestandteile
Mehlbrei mit Ricinusöl und modrige Fische bilden; dürftig ist
ihre Kleidung, ein Schurz aus Kalabassenfasern, und für die Vor=
nehmen ein Ziegenfell oder ein Stück Baumwollenzeug; erbärm=
lich ihre Wohnung, schmutzige, niedrige Hütten. Sie sind so ver=
zagt, daß sie als Karawanenträger nicht zu brauchen sind, weil
sie bei jedem Erschrecken die Last abwerfen und davonlaufen;
selbst Wegezoll wagen sie nicht einmal von den durch ihr Land
ziehenden Karawanen, wie sonst stets geschieht, einzufordern.

Ein herrliches Land haben westlich von Ukami die Wasagara
inne. Ackerbau indes treiben sie nur in versteckten Gebirgsthälern,
sonst überwiegend Viehzucht an den Berghängen, wo sie auf schwer
zugänglichen Höhen ihre Grashütten errichten. Die Dorfschaften
stehen in keinerlei Zusammenhang miteinander. Zahlreich wech=
seln durch ihr Land die Karawanen vom Meere nach dem Tanga=
njika; aber den scheuen Wasagara sind sie stets ein Gegen=
stand des Schreckens, vor dem sie, angstvoll fortflüchtend, alles
im Stiche lassen, sodaß ihre Furchtsamkeit geradezu Angriffe
herausfordert. Ziegenfelle und Grasröcke bilden ihre Kleidung;
ihr beliebtester Schmuck ist ein wagerecht abstehender Halskragen
aus Messingdrähten, der oft 50—70 cm Durchmesser hat. Auf

Stirn, Brust und Armen tättowieren sie sich.   Sie könnten in
ihrem reich ausgestatteten Lande ein behagliches Volk von Acker=
bauern sein, wenn nicht die Furcht fortwährend sie scheuchte: aber
wird nicht die deutsche Besatzung in Mbambua (Mpuapua) mit
der Zeit in ihnen ein Gefühl von Sicherheit wecken können?

Nicht mit einer Empfindung fassungslosen Schreckens, son=
dern mit sichtlicher Genugthuung begrüßt dagegen der Mgogo
die Karawanen, wenn sie nach dem erschöpfenden Marsche durch
die Marenga Mkali ermattet in Ugogo anlangen: soweit muß

Junge Wasagara.

man nach Westen gehen, um ein Volk zu treffen, das sich Selbst=
bewußtsein und Kraft bewahrt hat. Der Mgogo ist stolz auf sein
Land, obgleich es wenig fruchtbar und reizlos ist; er ist stolz auf
seinen Häuptling, obgleich dessen Herrschaft nur ein paar Dörfer
umfaßt; er ist stolz auf sich selbst, seinen Besitz, seine Waffen.
In dieser Empfindung erhebt er von den durchziehenden Kara=
wanen einen drückend hohen Wegezoll; sie dürfen ihn nicht weigern,
denn sonst schüttet er, wie es schon vorgekommen ist, die wenigen
Wasserlöcher an ihrem Wege ihnen zu und läßt sie verschmachten.

So fühlt sich auch der kleinste Häuptling stark genug, seinen „Hongo" zu ertrotzen.

Die Wagogo sind kräftige Leute von braunschwarzer Hautfarbe; ihre Gesichter sind breit, die Nase platt, die Augen groß und rund. Sie salben sich mit Ricinusöl ein und beschmieren sich dann mit roter Erde. Wasser in ihrem dürren Lande ist ihnen im allgemeinen zu kostbar, um sich darin zu waschen, sodaß man den Mgogo, wenn er vor dem Winde daher kommt, schon lange, bevor man ihn sieht, riechen kann. Bei seinem hoch=

Wagogo.

mütigen Wesen ist er sehr reizbar. Eben noch ein friedlicher Ackersmann, begiebt er sich mit langen Schritten in sein Tembe, um nach wenigen Minuten den wallenden Federschmuck auf dem Kopfe, ein rotes Gewand um die Schultern geworfen, am Arme den Schild, in der einen Hand den Wurfspeer, in der anderen die zweischneidige Streitaxt, in vollem Kriegsschmucke seinem Widersacher entgegen zu treten. Ihre Hauptbeschäftigung ist Viehzucht. Jede Gemeinde besitzt eine Rinderherde, welche von allen Männern nach der Reihe, den Häuptling nicht ausgenom=

men, gehütet wird. Nach diesen Herden lüstern, haben die armen
Wahehe öfter schon räuberische Einfälle in Ugogo unternommen;
aber mit blutigen Köpfen sind sie allemal heimgeschickt worden.
Besondere Nachbarschaft indes halten mit den Wagogo die Wa=
njamuesi, die Bewohner des „Mondlandes“, welche nicht Zulu,
wie die Wahehe, sondern gleich den Wagogo echte Bantu=
neger sind.

Die Wanjamuesi sind unter den mannigfaltigen, voneinander
freilich nicht sehr verschiedenen Völkern, welche das centrale Hoch=
land bewohnen, ohne Zweifel sowohl durch die Ausdehnung ihres
Gebietes, welches etwa dem Königreiche Baiern gleichkommt, als
auch durch eine gewisse Kulturentwickelung das wichtigste. Sie
sind von Gestalt meist schlank, mit feinem Knochenbau und feinen
Gelenken. Ihre Hautfarbe stuft sich von einem hellen Kaffee=
braun, das man jedoch fast nur bei Weibern findet, bis zu einem
tiefen Dunkelbraun ab; schwarz sind sie nie. Vielmehr zeigt ihre
Farbe stets einen eigentümlichen gelben Unterton, wie er nur
bei Negervölkern mit feiner Muskulatur und scharfen Zügen sich
findet, während der rote Unterton stets von grobem Knochenbau,
starker Muskulatur und dicken Lippen begleitet ist. Das Gesicht
ist schmal, an den Schläfen etwas eingedrückt, die Stirn niedrig.
Das Nasenbein ist wenig eingedrückt; gar nicht selten sind so=
gar adlerartig gekrümmte, schmale Nasen mit feinen beweglichen
Flügeln. Auch die Backenknochen stehen nicht sehr vor; ebenso
stehen die Ohren wenig ab. Die Augen sind stets dunkelbraun,
die Haare glänzend schwarz, sehr dicht und kraus. Die Weiber
sind etwas kleiner als die Männer; sie haben denselben feinen
Knochenbau und zarte, oft elegante Formen, stets aber ein breites
Gesicht und nur sehr selten scharf gebogene Nasen. Sie ver=
heiraten sich sehr früh, etwa mit dem 13. Jahre, und sind in=
folgedessen und der großen Arbeitslast, die auf ihnen liegt, mit
dem 20. Jahre verblüht und mit dem 25. alt und runzelig.

Bis zu ihrem 3. oder 4. Lebensjahre sind die Kinder ganz
reizend, da ihnen das Stumpfnäschen allerliebst steht. Die Mutter
trägt sie immer auf dem Rücken mit sich herum; ein Fell oder
ein Rindentuch hält sie fest. Wenn sie laufen können, werden
sie sich ganz selbst überlassen und können treiben, was ihnen be=
liebt. Dadurch erhalten sie eine erstaunliche Frühreife und lächer=
liche Blasiertheit; sie wissen alles, was die Erwachsenen wissen;

von Naivetät haben sie daher keine Spur. Sie spielen auch nicht,
wie unsere Kinder; lautes Tollen und wildes Umherlaufen wird
nicht geduldet; prügeln sich zwei Knaben, so springen sofort Erwachsene hinzu, um sie zu trennen. Nur ein Ballspiel sieht man
sie öfter spielen, an dem aber auch die Erwachsenen sich beteiligen.
Eifriger als die Knaben treiben die kleinen Mädchen ihr Spiel;
truppweis ziehen sie umher, ihre Puppen auf den Rücken gebunden; oder sie stampfen Lehmklümpchen zu Mehl, wie sie es von
ihren Müttern sehen. Früh schon werden die Kinder zur Arbeit

Wanjamuesi.

herangezogen; Mädchen helfen beim Kochen, Knaben bei der
Feldarbeit.

Den Landbau kann man als die Hauptbeschäftigung der
„Mondleute“ ansehen; Männer und Weiber treiben ihn gemeinschaftlich; doch fällt, wenn die Bestellung des Ackers beendet ist,
die weitere Arbeit fast ganz den Weibern zu. Sie haben das
Einernten, das Dreschen, das Mahlen, auch das Bierbrauen zu
besorgen. Der Mann treibt sich während dessen im Walde umher, sucht Honig, stellt Schlingen, oder er liegt rauchend den
Tag über auf der schattigen Veranda vor seinem Hause. Als

etwas besonderes schon betrachtet er es, wenn er Brennholz aus dem Walde holt oder eine neue Hütte errichtet. Etwa der vierte Teil der Männer zieht alljährlich im April nach der Küste; dort lassen sie sich als Karawanenträger — aber stets nur bis Tabora — anwerben und kehren gegen Ende Oktober in die Heimat zurück.

Die schwerste Arbeit der Weiber ist das Zerstampfen des Korns. Aus dem Mehl wird das Ugalli bereitet, die Nationalspeise der Mondleute, eine etwas durchscheinende, klebrige und steife Teigmasse ohne Salz oder Gewürz. Dazu werden allerhand Gemüse oder Hülsenfrüchte gekocht oder geröstet; Fleischnahrung ist selten, obgleich der Mnjamuesi, wie er selbst sagt, darauf versessen ist „wie die Hyäne". Rauchen ist seine besondere Leidenschaft. Tabak wird aus einer Art einfacher Wasserpfeifen geraucht; die Weiber dagegen rauchen aus Pfeifen mit Thonköpfen. Ebenso eifrig wie Tabak wird Hanf geraucht, und zwar die Blätter mit dem unreifen Samen. Der Rauch desselben wird ebenso wie der des Tabaks in die Lunge gesogen; er zerrüttet durch langjährigen Gebrauch allmählich das Nervensystem und führt mitunter zu Irrsinn und Wutanfällen.

Im Wirtschaftsleben der Wanjamuesi wie überhaupt dieser braunen Bantuvölker spielt neben dem Getreide keine Pflanze eine so große Rolle wie die Banane (Musa paradisiaca). Sie ist eine baumartige, üppige Staude, welche in Ostafrika bis zu einer Meereshöhe von 1500 m gut gedeiht. Aus dem dicken Wurzelknollen entwickelt sich zuerst ein zartes, handgroßes Blatt von hell maigrüner Farbe. Dann schießt ein Blatt nach dem andern, fest zusammengerollt, aus dem Herzen der Pflanze hervor; hat es etwa Meterlänge erreicht, so entrollt sich ein jedes und legt sich im leichten Bogen um, allgemach bis zur doppelten Länge auswachsend. Diese mächtigen Blätter fangen den nächtlichen Tau auf und führen ihn dem lockeren Zellgewebe der Staude zu; infolgedessen kommen selbst auf trockenem Lateritboden die Bananen gut fort, ohne irgend welche Pflege zu erfordern. Bei Raubeinfällen haut die Roheit der Sieger sofort auch die Bananen des überfallenen Dorfes um: daher ist es ein Zeichen gesicherter Zustände, bei einem Dorfe Bananenhaine zu finden.

Nach einigen Monaten beginnt die Staude einen starken Blütenstiel zu treiben, an welchem die Blüten in lebhaft purpurn

gefärbten Scheiden sitzen. Bald setzen nun die oberen Blüten
Früchte an, während unten immer noch weitere Blüten aufsprossen.
Die leicht nach oben gekrümmten, gurkenartigen Früchte haben
eine Länge von 20—30 cm und meist einen rechteckigen Quer=

Banane (Musa paradisiaca) mit Traube und einzelner Blüte.

schnitt. Ihrer wachsen wohl 20—120 in der Fruchttraube, sodaß
die Staude, um nicht abzuknicken, gestützt werden muß; denn eine
solche Fruchttraube erreicht ein Gewicht von 75 kg und darüber.
Die Frucht enthält einen mehlig=fleischigen Fruchtbrei von weiß=
gelblicher Farbe, dessen Geschmack lebhaft an den feiner Birnen

erinnert und stark nach Apfelsäure duftet. Die dreifingerdicken Früchte sind, solange sie unreif sind, von einer lederartigen, dunkelgrasgrünen Schale umgeben, welche mit der Reife eine lebhaft goldgelbe Färbung annimmt. Die unreifen Früchte enthalten Stärkemehl in großer Menge; gekocht, gebraten, als Mus oder Salat zubereitet, ersetzen sie daher vollkommen die Kartoffel, ebenso nahrhaft und leichtverdaulich wie diese. Dagegen wird man der reifen Banane, wenn die Frucht roh genossen wird, leicht überdrüssig; ungesund aber wird sie für den Neuling nur durch Übermaß. Doch mit Mehl und Eiern gedämpft oder mit Eiern gebacken oder als Bananenstrudel bildet sie eine sehr wohlschmeckende und gesunde Speise; dick eingedämpft giebt sie ein vortreffliches Mus, mit Zusatz von Zucker und ein wenig Rum eine feine Marmelade. Man formt auch aus reifen Bananen und Reismehl Klöße, welche sehr erfrischend schmecken; selbst eine Art Schaumwein stellen die Eingebornen aus dem Safte her.

Erstaunlich ist die Menge von Nahrungsstoff, welche die Banane hervorbringt: auf der gleichen Grundfläche 40 mal so viel, wie die Kartoffel, und 130 mal so viel, wie das gewöhnliche Korn. Denn wenn auch die Staude nur einmal eine Fruchttraube trägt und dann abstirbt, so wächst doch im Laufe des Jahres aus demselben Knollen zwei=, auch dreimal eine Staude auf. Zudem bildet die schöne Staude eine Zierde der Vegetation, und ein Bananenhain mit seinen breiten Blättern, welche in leichtem Bogen sich wölben und leise rauschend im Winde spielen, mit seinem Farbenspiel von hellem Maigrün bis dunklem Saftgrün, mit seinem Kühle atmenden grünen Dämmerlichte stellt einen angenehmen Gegensatz dar gegen die einförmigen Kornfelder, die krummen Dorfumzäunungen, die strohgedeckten Lehmhütten; denn die Banane erweckt wirklich in dem Beschauer, was seine Phantasie als „tropische" Üppigkeit ihm vorspielt.

5. Usambara und der Kilima Ndscharo.

Schon hatte Ostafrika in den Grundzügen seine Gestaltung erhalten, als während der Steinkohlenperiode oder bald nach derselben vulkanische Kräfte auftraten und hier und dort im einzelnen das Relief modelten. Wir begegnen ihren Spuren

in einem nicht sehr großen Gebiete um das Nordende des Njassa=
Fjords herum: Porphyrgebilden, Tuffstein und Anhäufungen,
welche Bergmassen von 1500 m Höhe bilden. Ja, vielleicht ist
auch die Entstehung dieses klaffenden Fjords auf solche vulkanischen
Kräfte zurückzuführen. Selbst aus so junger Zeit sind dort noch
vulkanische Flachkegel erhalten, daß deren Kraterrand noch lücken=
los vorhanden ist. Freilich jetzt sind sie erloschen: Gebüsche haben
sich in den Kratern angesiedelt, Teiche in der Tiefe gebildet, in
denen man Flußpferde sich tummeln sieht. Von hier erstreckt
sich die Linie dieser vulkanischen Spuren durch das südliche
Uhehe (Ubena) nach Ugogo; sie endet für das deutsche Gebiet in
dem gewaltigen, doppelgipfeligen Vulkan Kilima Ndscharo, dessen
Nordfuß die deutsch=englische Grenze umzieht.

Der Kilima Ndscharo mit den ihm benachbarten kleineren
Vulkanen ist der ungeheuren Bruchspalte entstiegen, welche hier
den Ostrand der centralen Hochfläche Afrikas begleitet. Eine
ausgedehnte Gneisplatte erstreckt sich von ihr in südöstlicher
Richtung gegen das Meer hin. Verwitterung und die Arbeit
der Flüsse hat sie allmählich ausgefurcht, zunächst mit flachen
Mulden zu massigen Gebirgsstöcken — das ist das Paré=Gebirge
— dann weiter abwärts mit tiefeingeschnittenen Thälern zu ein=
zelnen Ketten — das ist das Gebirgsland von Usambara, das
daher an den Seiten schroff zu dem es umgebenden Gelände
abfällt.

An der Nordseite begrenzt die Steppe Njika das Bergland
von Usambara, im Süden das Thal des Pangani; die Mrima
von der Pangani=Mündung bis zu derjenigen des Umba, in
welche die deutsch=englische Grenzlinie ausläuft, stellt sich teils
als sandige Flachküste dar, teils setzt sie braune, malerische Steil=
wände, über welche das dichte Grün der Vegetation wuchernd
herabhängt, der Meeresbrandung trotzig entgegen. Ein niedri=
ger Höhenzug begrenzt den sandigen Küstenstrich; er besteht aus
horizontal geschichtetem Kalkstein, dessen Gipfel durch Verwitte=
rung durchweg eine flach abgeplattete Gestalt bekommen haben,
bedeckt mit hohem, steifem Grase, zwischen welches hier und da
dorniges Buschwerk sich mischt.

Bald gehen diese der Tertiärzeit entstammenden Küstenberge
in die niedrigen Hügelwellen von Bondei über, in denen bereits
der quarzhaltige Gneis zutage tritt. Flache, oft sumpfige Mul=

den, welche durch Fruchtbarkeit ausgezeichnet sind, ziehen sich zwischen ihnen hin; die breiten Hochrücken deckt hoher, harter Graswuchs; nur die größeren Höhen, wie der weit nach Süden vorgeschobene, 715 m hohe Tongue, dem Deutschenhof gegen= überliegt, sind dicht bewaldet.

Jetzt aber erhebt sich gegen Nordwesten wie ein Steilrand die krystallinische Hochfläche vor uns. Die schöne Mulde von Magila, welcher der kleine Mkulumusi ostwärts entströmt, führt hinein. An der Nordseite der Mulde ragt die steile, in der Höhe mit Wald bedeckte Masse des Magilaberges empor. Meh= rere Hügelreihen durchziehen die Thalung und auf jedem Hügel erhebt sich, von Palmen beschattet, eine Gruppe runder, brauner Dorfhütten. Das ist Magila, der Hauptort der Landschaft Bon= dei. Und inmitten der dichtbewohnten Mulde ist auf einer grünen Anhöhe die englische Missionsstation Magila erbaut, deren statt= liche, blendend weiße Gebäude weithin sichtbar sind.

Gleich hinter Magila beginnt Uschamba, wie die Eingebornen ihr Land nennen; Usambara heißen es nur die Wasuaheli. Als die „ostafrikanische Schweiz" rühmen es Afrika=Enthusiasten. Durchweg ist bis zum breiten Thale des Mkomasi hin die krystal= linische Hochfläche zu einem abwechselungsreichen Gebirge aus= gemeißelt, welches vielfach von rotem Laterit und schwarzer, hu= musartiger Erde überlagert ist. Doch bestehen die Gipfel zahl= reicher Berge noch aus ungeschichteten, zerklüfteten Granitfelsen; stellenweis scheinen auch Überlagerungen vulkanischer Natur statt= gefunden zu haben.

Die sehr breite Thalmulde des Luengera schneidet von dem Gebirgslande das südliche Dritteil ab. Es entwässert, während der Luengera dem Pangani zufließt, zu dem Sigi, welcher westlich vom Magilaberge seinen Ursprung hat, in einem weiten Bogen alle Gewässer von Süd=Usambara sammelt und dann raschen Laufes die Njika durcheilt, um in die schöne Tangabucht sich zu ergießen. In seinem ganzen Stromgebiete sind die Mul= den und Berghänge vorherrschend mit dichtem, tropischem Walde bedeckt; nur an den Kämmen treten manchmal steile Felsmassen zutage. In den höheren Bergregionen nimmt der Wald einen alpinen Charakter an: die hochstämmigen Bäume, welche erst in großer Höhe Kronen bilden, stehen lichter; das Unterholz wird höher und dichter; zwischen stattlichen Baumfarnen entrollt die

wilde Banane ihre mächtigen, saftgrünen Blätter; gleich Schiffs-
tauen spannen sich Schlinggewächse, unter ihnen oft armdick die
Kautschukliane, von Baum zu Baum. Unschätzbar ist dieser Bergwald als sorgsamer Hüter der Fruchterde, die, wenn sie frei
läge, bald von den Regengüssen weggeschwemmt sein würde.

Fast unvermittelt tritt man aus diesem Waldgebiete nach
Nordwesten in die Kampinenzone ein. Nur als Galeriewald
findet sich hier an den Flußläufen entlang noch zusammenhän-
gender Baumbestand; sonst sind Hänge und Mulden mit hohem,
steifem Grase bedeckt, das nur hin und wieder von Dorngestrüpp
und verkrüppelten Bäumchen unterbrochen wird. Riesig ent-
wickelte Euphorbien und andere Fettpflanzen geben der Landschaft ihr eigenartiges Gepräge. Entgegengesetzt der Hochwald-
zone, welche, in sich abgeschlossen, nach Osten entwässert, senkt
sich das Kampinengebiet nach Süden; all seine Wasserläufe
fließen dem Luengera zu. Der Norden des Gebietes ist demnach
besonders wasserarm: hier geben die kahlen Felsberge, die öden,
steilen Hänge, der mit zahlreichen Quarzsplittern durchsetzte
nackte, trockene Laterit der Gegend ein oft trostloses Ansehen.

Jenseit des weiten Luengera-Gebietes, welches die Mitte
von Usambara einnimmt, ändert sich von neuem der Charakter
der Landschaft. Hochweiden herrschen vor, aber auch dichte, tropische Bewaldungen treten wieder auf. Hier, an der Grenze
zweier Vegetationsgebiete, liegt Wuga, der Hauptort von Usambara. Die Stadt nimmt den breiten Gipfel eines Berges ein,
der sich vor der dunklen Masse des Kwamongoberges erhebt.
Ein wohlgehaltener Weg, neben dem sogar Gräben zum Ablauf
des Regenwassers gezogen sind, führt hinauf. Es sind 196 Rund-
hütten, welche, dicht zusammen stehend, auf der Höhe den Ort
bilden; doch schließt nicht ein gemeinsames Pfahlwerk sie alle
ein, sondern jede Hüttengruppe hat sich für sich verschanzt, sodaß die Stadt aus einer Menge getrennter Quartiere besteht.
Am westlichen Ende steht eine große Hütte mit Lehmmauern,
bestimmt, die ankommenden Fremden darin zu beherbergen: ein
Zeichen des regen Verkehrs, der zwischen der Hauptstadt und der
Landschaft herrscht. Der Nkosoibach entspringt in der Nähe auf
der Höhe (1300 m über dem Meer); daneben ist ein Bananenhain gepflanzt, sodaß die Stadt im stande ist, selbst ein längere
Belagerung auszuhalten.

Diese Umstände eröffnen einen Blick in die Wichtigkeit, welche die Bewohner Wuga beilegen: nicht ohne Grund; denn bis zu den Grenzen von Bondei hin ist ganz Usambara zu einem einheitlichen Reiche zusammengefaßt, dessen Hauptstadt eben Wuga ist, wenn auch der Herrscher gewöhnlich in Masinde im Thale des Mkomasi weilt, um von den durchziehenden Karawanen bequemer „Hongo" erheben zu können. Selbst treiben die Waschamba keinen Handel; ihre Hauptbeschäftigung ist Ackerbau und Viehzucht. Sie sind mittelgroße, kräftige Leute, zu den Bantu gehörend. Auf ihren Feldern bauen sie Bohnen, Negerhirse und Maniok, pflanzen auch Tabak, Zuckerrohr und Bananen. Als Haustiere züchten sie besonders Buckelrinder, aber auch glatthaarige Fettschwanzschafe und Ziegen; im Kampinenlande treiben sie mit viel Erfolg Bienenzucht. Ihre Dörfer legen sie verschieden an. Manche sind auf niedrigen Hügeln in den breiten Thalmulden der Flüsse, wie Masinde, gebaut. Ein festes Pfostengitter, manchmal auch deren zwei, in dem eine dichte, stachelige Hecke den Zwischenraum zwischen beiden ausfüllt, umgiebt sie. Die Wohnhütten sind rund; ein Pfosten in der Mitte stützt das Dach. Die Wände werden aus Geflecht von Zweigen, das von beiden Seiten mit braunem Lehm beworfen wird, hergestellt, während Bananenblätter das Dach bilden. Gewöhnlich dient die vordere, durch eine niedrige Wand abgeteilte Hälfte der Hütte als Viehstall; die hintere Hälfte dagegen teilt sich in Wohnraum (zugleich Küche) und Schlafraum (zugleich Vorratskammer). Die andere Klasse der Dörfer liegt hoch auf schwer zugänglichen Felsen oder frei aufragenden Bergkuppen, sodaß für jede Hütte in dem abschüssigen Boden erst eine feste Plattform hergestellt werden muß. Vor der Thür einer jeden befindet sich, von einer Verlängerung des Daches überdeckt, ein Vorraum, sodaß zwei Thüren die Hütte abschließen und damit dem Zutritte der Kälte gewehrt ist. Auch diese Dörfer sind befestigt; feste Balkenzäune sperren alle Zugänge. Denn es gilt, vor den Raubzügen der weit umher schweifenden Massai auf der Hut zu sein.

Das Herrscherhaus in Wuga, ebenso wie die meisten Dorfhäuptlinge sind nicht Waschamba, sondern Wakilindi. Diese unterscheiden sich auf den ersten Blick von den übrigen Bewohnern: sie haben eine sehr lichte, gelbliche Hautfarbe und vollständig südeuropäischen Gesichtsschnitt. Aus Dschagga oder Nguru

vor einem Menschenalter eingewandert, haben sie sich zu Herren
der Waschamba aufgeworfen, halten es aber, bei ihren Unterthanen sehr wenig beliebt, stets mit den Arabern und tragen
auch arabische Kleidung. Zu den Wakilindi gehört auch die
Häuptlingsfamilie in Magila, die erst durch die Empörung gegen
den Oberhäuptling in Wuga ihrem Lande Bondei die Selbst-
ständigkeit errungen hat.

Die Landschaft Kwambugu bildet den Übergang von dem
Gebiete des Luengera, in welchem der Kampinencharakter vor-
herrscht, zu Nord-Usambara, dem Lande der Hochweiden. Sie
bildet eine allerseits von hohen Kämmen eingeschlossene, grasige
Hochebene. Waldige Hügelrücken durchziehen sie, zwischen denen
schmale, oft sumpfige Rinnsale hinsickern. Sie hat noch am
meisten, wie es scheint, den alten Hochflächentypus bewahrt, während sonst das Relief des Landes durchaus gebirgsartig gestaltet
ist. Daher verwandeln sich ihre schleichenden Bäche, sobald sie
Kwambugu verlassen, alsbald in wild stürzende Bergwasser.

Schärfer wandelt sich über Kwambugu hinaus nordwärts
der Charakter des Landes. Nach Osten geht jetzt die allgemeine
Abdachung; zum Umba fließen die Gewässer zusammen, der von
hier seine Kraft gewinnt, die Njikasteppe zu überwinden. Hier
erheben sich die höchsten Gipfel des Landes, wie der 1800 m hohe
Schegescherai, in dessen Hängen der Umba entspringt bis mit der
1360 m hohen Felshöhe des Mbaramu Usambara schroff in die
Njikasteppe abstürzt. Ein weiches Gras, mit zahlreichen niedrigen Farnkräutern und Erikabüschen untermischt, deckt die Hochweiden. An den Bächen vereinigen sich meist Baumfarne zu
prachtvollen Gruppen und streckenweis erscheint auch wieder der
dichte, tropische Bergwald.

Die Bewohner des Landes, hauptsächlich in Kwambugu, sind
nicht die Waschamba, sondern die Wambugu. In ihnen darf man
vielleicht die ursprüngliche Bevölkerung von Usambara sehen: wenigstens werden sie von den Waschamba, als ob sie niedriger ständen,
etwas verächtlich behandelt. Sie ähneln den Massai in mancher Hin-
sicht, sind wie diese hochgewachsene, schlanke Leute, deren Gesichtsschnitt etwas Indianerhaftes hat. Ihre Hütten sind meist sehr
geräumig gebaut; aber sie vereinigen sie nicht zu Dörfern, sondern
leben in einzelnen Weilern, die in ihrem ganzen Gebiete zerstreut
sind. Ackerbau treiben sie fast gar nicht, um so eifriger aber Viehzucht.

Daher werden sie oft von den Waschamba als Hirten in Dienst genommen. Auch ihre Kleidung gewinnen sie von ihren Herden: gewebte Stoffe tragen sie nicht, sondern nur Überwürfe aus fein-gegerbtem Rindsleder; auch als Schmuck tragen sie Stirn- und Halsbänder von behaartem Leder oder auch von blauen Glas-perlen. Sie leben friedlich unter sich, doch gelten sie für wehr-haft und werden ihrer Tapferkeit wegen gefürchtet.

Steil fällt das Hochland von Usambara nach Osten und Norden zu der flachen und niedrigen Njikasteppe ab. Endlos dehnt sich die wasserarme Ebene hin, nur von unbedeutenden Hügeln unterbrochen. Einzelne Dumpalmen, Tamarinden und Mimosen mit breitem, schirmartigem Wipfel geben dem Rande der Steppe noch etwas Leben; weiterhin aber dehnt sich eintönig die graubraune Fläche mit eingestreutem Gestrüpp. Nur den Lauf der Flüsse begleiten üppiggrüne Galeriewälder, und hin und wieder erhebt sich eine kahle, steinige Berggruppe, einer wüsten Insel gleich, aus dem dürren Grasmeer. Stellenweis fehlt sogar jede Vegetation, und mit Quarzsplittern bestreut, tritt der kahle Laterit-boden, von der Hitze geborsten, zutage.

Der Umba ist der Hauptfluß der Njika. Als ein fröhlicher Gebirgsbach fließt er vom Schegescherai nach Norden hinab zu der weiten, welligen Mulde von Mlalo. Sehr steil erhebt sich inmitten derselben ein Felskegel, dessen Platte, von einem ring-förmigen Gitterzaune eingefaßt, das große Dorf Mlalo trägt. Durch zahlreiche Zuflüsse von allen Seiten verstärkt, umfließt der Umba den Dorffelsen; dann stürzt er sich aus der 1470 m hohen Mulde in mehreren aufeinanderfolgenden Wasserfällen zur Steppe hinab. Alle Gewässer, welche das Gebirge ostwärts entsendet, sammelt er allgemach in seinem Bett, und durchzieht nun in einem weiten Bogen, zu den Seiten von dichtem Galeriewalde eingefaßt, die unabsehbare Steppe, bis er in einem sumpfigen Delta zwischen Mangrovenwäldern bei Wanga, hart an der deutsch-englischen Grenze, das Meer erreicht.

An der Westseite ist es der Mkomasi, in dessen Thal das Bergland von Usambara scharf abfällt. Die niedrigen, hie und da vulkanische Spuren zeigenden Hügel von Masi trennen ihn von seinem Hauptstrome, dem Pangani, neben dem er fast während seines ganzen Laufes in mäßiger Entfernung träge einherfließt. Erst bei dem Inseldorfe Maurui nimmt der klar und rasch vom

Kilima Ndscharo herankommende Ruvu die trägen, grüngelblichen
Sumpfwasser des Mkomasi auf, indem er zugleich seinen Namen
in Pangani ändert. Der zwischen beiden Strömen in der Ebene
gelegene Mangasee läßt, wenigstens in der Regenzeit, sein bitteres,
untrinkbares Wasser in den Mkomasi abfließen.

Weiter aufwärts fließt der Mkomasi hart an dem Lassaberge
vorüber, dessen isolierte krystallinische Masse wie ein Brückenpfeiler
von Usambara hinüber zu dem schroff aus der Ebene aufsteigenden Paré-Gebirge weist. Denn mit einem Flügel, der Semtula-
Njika, greift die Njikasteppe um das nördliche Usambara bis nach
dessen Westseite hinüber. Mauerartig ist aus der Ferne der Anblick des Paré; sobald man indessen näher kommt, erkennt man
breit ansteigende Thäler, welche wie blumenreiche Wiesen zu dem
öden Hochrücken des Gebirges hinaufführen. Längs der Hänge
zieht sich hoher, lichter Wald, Schlingpflanzen und kurzes Gras
hin. Waldbedeckte Felsklippen, grüne Bananenhaine an raschen
Bergbächen geben diesem östlichen Abfalle des Gebirges Mannigfaltigkeit. Auf einer breit aus dem Gebirge vortretenden Plattform liegt in dem Distrikt Gondja das Dorf Majanga, von
üppigen Anpflanzungen umgeben, während sich an dem Berghange
im Rücken hochstämmiger Wald hinaufzieht. Von einer hoch-
ragenden Felsklippe stürzt hier ein grauweißer Bach, im Falle
fast zerflatternd, in die Ebene hinab. Es ist der Mkomasi, der,
im Gebirge entsprungen, hier diesen Staubbachfall — den Thorn-
ton-Fall — bildet, und nun in der Ebene mit einer Schleife die
halbinselartig vorspringende Plattform des Dorfes umfließt, um
danach seinen Weg nach Süden einzuschlagen. Starke Zäune von
Euphorbien und andern stachlichen Gesträuchern umschließen die
zerstreuten Wohnhütten des Dorfes, die, aus Zweiggeflecht mit
Lehm errichtet, etwas fremdartig erscheinen. Denn es sind Wasegua, die der Oberhäuptling von Usambara hier angesiedelt hat
als Vorposten gegen die Steppe.

Nordwärts von Gondja wird das Land steinig und unfruchtbar und geht bald in eine Grassteppe über, in welcher nur hie
und da Gruppen von riesigen Euphorbien die Einförmigkeit unterbrechen. Bis hierher schweifen sehr gewöhnlich die Massai auf
ihren Raubzügen. Dies tapfere und kräftige Volk, mit dem
Stamme der Galla verwandt, hat seine Sitze zwar jenseit des
Kilima Ndscharo, aber es hat sich zu einer Geißel aller Völker

viele Tagereisen in die Runde gemacht. Der Stamm scheidet sich
in Krieger und Nichtkrieger; nur den letzteren ist es verstattet zu
heiraten. Die Krieger dagegen, mit einer Lanze und einem kurzen
Schwerte bewaffnet, befinden sich fast stets auf dem Kriegspfade.
Der oberste Zweck ihrer Kriegszüge ist, Rinder zu erbeuten. Denn
da das Rind fast ihre einzige Nahrung ist — die Krieger genießen sogar nur Milch und Muskelfleisch des Rindes — die
Zucht allein ihnen aber nicht genügende Menge liefert: so haben
sie sich darauf gelegt, fremden, Viehzucht treibenden Stämmen die
Rinderherden mit offener Gewalt zu rauben. Dabei gilt ihnen
denn freilich, da sie sehr leicht erregbar sind, ein Menschenleben
wenig. Auf Verträge lassen sie sich nicht ein; jeder Fremde ist
ihnen von vornherein verhaßt. Aber unstät wie alle Nomaden-
völker, halten sie es, selbst wenn Wasser und Futter noch reichlich
vorhanden ist, nicht lange auf einer Stelle aus, sondern ziehen
mit ihren Herden weiter zum Schrecken aller Stämme, deren Gebiete sie sich nahen.

Nach Norden reiht sich an das Pare das Gneisgebirge von
Ugueno, dessen höchste Spitzen der Kindovogo im Süden 2000, der
Gamualla in der Mitte 1880, der Ngovi im Norden 1740 m Höhe
haben. Nur die äußeren Randberge sind mit Hochwald oder
Buschwald bestanden; im Innern ist das Gebirge ziemlich dicht
bewohnt, sodaß der Wald hier bis auf die Bergkuppen zurückgedrängt ist. Die Wagueno sind ein den Wambugu sehr ähn-
licher Stamm; doch treiben sie Viehzucht, zumal Rindviehzucht
wenig, um nicht die Massai anzulocken; sie leben von dem Ertrage ihrer Bananenhaine und ihrer Bohnen- und Maispflanzungen.

Die Nordgrenze von Ugueno bildet ein weites Sumpfgebiet,
in welchem Papyrusstauden von 4 m Höhe und darüber auf-
wachsen. Nach Westen schaut das Gebirge in die fruchtbare Ebene
von Klein-Arusha hinab, in der, 730 m über dem Meere, mehrere
ansehnliche Flüsse zusammenfließen, um, zu dem Ruvu vereinigt,
am steil abfallenden Pare-Gebirge hin ihren Weg nach Süden
zu suchen. Allenthalben in der Ebene liegen Hüttengruppen in
zerstreuten Waldgebüschen versteckt, in deren Nähe sich die Bohnen-
und Maisfelder und die Bananenpflanzungen der Eingebornen
befinden. Die den Pangani-Ruvu heraufziehenden Karawanen
rasten hier; infolge dieses regen Verkehres ist in Klein-Arusha
eine deutsche Handelsstation angelegt worden.

Nach Osten dagegen schaut das Ugueno=Gebirge auf den
Dschipe=See hinab. Dieser seichte, 716 m über dem Meere ge=
legene See mißt 16 km in der Länge, 5 km in der Breite; sein
gelbgrünliches Wasser ist der Tummelplatz zahlreicher Flußpferde.
An der Gebirgsseite tritt der rote Laterit bis an den See heran,
bespült mit zahllosen weißen Muscheln; sonst säumt allenthalben
dichtes Röhricht die trübe glitzernde Flut. Der Lumi fließt von
Norden hinein, jedoch nur um gleich wieder hinauszubiegen und

Massai=Krieger.

in dem Papyrussumpfe sich zu verlieren, der nur in der Regen=
zeit zum Ruvu Abfluß hat.

Wer von Gondja durch die Steppe heraufkommt, der ge=
winnt, wenn er die letzte Bodenwelle vor dem Dschipe=See über=
schreitet, einen wunderbar überraschenden Ausblick. Vor ihm
breitet der See sich hin, dessen Ufer zu seinen Füßen würdevolle
Reiher und muntere Regenpfeifer beleben. Jenseit der schimmern=
den Fläche bilden die düstern Wälder am Lumi ein breites dunkles
Band vor den in unendlicher Abwechselung ansteigenden Hügeln
und Höhen von Dschagga, über denen wieder, in der Mitte von
Wolken umzogen, mit seinem Doppelhaupte der gewaltige Kilima

Ndscharo schneebedeckt hoch in den blauen Äther sich aufbaut. Wie Flocken liegt der Schnee auf den zackigen Umrissen des östlichen Gipfels, des arg zerklüfteten Kimawensi, während wie Silber die Schneehaube des höheren Westgipfels, des domartigen Kibo, in den Strahlen der Sonne glänzt und funkelt.

Isoliert aus der Ebene erhebt sich der Kilima Ndscharo, wie ihn die Wasuaheli nennen, d. i. Berg des bösen Geistes; bei den Massai heißt er „der weiße Berg" (Dönjo ebor); die Wadschagga haben keinen das ganze Bergmassiv umfassenden Namen. Der Grundriß des Berges gleicht etwa dem Durchschnitt einer Birne; gegen Nordwesten zieht sich das schmale Ende weit aus. Der längste Durchmesser mag etwa 100 km betragen, die größte Breite etwa 50 km. Diese Gestaltung wird hauptsächlich dadurch bewirkt, daß an der Südseite dem Berge eine Terrasse angefügt ist, das Land Dschagga, von welcher Dom und Pic scharf aufsteigen. Das beeinträchtigt an dieser Seite den Gesamteindruck des Berges. Betrachtet man ihn dagegen von der Nordseite, so befindet man sich nur in etwa 800 m Meereshöhe, und ungehemmt steigt das Auge zu der noch 5000 m höher sich auftürmenden Bergmasse empor. Keine Unregelmäßigkeit verdeckt sie; keine Spitzen treten aus den Hängen hervor, keine Schlucht schneidet ein. Links sieht man den Kegel des Kimawensi mit einigen zackigen Einschnitten sich sattelförmig vertiefen und dann zu dem Dom des Kibo in schönen Kurven erheben. Auch die Schneehülle des Berges erscheint hier deutlicher. Mit vollkommener Klarheit erkennt man die langen Schneezungen, welche von der Schneekappe, die Riesen am Abhang ausfüllend, herabreichen. Aber nur durch seine Masse imponiert, von dieser Seite gesehen, der Berg. Alles Malerische fehlt völlig; denn die ganze Nordseite ist wegen ihrer Steilheit eine Einöde; kein Fluß, kein Bach kommt von ihr herab.

Wiederum anders erscheint von Westen gesehen, wo der Kibo allein dem Auge sich bietet, der Berg. Frei liegt hier der aufgesetzte Kibokegel, dessen Basis sonst die die Gipfel verbindende Sattelfläche verdeckt, vor dem Auge. Eine dunkle Urwaldzone umkleidet hier den Bergeshang; als ein schmaler Saum fügt sich darüber eine hellere Grasflur, welche fast den untern Rand des Eismantels berührt, der an dieser Seite geschlossen vom Gipfel bis zum Fuße des Kibokegels sich herabsenkt. Am Westrande

Kibo und Kimawenst von Norden.

S. 294.

dieses Eismantels öffnet sich der Kegel in einen steilwandigen Kessel, aus dessen Grunde der größte Gletscher des Gebirges hervortritt. Von der Stirn dieses Gletschers nimmt der Weriweri= fluß seinen Ursprung, der wasserreichste Quellfluß des Nuvu.

Indessen dieser silbern blinkende, mächtig imponierende Kibo ist doch, mit dem Kimawensi verglichen, der jüngere der Brüder. Vorzeiten, als der Kimawensi noch ein thätiger Vulkan war, war er die einzige Feueresse und baute seinen Kegel aus Lavaschichten, Geröllmassen und Tufflagern höher und höher in friedlicher Thätigkeit empor; niemals haben seine Lavaströme über den Fuß des Berges sich hinaus ergossen, oder seine Aschenregen das um= liegende Land verschüttet; allenthalben treten an seiner Basis noch die krystallinischen Gesteine der Umgegend zutage. Je höher aber der Kegel anstieg, um so näher rückte für den Vulkan der Mo= ment des Erlöschens. Endlich waren wirklich die treibenden unterirdischen Kräfte nicht mehr im stande, die Lavamassen aus dem Krater hinauszuschleudern: sie erstarrten im Krater selber, und der Vulkan war damit erloschen. Sofort begann nun die Verwitterung ihre langsam wirkende Arbeit. Die losen Massen, welche den Krater bildeten, wurden allgemach weggespült, Lava= blöcke wurden unterwaschen und herabgestürzt, bis endlich der ganze aufgeschüttete Krater verschwunden und die ihn verstopfen= den Lavamassen bloßgelegt waren. Der Berg war niedriger ge= worden; nur die der Verwitterung langsamer erliegende Lava= masse bildete noch seinen tiefeingefurchten Gipfel.

Unterdessen aber schuf sich die gehemmte vulkanische Kraft einen andern Ausweg: der Kibo entstand und baute sich allge= mach höher und höher auf, bis auch er gerade infolge des An= wachsens der Höhe schließlich erlosch. Noch steht sein Krater da, der Verwitterung trotzend, aber das Schicksal des Kimawensi ist auch dem Kibo gewiß.

Anstatt nun nach dem Erlöschen des Kibo einen neuen ge= waltigen Feuerspeier zu schaffen, zersplitterten sich die vulkanischen Kräfte und begnügten sich, an der Südseite des Gebirges entlang eine Menge von Nebenkratern hervorzubringen. Aus den Laven und Auswurfsmassen derselben ist allmählich die Vorterrasse von Dschagga aufgebaut, während die nach Nordwesten vorrückenden Nebenkrater mit der Zeit das in das Massailand mit abnehmen= der Breite und Höhe verlaufende Schmalende des Massivs schufen.

Hier und dort traten auch Erdeinstürze ein, in welchen wir die jüngsten Wirkungen der erlöschenden vulkanischen Kräfte zu sehen haben. Ein gutes Beispiel eines solchen, in sich zusammen- gestürzten Nebenkraters bietet der (schon auf englischem Gebiete liegende) Kratersee von Dschalla, von dem die Sage geht, daß bei seinem Einsturze ein ganzes Massaidorf untergegangen sei, sodaß man zuweilen noch das Brüllen der Rinder aus der Tiefe des Wassers heraufschallen hören könne.

Nicht entfernt an Massenhaftigkeit und Erhebung reichen an den Kilima Ndscharo die andern Vulkane heran, welche die unter- irdische Kraft in derselben Randfurche gebildet hat. Der west- wärts gelegene Maëru erreicht nur eine Höhe von 4350 m, sodaß nur auf kurze Zeit einmal der Schnee auf seinem Gipfel haften bleibt. Die Massai nennen ihn daher Dönjo erók, d. i. schwarzer Berg. Nordwestlich von ihm liegt der Dönjo Ngai, d. i. Gottes- berg, der sich pyramidenförmig etwa 1000 m über das ihn um- gebende öde Land erhebt. Er scheint noch nicht erloschen zu sein; wenigstens wird von einem heftigen Ausbruche, verbunden mit Erdbeben, der im Dezember 1880 stattgefunden habe, berichtet; auch will man einmal haben Rauch aus ihm aufsteigen sehen. Nordwärts von ihm erstreckt sich der 90 km lange „Natronsee", ein Sumpf, der durch zahlreiche warme Quellen gebildet wird, die dem Fuße des Gebirges entströmen. Da ein Teil dieser Quellen eine Temperatur von 55° C. hat, so ist man geneigt, auch diesen See mit vulkanischen Kräften in Beziehung zu bringen.

Auch bei dem Dschipe-See hat man wohl an Ähnliches gedacht; allein die Flachheit seiner Einbettung spricht deutlich dagegen. Er ist vielmehr durch den Lumi gebildet worden, welcher, vom Südosthange des Kimawensi herabkommend, die anmutige (eng- lische) Landschaft Taweta durchfließt, bis er durch Urwaldsdunkel seinen Weg zum See nimmt.

Die übrigen Flüsse, welche an der Südseite des Kilima Ndscharo ihren Ursprung haben, durchfließen sämtlich die Land- schaft Dschagga und geben ihr die besondere Bodengestaltung. Denn durch die tief eingefurchten Thäler oder Flüsse wird die Terrasse, welche auf einer Breite von 16 km von 1220 m bis zu 1830 m Erhebung ansteigt, in gleichlaufende abgerundete Bergrücken geteilt, deren vulkanischer Boden aus der reichen Be- wässerung seine außerordentliche Fruchtbarkeit empfängt. Allent-

halben haben die Bewohner aus den Bächen Rinnsale über ihre
Felder abgeleitet, sodaß zwischen blumigen Wiesen von zartem
Graje und üppigen Bananenhainen sich fruchtreiche Felder mit
Bohnen, Hirse, Mais und Yams erstrecken. Auch zur Befestigung
nuzen die Wadschagga die tief eingeschnittenen Flußbetten aus,
indem sie an den Gebietsgrenzen die Schluchten mit dreifachen
Palissadenreihen sichern und nur über schmale Brücken den Ver=
kehr gestatten.

Auf einem solchen schmalen Landrücken, den tiefe Thäler zu
beiden Seiten begrenzen, liegt auch das Dorf Mandaras des

Der Dschalla-See.

Fürsten von Moschi. Zarte Farne fassen die allenthalben hin
rinnenden Wassergräben ein; Fruchtfelder wechseln mit Wiesen;
hie und da stehen gleich Wachen Gruppen weitschattender Bäume.
Rinder liegen wiederkäuend im zarten, knietiefen Graje; träge
stehen Fettschwanzschafe dabei, und Ziegen springen munter um=
her. Die Residenz des Fürsten besteht aus einer Menge kegel=
förmiger Hütten, in denen seine Frauen hausen; er selber wohnt
in einem viereckigen geräumigen Hause, welches mit Lehm und
Dünger gedeckt ist. Hier birgt er seine Schätze und empfängt
seine bevorzugten, zumal seine europäischen Gäste.

Auch eine deutsche Station, jedoch etwas höher hinauf, be=

findet sich in Moschi. Ein weiter Ausblick öffnet sich von hier
auf das vorliegende Gelände. Zu unsern Füßen haben wir die
von zahlreichen, hellschimmernden Bergbächen zerteilten und durch-
zogenen Hügel und Thäler. Bald blickt man auf eine Lichtung,
bald in eine parkartige Landschaft oder in buntgefärbte Gärten,
bald auf halbversteckte Dörfer, von denen leichte Rauchwolken
aufwallen. Weiterhin schimmert neben den dunklen Uguenobergen
hell der langgestreckte Dschipe herauf, über den hinaus in dämme-
riger Ferne die Berge von Pare und Usambara am Horizonte sich
abzeichnen. Nach Süden zu schweift der Blick über die wohl-

Der Berg Maeru.

bewässerte Ebene von Kahe hin, die aber die Furcht vor den
Massai fast ganz entvölkert hat. Nur Klein-Aruscha macht sich
durch dunklere Färbung bemerklich. Mannigfaltiger ist nach
Westen der Blick. Grell stechen die düstern Klippen und engen
Schluchten der sich herabsenkenden Kibowand von den lieblichen
Fluren von Madschame an ihrem Fuße ab. Und darüber hinaus
zeichnet sich die Kegelgestalt des Maeru scharf gegen den Hori-
zont. Ein Silberfaden, der Kikelutua, zieht sich von ihm, an
Groß-Aruscha vorüber, hinunter zum hellschimmernden Weriweri,
der die Ebene von Klein-Aruscha bewässert.

Die Wadschagga sind ein Volk von Kriegern und Jägern. Denn an Wild fehlt es in der Landschaft nicht, und die Fürstentümer Moschi in der Mitte, Marangu und Rombo nach Osten, Uru und Madschame nach Westen, in welche, von einigen ganz kleinen abgesehen, Dschagga zerfällt, leben stets untereinander in ungesühnter Fehde. Sklaven haben sie nicht. Daher fällt denn alle Arbeit in Haus und Feld den Weibern zu, deren jeder Wadschagga bestrebt ist, sich mehrere zu kaufen. Sie gehören zum Bantustamme; doch finden sich unter ihnen zahlreiche Personen, wie

Mandara's Krieger.

der Fürst Mandara selbst, welche von gelblich heller Hautfarbe und scharfem Gesichtsschnitte, lebhaft an die Wakilindi in Usambara erinnern. Berühmt ist ihre Schmiedekunst; ihre Schwerter und Speere sind von vorzüglicher Arbeit.

Nur bis zur Höhe von 1500 m bauen die Wadschagga am Gebirge sich an: darüber hinaus wird es ihnen zu kalt. Jedoch reichen ihre Pflanzungen und Viehweiden noch erheblich weiter hinauf. Wenn man im Anstieg auf den Berg in etwa 1800 m Höhe ihre Bananenhaine und Wiesengründe hinter sich hat, so tritt man in eine langsam ansteigende, parkartige Landschaft,

deren oberer Rand von dichtem, niedrigem Buschwald und Brom=
beergestrüpp begrenzt wird. Jetzt wird der Anstieg steiler, und
Urwald umfängt uns. Riesige Wollbäume steigen aus dem
schlüpfrig glatten Boden empor; Wasser tropft aus dem Moose,
das lang von allen Ästen herabhängt. Mühsam über Wurzel=
wucherungen, durch dichtes Farnkraut und Unterholz geht es
bergan. Elefantenspuren kreuzen nicht selten den schmalen Pfad:
zertreten liegt das ganze Unterholz am Boden, Äste und Schling=
pflanzen sind herabgerissen und in den feuchten Boden ein=
getreten.

Endlich ist der Urwald durchschritten: wir sind in 3000 m
Höhe. Durch Alpenweiden führt jetzt der Pfad wieder sanfter
aufwärts. In die Flußbetten hat sich der Wald zurückgezogen.
Aber das Gras hier oben ist nicht der kurze, feine Rasen von
Dschagga, hoch in Halmen schießt es auf, mit Klee und viel=
farbigen Blumen untermischt. Zwischen Strohblumen und Ane=
monen fällt eine Erika auf, hoch wie ein schlankes Bäumchen,
und noch mehr ein gelbblühendes Greiskraut, das mit seinem
6 m hohen Stamme fast wie eine Banane aussieht. Aber allge=
mach gelangen wir in die Region der Heide hinauf, wo dürres
Gras mit Pflanzen wechselt, die eisgraue Blätter, aber sehr
schöne Blüten haben. Wir haben eine Höhe von 4000 m er=
reicht. Mehr und mehr verschwindet der Pflanzenwuchs; nur
ein kleines Heidekraut und einige jener eisgrauen Pflanzen be=
gleiten uns noch; endlich bleiben auch sie zurück: ein graufarbiges
Steintrümmer= und Lavafeld umgiebt uns. Strecken losen,
trockenen Sandes schieben sich ein; dann geht es wieder zwischen
kahlen Felsen durch, über kahle Felsen weg, bis wir in 4650 m
Höhe den Sattel erreichen, welcher die beiden 10 km voneinan=
der entfernten Hochgipfel miteinander verbindet. Etwa 7 km
breit, ist er die Oberstufe des Postaments, auf welchem sowohl
der Kibokegel wie der Kimawensi sich aufbauen; zwei mächtige
Lavaströme haben den nördlichen breiteren Teil der Fläche ge=
bildet, welchen eine Reihe von sechs Hügeln von dem nur etwa
3 km breiten Südteile abgrenzen.

Die nur noch 5200 m hohe Ruine des Kimawensi zeigt eine
furchtbare Zerrissenheit; wie ungeheure Steilwände und Mauern
laufen von dem nordsüdlich gerichteten Kamme die nackten Lava=
felsen aus, nur durch tief am Fuße liegende Schutthalden mit=

einander verbunden. 2000 m tief stürzt in schwindelnder Steile die Ostseite des Berges ab; in sanfterer Neigung gehen nach Westen dagegen seine Wände in jene Sattelfläche über. Grobes Geröll und verschiedenfarbige Lavatrümmer bilden sie; an einer geschützten Stelle im Südwesten sogar breitet sich in Montblanc= Höhe eine kleine blumige Wiese aus; auf der man mitunter Elenantilopen, die auf der Nordseite heraufgestiegen sind, äsen sehen kann.

Am Kibo dagegen ist noch der gewaltige Gipfelkrater er=

Greiskraut (Senecio Johnstoni).

halten: etwa 2 km weit, senkt er sich bis 200 m Tiefe hinab. Die rotbraunen oder aschgrauen Lavawände fallen an der Süd= seite fast senkrecht völlig kahl zum Kraterboden ab; die Nordseite jedoch ist mit Eis bedeckt, das in weißen und blauen Stufen in die Tiefe hinabsteigt. Sie reichen bis zu einem Eruptionskegel hinüber, der aus der Kratertiefe 150 m hoch aus Lava und brauner Asche sich aufgebaut hat. Nach Westen ist der Krater durch eine weite Kluft gespalten, aus welcher als ein mächtiger Gletscherstrom das Eis hinaustritt. Auch an der Außenseite ist der Kraterrand von einem Eismantel bedeckt, aus welchem nur

hie und da steile Felsklippen dunkel hervorragen. Von Gletscher-
spalten durchschnitten, karrenfeldartig zerfressen, reicht diese Eis-
haube schmal über den Nordrand, bis 5570 m dagegen an dem
Südrande, in Zungen auslaufend, hinab, während die untersten
Firnflecke gar bis 5000 m hinabgehen.

Eine Klippe aus dem Südrande des Kraters ragt als die
höchste Erhebung des Kibo auf: es ist die „Kaiser Wilhelm-
Spitze", 6000 m über dem Meere.[1] Nur durch Stufen, in den
steil ansteigenden Eismantel geschlagen, vermag man sie zu erklimmen. Ein ungeheures Panorama belohnt den Aufstieg: aber
wir sind so hoch, daß in der Tiefe alles dämmerig verschwimmt;
nur der mächtige Maeru im Südwesten bewahrt seine charakteristische Gestalt, und hell blickt von Südosten wie ein Silber-
streifen der Dschipe-See herauf. Denn auf der Kaiser Wilhelm-
Spitze stehen wir auf dem höchsten Punkte des ganzen afrikanischen
Kontinentes und zugleich des ganzen Deutschen Reiches.

Anhang: Pondoland.

Vom Umtamvuna (31° südl. Br.) bis zum Umtata (32° südl.
Br.) erstreckt sich 150 km am Indischen Ocean, landeinwärts etwa
80—100 km bis an das englische Ostgriqualand reichend, das
Land der freien Amapondo. Die Küste von Pondoland ist meist
steil; weiß schäumend schlägt die Brandung dagegen; aber darüber hinaus sieht man die Hügel und Wälder des sanft ansteigenden Landes sich erheben, durchzogen von hellschimmernden
Flußadern: ein Bild der Anmut und Fruchtbarkeit.

Alter, sedimentärer Sandstein bildet die Grundlage des
Landes. An sehr vielen Stellen indes durchbricht ihn ein dunkel-
schwarzes, basaltähnliches Gestein mit Hornblendestruktur, mitunter auch glimmerhaltiger Thonschiefer. An der Steilküste
bildet dieser Basalt mehrfach weite Grotten und Höhlen, in
welche donnernd die Brandung hineinschlägt. Zahlreiche Flüßchen haben sich ihren Lauf direkt zum Meere in die Küstenlinie
eingegraben; ihre Mündungen bilden die Zufahrtsstellen zum
Lande.

---

[1] Am 6. Oktober 1889 hat Dr. Hans Meyer, ihr erster Ersteiger, auf
ihr die deutsche Flagge aufgepflanzt.

Der Kibo.   S. 302.

In deutlich gegliederten Stufen steigt vom Meere das Land empor. Das Küstengelände bildet die etwa 8 km breite Unterstufe. Auf ihr herrscht niedriges Gestrüpp vor; Fettpflanzen mit fleischigen Blättern charakterisieren ihren Pflanzenwuchs. Aus diesem hebt sich der Amatongula ab, ein Strauch mit scharfen Dornen und kleinen, runden Blättern, der orangenartige Blüten trägt; seine Früchte, dunkelpurpurrot von Farbe, enthalten einen weißen Milchsaft und schmecken sehr erfrischend. Auch wilde Bananen, Baumfarne und Palmen stehen hier und dort in Gruppen; aber der herrlichste Schmuck der Küste sind die zauberhaft schönen Strelitzien. Die Hänge der Flußthäler sind meist von dichtem Walde eingenommen, den hin und wieder üppige Bananenstauden unterbrechen.

Groteske Felspartien bezeichnen den Anstieg der zweiten Stufe. In mächtigen, steil abfallenden Wänden, in wunderbar gezackten Felsen, mitunter zu Riesenpilzen ausgewaschen, tritt hier der Sandstein zutage: nur das rinnende Wasser hat ihm seine Formen gegeben. In den Flußläufen liegen mächtige Felsblöcke, als wären sie jüngst erst herabgestürzt; und schäumend und strudelnd stürzt das Wasser an ihnen vorbei oder jählings in die Tiefe. Mit faustgroßen, rot schimmernden Blüten blüht auf den Felshängen die durchsichtig verzweigte Protea, im Laube dem Oleander ähnlich. Ein wenig höher hinauf begegnen wir stacheligen, kandelaberartig wachsenden Euphorbien und dem Kohlbaum mit fingerförmig gespaltenen Blättern.

Das hügelige oder bergige Gelände dieser 25—30 km breiten Stufe deckt eine Mergelschicht, welche in verschiedener Dicke dem Sandstein aufgelagert ist. Es bietet Grasfluren dar, in welchen das Tambukogras 3—4 m hoch wird, an geschützten Stellen auch höchst fruchtbare Ackerfelder; den größten Teil indessen nimmt hochstämmiger Wald ein. Mais ist dasjenige Getreide, welches die Amapondo am meisten bauen. Wo ihnen ein Stück Land, am liebsten an einem Waldesrande gefällt, wird es abgebrannt und umgehackt; die Maiskolben essen sie entweder vor der Reise geröstet oder gekocht, oder sie lassen sie reif werden und zerstampfen sie dann zu Mehl. Kaffernkorn bauen sie, um Bier daraus zu brauen. Zwischen den Mais pflanzen sie oft Kaffernzuckerrohr, dessen zuckersüß und wässerig schmeckendes weißes Mark sie auskauen. Als ein anderes Genußmittel bauen sie den Tabak, dessen absterbende Blätter sie, von den Rippen befreit, fest in Binsentaschen pressen, bis er zum Gebrauche gar geworden ist. Ein wichtiges Nahrungsmittel dagegen sind ihnen auch die Bataten, die länglichen Wurzelknollen einer kriechenden Windenart mit kräftigen Ranken und Blättern.

Der Wald löst sich an seiner oberen Grenze allmählich in Gruppen von Mimosen oder Akazien auf, bis schließlich die baumlosen, grasbewachsenen Hügel allein die Oberhand gewinnen. Sie führen zu der etwa 300 m über dem Meere liegenden Oberstufe empor, den üppigen Weidegebieten der Amapondo, weiten Savannen, mit Tambukogras bedeckt. Ist auf diesen das Gras trocken geworden, so brennen sie es ab, um die Asche als Düngungsmittel des Bodens zu gewinnen und zugleich der Entstehung von Miasmen aus den vermodernden Pflanzenresten vorzubeugen; freilich wird dadurch auch jeder Anflug von Baum und Strauch vernichtet.

Fast das ganze Jahr hindurch treibt der Amapondo auf diesen Triften seine Herden umher; nur im Winter führt er sie hinunter zu den Weideplätzen am Meer. Die Herden bestehen zum größten Teil aus Ochsen mit prächtigem, schön gebogenem Gehörn. Rote und rotbunte Tiere werden am meisten geschätzt. Auch die Pferde werden mit auf die Weide getrieben. Aber weder sie noch die Rinder kommen jemals unter Obdach oder erhalten irgend welche Pflege. Schafe und Ziegen indes werden wenig geachtet.

Auf diesen Hochtriften hat der Umzimvubu seinen Ursprung, der einzige größere Fluß von Pondo. Er entsteht und vergrößert sich aus mehreren Flüßchen, welche aus verschiedenen Richtungen auf der Oberstufe des Landes zusammenfließen, während alle übrigen Gewässer nur Küstenflüsse sind, die aus der Waldregion direkt ihren Lauf ins Meer nehmen. In vielfach gewundenem Laufe durchbricht der Umzimvubu alle Zwischenstufen, um schließlich durch ein gewaltiges Felsthor zwischen dem breiten, steil abfallenden Mount Thesiger und dem gleich hohen von einem Felskegel gekrönten Mount Sulivan in die Küstenebene einzutreten. Weit in die Berge reicht von dem Mount Sulivan das breite Cameron-Thal hinauf, in welchem mehrere deutsche Ansiedelungen liegen.

Zur Linken des Umzimvubu erstreckt sich weit gegen die

nordöstliche Grenze des Landes hin der über 10000 ha große, aus mehreren Stücken bestehende Ekossa-Wald. Man könnte ihn fast mit einem deutschen Buchenwalde vergleichen: so stattlich reiht sich Stamm an Stamm, jeder 20—25 m hoch und 1—2 m dick. Aber freilich nicht eine Baumart bestimmt den Charakter, sondern eine große Mannigfaltigkeit verschiedenster Bäume setzt den Ekossa-Wald zusammen. Etwa die Hälfte der Bäume mögen verschiedene Arten von Gelbholz sein, ein Baum, der, zu den Taxusgewächsen gehörend, eine entfernte Ähnlichkeit mit unserer Kiefer, jedoch nicht Nadeln, sondern dunkelgrüne Blätter von der Form der Weidenblätter hat. Von Baum zu Baum ziehen Schlingpflanzen ihre tauartigen Netzarme, erst in der Krone ihr tiefgrünes, dichtes Blattwerk entfaltend. Andere hängen wie Schiffstaue senkrecht herab und spannen sich straff von Ast zu Ast. Orchideen mit gelbweißen Blütentrauben klammern sich wie riesige Spinnen in der Rinde der Bäume fest, auf denen Misteln, oft mit prächtigen Blüten, schmarotzend sich angesiedelt haben. Von manchen Ästen hängt langsträhniges Moos oder graue Bartflechte leise wehend herab, sodaß es mitunter schwer hält, das eigene Laub des Baumes zu entdecken. Den Boden des Waldes bedecken gesellige Kräuter und breitblättrige, niedrige Gräser; hohes Gras wächst nur an lichten Stellen. Tradescantien, die man in Europa als Ampelgewächse pflegt, treiben hier ihre tiefblauen und gelben Blüten; und an feuchten Stellen wachsen zierliche Selaginellen.

Allerorten fließen im Waldesschatten kleine Rinnsale, um sich zu Bächen zusammenzufinden. Mit schäumendem Sturz werfen sie sich hinab in die Schluchten; der Amakwa oder Magra-Fall, den man vom Meere sehen kann, fällt sogar mehrere hundert Meter in die Tiefe hinab, sodaß das Wasser völlig zerstäubt und wie eine Dampfwolke hoch in die Luft emporgetragen wird, ohne daß auch nur ein Tropfen in der Tiefe anlangt.

In dem bergigen Gelände, welches dem Ekossa-Walde nach der Seeseite vorgelagert ist, liegt frei auf einer Anhöhe Gauken, der Häuptlingskral der Amapondo. Überhaupt bauen sie ihre Krale auf freiliegenden Höhen, um jede Annäherung eines Feindes sofort wahrnehmen zu können. Doch ist das mehr alte Kaffernsitte, als Forderung der Gegenwart. Denn kaum ist noch von alten Stammesfehden die Rede; und mit den europäischen

Anfiedlern in ihrem fruchtbaren Lande, zumal mit den „Ama=
djallemane", den deutfchen, verkehren fie in friedlichfter Weife,
wenn man nicht in dem unabläffigen Anbetteln einen verhüllten
Kriegszuftand fehen will. So kann denn der Amapondo feiner
angeborenen Trägheit fich ruhig überlaffen. Er thut denn auch
wirklich, da die Weiber die Äcker beftellen, weiter nichts, als daß
er, Tabak rauchend, ftundenlang im Schatten vor feiner Hütte
liegt, höchftens einmal ein Pferd befteigt, um nach feinen Ochfen
zu fehen. Arbeit gilt ihm als Schande; am liebften lungert er
herum und zieht von einem Biergelage zum andern. Denn
wenn das Kaffernkorn reif ift, finden in allen Kralen Bierfefte
ftatt, zu denen von weither die Gäfte kommen. Seine Ochfen
find dem Amapondo alles: mit ihnen bezahlt er feine Bedürf=
niffe an den Händler, den Preis für feine Weiber, feine Ab=
gaben an den Häuptling. Aber der Wert derfelben ift nicht
groß: 30 bis höchftens 60 Mark gelten fie. Durchweg find die
Amapondo leidenfchaftliche Raucher und Schnupfer; fie rauchen aus
zierlichen, kurzen, aus einem Stück gefchnitzten Holzpfeifen, die mit
einem länglich dünnen Kopf verfehen find. Geraucht wird Tabak,
aber auch Hanf; felbft die Kinder beginnen fchon frühzeitig damit
und betteln den Fremden um „Fagele" (Tabak) an.

Die Zahl der Weißen in Pondoland ift nicht ganz gering.
An verfchiedenen Stellen halten fie Verkaufsläden und Gafthäufer.
Ackerbau treiben nur die Deutfchen. Ihre Hauptftation ift Lam=
bäs bei Port Grosvenor an der Mündung des kleinen Emkweni
gelegen. Die wichtigfte Straße für den Verkehr ift der Fahr=
weg, welcher von Kokftadt in Oftgriqualand über die Miffions=
ftation Emfundisweni nach dem unteren Umzimvubu mit einer
Abzweigung nach Umtata im äußerften Südweften des Landes
angelegt worden ift. Die Straße zwängt fich durch das roman=
tifche Felfenthor des Fluffes und zieht dann in der Küftenebene
an der bewaldeten Uferböfchung zur Seite des ftattlichen Stro=
mes bis zu dem kleinen Städtchen St. Johns hin, deffen Namen
häufig auch auf den hier mündenden Umzimvubu übertragen
wird. Am Eingange des Städtchens fteht ein alter, weitfchatten=
der Baum, von einer Holzbank umgeben; durch das Geftrüch
am Fluffe fchimmern, auf den Strand gezogen, weiß angeftrichene
Boote, an dem mit weiß fchimmerndem Dünenfande bedeckten
Markte fteht laubumrankt das „Hotel" und zur Seite erfcheinen,

in wohlumzäunten Vorgärten, kleine, freundliche Häuschen, die dem Städtchen das Ansehen eines deutschen Seebadeortes geben. Den Mittelpunkt bildet die kleine, aus Stein erbaute Kirche und allenthalben ringsum auf und zwischen den Hügeln liegen die Häuschen, aus deren Gärten Bananen und Melonenbäume mit ihren rings um die Krone hängenden, großen, gelben Früchten winken.

Das in das Land vordrängende Meer bildet die Gordon=bucht, welche im Südosten durch den Bergvorsprung des Kap Hermes begrenzt wird. In diese einmündend, macht der Umzim=vubu St. Johns zum Hafenplatz. Freilich beengt eine Barre die Mündung, sodaß größere Schiffe nur bei Tiefwasser (Dezem=ber bis Juli) einlaufen können; kleine dagegen von 60—70 Tonnen Gehalt finden stets Einlauf. Deswegen hat denn auch England ein kleines Gebiet an der Südseite der Bucht in Besitz genommen und an dem Kap Hermes das Fort Harrison errichtet, indes neuerdings wieder aufgegeben. Sicher ist St. Johns die zugänglichste Zufahrt zum Pondolande, mit dessen Aufblühen eine bedeutungsvolle Entwickelung als deutscher Hafen ihm be=vorsteht.

Affenbrotbäume.

Litterarische Nachweisung.

K. W. Schmidt, Sansibar. Leipzig 1888.
—— Die Bodenverhältnisse Deutsch-Ostafrikas (Petermanns Mitteilungen, 1889, S. 81).
W. Joest, Um Afrika. Köln 1885.
J. H. Speke, Die Entdeckung der Nilquellen. 2 Bde. Leipzig 1864.
H. M. Stanley, Wie ich Livingstone fand. 2 Bde. Leipzig 1879.
—— Durch den dunkeln Weltteil, I. Bd. Leipzig 1878.
—— Im dunkelsten Afrika, II. Bd. Leipzig 1890.
V. L. Cameron, Quer durch Afrika, I. Bd. Leipzig 1877.
Rich. Böhm, Von Sansibar zum Tanganjika. Leipzig 1888.
E. Krenzler, Ein Jahr in Ostafrika. Ulm 1888.
—— Sklaverei und Sklavenhandel in Ostafrika (Jahresbericht des württemb. Vereins für Handelsgeographie, 1888, S. 69).
Graf Joach. Pfeil, Beobachtungen während meiner letzten Reise in Ostafrika (Petermanns Mitteilungen, 1888, S. 1).
Paul Reichard, Die Wanjamuesi (Zeitschrift der Gesellschaft für Erdkunde zu Berlin, 1889, 4. u. 5. Heft).
—— Afrikanische Sklaverei (Deutsche Kolonialzeitung, 1888, Nr. 47).
—— Die Banane (Ebenda 1889, Nr. 20).
—— Karema (Ebenda 1889, Nr. 2).
—— Tabora (Ebenda 1890, Nr. 6).
O. Wissmann, Sklavenhandel (Ebenda 1888, Nr. 44).
Jos. Thomson, Expedition nach den Seen von Central-Afrika. Jena 1886.
—— Durch Massai-Land. Forschungsreise in Ostafrika. Leipzig 1885.
H. Drummond, Inner-Afrika. Erlebnisse und Beobachtungen. Gotha 1890.
Osk. Baumann, In Deutsch-Ostafrika während des Aufstandes. Wien 1890.
—— Usambara (Petermanns Mitteilungen, 1889, S. 41).
Fischer, Über das Massai-Gebiet (Verhandlungen der Gesellschaft für Erdkunde zu Berlin, 1884, S. 94).
H. H. Johnston, Der Kilima-Ndjaro. Forschungsreise im östlichen Äquatorial-Afrika. Leipzig 1886.
O. Ehlers, Besteigung des Kilima-Ndscharo (Petermanns Mitteilungen, 1889, S. 68).
—— Die Wadschagga (Deutsche Kolonialzeitung, 1889, Nr. 28).
Hans Meyer, Letzte Expedition in Deutsch-Ostafrika (Verhandlungen der Gesellschaft für Erdkunde zu Berlin, 1889, S. 83).
—— Kilimandscharo-Besteigung (Ebenda 1889, S. 525).
—— Ersteigung des Kilimandscharo (Ebenda 1890, S. 90).
—— Das Bergland Uguono (Petermanns Mitteilungen, 1890, S. 46).
—— und O. Baumann, Reise in Usambara (Mitteilungen von Forschungsreisenden und Gelehrten aus den Deutschen Schutzgebieten, herausgegeben von Freiherr von Danckelman, I, S. 199).
—— Kibueni (Deutsche Kolonialzeitung 1888, Nr. 5).

Berichte über Pondo:

L. Kersten (Deutsche Kolonialzeitung, 1888, Nr. 25).

C. Beyrich (Ebenda 1889, Nr. 21).

—— Ackerbau und Viehzucht im Pondolande (Flugblatt).

—— Das Gebiet des unteren Umzimvubu in Pondoland (Deutsche Kolonial= zeitung 1889, Nr. 21).

F. Hertwig (Petermanns Mitteilungen, 1888, S. 358 und Deutsche Kolo= nialzeitung 1888, Nr. 26).

Situationspläne der Orte Dar=es=Salaam u. s. w. (Mitteilungen von For= schungsreisenden und Gelehrten aus den Deutschen Schutzgebieten, heraus= gegeben von Freiherr von Danckelman, 1889, Nr. 5).

———————

Deutsches Kolonialblatt, Amtsblatt für die Schutzgebiete. 1890.

Brix Förster, Deutsch=Ostafrika.

Joh. Baumgarten, Ostafrika, der Sudan und das Seengebiet.

Der große Sudan (Deutsche Kolonialzeitung 1890, Nr. 7 fg.).

H. Roskoschny, Ostafrika und das Seengebiet.

F. Ratzel, Völkerkunde, I.

Sechstes Kapitel.

Die Südsee-Kolonien.

---

1. Kaiser Wilhelmsland.

Vulkanische Kräfte und Milliarden ganz kleiner Korallen-tierchen haben sich vereint, um an dem Nordrande der flachen unterseeischen Platte, welche dem nördlichen Australien breit vor-gelagert ist, die größte Insel der Erde, Neu-Guinea, aufzubauen. Ein seichter Meeresarm, der im Durchschnitte nur 16—18 m Tiefe hat, die Torresstraße, trennt darum von dem australischen Festlande die Insel; aber an ihrer Nordseite stürzt sie schnell in tiefes Wasser ab. Wie ein ungeheures Rückgrat durchzieht ein bis zu 4000 m aufsteigendes Gebirge vulkanischer Bildung die ganze Insel: flache Ebenen sind an der englischen Seite, höchst mannigfaltiges Gelände an der nördlichen, deutschen Seite ihm vorgelagert. Korallenriffe und Klippen begleiten hier die Küste, bis ein Kranz durchweg vulkanischer Inseln gegen das offene Meer sie abschließt.

Einsam erhebt sich vor dem Ostgestade Neu-Guineas, vom 8.° südl. Br. fast durchschnitten, ein mächtiger Felsblock von Kegelgestalt aus dem Meere; etwa 15 m hoch, auf dem Scheitel mit grünem Buschwerk bewachsen, ist er den Schiffern eine leicht kenntliche Marke. Es ist der Mitrafels. An ihm beginnt Kaiser Wilhelmsland, das deutsche Neu-Guinea. Ein Riff verbindet den Felsen mit der fast 2 km entfernten Küste, welche hier aus der nördlichen in die nordwestliche Richtung ablenkt. Sie stellt sich als eine flache Niederung dar, bewachsen mit sumpfliebenden Kasuarinen und Nipapalmen. In die Einbuchtung der Verräter-bai münden drei Flüsse, der Clyde, der Bleichröder und die

Spree, wahrscheinlich wohl nur Mündungsarme desselben Ge=
wässers. Bewohner fehlen dem ganzen Küstenstrich bis weiterhin
zur Herkulesbai. Drei Gebirge hintereinander umziehen diese
Bai, von denen das innerste und höchste bis zu 2000 m auf=
steigt. Der Herkulesfluß ergießt sich in die Bai, etwa 100 m
breit, aber eine Barre verschließt seine Mündung. Nördlich jedoch
von der Flußmündung bildet die einspringende Küste den Adolfs=
hafen, welchen die 400 m hohe Pyramide des Ottilienberges
überragt.

Zu einem breiten Meeresbusen schneidet nunmehr das Meer
in die Küstenlinie ein, die erst mit dem Kap Cretin die alte
Richtung wieder aufnimmt. Das ist der Hüon=Golf, die tiefste
Einbuchtung, welche die ganze deutsche Küste zeigt; der innerste
Winkel des Golfes bildet die Preußenreede. Steil fallen an der
Westseite die Kuper= und die Herzogberge mit ihren Ausläufern
zur Küste ab. Beide trennt das breite Thal des Franziskaflusses
voneinander, in welchem alle Hänge bebaut sind: so dicht ist die
Bevölkerung. Urwald findet sich nur noch in geringer Ausdeh=
nung; wilde Enten beleben in großen Scharen das Wasser.
Wenn auch nirgends über 1 m tief, hat der Fluß doch eine Breite
von etwa 125 m und fließt mit großer Geschwindigkeit, bald an
das eine, bald an das andere Gebirge sich herandrängend, dahin.
An der Nordseite bildet der stattliche Markhamfluß die Begren=
zung der 1000 m hohen, bis in die höchsten Spitzen mit Wald
bedeckten Herzogberge. Vor dem nordöstlichen Fuße derselben,
gegen die Preußenreede hin, liegen, miteinander zusammen=
hängend, die beiden Herzogseen, deren Abfluß zur Reede der
Herzogkriek ist. Sie reichen nach Süden bis an die steilen Fels=
massen der Steinmetzspitze heran, welche die südliche Abgrenzung
jener Reede bildet, nach Westen bis an das Gebirge selbst. Ihre
Tiefe ist nicht bedeutend, etwa 2—3 m. Schlanke Mangroven
fassen die Ufer ein und dichtes Gewirre von Inseln und Insel=
chen erfüllt zumal den nördlicheren der Seen. Eine dieser In=
seln ist von einem Dorfe so völlig überdeckt, daß die äußeren
Häuser sämtlich im Wasser stehen. Zwei andere benachbarte
Dörfer bestehen überhaupt nur aus Pfahlbauten im Wasser, deren
spitzgiebelige Häuser an der Thürseite noch eine besondere halb=
kegelförmige Bedachung zeigen. Brücken und Galerien aus Holz
und Flechtwerk verbinden die einzelnen Dorfhäuser untereinander.

In den innersten Winkel des Hüon-Golfes ergießt sich der
Markhamfluß. 400 m breit und wechselnd 1—3 m tief, fließt
er mit raschem Laufe zwischen den nur 1—2 m über das Wasser
emporragenden Ufern dahin. Zahlreiche Inseln unterbrechen ihn,
deren aufwärts gerichtete Spitze stets mit einem Gewirre von
übereinander geschobenen Baumstämmen und Ästen, die der Fluß
herabgespült hat, bedeckt ist, während die Inseln selbst mit Gras
und Zuckerrohr bewachsen sind. Die Flußufer deckt üppiger Urwald, den zahllose guirlandenartige Schlingpflanzen für den Fuß-
gänger völlig undurchdringlich machen.

Den Nordrand des Hüon-Golfes bilden die 1000—1200 m
hohen Rawlinson-Berge. An der Südseite gegen den Golf hin
ist ihnen eine mehrere Kilometer breite niedrige Ebene vorgelagert, welche meist mit Mangroven bedeckt ist. Aus dieser graugrünen Niederung erheben sich hart am Strande nebeneinander
drei isolierte Höhen mit steilen Hängen, welche vom Meere aus
fast den Eindruck von Inseln machen. Es sind Arkona, Stubbenkammer und der Königsstuhl, auf deren Seiten es, wo Raum
sich bietet, an Dörfern und Pflanzungen der Eingebornen nicht
fehlt. Noch einmal springt östlich vom Königsstuhl die Küste
mit einem steilen und hohen Halbinselgebilde vor; dann setzt sich
das flache Küstengelände noch eine Strecke gegen Osten fort, bis
es in weitem Bogen gegen Norden einschwenkt. Dieser ganze
Küstenbogen muß als das Kap Cretin angesehen werden; denn
welche der kleinen, flachen Küstenauszackungen die alten Seefahrer mit dem Kap-Namen belegt haben, ist völlig unsicher.
Wahrscheinlich hat 1795 d'Entrecasteaux, von dem der Namen
herrührt, Rusfing, eine der kleinen das Gestade begleitenden
Küsteninseln, für eine Festlandsspitze gehalten.

Weiter erstreckt sich nun als das Vorland der Lugaueng-
Berge das niedrige, flache Küstenland nach Norden, bis die tief
einschneidende Langemak-Bucht ihr Ende bezeichnet. Im Hintergrunde derselben mündet der Bubui, ein wasserreicher Strom,
dessen in grauen Thon eingeschnittenes Bett mehrfach von vul-
kanischem Gestein durchsetzt ist. Er überwindet diese Hemmnisse in
wirbelnden Stromschnellen, deren größte, 40 m lang, von Wasserstürzen untermischt, für Boote völlig unfahrbar ist. Dichtes Gebüsch bedeckt allenthalben die Flußufer. 40 m breit mündet er
in die Bucht; aber die bei Ostwinden furchtbare Brandung in

der ſehr tiefen Bucht hat die Flußmündung durch eine Barre ge=
ſperrt, über welcher bei Niedrigwaſſer die Waſſertiefe nur ³/₄ m
beträgt, während hinter derſelben der Fluß 8 m und darüber
tief iſt. Am Nordufer des Fluſſes liegt an der Mündung das
große Dorf Simbang, in welchem ſich eine evangeliſche Miſſions=
ſtation befindet und auf der andern Seite des Fluſſes etwa 2 km
ſtromaufwärts die Plantagenſtation Butaueng, durchſtrömt von
dem maleriſchen, an Waſſerfällen reichen Bache Butaueng, welcher
von Süden her in den Bubui ſich ergießt.

Mehrere Dörfer der Eingebornen ziehen ſich an dem nörd=
lichen Ufer der Langemak=Bucht entlang, bis das Land mit brei=
tem Vorſprung in das freie Meer ausläuft. An dieſen Vor=
ſprung fügt ſich, gerade nach Norden in das Kap Bredow aus=
laufend, die lange, aber nur ſchmale Halbinſel Nugebu an. So
bildet ſich, zwiſchen Nugebu und der Feſtlandsküſte, in drei Becken
gegliedert, eine ringsum ſichere Hafenbucht: Finſchhafen, die
Hauptſtation der Neu=Guinea=Compagnie. Das innerſte (ſüd=
lichſte) dieſer Becken, 2—3 m tief, iſt nur für Boote fahrbar.
Das zweite dagegen hat eine Tiefe von 5—7 m; an ſeinem
Ufer liegt auf Nugebu, unter Palmen faſt verborgen, das Dorf
Siu, die einzige maleriſche Unterbrechung des graugrünen Man=
grovengürtels, der ſonſt beide Becken einſchließt. Dagegen iſt
das nördliche Becken, deſſen Tiefe von 15 bis 40 m anſteigt,
ganz frei davon. Hier nehmen bis dicht an das Meer hin hoch=
ſtämmige Bäume, von Schlingpflanzen umrankt, namentlich
zahlreiche wilde Feigen, die Ufer ein, in der Nähe der Siede=
lungen auch Kokospalmen. Die Inſel Madang, dem Feſtlande
vorgelagert, bildet die Scheide der Becken. Nugebu, in ſeiner
Nordhälfte Salankaúa genannt, iſt ganz aus Korallenkalk auf=
gebaut; es erhebt ſich 10 m über das Meer; dagegen die Feſt=
landsküſte iſt meiſt flach und ſumpfig. Daher befindet ſich das
ſtattliche Haus des Landeshauptmanns wie die Wohnungen der
Beamten, das Hoſpital wie die Faktoreien faſt ſämtlich auf der
Halbinſel Salankaua oder auf Madang, ſodaß, vom Waſſer an=
geſehen, Finſchhafen im Rahmen grüner Bäume einen ebenſo
ſtattlichen wie anmutigen Eindruck macht: die Häuſer alle auf
Pfählen ſtehend, von Veranden umgeben, mit Wellblech gedeckt,
dazwiſchen Gärten und Raſenflächen, über die eine erfriſchende
Seebriſe ſtets leiſe dahinzieht.

Korallenfels bildet wie die Halbinsel Rugedu auch das
Küstengelände; in breiten Stufen steigt es landeinwärts an; tief
sind in diese Stufen die Betten der Flüsse eingeschnitten, deren
Ufer äußerst steile Abhänge bilden. Die höchste Erhebung der
ganzen Umgegend von Finschhafen ist, weithin sichtbar, der Sattelberg, der von seiner Gestalt den Namen trägt. Etwa 50 km in
nordwestlicher Richtung von Finschhafen entfernt, ist der Berg,
970 m hoch, ebenfalls durchweg aus Korallenfels aufgebaut. Ein
lichter, hochstämmiger Bergwald nimmt die Abhänge ein; Unterholz wächst wenig unter den Bäumen, aber dicht sind bei dem
feuchten Klima die Stämme mit Moos bewachsen. Zahlreiche
kleine Dörfer von Eingebornen trifft man auf dem Wege; meist
bestehen sie nur aus wenig Häusern, von denen manche in den
Gipfeln der Bäume angebracht sind. Aber fast bei jedem Dorfe
giebt es ausgedehnte Pflanzungen von Yams und Taro. Auch
die flach gewölbte Kuppe des Berges ist bewaldet, teils mit einem
undurchdringlichen Bambusdickicht bedeckt, teils mit sehr hohen
Bäumen bestanden. Das hemmt jeden freien Rundblick, doch
erkennt man, daß der Sattelberg der Centralpunkt eines Systems
von Bergzügen ist, welche nach Norden mit abnehmender Höhe
auslaufen, landeinwärts aber (nach Westen) durch Querriegel
mit einem waldbedeckten Berglande zusammenhängen, dessen höchste
Spitzen, gewöhnlich in Wolken gehüllt, bis zu der doppelten
Höhe des Sattelberges aufragen.

Von Finschhafen streicht die Küstenlinie nach Norden bis
zur Fortifikationsspitze; dann wendet sie sich nordwestlich bis zur
Teliata-Spitze. Höchst charakteristisch tritt auf dieser Küsten-
strecke der korallinische Stufenbau des Geländes hervor, besonders deutlich in dem hohen grünen Kegelberge der Fortifikationsspitze, welcher die horizontal verlaufenden schroffen Felsstufen
den Namen eingetragen haben. Auch gegen die Teliata-Spitze
hin ist der Stufenbau der Küste scharf ausgeprägt: 100 bis
150 m, stellenweis auch doppelt so hoch, steigt man auf 3—10 m
hohen Stufen von Korallenkalk steil empor; dann erhebt sich,
der Küste bald näher, bald ferner, das meist waldbedeckte, nicht
mehr abgestufte Binnenlandgebirge bis zu 1200 m und darüber.

Weiterhin bis zur Astrolabebai trägt die Küste nach dem
russischen Naturforscher Nikolai von Miklucho-Maclay, der wiederholt längere Zeit hier weilte, den Namen. An ihr entlang

streicht, nur einen schmalen Küstensaum freilassend, ein von zahl=
reichen Schluchten scharf eingekerbtes Küstengebirge, das, etwa
2000 m hoch, bis hinauf zu den Kämmen bewaldet ist. Zahl=

Baumhäuser.

reiche Dörfchen säumen die Maclay=Küste, schon von weitem an
den Kokospalmen erkennbar, welche die Hütten beschatten.
     Hinter dem Küstengebirge steigt die Finisterre=Kette empor,
ein Seitenzweig des gewaltigen Bergrückens, der das Central=
gerüst der ganzen Insel Neu=Guinea ausmacht. Es stellt sich als

ein kurzer, steiler Kamm, meist aus Porphyr aufgebaut, dar;
nur die höchste Gipfelgegend besteht aus Andesit. Die Kammhöhe
beträgt etwa 2300 m; noch um 1000 m ragen zahlreiche Berg-
spitzen über sie empor, als deren höchste die Berge „Kant" und
„Schopenhauer" erscheinen. Am Kamme hat der Kabenau seinen
Ursprung; in 1540 m Höhe stürzt er sich über eine 8 m hohe
Felswand brausend hinab; und fließt dann jähen Laufes in einem
Hochthal westwärts dahin, um in 750 m Höhe nordwärts um-
zuschwenken und mit etwas gezügelter Hast die Astrolabebai zu
erreichen. Grobes Geröll erfüllt im Gebirge das Flußthal,
Wald aus dünnen, jungen Stämmen bedeckt meistens die Ab-
hänge.

Niedriges Hügelgelände trennt die Finisterre-Kette von dem
Küstengebirge; an der Südseite dagegen streicht, 40—50 km entfernt, das „Krätke-Gebirge" neben ihm her, ein zweiter Ausläufer der Centralkette. In ihrem großartigen Aufbau kann
diese, hier Bismarck-Gebirge genannt, von den Höhen des Finis-
terre überschaut werden; mit Schnee (wie es scheint) bedeckt, erhebt sich als höchste wahrgenommene Spitze aus dem gewaltigen
Bismarck-Gebirge der Ottoberg, fast genau südlich von der Astrolabebai gelegen und 100 km von ihr entfernt.

Die Ufer der Astrolabebai werden von ebenem Gelände gebildet; ein sehr feiner Sand vulkanischen Ursprungs, in welchem
Eisenglimmer flimmert, durch den Kabenau herabgeführt, bedeckt
den Strand. Hier liegt an der Ostseite der innersten Bai, nur
wenige Kilometer von dem tief und ohne Barre wild in das
Meer stürzenden, für Boote völlig unfahrbaren Kabenau entfernt, der Konstantinhafen, eigentlich nur eine geschützte Reede.
An ihm ist, inmitten üppiger Vegetation bei einer stark spru-
delnden Quelle die Station Konstantinhafen angelegt, in deren
Pflanzungen die Arbeit von Eingebornen der Nachbarschaft gethan wird. Denn etwa 80 Dörfer umkränzen die Astrolabebucht.

Konstantinhafen gegenüber an der Westseite der Bucht
liegt einen halben Kilometer von dem großen Dorfe Bogadjim,
in welchem eine evangelische Missionsstation sich befindet, die
Pflanzungsstation Stephansort, in Form eines Quadrates dicht
am Meere aufgebaut. 5—8 km landeinwärts erstrecken sich die
Felder der Station; einen Hafen besitzt sie jedoch nicht, nur eine
Landungsstelle für Boote bei Bogadjim.

Von der Astrolabebai bis zum Kap Croisilles hält die Küste eine streng nördliche Richtung inne. Zugleich treten wieder Bergzüge näher an die Küste heran. Die bedeutendsten derselben, die Hansemann=Berge, entsenden einen Ausläufer zur Küste, der, in der Schering=Halbinsel bis in das Meer vortretend, den geschützten Friedrich Wilhelmshafen bildet. Neben diesem, wenig nördlicher, liegt durch die Eickstedt=Insel gedeckt, der Prinz Heinrichshafen, welcher die kleine Insel Siar umschließt, auf der sich eine evangelische Missionsstation befindet. Den gemeinsamen Zugang zu beiden Häfen stellt zwischen der Schering=Halbinsel und der weiter abgerückten Fischel=Insel die Dallmann=Einfahrt dar.

Mit dem Kap Croisilles kehrt die Küste endlich wieder in die nordwestliche Richtung zurück, die sie nunmehr mit geringen Abweichungen bewahrt, meist flach und bewaldet, seltener als Grashügelland. Etwas tiefer eindringende Einbuchtungen sind der Eitel=Friedrich=Hafen und weiterhin der Kronprinz=Hafen. Dann aber nimmt sie wieder mehr bergige Gestalt an, bis die Tamberro=Kette sich herausbildet, welche eine Strecke die Küstenlinie begleitet. Dort, wo diese beginnt (145° östl. L.), liegt auf der kleinen Küsteninsel Tschirimotsche die Plantagenstation Hatzfeldthafen, welche gutes Trinkwasser und einen sicheren Ankerplatz hat. Mannshohes Gras bedeckt hier die Küstenebene; es ist das Alangalang, welches vom Vieh nur ganz jung gefressen wird, da es später sehr scharf und hart wird.

Flach schneidet in diese gleichmäßige Küste die Potsdam=Bucht ein. Aber ihr gegenüber liegt die Hansa=Vulkan=Insel, ein regelmäßig ansteigender flacher Kegel von etwa 1300 m Höhe, unten von grünen Flächen bedeckt, dann bis zum oberen Drittel dicht bewaldet, bis in kahler Wand der Krater aufsteigt. Weiße Dampfmassen entströmen dem Schlote, in dem man zuzeiten mit gewaltigem Brausen die unterirdischen Kräfte noch arbeiten hört. Mit diesem Vulkane beginnt die Reihe vulkanischer Inseln, welche in gerader Linie auf derselben Erdspalte bis nach Neu=Pommern hinüberzieht: der stumpfe, dicht bewaldete Kegel der zweispitzigen, 1500 m hohen Dampier=Insel, die in drei Kegeln 1300 m aufragende Long=Insel und die nicht minder hohe, ebenfalls mit drei Kuppen aufsteigende Rook=Insel. Aber seit zwei Jahrhunderten sind alle erloschen, während der Hansa=Vulkan immer noch von Zeit zu Zeit Spuren unheimlichen Lebens zeigt.

Weithin erscheint, wenn man weiter fährt, das bisher tief
blaue Meer trübe grünlich gefärbt; ja wenn man um die Venus-
Spitze herumbiegt, welche dichter Urwald, von Kasuarinen-
Gruppen überragt, bedeckt, nimmt es gar eine lehmfarbige Färbung an: wir befinden uns an der Mündung des Kaiserin
Augusta-Flusses, des größten Stromes von Kaiser Wilhelmsland.
Tief aus dem Innern von Neu-Guinea kommt der stattliche
Strom daher, aus dem, wie es scheint, ältesten Teile der Insel;
denn geschichtetes Gestein zeigt sich an seinen Ufern. 90 km von
der holländischen Grenze (142° östl. L.) zeigt er schon eine Breite
von 200—300 m bei einer Tiefe von 3 m. In sehr gewundenem Laufe durchzieht er das ebene Land, durch vier wasserreiche, rasch fließende Zuflüsse aus dem Gebirge von seiner rechten
Seite sich verstärkend; aber für die 222 km seines unteren Laufes bleibt er lediglich auf seine eigene Kraft angewiesen. Das
rechte Ufer des Flusses ist hoch und steil abfallend, vielfach mit
Wald bedeckt, das linke (nördliche) dagegen viel niedriger und
daher Überschwemmungen und Versumpfungen ausgesetzt. Die
Wassermasse des Kaiserin Augusta-Flusses ist so bedeutend, daß
er mit den größten Seedampfern 180 km aufwärts befahren
werden kann; kleinere Seedampfer mit etwa 3 m Tiefgang können noch viel weiter hinaufgehen. So bietet er eine bedeutungsvolle Fahrstraße tief hinein in das deutsche Gebiet, zumal auch
die Mündung von Barren- oder Deltabildungen vollständig
frei ist.

Von dem Kaiserin Augusta-Flusse westwärts stellt sich die
Küste — Hansemann-Küste genannt — als ein ausgedehntes
Flachland dar, in dessen Hintergrunde Hügelreihen sich erheben.
In einem weiten Bogen gegen das Meer hin umkränzen sie die
Schouten oder Le Maire-Inseln, kleine vulkanische Gebilde von
kegelförmiger Gestalt, die, waldbedeckt, mit steiler Küste aus
dem Meere sich erheben.

Indessen vom Kap Dallmann an verändert die Küste durchaus ihren Charakter. Hügeliges Gelände, hie und da fast gebirgsartig gestaltet, drängt sich fast bis an das Meer vor. Durch
grüne, mattengleiche Hänge, durch Kokoshaine, welche kleine
Dörfer beschatten, bekommt das Küstenland ein sehr freundliches
Ansehen. Hier und da schneidet eine Bucht ein, von 100 m hohen,
dichtbewaldeten Hügeln eingefaßt. Laubbäume bilden durchgehends

die Bewaldung; die Kaſuarinen ſind verſchwunden. Und hinter
den Uferhöhen erheben ſich anſehnliche Bergreihen, die weiterhin
zu dem Torricelli-Gebirge zuſammendrängen, deſſen eintönig ver-
laufender Rücken ſich zu mehr als 1000 m erhebt. Hohe, kerzengerade Bäume ſteigen an den Berghängen empor; und weiß ſchäumend ſtürzen aus der Höhe kleine Bergbäche über die Felſenwände
herab. Ein Kranz von kleinen, niedrigen Inſeln umſchließt vor
der Küſte den Berlin-Hafen; vorüber an dem Inſelchen Sansſouci,
das „faſt nur aus Kokospalmen und Häuſern beſteht", führt die
Babelsberg-Straße hinein.

So zieht ſich die Küſte mit faſt ermüdender Eintönigkeit hin:
immer dieſelben niedrigen, dunkelgrünen Hügelketten, die wie mit
einer einzigen Laubholzart bewaldet erſcheinen. Endlich unterbricht ſie wieder ein größerer Fluß, der Abfluß der einzigen Lagune, welche es an der Küſte von Kaiſer Wilhelmsland giebt.
Weit dehnt ſich dieſe Lagune in das Binnenland hinein, von
einer Hügelkette begrenzt, hinter welcher ein Gebirge mit an-
ſehnlichen Kuppen bis zu 1000 m ſich erhebt. Eine bewaldete
Inſel liegt in der Mitte, und mehrere Pfahlbautendörfer ſind am
Rande der Lagune im ſeichteren Waſſer erbaut.

Mit dem Lagunenfluſſe beginnen wieder Kaſuarinen das Ufer
zu ſäumen. Kokospalmen deuten die Nähe menſchlicher Siedelungen, Kaſuarinen ebenſo ſicher das Fehlen derſelben an. Es
wird einſam an der Küſte, bis wieder die dicht bewaldeten, ſteil
zum Meere abfallenden Berge erſcheinen. Eine kleine Bucht
ſchneidet in die Küſtenlinie ein: es iſt der Angriffshafen, deſſen
Bewohner 1827 die Aſtrolabe, das mit Kanonen bewaffnete Schiff
des Weltumſeglers d'Urville, mit ihren Bogen und Pfeilen zu
erobern ſuchten. Wenig über dieſe Bucht hinaus hebt ſich, 1000 m
hoch, der Bergkoloß Bougainville aus den Küſtenhöhen heraus,
an ſeinem hochanſteigenden, aber ſchräg abgeſtumpften Gipfel
leicht erkennbar. An ſeinem Weſtfuße mündet ein Fluß, der
Sechſtroh, in deſſen Mündung ſchäumend die Brandung des
Meeres hineinſchlägt: wir ſind am 141.° öſtl. L., und damit an
der deutſch-holländiſchen Grenze angelangt.

Bei dieſer ungemeinen Ausdehnung von Kaiſer Wilhelmsland ſind natürlich die Unterſchiede des Klimas in den ver-
ſchiedenen Gegenden nicht unerheblich; aber doch iſt es im ganzen
als ein ausgeſprochen tropiſches zu bezeichnen. Indeſſen gewähren

die insulare Lage des Landes und die Nähe der Südsee manche
günstige Modifikationen. Die Hitze ist eine gleichmäßige, feuchte
und nicht unangenehme. In Konstantinhafen, der Mitte der
langen Küstenlinie, steigt die Temperatur selten über 31,5° C.;
die höchste Temperatur, welche beobachtet worden ist, war 35°;
selten fällt sie unter 22°. Die mittlere Jahrestemperatur beträgt
26,2°; im Inneren steht sie ein wenig höher. Indessen mit der
Erhebung über den Meeresspiegel sinkt sie außerordentlich schnell.
Schon auf dem Sattelberge sind die Nächte nicht selten bitter
kalt. Diese günstigen Verhältnisse beruhen darauf, daß das Land
mit großer Regelmäßigkeit das ganze Jahr hindurch von Winden
aus dem Großen Ocean bestrichen wird. Auch auf die Gestaltung
der Regenverhältnisse wirken diese Winde günstig ein. Eine feste
Regenzeit giebt es nicht, sondern die Niederschläge erscheinen das
ganze Jahr hindurch bald als Land=, bald als Gewitterregen.
Hatzfeldthafen, dessen nächstes Hinterland nicht über 300 m an=
steigt, ist unter den deutschen Stationen die regenärmste, Kon=
stantinhafen wegen der Nachbarschaft des Finisterre=Gebirges die
regenreichste: hier betrug 1887—88 der jährliche Regenfall
3431 mm, ¹⁄₁₀ mehr als in Finschhafen und ³⁄₁₀ mehr als in
Hatzfeldthafen; die Zahl der Regentage mit mehr als 1 mm Fall
dagegen war in dem gleichen Jahre in Finschhafen 163, in Kon=
stantinhafen 152, in Hatzfeldthafen 128.

Diesen Verhältnissen entsprechend trägt die Pflanzenwelt
den Charakter der Üppigkeit und Reichhaltigkeit; Wüste giebt es
nirgends. Im ganzen stimmt die Vegetation nicht so sehr mit
derjenigen Australiens, als mit derjenigen von Indonesien über=
ein. Ihre hauptsächlichsten Formationen sind Wald und Gras=
ebene. Im Berglande herrscht der Wald fast unumschränkt.
Schlank stehen die Stämme neben einander; dicht verschlungen
sind ihre reich belaubten Kronen, sodaß nur wenige Sonnen=
strahlen einen Weg durch das Blätterdach finden. Unter diesem
Dach im Halbdunkel, durch die heiße, feuchte, stille Luft gefördert,
entwickelt sich ein Gewirr von schlingenden, windenden, kletter=
den Pflanzen; Unterholz giebt es dagegen meist nur wenig und
auch der Boden ist nur spärlich mit Kräutern bedeckt. Aber die
Lianen, welche aus den Kronen herabhängen, und die Orchideen
und Farnkräuter, welche in jeder Astfuge sich einnisten, umhüllen
meist die ganzen Stämme. Nur höher an den Bergen hinauf

wird der Wald lichter und gangbarer. Das Grasland dagegen, da meist nur eine Grasart die Pflanzendecke bildet, macht einen sehr eintönigen Eindruck, zumal Wiesenblumen und Futterkräuter durchaus fehlen. Indessen im Süden des Landes wird diese Einförmigkeit des Eindrucks durch die Bäume und Sträucher gehoben, welche wie Albizzia oder Cycas sich im Graslande anzusiedeln lieben.

Für die Tierwelt von Kaiser Wilhelmsland ist bezeichnend die Armut an Säugetieren neben großem Reichtum an Vögeln. Es fehlen durchaus die großen Raubkatzen, die Dickhäuter und großen Wiederkäuer. Durch die nimmer rastenden Nachstellungen der Eingebornen sind sie, soweit sie je vorhanden waren, ausgerottet worden. Auch das Wildschwein, das dem australischen Opossum ähnliche Wallabi und der stattliche Kasuar sind dem Aussterben nahe. Nur der fliegende Hund und einige ganz kleine Tiere, wie die Buschratte, widerstehen den Nachstellungen. Schwein und Hund sind die Haustiere der Eingebornen, mit Sorgfalt von ihnen gepflegt. Doch wird der Hund, eine kleine, heulende, nicht bellende Art, lediglich als Schlachttier gehalten. Um so größer ist die Menge der Vögel, von dem lärmenden Nashornvogel und der großen Krontaube bis herab zu Papageien, Kakadus, Buschhühnern und kleinen grünen Tauben. Indes die Krone der Vogelwelt sind die Paradiesvögel, von denen die Hähne mit einem prachtvollen Gefieder und langen schillernden Schwänzen geschmückt sind, während die Hennen freilich mit einem schlichten, dunkelbraunen Kleide sich begnügen müssen. Hoch in den Baumwipfeln sitzt der scheue Vogel; das leiseste Geräusch scheucht ihn auf; aber einen ganzen Tag wohl kauert in dem Geäst unter ihm der Papua, bis für seinen Pfeil der Vogel schußrecht kommt. Nur als Kopfschmuck für festliche Gelegenheiten verwendet der Eingeborne den Balg des farbenprächtigen Vogels; das Fleisch ist zäh wie Leder und fast ungenießbar.

Freilich ist der Papua von König Wilhelmsland nicht sehr wählerisch in seiner Nahrung: er verschmäht die zähe Speise nicht. Immerhin könnte er ihrer entraten; denn seine Flüsse und Meeresbuchten bieten ihm einen unerschöpflichen Vorrat von Fischen, die denn auch, getrocknet oder geräuchert, seine hauptsächlichste Fleischnahrung ausmachen. Daneben ziehen sie in ihren Pflanzungen Yams, Taro und Bananen, essen Kokosnüsse

und das Mark der Sagopalme, und was ihnen sonst die frei=
gebige Natur an Früchten und Beeren beut. Aber Fleisch bleibt
ihnen neben dieser weit überwiegenden Pflanzenkost ein so be=
sonderer Leckerbissen, daß dessen Kochen und Braten nicht den
Weibern überlassen, sondern von den Männern selbst besorgt wird.

Von Gestalt sind die Papua mittelgroß, doch kräftig und
muskulös gebaut. Ihre Hautfarbe ist schokoladenbraun, bei den
Binnenländern etwas dunkler als bei den Küstenanwohnern. Die
Kopfform ist mehr länglich; die Augen liegen vollständig hori=
zontal; die Nasenwurzel ist verhältnismäßig schmal. Groß ist
dabei die Verschiedenheit des Gesichtsausdruckes. So herrscht an
der Astrolabebai ein nahezu europäischer Gesichtsschnitt vor; am
Hatzfeldthafen und oberen Kaiserin Augustafluß findet man ent=
schieden semitische Züge; die Eingebornen am Sattelberge er=
innern vielfach an Australneger.

Die Weiber sind in der Regel etwas kleiner als die Männer.
Ihnen liegt fast alle Arbeit in Haus und Feld ob; dennoch stehen
sie zu den Männern in keinem sklavischen Verhältnisse; sie sind
in dem Gedanken groß geworden, was es an Arbeit giebt, ver=
richten zu müssen: so fügen sie sich leicht darein. Monogamie
ist durchaus die Regel; nur Häuptlinge und sehr Reiche pflegen
mehrere Frauen zu besitzen, denn der Kaufpreis einer Frau ist
im allgemeinen hoch.

Die Kleidung der Papua ist dem Klima entsprechend über=
aus einfach; nirgends geht sie über eine Bedeckung der Hüften
hinaus. Am Kaiserin Augustaflusse dient dazu das Fell des
fliegenden Hundes, an der Küste die weichgeklopfte Rinde des
Feigenbaumes. Weiber tragen auch einen Grasschurz.

Um so größere Sorgfalt verwenden die Papua auf die Aus=
schmückung ihres Körpers. Armbänder, Fußringe, Stirnbänder,
Ohrringe, Nasenpflöcke, Halsketten, Steckkämme, allerhand Farben
und Blumen: alles ist dazu ihnen recht. Doch ist es nur der Mann,
welcher auf Schmuck so erpicht ist, täglich mehrere Male andere
Farben anlegt und seinen Haarschmuck mustert, während die Frau
meist sehr schmucklos einhergeht. Zumal seinem Haar widmet
der Papua eine wahrhaft liebevolle Sorge. Es ist ein Irrtum,
in der Haarbeschaffenheit des Papua ein Rassenmerkmal zu sehen.
Es wächst ihm, gerade wie uns, gleichmäßig über die Kopfhaut
verteilt. Erst wenn es länger wird, beginnt es sich spiralisch zu

drehen; die Haare verfilzen sich dann und es entstehen Locken,
welche nun nach dem Geschmacke des Besitzers in Strähne, Zot=

Paradiesvogeljagd.

teln oder Wolken umgearbeitet werden. Ältere Männer tragen
gewöhnlich dicht verfilzte Zotteln, welche in den Nacken herab=
hängen; ältere Weiber schneiden es kurz ab und schmieren es

mit schwarzer Farbe ein. Jüngeren Frauen und Mädchen gelten
Locken, die, von Farbe und Fett starrend, bis auf die Augen
herabhängen, für besonders elegant. Junge Stutzer aber zausen
mit einem langzinkigen Bambuskamme ihr Haar auf, bis es nach
mehrstündiger Arbeit eine vom Kopfe weit abstehende Wolke bil=
det, welche mit Farbe eingerieben und mit Blumen und Federn
geschmückt wird.

Die Papua leben noch in der Steinperiode. Ihr Haupt=
werkzeug ist das Steinbeil. Mit ihm fällen sie Bäume, zimmern
aus dem Stamme des Brotbaumes Boote, Tröge, Trommeln.
Als Messer dient ihnen eine Muschelschale oder ein Stück Bam=
busrohr, dem sie durch geschicktes Abziehen der inneren Gefäß=
bündel eine Schneide zu geben wissen. Für die Fahrt auf dem
Meere sind ihre ganz schmalen Boote mit einem Ausleger versehen;
auf den Flüssen fahren sie ohne einen solchen, sodaß Übung von
klein auf dazu gehört, diese Kanoes im Gleichgewicht zu erhal=
ten. Ihre Waffen sind Pfeil und Bogen, Speer und Schild.

Die Geschicklichkeit, welche die Papua in der Anfertigung
ihrer Geräte und Waffen an den Tag legen, ist nicht unbedeu=
tend. Ja durch gewisse Erzeugnisse haben manche Gegenden Ruf
gewonnen. Auf der Insel Bilibili, nördlich von Bokadjo ar=
beitet man für den Versand gebrannte Töpfe von gefälliger Form,
in Maragum an der Maclay=Küste geschnitzte Holzschüsseln; von
der Insel Rook kommen hübsche Geflechte mit Besatz von Kauri=
muscheln. Den Handel vermitteln die Inselbewohner, welche
mit ihren Kanoes große Küstenstrecken befahren und, reich und
gewitzigt wie sie sind, selbst dem Europäer mit Selbstbewußtsein
gegenübertreten. Sie verkaufen ihre Waren an die Küsten=
bewohner, die sie dann mit erheblichem Nutzen weiter ins Binnen=
land vertreiben.

Dies alles beweist, daß die Papua nicht ohne geistige An=
lagen sind. Aber ein großes Hemmnis ihrer geistigen Entwicke=
lung ist die Vielsprachigkeit, welche unter ihnen herrscht; denn
die Zahl der Sprachen (nicht Dialekte) ist auf ganz Neu=Guinea
so groß, daß jede nur einen kleinen Ausbreitungsbezirk hat. Das
erschwert den Verkehr unter ihnen ungemein, wenn es auch in
jedem Dorfe eine oder die andere Person giebt, welche die
Sprache des Nachbarbezirks versteht. Nur die Händler verstehen
deren mehrere, da an der Küste etwa alle 15 km eine andere

Sprache anhebt. So beſteht zwiſchen den einzelnen Gemeinden
wenn auch ſelten Fehde, ſo doch jenes mißtrauiſche Sichabſchließen,
welches aus dem Sichnichtverſtehen naturgemäß hervorgeht.

In den Küſtengegenden bewohnt jede Familie ein Haus für
ſich; am oberen Kaiſerin Auguſtaflusſe indeſſen wohnen auch
mehrere in einem Hauſe zuſammen. Die jungen Burſchen wohnen
ſtets, von den Familien geſondert, in einem Junggeſellenhauſe.
In der Regel ſiedeln ſich mehrere Familien zuſammen zu einem
Dorfe an; doch kommt es auch vor, daß einzelne Familien oder
gar Perſonen für ſich hauſen. Die Größe der Dörfer iſt ſehr

Papua.

verſchieden; am Kaiſerin Auguſtaflusſe giebt es deren mit mehr
als 1000 Einwohnern. Dem Hausherrn wird ſtets mit Reſpekt
begegnet; der Dorfhäuptling dagegen hat nur ſehr begrenzten
Einfluß. Gleichſprachige Dörfer treten mitunter auch zu einem
Gauverbande zuſammen, deſſen Zweck indeſſen meiſt darauf hinaus=
läuft, gewiſſe Feſte gemeinſam zu feiern.

Durch Tanz begehen die Papua alle ihre Feſte, mag nun
die Beendigung der Ernte, vollzogene Beſchneidung oder gegen=
ſeitige Beſuche die Veranlaſſung derſelben ſein. Auf einem freien
Platze im Dorfe werden abends dieſe Tänze abgehalten, an denen

nur die Männer und Jünglinge teilnehmen, während die Alten
Tabak rauchend oder Betel kauend und die Weiber zuschauen. Die
Männer schmücken sich dazu durch einen Federhelm und festliche
Bemalung.   Der Tanz besteht in Kopfverdrehungen, Körper-
schwenkungen, Kniebeugungen und einem eigentümlichen Hüpfen
auf der Stelle.   Die Tänzer bilden dabei entweder zwei Reihen
oder einen Kreis, in dessen Mitte zwei Vortänzer herumspringen,
indem eine kleine Trommel den Takt markiert.   In manchen
Gegenden indessen, wie in Hatzfeldthafen, nehmen auch die Frauen
und Mädchen am Tanze teil.   Sie drehen sich dabei unter Gesang mit verschlungenen Armen in einem Kreise, nach dessen
Mitte sie beim Schlusse mit einem leisen Aufschrei alle zusammen-
laufen.

Ein Zusammenhang des Tanzes mit der Religion, wenn er
je bestanden hat, ist jedenfalls heute vergessen. Überhaupt er
scheinen die religiösen Vorstellungen der Papuas sehr abgeblaßt.
Zwar findet man fast in jedem Hause aus Holz geschnitzte,
menschenähnliche Figuren, welche sie „Abumtau" nennen; doch
nehmen sie kaum viel Notiz von ihnen.   Abumtau bedeutet
„mächtig"; so nennen sie auch die Sonne und die Gestirne, das
Gewitter; selbst die Europäer haben diesen Namen erhalten. Aber
von einer Verehrung dem entsprechend nimmt man in dem Ver-
halten der Eingebornen nichts wahr.   Gegen ihre Toten jedoch
zeigen sie viel Pietät. Sie zäunen die Grabstellen ein, schmücken
sie mit Blumen und stellen häufig eine Schale mit Wasser darauf.
Zu den Beerdigungen erscheinen sie, das Gesicht zum Zeichen der
Trauer schwarz bemalt, in vollem Waffenschmucke. Eine unbe-
stimmte Vorstellung vom Fortleben der Seele ist bei ihnen vorhanden; Kinder gehen abends an keinem frischen Grabe vorüber,
denn der Glaube ist, daß der Tote sie in das Grab hinabzöge,
an welches auch nach dem Tode doch die Seele gebunden bleibe.

2. Der Bismarck-Archipel.

Weit abgerückt nach Norden, etwa in der Höhe der Maclay-
Küste, liegt die Gruppe der Admiralitäts-Inseln dem Kaiser
Wilhelmslande vorgelagert. Den Weg zu ihr weisen die Purdy-
Inseln, vier Korallengebilde, welche nur 1—2 m über den
Meeresspiegel hervorragen und völlig unbewohnt sind. Alle deckt

üppiger Pflanzenwuchs: zunächst am Meere ein 20—25 m brei=
ter Gürtel von Kokospalmen; an diesen schließt sich ein wahrer
Wald von Tarropflanzen mit armstarkem Stengel und riesigen
Blättern an; dann folgt ein schmaler, öfter unterbrochener Ring
von Arekapalmen und die Mitte der Insel nimmt dann ein
mannigfaltig zusammengesetzter Wald ein. Der Wert der In=

Papua aus Finschhafen.

seln liegt in den Phosphaten, welche man auf ihnen, besonders
reichhaltig auf der Mole=Insel gefunden hat.

Die Admiralitäts=Inseln bestehen aus einem Schwarm klei=
ner Koralleneilande, welche sich um eine große Insel vulkanischen
Ursprunges scharen. Alle sind von Korallenriffen umgeben, an
denen weißschäumend das Meer sich bricht. Tropische Vegeta=
tion deckt in kraftvoller Fülle die einladenden Eilande. Von
Kokospalmen beschattet, stehen die sauberen Dörfchen am Strande.
Aus Baumstämmen sind die Hütten sehr solide gezimmert und

mit Palmblättern gedeckt, in kleinen Gruppen von einem Zaun aus Palmstengeln eingefriedigt. Mit weißem Sande sind die Dorfstraßen bestreut und bei den Hütten sind aus Gesträuchen mit leuchtenden Blüten kleine Ziergärten angelegt. Auch die Eingebornen, etwas dunkler von Hautfarbe als die Kaiser Wilhelmsländer, machen einen entschieden intelligenten Eindruck. Sie sind gute Deutsche, ohne es zu wissen; denn zur Bemalung ihrer Gesichter, ihrer Kanoes, Thürpfosten, Waffen, Götzenbilder ist keine Farbenzusammenstellung bei ihnen so beliebt, wie diejenige der deutschen Reichsfarben. [1]

Ostwärts von den Admiralitäts-Inseln baut sich in Gestalt eines winkelig zusammengedrückten Bogens der Bismarck-Archipel auf. Eine große Zahl von Inseln jeder Größe bildet ihn. Mit Neu-Hannover (1376 qkm groß) beginnt der neumecklenburgische Schenkel. Ja, fast möchte man die Insel einen Teil Neu-Mecklenburgs nennen. Denn in ihrer ganzen Breite ist sie mit diesem durch eine unterseeische Basis verbunden. Sanft steigt die Insel von Osten her gegen ein 600 m hohes Gebirge an, welches die Westseite ihrer Viereckgestalt begleitet. Doch schieben sich hier zwischen Fels und Meer Höhenzüge ein, durch grasreiche Thäler voneinander getrennt, aus denen der Stosch-Berg als höchster Gipfel bis zu 400 m aufragt. Urwald deckt das Gebirge, während die Küste hochstelzige Mangroven umziehen.

In stumpfem Winkel ist das andere, südöstliche Ende von Neu-Mecklenburg umgebogen. So umklammert es fast die Gazellen-Halbinsel, mit welcher der neupommersche Schenkel anhebt. Bis hart an die Insel Rook heran erstreckt sich dieser; aber dort wo des Winkels Schenkel einander am nächsten treten, wo die Inselgruppe Neu-Lauenburg von dem einen zum andern hinüberbrückt, dort, möchte man sagen, liegt das Herz des Archipels.

Wenn wir hier in den St. Georgs-Kanal einfahren, der die beiden großen Inseln, an der schmalen Stelle nur 23 km breit, von einander scheidet, so haben wir zur Rechten die gewaltigen, vielzerklüfteten Berge Neu-Mecklenburgs, welche dichter Wald bis zum Gipfel deckt. Zur Linken steigt allmählich die Gazellen-Halbinsel an, an deren Nordrand mächtige Vulkane sich

---

[1] W. J. J. Spry, Die Expedition des Challenger. Eine wissenschaftliche Reise um die Welt, S. 247.

auftürmen. Weite Grasflächen wechseln auf ihr mit vereinzelten Waldpartien und geben ihr ein parkartiges Ansehen. Und gerade vor uns taucht langsam die Gruppe der niedrigen Neu-Lauenburg-Inseln empor, als deren Vorposten Mioko uns entgegentritt.

Das kleine Inselchen Mioko ist seinem Aufbau nach ein Atoll, von Korallen aufgezimmert. Aber die frühere Binnen-lagune hat sich mit der Zeit in eine Wiese verwandelt, welche jetzt von einem höheren unterbrochenen Kranze von Korallenfels eingefaßt ist. Der korallinische Boden trägt wenig, nur Bananen-stauden, wildwachsende Baumfrüchte und geringfügige Yams-pflanzungen. Daher verdingen sich die Männer in Menge als Arbeiter in die Pflanzungen des Schutzgebietes, wo man kurz-weg alle farbigen Arbeiter Miokesen zu nennen pflegt. Zumal die jungen Burschen von 14—16 Jahren erweisen sich dort als willige und anstellige Arbeitskräfte. Die Bedeutung des kleinen Eilandes indessen beruht auf der trefflichen Hafenbai, welche, zwischen den Inseln Mioko, Utuan und Neu-Lauenburg gelegen, auch den größten Seeschiffen Raum und Sicherheit gewährt. Um deswillen ist auch hier, die ganze Westspitze der Landschaft Pal-pal einnehmend, die Hauptfaktorei der Deutschen Handels- und Plantagengesellschaft angelegt, deren Zweigstationen bis nach Neu-Pommern, selbst bis nach Kaboteron vor der Nordküste Neu-Mecklenburgs hinüberreichen.

Die Station der deutschen Neu-Guinea-Compagnie befand sich bisher ganz in der Nähe auf dem Inselchen Kerawara, wel-ches, nur 4 km südwestlich von Mioko gelegen, die südlichste Insel der Gruppe bildet. Allein die Insel hat sich als zu klein und der Korallenboden derselben als zu wenig ergiebig für Kulturarbeiten erwiesen, sodaß nunmehr der Sitz der Verwaltung des Bismarck-Archipels nach Herbertshöh an der Blanchebai (auf Neu-Pommern) verlegt worden ist.

Auf Neu-Lauenburg oder Amakáta, der Hauptinsel der gan-zen nur 58 qkm großen Gruppe, die nach ihr den Namen trägt, ist die Verwitterung des Korallenbodens schon weiter vorge-schritten und eine fruchtbare Erdschicht hat sich darüber gebildet. Infolgedessen ist die Nordhälfte der Insel mit dichtem Walde bedeckt, in welchen die Dörfer und Pflanzungen der Eingebornen sich einfügen. Die südliche Hälfte dagegen ist sumpfig und un-bewohnt. Eine bewaldete Felsnase, welche von der Nordecke der

Insel weit vorspringt, bildet mit der ihr westwärts gegenüber liegenden, 100 m hohen und waldreichen Felsinsel Makadá den vortrefflichen, jedoch nicht sehr geräumigen Hafen von Makada; eine 4—5 m hohe Steilküste, über die höchst malerisch die Bäume des Ufers ihre Zweige weit herabhängen lassen, faßt großenteils ihn ein. Auf der östlichen Seite jenes Felsvorsprunges bei Port Hunter befindet sich eine englische Missionsstation.

Von hier aus betrachtet stellt sich die ganze nordwärts vorliegende Westküste von Neu-Mecklenburg oder Tombara (11 690 qkm groß) als eine ununterbrochene Folge sehr steiler, dicht bewaldeter Hügel und Berge dar. Es ist die Schleinitz-kette, welche die Nordhälfte der Insel zum größten Teil erfüllt. Erst gegen das Nordwestende derselben verliert sie sich in flaches Land, aus dem nur noch Einzelberge hier und da hervortreten. Die üppigste Vegetation bedeckt diese Nordebene. Kokospalmen, untermischt mit dunklem Laubholz, fassen den Strand ein; aber hinter diesem nur einige hundert Meter breiten Waldgürtel dehnt sich eine prächtige Grasebene aus, die über die ganze Breite der Insel hinüberreicht. Der Boden dieser Ebene ist fruchtbare Gartenerde, der es an Bewässerung niemals fehlt. Auch die Ostküste faßt wieder ein Gürtel von Kokospalmen ein. Dicht reihen sich in dieser Ebene die Dörfer und Pflanzgärten der Eingebornen, jeder wohl gepflegt und sorgfältig eingezäunt.

Das schmale, mittlere Dritteil der Insel ist niedrig, von den reichsten Pflanzungen erfüllt. Aber schon bei Kuraß beginnt es sich wieder zu heben und steigt von Kap Rossel an zu einem hohen, reichbewaldeten Gebirgszuge an, in welchem Sandstein dem Korallenfels aufgelagert ist oder auch mit Kalkschichten abwechselt. Steil ist der Abfall des Gebirges nach der inneren (westlichen) Seite, an der sich einzelne Gipfel bis zu 2000 m erheben; nach dem freien Ocean zu aber verflacht es sich sanfter zu dem Kap Santa Maria, der östlichsten Spitze, hin. Der Südteil der langgestreckten Insel indessen scheint rein vulkanischen Ursprunges zu sein; aus Granit, Porphyr, Basalt, vulkanischen Gesteinen jeder Periode, baut er sich auf.

Gern wendet sich von den vielzerklüfteten, düsteren Bergen Neu-Mecklenburgs der Blick nach Westen, nach der parkartigen, freundlichen Gazellen-Halbinsel hinüber, welche nur durch einen schmalen Isthmus an die langgestreckte Insel Neu-Pommern

Der Fall des Unamula.   S. 331.

oder Birara (24900 qkm groß) angefügt ist. Vulkanischen Kräf=
ten verdankt die ganze Halbinsel ihre Entstehung; aus den
Aschen= und Bimssteinmassen, welche die benachbarten Vulkane
vorzeiten in wiederholten Ausbrüchen auswarfen, ist sie aufge=
schüttet worden. Dadurch hat sie eine ziemlich ebene Oberfläche
erhalten: ein breites Thal, welches an der südwestlichen Seite
durch den mäßigen Höhenzug der Beiningberge, an der nordöst=
lichen vom Barzin=Berge durch eine deutlich abgesetzte Hochfläche
eingefaßt ist. Tiefgreifende Verwitterung bei reichlicher Bewässe=
rung durch Regen und starken Nachttau hat den Boden durchweg
fruchtbar gemacht, sodaß er den Anbau mit reichstem Ertrage
lohnt. Das Land ist eben, leicht gewellt, mit weiten Grasflächen
bedeckt, welche von einzelnen Bäumen unterbrochen werden;
die Hügelrücken gekrönt mit Gruppen schlanker Kokospalmen.
Gegen die Mitte hin erhebt sich der Barzin=Berg oder Unakofor,
eine 547 m hohe Aufschüttung von Bimsstein und Asche. Seine
Kuppe ist so dicht mit Wald bewachsen, daß sie einen umfassenden
Rundblick zwar nicht gewährt, aber doch herrliche Durchblicke
nordwestwärts nach der flach einschneidenden Meeresbucht Port
Weber, ostwärts nach der Küste des St. Georgskanal, an welcher
sich fast Siedelung an Siedelung reiht. Größere Wasserläufe
giebt es auf der ganzen Halbinsel nicht, da der poröse Boden
schnell das Wasser aufsaugt; an den Küsten jedoch rinnen aller=
orten kleine Bäche zum Meer.

Der einzige bedeutendere Fluß, auch nur ein Küstenfluß, ist
der Unamulla oder Holmes=Fluß, welcher aus den westlichen
Bergen zum Meer geht. Von Busch= und Strauchwerk einge=
faßt, stürzt er sich, 30—40 m breit, über eine 120 m hohe Fels=
wand, ohne irgendwo aufzuschlagen, eine einzige schäumende
Wassermasse, in die Küstenniederung hinab. Hier hat er ein
weites Becken sich ausgespült, in dessen Spiegel Palmen und
Farnkräuter ihre Blätter tauchen, während Schlingpflanzen mit
glänzenden Blüten von Stamm zum Stamm sich schwingen: das
Ganze ein Bild, dessen Anblickes das Auge nimmer müde wird.

Die lebensvollste Küste indessen ist die östliche. In sanft
geneigten Ebenen breitet sie vom Kap Palliser, das die Einge=
bornen Dovaura nennen, sich hin, bald mit hohem Grase bedeckt,
bald mit Bäumen bestanden. Am Strande stehen die Strand=
hütten der Eingebornen, in welchen sie ihre Kanoes und ihre

Fischergeräte aufbewahren, während sie ihre Wohnhütten stets mehrere Kilometer landeinwärts errichten. 30—50 m erhebt sich das Land über den mit Geröll bedeckten Strand; ein Korallen= riff zieht sich dicht am Lande entlang, über das schäumend die Wogen der Brandung sich heranwälzen. Von der waldbewach= senen Anhöhe des Gazellen=Kaps oder Waatta wendet sich die Küste scharf gegen Westen zurück. Den Strand umsäumt jetzt ein breiter Waldgürtel, hinter welchem ausgedehnte Kokospflan= zungen sich hinziehen. Hier und da treten jedoch auch weite Grasflächen bis an das Ufer heran. Gegen das Kap Schulze, einen breiten Küstenvorsprung, hin, liegt die große Ralum=Plan= tage, von der zahlreiche Zweigpflanzungen das ganze Nordostge= stade der Gazellen=Halbinsel säumen. Neben Ralum liegt die eng= lische Missionsstation Raluana.

Dem Kap Schulze reicht von Norden her eine breite und hohe Halbinsel entgegen, auf welcher drei ansehnliche Vulkane, die 800 m hohe „Mutter", von regelmäßiger Kegelgestalt mit ihren beiden „Töchtern" aufragen. So bildet sich, 14 km lang und 7 km breit, die rings von hohen Ufern eingefaßte, male= rische Blanchebai. In ihr liegt, nahe an den Fuß jener Vulkane herangerückt, die Insel Matupi, auf der sich zahlreiche europäi= sche Ansiedelungen befinden: drei Faktoreien der Handelsfirma Hernsheim, eine Station der Deutschen Handels= und Plantagen= gesellschaft und eine englische Missionsstation, deren Kokospflan= zungen den ganzen Süden der kleinen Insel umfassen. Auch das einzige Hotel des ganzen Bismarck=Archipels liegt hier, auf der Nordwestküste der Insel. An der Ostseite von Matupi liegt eine tiefe und sichere Hafenbucht, in welche freilich drohend der 250 m hohe Vulkan Ghaie herabschaut. Denn zuzeiten läßt er noch wie die Südtochter aus seinem Schlote Dampf aufwallen, während die Mutter und die Nordtochter erloschen sind. Zwei einzelne Felsen erheben sich nordwestlich von Matupi mitten in der Bai, nach ihrer Gestalt „die Bienenkörbe" genannt. Sie bestehen aus einem vulkanischen Konglomerat; Gestrüpp und Schlingpflanzen deckt ihre tief zerfurchten Abhänge bis zum Gipfel; sogar einige Kokospalmen haben auf dem grauen Gestein sich angesiedelt. Und am Fuße hat eine genügsame Fischerfa= milie ihre Hütte sich gebaut.

In zahllosen Furchen und Schluchten steigen nach Osten die

Station der Deutschen Handelsgesellschaft auf Matupi.

S. 332.

Vulkane zum Meere hinab. Üppigster Baumwuchs erfüllt sie und in diesem halb verborgen, folgt an dieser Küste Dorf auf Dorf. Von Kap Stephens an erreichen wir die buchtenreiche Nordküste der Halbinsel. An dieser haben sich wieder die Eingebornen 3—4 km weit ins Binnenland zurückgezogen; aber Handels- und Missionsstationen säumen in dichter Folge fast den ganzen Küstenzug (eine englische Hauptstation in Kabakada, eine katholische in Lawollo). Die Westküste der Gazellen-Halbinsel dagegen, welche ernste, waldbedeckte Bergwände bilden, ist bis zum Unamulla hinab einsam und menschenleer. Dann aber schneidet

Blanchebai, Mutter und Südtochter.

breit und tief die „offene Bai" ein, welche die Gazellen-Halbinsel fast ganz von dem Körper Neu-Pommerns ablöst.

Drei mächtige Vulkane treten jenseits der offenen Bai sofort an die Küste Neu-Pommerns heran: es ist der „Vater" mit seinen beiden „Söhnen". Zwar der Nordsohn, der erste in der Reihe, scheint erloschen; sein sehr zerrissener Krater ragt nur noch 400 m empor. Gigantisch aber türmt dann, 1200 m hoch, sich der Vater empor. Dichter Wald bedeckt seine Hänge bis zu der Höhe eines alten, halb zusammengestürzten Kraters; aber aus diesem hat ein neuer, ganz kahler Schlot sich aufgebaut, welcher besonders morgens und abends große Massen von Rauch ausstößt und zuzeiten schlammige Asche auswirft. An die 900 m ragt auch der Südsohn auf, aus dessen Krater ebenfalls in Zwischen-

räumen Rauchwolken hervorbrechen, als wenn in den Einge-
weiden der Erde ein riesiger Pulsschlag thätig wäre. Weiterhin
wird die Küste flach und reizlos, bis neben einander zwei bergige
Halbinseln breit vorspringen, welche dem Körper der Insel eine
doppelte Breite geben. Es sind, wie es scheint, alte Inseln,
welche durch Anspülungen und Terrainschwellungen allmählich
landfest geworden sind.

Durch ähnliche Anwüchse erhält auch die Südküste ihre
Mannigfaltigkeit. Westlich von dem Südkap stellt sie eine
130—160 m hohe Hochfläche dar, welche nach Westen hin allmählich bis auf 50 m sich senkt, zum Meere aber mit viel zer-
furchtem Rande steil abfällt.

Noch einmal erhebt sich die vulkanische Kraft, welche ganz
Neu-Pommern durchzieht, am Westende der großen Insel mit
voller Macht: zwei imposante Vulkane, der Below und der Hunstein, liegen hier neben einander, jeder 2000 m hoch. Mit sehr
sanfter Neigung, bis zur Spitze mit Wald bedeckt, steigen beide
an, der Below mit einem kleinen Kraterkegel an der Spitze, der
Hunstein in einen unregelmäßig ausgezackten Kraterrand ver-
laufend. Gruppen von Nebenkratern haben an den Abhängen
beider sich gebildet; am Below sieht man noch die braunen und
roten Lavaströme, welche aus diesen ausgeflossen sind und den
Bergwald niedergebrannt haben. Zu ganzen Hügeln haben an
ihrem Westfuße die Vulkane die ausgeworfenen Aschenmassen angehäuft, von denen dann die dunkel bewaldete Küste 20—50 m
tief in die weiß schäumende Brandung steil abfällt.

Die Eingebornen des Bismarck-Archipels sind wie diejenigen von Kaiser Wilhelmsland Papua von kräftigem Körperbau und einer dunkel-, fast schwarzbraunen Hautfarbe. Das dicke,
wollige Haar wird von den Weibern kurz geschoren und rot gefärbt getragen; die Männer dagegen rasieren mit einer Muschel
bald den Vorderkopf, bald einen schmalen Streifen quer über den
Schädel; andere lassen nur einige Büschel Haare in der Mitte
stehen oder ziehen die verfilzten Haarstränge nach allen Seiten
in die Länge. Sehr beliebt ist dabei, die Kopfhaare weiß und
die Bartspitzen rot zu färben. Die breite, flache Nase tritt zwischen
den Augen tief zurück; die Flügel derselben sind durchbohrt, um
bei festlichen Gelegenheiten lange Stacheln oder Stäbchen in die
Löcher zu stecken. Auch die Nasenwand wird zu gleichem Zwecke

durchlöchert. Als Schmuck tragen sie nicht Tättowierungen, sondern
erhabene Narben von Schnittwunden, die in Arabeskengestalt hier
und dort am Körper angebracht werden. Der Mund ist breit
und grob geformt, die Lippen von dem vielen Betelkauen ziegel-
rot gefärbt; das Gesicht ziemlich ausdruckslos. Alles in allem
ist der Neupommer bei aller Kraft der Erscheinung doch ohne
alle Anmut, ein plumper Geselle.

Sehr unterscheidet sich von ihm der Neumecklenburger. Die
Gestalt ist kleiner, zierlicher, ja eleganter gebaut, die Farbe auch

Eingeborner von Mioko.

einen Ton heller. Das Haar wird in einer Frisur getragen,
welche an die alten griechischen Helme erinnert. Das Gesicht
ist schärfer profiliert und zeigt einen aufgeweckten, oft listigen
Ausdruck.

Ohne Zweifel indessen ist das neupommersche das stärkere
Völkerelement. Vorzeiten sind die Neupommern von der Gazellen-
Halbinsel vorgedrungen, haben die Neu-Lauenburg-Gruppe besetzt
und sind auch nach Neu-Mecklenburg hinübergegangen, wo sie
wie ein Keil sich in die eingeborne Bevölkerung eindrängten und

schließlich die Mitte der Insel großenteils für sich in Besitz
nahmen. Nur im nördlichen und im südlichen Dritteile der
langgestreckten Insel behauptete sich das schwächere Element.
Daher kommt es, daß im Nordwesten Neu-Mecklenburgs ganz
andere Hochzeitsgebräuche bestehen, als sonst üblich sind. Hier
werden auch die Toten verbrannt, während sie sonst in der Regel
begraben werden.

Kannibalismus herrscht im ganzen Archipel. Doch nur die
Neumecklenburger bekennen sich offen dazu, daß sie „Bau"
(Menschenfleisch) essen, während sonst die Eingebornen es von
ihren Nachbarn wohl zugeben, für sich selbst es aber leugnen.
Bau indessen gilt keineswegs als Nahrungsmittel; dazu ist die
Gelegenheit, es zu essen, viel zu selten. Denn nicht die Toten
des eigenen Stammes werden gegessen, sondern in der Regel nur
die gehetzten und mit dem Speere erlegten Fremden. Feinde
brauchen es nicht gerade zu sein. Man fängt Stammfremde ab,
wie man ihrer nur habhaft werden kann. In manchen Gegenden,
wie auf Neu-Lauenburg, wird dazu eine besondere Waffe ange=
wandt: ein Speer mit einer weiten, festen Schlinge, welche dem
flüchtigen Opfer über den Kopf geworfen wird, worauf dann ein
Speerstoß in den Hinterkopf es erlegt. Auch wird bei geeigneter
Gelegenheit ein Toter von Nachbarstämmen gekauft, doch nur,
wenn nachgewiesen wird, daß er gehetzt und waidrecht mit dem
Speer getötet sei. Denn als eine Art Edelwild gilt das Bau.
Ein an Krankheit Gestorbener wird stets verschmäht. Stamm=
genossen werden nur dann gegessen, wenn sie als unverbesserliche
Taugenichtse gelten, nachdem man unter gräßlichen Martern, die
den Fleischgeschmack verbessern sollen, sie getötet hat. Daß Weiber
gegessen werden, ist ein ganz seltener Ausnahmefall; Europäer
werden es nie: ihr Fleisch ist für den Geschmack der Kannibalen
„zu salzig".

Die Garamut, die große Dorftrommel, beruft die Dorfbe=
wohner mit dumpfem Signal zu dem grausigen Mahle. In
trockene Bananenblätter eingewickelt, wird der Tote an einem
Baumast aufgehängt, und dann die Blätter angezündet. Sind
sie abgebrannt, so wird der Körper heruntergenommen. Mit den
Händen reißen die Männer das rohe Fleisch herunter und ver=
schlingen die Fetzen, während die im Hintergrunde sitzenden
Weiber die Eingeweide unter sich verteilen. Mitunter jedoch

werden die Fleischfetzen, bevor sie gegessen werden, in Blätter eingewickelt, zwischen heißen Steinen geröstet. Von einem regelrechten Zerteilen des Körpers ist indessen niemals die Rede. Die Knochen werden fortgeworfen, nur den Oberarmknochen pflegt derjenige, welcher den Leichnam beschafft hat, als eine Trophäe an seinen Speer zu binden. Ihm haben auch alle diejenigen, welche von dem Bau gegessen haben, eine Vergütigung in Diwarra zu erlegen.

Dies Diwarra besteht aus Muschelscheiben, welche als Geld angesehen werden. Die Schalen werden in die Erde vergraben, um so zu bleichen, dann ringsum bis zu einem Durchmesser von 25 mm abgebrochen und am Bruchrande glatt geschliffen, endlich durchbohrt und auf gespaltenes Rohr gezogen. Dies alles ist Arbeit der Weiber; erst hierdurch werden die Muschelschalen gültiges Geld. Daß sie nur bei Nukani an der Nordwestküste Neu-Pommerns gefunden werden, ist Geheimnis der Häuptlinge. Nach Diwarra-Längen wird jeder Preis bestimmt; es giebt deren sechs: Klafterlänge oder „erste" Länge, Halbklafterlänge, Armlänge, Unterarmlänge, Handlänge, Fingerlänge. 100 erste Längen, mit Rohrgeflecht überzogen, sodaß sie wie ein Tau erscheinen, stellen schon eine ansehnliche Summe vor, genügend, um ein großes Kanoe zu kaufen. Häuptlinge, welche viel Diwarra besitzen, bewahren es in eigenen Schatzhäusern auf.

Der bloße Besitz von viel Diwarra-Längen gewährt Ansehen und Einfluß: für Diwarra kann man alles haben. So bildet denn das Verlangen nach Diwarra vielleicht den hervorstechendsten Zug im Charakter des sonst ziemlich apathischen Neupommern. Ja, seit alten Zeiten besteht im Archipel eine eigene Brüderschaft, deren eigentliches Ziel das Eintreiben von reichlichen Diwarra-Spenden in ihrem Stamm ist. Dies sind die Duk-Duk. Schon als Knabe läßt sich jeder Insulaner feierlich darin aufnehmen; doch erst vom 14. Lebensjahre an darf er an den Tanzfesten, die sie in jeder Dorfschaft alljährlich einmal veranstalten, thätig teilnehmen: durch den Schlag, welchen ihm der Tubuvan, das Haupt der Bruderschaft, mit kräftigem Nachdruck erteilt, wird er vollberechtigt. Ist die Festzeit von dem Häuptlinge festgesetzt, so ziehen sich die Duk-Duk auf einen bestimmten Platz zurück, um sich ihre Kostüme anzufertigen, durch die sie als böse Geister erscheinen wollen. Der Platz ist „Tabu",

338 Sechstes Kapitel. Die Südsee-Kolonien.

sein Betreten jedem nicht Eingeweihten, zumal allen Weibern, bei strenger Strafe verboten. Die Kostüme bestehen aus über= einander gestülpten Kränzen vom Laube eines bestimmten Baumes, welche den Körper bis zu den Knien verhüllen. Darüber wird ein hoher, spitzer Hut von faserigem Grasgeflecht gestülpt, der für den Tubuvan ein einfacher Kegel ist, für die Duk=Duk aber bunt bemalt und auf seiner Spitze mit einem meterlangen Stabe und flatternden Blätterbündeln geschmückt ist. Ist alles vorbereitet, so erscheint der Tubuvan mit lautem Rufen am Strande und in den Dörfern. Nach drei Tagen gesellen sich die vermummten Duk=Duk zu ihm, und nun ziehen sie vereint von Hütte zu Hütte und empfangen als freiwillige Gabe hier eine Fingerlänge Di= warra, dort eine Arm= oder gar Klafterlänge. Bald in diesem, bald in jenem Gehöft wird auch ein Tanz aufgeführt; ein Kuddu ist zur Hand, ein ausgehöhlter Holzcylinder, an dem einen Ende mit Eidechsenhaut bespannt, auf dem der Tanzrhythmus mit den Fingern markiert wird; und aus einiger Entfernung, als wenn sie sich fürchteten, schauen die Weiber und Kinder zu. Aus dem umliegenden Buschwerke brechen die Duk=Duk hervor, vereinigen sich, stets hüpfend, in der Mitte des Tanzplatzes, schweben wie Irrlichter, indem stets alle die gleichen Bewegungen ausführen, bald hierhin, bald dorthin, bis das Kuddu im Wirbel erklingt, und alle Tänzer wie ein eingeschobenes Fernrohr in sich zu= sammensinken. Jeder Tanz dauert nur 5—7 Minuten; denn die Blätterkleidung und der Turmhut erzeugen eine solche Hitze, daß bei dem steten Hüpfen die Tänzer schnell ermatten. An reichlicher Bewirtung der Tänzer darf es dabei nicht fehlen.

So geht es zwölf Tage lang fort, mitunter auch noch länger. Ist man des ewigen Schmausens und Tanzens müde und die ganze Umgegend abgebettelt, so „stirbt" der Duk=Duk. Den Tubuvan an der Spitze, versammeln sich die Tanzgenossen auf dem Tabu=Platze und verbrennen unter Klagegeheul ihre Blätter= kleider und Turmhüte; dann wird noch einmal gehörig geschmaust, und befriedigt kehrt ein jeder in sein Dorf zurück.

Neben dieser einträglichen Mummerei setzt sich die Bruder= schaft, einer Feme gleich, indessen auch die Aufgabe, Schuldige zur Rechenschaft zu ziehen. Bringt jemand, mit den nötigen Längen Diwarra sie begleitend, eine Klage vor die Bruderschaft, so erscheint alsbald ein böser Waldgeist, den Speer in der Faust, vor dem Hause des Verklagten. Entschließt sich dieser nicht auf der Stelle, den Kläger zufrieden zu stellen, so zündet der Duk-Duk ihm die Hütte an, und wenn er auch jetzt noch zögert, so stößt er ihn mit dem Speere nieder.

Auch noch andere Feste in ziemlicher Zahl haben die Insulaner, durch welche sie die Eintönigkeit des Alltagslebens unter-

Duk-Duk-Tänzer.

brechen. So das „Marawot", bei welchem von Bambus ein turmähnliches Gerüst, ausgeschmückt mit Gesträuch und Schling-pflanzen, erbaut wird. Oben auf der Plattform desselben führen Krieger mit geschnitzten Tanzmasken auf dem Kopfe einen Tanz auf. Am „Einetz" dagegen wird in der Waldeinsamkeit eine Umzäunung errichtet, innerhalb deren mehrere Hütten gebaut

22*

werden. Diese sind weiß überkalkt und mit phantastischen Tier=
gestalten bemalt. Völlig unbekleidet, das Haar rot gefärbt, setzen
sich in der Umzäunung die Festteilnehmer nieder; ganz in die
Betrachtung der Malereien versunken, verharren sie in tiefem
Schweigen oder sprechen höchstens in leisem Flüstertone miteinander.
Nach einiger Zeit erheben sie sich und ziehen im Gänsemarsche, in
regelmäßigen Intervallen mit der rechten Hand auf die Hüfte
sich schlagend, durch das Land, um schließlich wieder in die Um=
zäunung zurückzukehren.

Zusammenhang mit der Religion haben diese Feste, von
denen übrigens die Weiber ausgeschlossen sind, nicht; die Insu=
laner feiern sie, weil es ihre Väter auch schon so gemacht haben.
Im Tabu=Wesen und in Hexerei geht so ziemlich ihre Religion
auf. Jedem ist es verstattet, sein Eigentum mit einem augen=
fälligen Zeichen zu versehen, wodurch sie für jeden anderen „Tabu"
werden. Wer dies Zeichen der Unverletzlichkeit nicht achtet, wird
— so ist der Glaube — von Krankheit und Unheil betroffen.
Priester giebt es nicht, wohl aber Leute, denen man zutraut,
daß sie mit Hülfe der in ungeheurer Zahl vorhandenen Geister
Wunder thun können. Das begehrteste dieser Wunder ist: Regen.
Um diesen herbeizurufen, bemalt sich der Zauberer mit Kalk und
Ocker, staffiert sich mit Blättern und Federn aus und vergräbt
dann einige angefeuchtete Dracänenblätter, nachdem er sie in
ein frisches Bananenblatt eingeschlagen, in die Erde. Während
er nun die Grube wieder fest zustampft, singt er eine Beschwörungs=
formel, dreht sich dann im Kreise herum und endigt damit, daß
er mit dem Munde das Niederrauschen des Regens nachahmt:
der denn auch stets noch, manchmal freilich erst spät, sich ein=
gestellt hat.

Die Papua des Bismarck=Archipels sind ein kräftiges und
streitbares Volk, das keine Gewaltthätigkeit, keine Beleidigung,
und wäre sie auch absichtslos geschehen, ungerächt hinnimmt.
Mit Geschick und Verwegenheit wissen sie ihren Speer und ihre
noch gefährlichere Steinschleuder zu handhaben. Und mustert
man auf dem europäischen Kirchhofe in Mioko die Grabkreuze,
so findet man auf der Mehrzahl der älteren das ernst mahnende
Wort „ermordet" eingegraben. So gefährlich war schon vor=
zeiten die Lage der Weißen auf den Inseln. In eine geradezu
fanatische Gereiztheit gegen die Weißen aber wurden die Papua

versetzt, als vor dreißig Jahren etwa europäische Arbeiter-Werbeschiffe ihre Inseln heimzusuchen begannen. Das ungeheure Steigen
der Baumwollenpreise, infolge des nordamerikanischen Bürger-
krieges, führte zur Anlegung von Baumwollplantagen auf den
Samoa-, den Fidschi- und anderen Südseeinseln, für welche es
nun, als nach der Beendigung jenes Krieges die Preise wieder
weit herabgingen, galt, billigere Arbeiter, als die einheimischen
es waren, zu beschaffen. So wurden denn Schiffe ausgesandt,
um die kräftigen Eingebornen der Neuen Hebriden, der Salo-
mons-Inseln, des Duke of York-Archipels (Neu-Lauenburgs) und
der benachbarten Inseln für jene Südsee-Plantagen als Arbeiter
anzuwerben. Mit Gewalt und List suchten die Werber, die für
jeden geworbenen Arbeiter eine Prämie erhielten, ihre Schiffe an-
zufüllen: Greuelscenen, wie in den Zeiten des Sklavenhandels, kamen vor; Knaben wurden ihren Eltern entrissen, Männer geraubt, jeder Widerstand mit Feuer
und Schwert unterdrückt. Häuptlinge wurden häufig
bestochen und lieferten dann selbst mit List ihre Unter-
gebenen auf die Schiffe. Ingrimm und Wut be-
mächtigte sich der Entführten wie der Zurückbleibenden. Unfähig die Nationen Europas zu unterscheiden,
faßten damals die Papua den gleichen wilden Haß
gegen alle Weißen und ließen ihn aus, wo nur die
Gelegenheit sich bot.

Ein Kuddu.

Und kehrten dann nach der dreijährigen Zwangs-
arbeit die Geworbenen in die Heimat zurück, so hatte der Zwang
sie mit Widerwillen gegen alle Arbeit, die harte Behandlung, die
sie in der Fremde erfahren, mit tiefem Groll gegen alle Weißen
erfüllt. So wurden gerade diese in der Regel die Anstifter
von Unruhen, von feindseligen Überfällen gegen die Weißen,
wenn sie nicht Taugenichtse wurden, welche das furchtbare Straf-
gericht ihrer Dorfgemeinde herausforderten. Das waren Zustände,
die von Jahr zu Jahr nicht besser, sondern schlimmer wurden:
im Jahre 1883 war die Zahl der Eingebornen, welche durch
englische Schiffe als angeworbene Plantagenarbeiter aus dem
Archipel entführt wurden, auf 1500 gestiegen. Da wurde die
ganze Inselgruppe unter deutsche Schutzherrschaft gestellt, auf
Mioko die deutsche Flagge gehißt: und vor diesem Pentagramma
wichen die Werbeschiffe zurück. Den Papua brachte die schwarz-

weiß-rote Flagge Sicherheit und Frieden: sie wird den argwöh-
nisch-gereizten Gemütern allmählich auch das Vertrauen zurück-
bringen.

3. Die deutschen Salomonen.

Wie eine ferne Fortsetzung des Hochrückens von Neu-Mecklenburg, weit gegen Südosten sich hinziehend, erscheinen die Salo-
mons-Inseln, von denen drei große, Bougainville, Choiseul und
Isabella, acht kleine — wie Buka, Fanko, Shortland — und
unzählige kleinste deutsch sind, dem Verwaltungsbezirke der Neu-
Guinea-Compagnie angeschlossen: zusammen ein Gebiet von
22200 qkm.

Im Jahre 1567 entdeckte der Spanier Alvaro Mendaña de
Neyra die große Inselgruppe. Sie schien ihm so goldreich zu
sein, daß er das Ophir des Königs Salomo gefunden zu haben
glaubte: nach diesem gab er ihr daher etwas übereilt den Namen;
denn von Gold hat sich auch nicht eine Spur auf ihr gefunden.

200 km ostwärts vom Kap St. Georg, der Südspitze von
Neu-Mecklenburg, gelangen wir unter 5° südl. Br. nach der Insel
Buka, mit welcher die lange Reihe der Salomonen anhebt. An
der Westseite der Insel öffnet sich der Karolahafen, eine große
Bucht, welche durch ein breites Riff gegen den Seegang geschützt
ist. An mehreren Stellen trägt das Riff Inseln, welche, dicht
bewohnt, allenthalben mit Kokospalmen bepflanzt sind, während
die Küste von Buka von einem dichten Mangrovengürtel eingefaßt ist. Die Dörfer auf diesen Riffinseln bestehen aus Hütten,
die in Rechtecksform aus Bambus und Matten errichtet und mit
einem gewölbten Dache versehen sind, unter dessen Vorsprunge
an der einen Schmalseite sich die Thür befindet. Das Innere
von Buka ist hügelig und hinter dem Mangrovengürtel von
kräftiger Vegetation bedeckt. Dicht aneinander reihen sich die
Dörfer, von Bananenhainen, Tabaksfeldern und Fruchtpflanzungen
umgeben.

Die Bewohner von Buka sind wohlgebaut, schlank, breitschultrig und muskulös; ihre Hautfarbe ist ein tiefes Dunkelbraun, welches dem Schwarz sehr nahe kommt. Auch die Weiber
sind, wenngleich etwas kleiner an Gestalt, von kräftigem Körperbau und in jüngeren Jahren von nicht unschönen Gesichtszügen.

Eingeborne der deutschen Salomonen.   S. 343.

Das Haar ist kraus, doch leichter und welliger, als das des Negers. Bildhübsche Kinder sieht man gar nicht selten. In dem Wesen der Insulaner zeigt sich ein melancholischer Zug, der auch in ihren Tänzen und Festen sich bemerkbar macht; aber sie haben auch Tänze, welche einen unbeschreiblich wilden Charakter tragen. Mitunter hört man die jungen Burschen abends auf der aus sechs Rohrpfeifen zusammengesetzten Pansflöte gar schwermütige Weisen blasen, sodaß man es nicht glauben möchte, daß diese selben Leute wilde Kannibalen sind, welche sogar mit der Zahl der Leichen prunken, die sie zum gräßlichen Mahle geliefert haben; denn die Unterkiefern derselben werden als Trophäen an der Außenwand der Hütte befestigt. Die Buka=Leute sind tapfer, ohne Hinterlist, dabei gelehrig und anstellig; sie haben Ehrgeiz, sind durch ihre Häuptlinge an Gehorsam gewöhnt und verlassen, wenn sie sich verdingen, ihren Herrn nicht feige in der Not. So geben sie gute Matrosen und brauchbare Plantagenarbeiter ab, wie denn ein großer Teil der in Kaiser Wilhelmsland arbeitenden „Miokesen" in Wahrheit von Buka stammt.

Die Bukastraße trennt Buka von der großen Insel Bougainville, welche von dem Kaiser=Gebirge durchzogen wird, aus dem als höchste Spitze der Balbi 3067 m hoch aufragt. Am Fuße desselben befindet sich die Bucht von Numa=Numa, welche durch mächtige Riffe gegen den Wogenschwall geschützt ist; aber die Küste ist völlig unbewohnt, sumpfig und durch dichten Mangrovenanschlag unzugänglich. Überhaupt meiden es die Salomonsinsulaner am offenen Meere zu wohnen. Dagegen lassen die Rauchsäulen, welche aus dem Walde an den Gebirgshängen aufsteigen, erkennen, daß es im Binnenlande an Dörfern nicht fehlt. Sie sind gegen alles Fremde mißtrauisch; Landungsversuchen widersetzen sie sich nicht selten mit den Waffen in der Hand. Gar sehr sind sie in diesem Mißtrauen durch die Gewaltthätigkeiten der Arbeiter=Werbeschiffe bestärkt worden; aber auch früher schon ruderten sie in ihren leichten Kanoes wohl an vorüberfahrende Schiffe heran, waren aber nicht zu bewegen, dieselben zu betreten.[1] Aber freilich auch außerhalb ihres eigenen Dorfes hassen und bekriegen sie alles Fremde. Ihre Boote zimmern sie

---

[1] F. von Hochstetter, Gesammelte Reiseberichte von der Erdumsegelung der Fregatte Novara (1858), S. 292.

aus leichten Planken, an beiden Enden scharf emporgebogen, und fahren mit ihnen ohne Ausleger kühn genug auf die hohe See hinaus. Tättowierung ist bei ihnen nicht Sitte; doch färben sie ihr krauses, buschiges Haar mit Eisenocker rot. Als Schmuck tragen sie am Oberarm und unter dem Knie Ringe, aus Muschelschalen geschliffen, in den Ohrläppchen Eberzähne, in den durchbohrten Nasenflügeln kleine Cylinder, die ebenfalls aus einer Muschelschale geschliffen sind, und häufig in den Haaren noch seitwärts einen gelbroten Busch von Baststreifen. Es ist auch schon vorgekommen, daß sie ein Schiff, welches gegen ihren Willen ihrem Lande sich näherte, obgleich nur mit Bogen und Pfeilen bewaffnet, erobert und die Mannschaft niedergemacht haben. Denn so scheu sie sind, so kennen sie doch, wenn sie gereizt werden, keine Furcht. Die Gräber werden zum Schutze gegen die in allen Dörfern zahlreich vorhandenen Schweine mit einem starken Zaun eingefriedigt, mit Blumen, Tüchern und allerhand Zierrat ausgeschmückt und häufig auch noch gegen den Regen überdacht.

Der Balbi ist ein Vulkan, der zum Zeichen, daß er noch lebt, namentlich morgens weiße Dampfwolken gegen den tiefblauen Himmel auszustoßen pflegt. Das Kronprinz-Gebirge dagegen, welches südlich vom 6. Breitengrade im Guinot-Berge bis zu 1283 m aufsteigt, scheint nicht vulkanisch zu sein. Hier sind der Ostküste der Insel mehrere Gruppen ganz kleiner Riffinseln vorgelagert, von denen die Dieterici-Inseln am weitesten zurückgeschoben sind. Erst an ihrem Südende zeigt die Insel größere, ebene Flächen, deren Boden aus verwittertem Gestein besteht. Hier schneidet in die südliche Schmalseite der Insel die Tonolai-Bucht ein, deren ziemlich steile Ufer von einem sehr dichten Mangrovengürtel eingefaßt sind. Günstiger scheint der Gazellenhafen an der Westseite der Insel zu sein, der innerste Winkel der Kaiserin-Bucht, welche das scharf vorspringende Kap Hüsker bildet.

Wie Bougainville so stellt auch jenseit der Bougainville-Straße die Insel Choiseul sich, von der hohen See aus gesehen, als eine Folge ungeheurer, aufeinander getürmter, wild zerklüfteter Gebirgsmauern dar, welche von einzelnen Gipfeln überragt werden; ja Choiseul bietet noch den wilderen Anblick, da in der ganzen Länge der Insel das Gebirge bis zum Taura-Berge hin sich ohne Vorland an die Küste herandrängt. Nach der inneren (südwestlichen) Seite dagegen läuft das Bergland in weite Ebenen aus.

Gerade entgegengesetzt ist Isabella, die dritte Hauptinsel der Reihe, gestaltet: nach der Seeseite dacht sie sich sanft ab, hier und da Landschaften von hoher Anmut bietend; an der Binnenseite dagegen begleitet ein ansehnlicher, steil abfallender Höhenzug das Gestade, der in dem Gaillard-Berge der Insel einen effektvollen Abschluß giebt. Am nordwestlichen Ende der Insel schneidet der Praslin-Hafen durch das ganze breite Vorland bis an den Gebirgsrücken hindurch: so bildet er ein geräumiges Becken, erfüllt mit einer Unzahl kleiner und kleinster Inselchen, welche alle in dem Schmucke üppigster Vegetation prangen.

Nördlich von Isabella, etwa 220 km von dem Praslin-Hafen entfernt, liegt die Inselgruppe Ongtong-Java, das jüngste deutsche Schutzgebiet; denn erst am 22. Oktober 1889 ist auf Lohau, der Hauptinsel der Gruppe, die deutsche Flagge aufgezogen worden. Wie es scheint, hat der Name dieser Insel durch den Gleichklang der Gruppe bei den Engländern den Namen der „Lord Howe [spr. hau]-Inseln" eingetragen.

Die ganze Inselgruppe bildet einen stark verzogenen Kranz um eine Lagune herum, die im Innern mit zahllosen Riffen durchsetzt ist: alles nichts als Korallenbauten. Lohau ist der östlichste Abschluß des Ringes. Nur wenige Meter ragen selbst die höchsten Stellen der Inseln über das Meer empor. Vortrefflich gedeiht in dem durchfeuchteten Korallenkalke die genügsame Kokospalme und ernährt allein die armselige Bevölkerung der Inseln. Denn buchstäblich nur von Kokosnüssen leben die Insulaner, freundliche, braune Polynesier, die an Gestalt den Samoanern gleichen. Die Kunst des Kochens ist ihnen völlig unbekannt; sie zünden nur Feuer an, um sich zu ergötzen und an kühlen Tagen auch zu erwärmen.

Kehren wir von dieser Idylle im Rousseauschen Stile zu den Salomonen zurück. Die Bougainville-Straße führt uns in einen ganzen Archipel kleiner und kleinster Inseln hinein. Dem Tonolai-Hafen am Südostende von Bougainville gegenüber liegt Fauko, wo in gutem Frieden mit den Eingebornen sich ein Amerikaner ein hübsch angelegtes Heim geschaffen hat, umgeben von Bananen- und Granatäpfelpflanzungen; auch Kakaokulturen ge-

deihen, wie denn das hügelige Terrain der Insel sich als geeignet für Kulturpflanzen aller Art erweist.

Westlich von Fanko liegen die Shortland-Inseln, eine Gruppe
von kleinen Inselchen, mit Korallenriffen untermischt, die sich um
eine größere, hoch in der Mitte aufragende scharen. Dem Inselchen Morgusaia gegenüber liegt der Gorei-Hafen, der aber, mit
Riffen ganz durchsetzt, jedem größeren Schiffe Gefahr droht.
Südwärts blickt lockend Treasury-Island, die Schatz-Insel herüber, wo, wie die Sage geht, Seeräuber vorzeiten einen großen
Schatz vergraben haben, der immer noch seiner Hebung wartet.
Doch wir lassen ihn ungehoben, denn schon jenseit der deutsch-
englischen Scheidelinie, welche die Salomonen der Länge nach
durchteilt, liegt das sagenumwehte Eiland.

4. Nauru und die Marschall-Inseln.

Neun Tage fährt ein Schiff von Hamburg nach Amerika;
aber einen Monat braucht es, um von San Francisco nach
Finschhafen zu gelangen. Die erste Station auf diesem weiten
Wege sind ihm die Sandwich-Inseln, die zweite (wieder nach
10 Tagen) die Marschall-Inseln: darin liegt ihre große Wichtigkeit. Und nahe am Wege von den Marschall-Inseln nach Kaiser
Wilhelmsland, fast genau unter dem Äquator liegt Nauru, das
seit dem Herbste 1888 unter deutschem Schutze steht.

Gegen Ende des vorigen Jahrhunderts entdeckte der Engländer Fearn die Insel Nauru. Es gefiel ihm sehr wohl dort,
denn die Insel bot in Fülle landschaftliche Reize und ihre Bewohner zeigten ein sehr fröhliches Naturell: er nannte sie daher
„Pleasant Island“. Und wohl verdient sie diesen Namen. Denn
wenn auch nur ein Korallengebilde, verdankt sie doch ihre jetzige
Gestalt einer vulkanischen Hebung der Korallenmassen.

Ein flacher Küstengürtel, von einem breiten Korallenriffe
eingefaßt, umzieht in 20 km Länge das ganze Oval der Insel;
hinter demselben steigt das Binnenland teils in grünen Hängen,
teils in grotesken Klippen und Zinnen empor; es bildet eine
Hochfläche, aus der im Norden der Watobutábu-Berg, der Schluß-
pfeiler der Hügelkette Onaforukoru, 60 m und mehr im Innern
der Insel der Juae-Berg als höchste Erhebung der Insel 70 m hoch aufsteigt. Der Juae-Berg schaut nach Westen in eine flache Thal-

mulde hinab, deren tiefſten Grund ein kleiner See ausfüllt.
Der Blick auf den klaren Waſſerſpiegel, den Kokoshaine ein-
faſſen; auf das Dorf Arénibeck an ſeinem Geſtade, das mit
100 Einwohnern das größte auf der Inſel iſt, auf die Felſen
und Klippen, welche an den Thalhängen ringsum zwiſchen üppigem Grün hier und da hervorſchauen, iſt herrlich. Sonſt liegen
die Dörfer der Eingebornen faſt ſämtlich im Küſtengelände, wo
Handelsfaktoreien von Europäern, Miſſionsanſtalten und kleine
Dörfchen der Inſulaner in dichteſter Folge ſich aneinander reihen. Unter ihnen liegt an der Südweſtküſte das Kaiſerliche Be-
zirksamt, von deſſen Flaggenmaſt die deutſche Fahne weht. Ein
Spaziergang nur von 1¹⁄₂ km iſt von hier zu dem gerade nordwärts gelegenen, ſchönen Binnenſee.

Die Eingebornen, ein kräftig und ſchlank gebauter Menſchen-
ſchlag von brauner Hautfarbe, bekleiden ſich nur mit einem kurzen Grasröckchen. Ihr Familienleben iſt muſterhaft, Monogamie
weitaus die Regel. Sie wohnen in ſchmuckloſen Häuſern, welche
eigentlich nur aus geflochtenen Dächern beſtehen, die auf niedrigen
Pfählen ruhen; der Fußboden iſt ſtets ſauber mit Matten belegt. Faſt vor jedem Hauſe befindet ſich ein Geſtell, auf dem
mehrere gezähmte Fregattvögel ſitzen, die ſtets nach kurzem Fluge
wieder auf ihren Sitz zurückkehren. So gehen den Inſulanern
ſorglos die Tage dahin; ihre Inſel und das umgebende Meer
liefert ihnen, was ſie zum Leben bedürfen; und mehr als dies
macht ihre ſehr fröhliche Gemütsart das Leben ihnen leicht.

Aber doch verderben ſie ſich die Lebensfreude durch die
ewigen Fehden, welche die zahlreichen kleinen Stämme unter
einander führen. Und daran tragen die Weißen die Haupt-
ſchuld. Denn die erſten Weißen, welche auf der ſchönen Inſel
unter dem harmloſen Völkchen ſich dauernd niederließen, waren
entflohene auſtraliſche Deportierte. Sie erfüllten die Inſel mit
Greueln jeder Art, wurden indeſſen von den Inſulanern alle
bis auf einen totgeſchlagen. Später kamen Walfiſchfahrer, um
Waſſer und Proviant an der Inſel einzunehmen. Sie brachten
Gewehre und Pulver und Blei in Menge. Und als dann die
Inſulaner lernten, den Palmwein durch Gärung berauſchend zu
machen, ſtiftete die Trunkenheit zum Streit und Mord ſie an;
Blutrache verewigte den Haß; jeder war zugleich Angreifer und
Verteidiger; ſelbſt zwölfjährige Jungen ſah man nicht anders als

mit dem Gewehr auf der Schulter ausgehen. Das erste daher, was
die Deutschen, dem ewigen Morden Einhalt zu thun, nach der
Besitznahme thaten, war, daß sie alle Waffen auf der Insel
konfiscierten: aus einer Bevölkerung, welche kaum 300 erwachsene Männer zählte, brachten sie 765 Gewehre (darunter 274
gute Hinterlader), 109 Pistolen und 1 Revolver zusammen. Das
wirkte: den großen Kindern von Nauru war ihr allzu gefähr-
liches Spielzeug genommen; die nächtlichen Überfälle hörten auf:
Sicherheit des Lebens kehrte zurück — und das deutsche Bezirks-
amt sorgt mit Nachdruck dafür, daß Pleasant Island den Namen
wieder mit Recht verdiene. —

Nauru ist ein einsam im Ocean liegender Korallenbau. In
eine Großwerkstatt der fleißigen Tierchen aber gelangen wir,
wenn wir 700 km weiter nordwärts zu den deutschen Marschall-
Inseln fahren, die, 1529 von dem Spanier Saavedra entdeckt,
von dem englischen Kapitän Marshall, der sie 1788 besuchte,
den Namen tragen. Auf unterseeischen Bänken beginnen die
Tierchen, welche zu den Familien der Asträen, Madreporen u. ä.
gehören, ihre Arbeit. In einer kleinen Höhlung haben die Korallen, gallertartige Zellen, ihre Wohnung, der sie, aus ihrem
Körper Kalk ausscheidend, immer neue Gehäuse aufwärts anfügen, indes der Stock unten aus abgestorbenen, oben aus le-
benden Gliedern besteht. Doch nur in klarem Wasser von wenigstens 20° C. Wärme können sie leben; dadurch sind sie an
die tropischen Breiten gebunden. Trübt sich nun in dem empor-
wachsenden Stocke, der Bewegung entzogen, das Wasser in der
Mitte, so sterben hier die Korallen ab und nur die seitlichen
Schichten wachsen weiter, sodaß allmählich der Bau die Gestalt
eines Ringes annimmt. Erreicht er mit der Zeit die Oberfläche
des Wassers, so beginnen die anbrandenden Wogen ihr Werk
daran. Sie zerbröckeln die Zacken und Ecken der Riffe, häufen
die zermalmten Stücke davor an oder werfen sie als Sand und
Geröll auf den Kamm des Riffes. So entstehen auf dem Riffe
ringförmig angeordnet kleinere und größere Inseln. Der Wind
trägt Pflanzensamen herzu, das Meer schwemmt keimfähige Früchte
herbei: eine Vegetation beginnt auf den Koralleninseln sich zu
entwickeln. Mostierchen, Muscheln, Insekten siedeln sich darauf an:
das „Atoll" ist fertig. Endlich erhält es auch seine Bewohner.
Aus zwei langen Reihen solcher Atolls bestehen die Marschall-

Inseln. Die östliche, die Ratak-Reihe, enthält ihrer 16, deren sämtliche Inseln nur 123 qkm mit 6000 Bewohnern aufweisen; die westliche, die Ralik-Reihe dagegen umfaßt 18 Atolls, deren Inseln 278 qkm Land mit 4000 Bewohnern enthalten. Endlich gehören noch, westwärts weitabgerückt, der Atoll Eniwetok (die Braun-Inseln) dazu, auf welchem ein Dutzend Fischer sein Leben fristet, sowie südlich davon der Atoll Ujilong (die Providenz-Inseln), auf welchem sich ausgedehnte Kokosplantagen der Deutschen Handels- und Plantagen-Gesellschaft befinden.

Das weitaus wichtigste Atoll ist Jaluit (spr. Dschalút), am Südende der Ralik-Reihe gelegen, welches mehr als 1000 Be-

Ein Atoll (Insel Milli, Marschall-Inseln).

wohner zählt. Denn nicht weniger als 34 Inseln enthält er auf der Ostseite des Ringes, 21 auf der Westseite desselben, die zusammen eine Oberfläche von 90 qkm haben. Die Lagune in der Mitte ist 15 km breit und etwa 38 km lang. Sechs Passagen führen hinein, für Seeschiffe fahrbar. Dennoch sehen wir, obgleich bis auf wenige Seemeilen nahe, noch nichts von Jaluit: nur Palmengipfel glauben wir in Wellenlinien am Horizonte zu erkennen. Denn Jaluit erhebt sich, wenn auch etwas höher als fast alle übrigen Inseln des Archipels, doch nur um 3 m über die Hochwasserlinie. Endlich hebt sich der hellblinkende, sandige Strand von dem dunklen Gebüsche ab; die weiße Brandung davor wird sichtbar, aber die Palmengipfel bleiben ohne jeden Hintergrund.

Wo der grüne Wald auf eine kurze Strecke unterbrochen ist und die Brandung weniger wild tobt, da ist die Einfahrt in die Lagune. Wir sind in dem geräumigen und guten Hafen, welcher schon seit 1878 Eigentum des Deutschen Reiches ist. Hier an der Innenseite der Insel, geschützt gegen den vorherrschend starken Passat, liegen dem Ankerplatze der Schiffe gegenüber die Wohnstätten der auf der Insel angesiedelten Europäer wie die Hütten der Eingebornen. Die deutsche Ansiedelung macht mit ihren bequemen Wohnhäusern und großen Vorratsmagazinen, mit ihren herrschaftlichen Umzäunungen und gut gehaltenen Wegen, mit ihren weithin sichtbaren Flaggenmasten einen sehr stattlichen Eindruck. Die zwischen den Faktoreien verstreuten, von Kokospalmen beschatteten Hütten der Eingebornen sehen mehr malerisch als einladend aus; nur der Häuptling bewohnt ein nettes, kleines Holzhaus, welches luftig und sauber gehalten ist.

Quellen fehlen Jaluit wie dem ganzen Archipel durchaus. Das Regenwasser muß daher in Gruben gesammelt werden. Vom März bis Oktober fällt der Regen reichlich, mangelt aber auch in den übrigen Monaten nur selten. Diese reichliche Bewässerung bewirkt, daß in den Gärten der Europäer Früchte, Gemüse und Blumen in reichster Fülle gedeihen. Freilich stehen hier alle Pflanzen in guter Gartenerde, die von andern Inseln herbeigeschafft ist; der bloße Korallenboden trägt nur eine einförmige Vegetation. Da deckt dichtes Schlinggras, Strauch- und Buschwerk den steinigen Boden; und von Blumen ist nur eine süßlich riechende Lilie sehr verbreitet. Die Nutzpflanzen beschränken sich auf Brotfruchtbaum, Pandanus und Kokospalme; aber die Königin unter ihnen ist die Kokospalme: sie ist es, welche diese Atolls der Südsee allein bewohnbar macht.

Die Kokospalme (Cocos nucifera) erhebt hoch über das übrige Laubwerk ihre rauschende Blätterkrone. Kerzengrade steigt, 25—30 m hoch, der dünne, schlanke Stamm an; 3—4 m lang sind die dunkelgrünen, gefiederten Blätter, zwischen denen man das ganze Jahr hindurch gleichzeitig die langen Blütenrispen und die reifenden, fast kopfgroßen Früchte (Nüsse) sieht.

Der Baum entwickelt sich schnell. Drei Monate, nachdem man die Nuß in die Erde gelegt hat, sprengt der Keim die Schale

und schaut aus dem Boden hervor. Einer Pflege bedarf die junge
Pflanze kaum; denn der stets durchfeuchtete Korallensand am
Meeresstrande sagt ihr ungemein zu: fröhlich wächst sie auf und
trägt schon nach wenigen Jahren Früchte. 70 Jahre lang bewahrt der Baum seine volle Kraft; erst dann läßt der Ertrag
nach, und oft genug erfüllt er das Jahrhundert, bevor er eingeht.

Es giebt nichts an dem schönen Baume, das für den Südsee-
insulaner nicht von Nutzen wäre. Die unreifen Früchte liefern
ihm die erfrischende Kokosmilch, die jungen Blatttriebe ein vortreffliches Gemüse, den Palmkohl; nur darf er nicht zu tief in

Einfahrt in den Hafen von Jaluit.

das Herz der Krone hineinschneiden, da sonst der Baum krankt.
Palmwein gewinnt er, wenn er den Stamm anbohrt oder einen
Blütenschaft abschneidet und unter der Schnittstelle eine Kürbis-
flasche aufhängt. Der frisch ausfließende oder erst im Beginne
der Gärung begriffene Saft schmeckt sehr angenehm, jungem
Moste ähnlich; nach 3—4 Tagen aber verwandelt er sich in den
widerlich säuerlich schmeckenden und riechenden Toddy, welcher
stark berauschend wirkt. Die Blattrippen und Stämme werden
beim Häuserbau verwendet; die ausgewachsenen Blätter dienen
zur Bedachung der Hütten, auch werden Körbe und Säcke aus

ihnen geflochten. Die harten Schalen der Nuß geben Trinkge-
fäße; die dicke Faserhülle, welche sie umgiebt, läßt man in Seewasser zermürben; dann wird sie getrocknet und geklopft. So
giebt sie ein Werg, das, zu Stricken gedreht, die besten Hanf-
stricke an Haltbarkeit erreicht und auch sonst mannigfaltige Verwendung findet, wie zum Stopfen von Polstern oder zum Kalfatern
der Kanoes.

Das Wertvollste indes, was die Kokospalme bietet, ist die
Kopra. Mit schweren, hippenartigen Messern werden die reifen
Nüsse durchgeteilt und nach Entfernung des Fruchtwassers zum
Trocknen ausgelegt. Durch den Einfluß der Sonnenstrahlen wird
das milchweiße Fruchtfleisch bald gelblich und schließlich horn-
artig durchscheinend. Es löst sich dabei, indem es sich zusammenzieht, von der Schale, aus der es nun herausgenommen und
nochmals zum Trocknen ausgebreitet wird. Jetzt ist die Kopra
fertig, deren Wert in dem Öle besteht, das sich reichlich, dem
besten Olivenöle gleichwertig, darin befindet. Sie wird zerschnitten
und in Säcke gepackt, und bildet so den weitaus wichtigsten
Gegenstand für den Handel der Insulaner mit den europäischen
Faktoreien.

In der Kopra ist dem Marschall-Insulaner ein Mittel gegeben, seine Lage in manchem Betracht zu verbessern; freilich,
wie die Dinge liegen, kommt der Vorteil daraus lediglich den
Häuptlingen zu gute.

Die Marschall-Insulaner sind von schlankem Körperbau,
erreichen jedoch nur eine Größe von 1,52—1,72 m. Die Hautfarbe
schwankt von Olivengelbbraun bis zu einem rötlichen Ziegelbraun;
Kinder sind heller als Erwachsene. Die Stirn steht zurück und
ist an den Schläfen eingedrückt. Die blaubraunen Augen zeigen
bei den Ralikbewohnern meist einen apathischen Ausdruck, bei den
Ratakinsulanern erscheinen sie belebter. Die Nase ist flach und
breit, die Lippen etwas aufgeworfen. Die Weiber sind kleiner
und zierlicher als die Männer und meist auch gelenkiger und von
freundlicherem Aussehn.

Das schwarze, häufig gekräuselte Haar tragen die Männer
in einen Schopf hochgebunden, auf den südlichen Inseln dagegen,
wo der Verkehr mit Europäern von Einfluß ist, kurz abgeschnitten;
den Weibern hängt es, in der Mitte gescheitelt, bis auf die
Schultern herab. Auch die Tättowierung kommt auf den südlichen

Inseln mehr und mehr aus der Mode. Ebenso hat sich auf diesen auch eine Kleidung aus europäischen Stoffen eingebürgert, ein

Kokospalme.

langes Hemd und darüber eine Art Unterrock; die nationale Kleidung dagegen besteht bei den Männern nur aus einem Bast=

rocke, den sie über einem dicken, geflochtenen Gürtel tragen, so=
daß er weit und kühl absteht. Die Weiber tragen eine Matte,
die wie ein Schürzchen umgebunden ist; eine zweite wird darüber
von hinten nach vorn geschoben. Kränze und Blumen schmücken
das Haar.

Die Wohnungen der Insulaner sind unansehnliche Pandanus=
hütten. Den Boden deckt eine Fußmatte; eine weitere, etwas
dickere Matte dient nachts zum Lager; ein rundes Holzstück ist
das Kopfkissen. In der Nähe der Wohnungen stehen die kleinen
Kochhütten. In ihnen birgt ein Loch in der Erde das Feuer.
Grüne Holzstäbchen darüber gelegt bilden den Rost, auf dem
Fische gebraten werden; man ißt sie, ohne sie auszunehmen oder
abzuschuppen. In der heißen Asche werden Yams gebacken.
Dazu verstehen die Frauen aus der Frucht des Pandanus eine
schmackhafte Konserve zu bereiten, indem sie den goldgelben Saft
derselben einkochen und dann in dicke Rollen pressen. Auch die
Brotfrucht wissen sie lange aufzubewahren. Sie legen sie in
Salzwasser und zerklopfen sie dann zu Brei, der eine säuerlich
schmeckende Zukost abgiebt.

Tanz und Gesang sind die beliebtesten Unterhaltungen der
Insulaner. Auf das geringfügigste Ereignis singen sie improvisierte
Lieder. Der Tanz beginnt meist in getragenem Tempo, bis die
Aufregung anwächst und in immer heftigeren Bewegungen, in
immer lauterem Gesange, in immer höheren Tönen Ausdruck
sucht. Höchst kunstvoll sind die Kriegstänze der Männer, die
einem lebhaften, vielverschlungenen Reigen gleichen.

Fest glauben die Marschall=Insulaner an das Fortleben der
Seele nach dem Tode. Die Seelen der guten Menschen, glauben
sie, gehen nach dem Tode zu Irodjerilik, dem Gotte des Wachs=
tums, nach Inirik, einer Insel im fernen Westen. Dort leben
sie in beständiger Glückseligkeit, essen Fischbrei und sind unsterblich.
Dagegen die Seelen der bösen Menschen kommen nach der Insel
des bösen Gottes Laulib, wo sie nur getrocknete Meerwürmer zu
essen erhalten, sodaß sie wieder sterben müssen. Anidj, unsicht=
bare Gespenster, giebt es in Menge, die besonders im nächtlichen
Dunkel ihr Unwesen treiben. Ganz unzählig aber sind die Eked=
jabs, Erdgeister, die in Bäumen, Steinen, Inseln oder wo sonst
wohnen; unter Darbringung von Opfern wird zu ihnen um
Wachstum und reichliche Nahrung gebetet. Die Muniak endlich

sind Geister von der Gestalt schöner Menschen; meist unsichtbar, haben sie doch mit manchen Menschen Umgang und erweisen sich freundlich und freigebig.

Nach sozialer Abstufung zerfallen die Marschall-Insulaner in die 4 Klassen der Jrodj, Burak, Läateketak und Kadschur. Zu

Lebon, König der Marschall-Insulaner.

den 3 ersten Rangklassen gehören nur die Häuptlinge mit ihren Familien, wobei allemal der Rang der Mutter für den der Söhne maßgebend ist. Nur sie dürfen mehr als eine Frau haben und Eigentum besitzen. Groß ist ihr Ansehn und ihre Vorrechte. Nach ihrem Tode werden sie begraben, nicht, in Matten genäht,

23*

ins Meer geworfen. Am Grabe hoher Häuptlinge werden Menschen=
opfer dargebracht, damit er auf der Reise nach Jnirik nicht ohne
Gefolge sei; Familienangehörige bieten mitunter freiwillig sich
dazu dar. 6 Tage lang wird Wache an dem Grabe gehalten;
6 Tage lang ruht alle Arbeit auf der Insel.

Die Kadschur dagegen, die große Mehrheit des Volkes,
dürfen nur eine Frau haben, Eigentum aber gar nicht besitzen.
Sie haben die 3 Oberklassen mit Lebensmitteln zu versehen; ihre
Arbeit wie ihre Habe gehört dem Häuptling. Dem Häuptling
müssen sie ihre Kopra abliefern; er bedingt ihnen in der Faktorei,
in der sie arbeiten, einen übermäßig hohen Lohn (2—3 Mark für
den Tag) aus und erscheint am Zahltage, um die ganze Löhnung
für sich einzukassieren. So lebt der Kadschur in äußerster Arm=
seligkeit dahin; selbst sein Weib kann sich der Häuptling jederzeit,
wenn es ihm gefällt, ohne weiteres aneignen. Und eine Hoffnung
auf Besserung seiner Lage giebt es für ihn nicht!

Hier ist der Punkt, wo die umschauende Sorge der deutschen
Schutzherrschaft einzusetzen hat: der rücksichtslosen Ausbeutung
der Kadschur mit Nachdruck zu wehren. Ein erster Schritt dazu
ist auch schon die Verordnung vom 16. Oktober 1889, welche alle
Verträge mit Eingebornen über ein Wertobjekt von mehr als
2000 Mark, mündliche Nebenabreden annullierend — also auch
über Stellung von Arbeitskräften — der Genehmigung des deutschen
Kommissars unterwirft. Denn sicher wird die Emancipation der
Kadschur nicht nur die Erträge der Faktoreien steigern, sondern
— was wichtiger ist — Rechtsgeltung und Sittlichkeit im ganzen
Gebiete der Marschall=Inseln erhöhen.

Litterarische Nachweisung.

O. Finsch, Samoafahrten. Reisen in Kaiser Wilhelms-Land und Englisch-Neu-Guinea. Leipzig 1888.
—— Kaiser Wilhelmsland (Deutsche Kolonialzeitung, 1889, Nr. 10).
Bericht des Dr. O. Finsch (Deutsche Geographische Blätter. Bremen. VIII. Bd. 4. Heft).
J. Chalmers und W. W. Gill, Neu-Guinea. Reisen und Missionsthätigkeit während der Jahre 1877—1885. Leipzig 1886.
W. Powell, Unter den Kannibalen von Neu-Britannien. Drei Wanderjahre durch ein wildes Land. Leipzig 1884.
R. Parkinson, Im Bismarck-Archipel. Erlebnisse und Beobachtungen auf der Insel Neu-Pommern. Leipzig 1887.
Bericht von R. Parkinson (Mitteilungen der Geographischen Gesellschaft in Hamburg).
F. Hernsheim, Südsee-Erinnerungen, 1875—1880. Berlin 1883.
W. J. J. Spry, Die Expedition des Challenger. Eine wissenschaftliche Reise um die Welt. Leipzig 1877.
F. von Hochstetter, Gesammelte Reise-Berichte von der Erdumsegelung der Fregatte „Novara". Wien 1885.
B. von Werner, Ein deutsches Kriegsschiff in der Südsee. Leipzig 1889.
Berichte des Landeshauptmanns von Schleinitz (Nachrichten über Kaiser Wilhelms-Land und den Bismarck-Archipel. Jahrgang 1887, 1888 und 1889, 2. Heft.
Bericht des Landeshauptmanns Krätke (Ebenda, 1889, 1. Heft).
Bericht des Stationsvorstehers W. von Puttkamer (Ebenda 1890, 1. Heft).
Bericht des Stationsvorstehers Grabowsky (Ebenda 1886, 3. Heft).
Stationsvorsteher Graf J. Pfeil, Land und Volk im Bismarck-Archipel (Verhandlungen der Gesellschaft für Erdkunde zu Berlin, 1890, 3. Heft).
Richter Schmiele, Die Bewohner der Insel Mioko (Deutsche Kolonialzeitung 1888, Nr. 17, fg.).
Bericht des Rechnungsbeamten J. Weißer (Nachrichten über Kaiser Wilhelms-Land und den Bismarck-Archipel, 1886, 1. Heft).
Berichte des Hauptmanns Dreger (Ebenda 1887, 1. u. 5. Heft).
Dr. Hollrung, Kaiser Wilhelms-Land und seine Bewohner (Verhandlungen der Gesellschaft für Erdkunde zu Berlin, 1888, 7. Heft).
Berichte des Dr. Hollrung (Nachrichten über Kaiser Wilhelms-Land und den Bismarck-Archipel. 1886, 3. u. 4. Heft, 1887, 4. Heft, bei. 1888, 4. Heft).
Berichte des Dr. Hellwig (Ebenda 1889, 1. Heft und 1890, 1. Heft).
Bericht des Dr. Schrader (Ebenda 1887, 5. Heft).
Bericht S. M. Kreuzerkorvette „Alexandrine" über Ongtong-Java (Mitteilungen von Forschungsreisenden und Gelehrten aus den deutschen Schutzgebieten, herausgegeben von Freiherr von Danckelman, III. Bd., 1. Heft).
Kommissar Dr. Sonnenschein, Aufzeichnungen über die Insel Nauru (Ebenda, II. Bd., 1. Heft).

Sekretär Eggert, Bemerkungen zur Karte der Insel Nauru (Ebenda, III. Bd.,
　　2. Heft).

Konsul Dr. Knappe, Religiöse Anschauungen der Marschallinsulaner (Ebenda,
　　I. Bd., 2. Heft).

H. Zöller, Deutsche Kultur in den Barbarenländern von Neu-Guinea (Zeit-
　　schrift „Vom Fels zum Meer", 1889—1890, 1. Heft).

Deutsches Kolonialblatt. Amtsblatt für die Schutzgebiete des Deutschen Reichs,
　　1890).

C. Hager, Kaiser Wilhelms-Land und der Bismarck-Archipel.

—— Die Marschall-Inseln in Erd- und Völkerkunde, Handel und Mission.

H. Roskoschny, Die Deutschen in der Südsee.

Register.

Abkommen, deutsch-englisches vom 1. Juli 1890 38.

Abo, Dorf 60; Fluß 45. 60. 62; Land 61.

Abumpapá, Fluß 155.

Acacia albida (Anabaum) 198. 205; detinens (Buschakazie „Wacht en betjen") 199; erioloba (Kameldorn) 205.

Achödsu, Fluß 149.

Abadó, Berg 159; Station (Bismarck-burg) 158.

Abasé, Dorf 153.

Abaklú, Berg 133.

Abamaua, Land 69. 93. 103. 104. 114. 118.

Abeli, Land 154. 155. 158. 160; Volk 153.

Abere (schwarzer Wolta), Fluß 167.

Abjuti, Land 162. 167.

Admiralitäts-Inseln 326. 327. 328.

Abolfshafen 311.

Affenbrotbaum, s. Baobab.

Agbeada, Dorf 157.

Agbui-Leute 140.

Agóme (Tewe), Landschaft 138. 148.

Agóme-Kamm, Gebirgszug 149. 150.

Agóme-Pálime, Dorf 149.

Agotime, Landschaft 132. 133. 146. 148.

Agu-Gebirge 149.

Akrá, Höhen von 147; -Leute 123.

Akposso, Landschaft 153. 157.

Aksat, Fluß 100.

Akwa, Häuptling 76.

Akwa Jase, Fluß 100.

Akwastadt 50.

Albert-See 265.

Albert-Spitze des Götterberges 79. 93.

Alders, Kapitän 7.

Alexandra-Nil 260.

Amakáta, Insel 329.

Amakwa, Wasserfall 305.

Amapondo, Volk 39. 302. 303. 304. 305. 306.

Amas, Volk 193.

Amatongula, Strauch 303.

Ambas, Insel 82; -Bucht 82. 85.

Ambo, Volk 207. 208. 212. 218. 219. 221.

Ameisen 99.

Amu, Fluß 151.

Amutschi, Fluß 153.

Amutni, Fluß 151.

Anabaum (Acacia albida) 198. 205.

Anebó (Klein-Popo), Ort 121. 122. 123. 124. 125. 128. 164.

Anglo, Volk 134.

Angra Pequena, Bucht 21. 22. 169.

Angriffshafen 319.

Anona senegalensis 115.

Aonin (Topnas), Volk 194.

Apany, Häuptling 10.

Araber 258. 269. 270.

Arbeiter-Werbeschiffe 341. 343.

Arenibeck, Dorf 347.

Argien, Land 14. 16.

Arguin 14. 15. 16. 18.

Ariadne, Korvette 30.

Arkona, Höhe 312.

Arsibou's Dorf 100; -Krief 100.

Arujcha, Groß- 298; Klein- 292. 298.

Ashanti, Volk 146.

Astrolabe-Bai 314. 316. 317. 322; Schiff 319.

Atakfemute, Dorf 157.

Atakpame, Landschaft 151. 153; Ort 156. 157. 164; Sprache 134.

Atoll 348.

Atoll Euiwetok (Braun-Inseln) 349.

— Ujilong (Providence-Inseln) 349.

Augsburger Kaufherren 1.

Aus, Ort 181. 182. 193.

Ausentjer, Ort und Thal 185.

Awas-Gebirge 186. 195. 203. 206. 213.

Babelsberg-Straße 319.
Bafárami, Volk 101; Gebirge 102.
Bafon, Landschaft 101.
Bagamoio, Stadt 34. 35. 241. 252.
Bagermi, Land 118.
Bagidá, Ort 26. 124. 125.
Bagnio, Ort 104.
Bai, die Offene 333.
Baia-Stromschnellen 110.
Bajeje, Volk 210.
Bajong, Dorf 63.
Bakoba-Stamm 210.
Bakoko, Volk 30. 113.
Bakundu, Volk 95. 101; -Land 96. 98.
Ba-kwiri, Volk 85. 88. 89. 90.
Balbi, Vulkan 343. 344.
Bali, Volk 30. 103; -Station 30.
Bamangwato, Volk 210.
Bana Heri, Wali 36. 37.
Banane (Musa paradisiaca) 66. 282. 283. 284.
Banianen 233.
Banjang, Volk 102. 103.
Banjane, Landschaft 160. 166.
Banjongo, Dorf 85.
Bantuvölker 76. 117. 274. 299.
Baobab (Affenbrotbaum) 80. 83. 84.
Barbarien, Land 14.
Barmen, Ort 205.
Barombi ba Mbu, Dorf 97.
Barombi-Station 30. 97. 98.
Bastards, Volk 23. 186. 199. 202. 215. 220.
Batanga, Volk 107; Groß- 106. 110; Klein- 27. 110.
Bataten 304.
Batoana, Volk 210.
Batóm, Volk 102.
Baumhäuser 314. 315.
Baumwollenstaude 145.
Bayol, Laguneninsel 122.
Be, Stadt 127. 139.
Beimingberge 331.
Bell, Häuptling 27. 28; -Stadt 50.
Below, Vulkan 334.
Betutschen 230.
ben Sif, Sultan 269.
Benga (Bungo), Flußmündung 112.
Benitofluß 27. 30.
Benuë, Strom 29. 104; Zuflüsse 101.
Berg des bösen Geistes (Kilima Ndscharo) 294; der weiße (Tönjo eber, Kilima Ndscharo) 294.
Bergdamara, Volk 204. 206. 212. 218. 219. 225.
Berlin-Hafen 319.
Bersaba, Ort 184. 186. 194.

Bethanien, Ort 21. 23. 182. 183. 184. 193.
Betschuanen, Volk 210; -Land 23.
Biafra-Bai 25. 44.
Bienenkörbe, Felsen 332.
Bilibili, Insel 324.
Bimbia-Berge 79. 80; -Busch 81. 85; -Dorf 27. 80; -Kriek 79; -Leute 80.
Birara (Neu-Pommern), Insel 321.
Bismarck, Fürst 42; Korvette 28.
Bismarck-Archipel 40. 328. 332. 340; -Gebirge 316.
Bismarckburg, Station 27. 158. 159. 160.
Bitterfluß 184.
Blanche-Bai 332.
Bleichröder, Fluß 310.
Blonck, Kapitän 8. 9. 11.
Bogadjim, Dorf 316.
Bogli-Berg 150.
Bojaeli, Volk 109.
Bombax 80.
Bonamgande, Dorf 59.
Bonapriso, die Joßstadt 51.
Bondeï, Landschaft 285. 286. 288. 289.
Bondelzwaarts (Cameruns), Volk 185. 194.
Bongólo, Dorf 109. 110.
Borea-Mündung 112.
Bornholm, Seeschlacht von 6.
Bornu-Mündung 112.
Bougainville, Berg 319; Insel 342. 343; Straße 344. 345.
Bourdeaux, Direktor 19.
Brandenburgische Flotte 6. 7. 8.
Braun (Brown)-Inseln (Atoll Eniwetok) 41. 349.
Brenner, Richard, Afrikareisender 38.
Brotfruchtbaum 52.
Buassa, Dorf 87.
Bubui, Fluß 312. 313.
Budiman, Volk 63. 64. 65. 69.
Buka, Insel 342. 343; Straße 343.
Buren 206.
Buschiri ben Salim 33. 35. 36. 37. 240.
Buschmänner (Sän) 187. 212. 221. 222—27.
Butaneng, Plantagenstation 313.
Bwea, Ort 87. 88. 94; -Leute 88.

Calaba Joß, Häuptling 28. 51.
Calabarfluß 68. 69. 103. 104.
Calamus 55.
Cameron-Thal 304.
Campofluß 27. 30. 110.
Carica Papaya 130.
Carola, Korvette 22.

Carolus secundus, span. Fregatte 7.
Catima-Moriro, Sambesi-Katarakt 211.
Choiseul, Insel 342. 344.
Christine Charlotte von Ostfriesland, Fürstin 13.
Clyde, Fluß 310.
Cocos nucifera 113. 124. 350. 351. 352.
Cola (Sterculia) acuminata 163.
Colin, Fr. 30.
Colocasia esculenta 66. 86.
Combretum primigenium (Ommboromboga) 206. 209.
Compagnie, Brandenburgisch-Afrikanische 9. 12. 13. 16; Brandenburgisch-Ostindische 2. 4; Dänisch-Amerikanische 18; Holländisch-Westindische 8. 15. 17; Österreichisch-Spanisch-Brandenburgische 4. 5.
Convolvulus batata 66.
Coromandel 4.
Criby, Ort 27.
Croix, St., Insel 13.
Croß-Bai 175.
Cyklop, Kanonenboot 28.

Dabiassi, Dorf 155. 162.
Dagomba, Landschaft 160.
Dahome, König 123; Volk 134. 157; Land 148.
Tallmann-Einfahrt 317.
Damara, Volk 220. 221.
Dampier-Insel 317.
Dansburg, dän. Fort 4.
Dar-es-Salaam, Stadt 32. 34. 243. 244. 247.
Deidostadt 50.
Deine, Fluß 131.
Denhardt, Clemens und Gustav 39.
Deutschenhof (Lewa) 240. 286.
Deutsches Reich, höchster Punkt 302.
Dhau, arabisches Segelschiff 237.
Diaz, Bartholomäus 169.
Diaz-Spitze 169.
Dibombe, Fluß 63. 64.
Dieterici-Inseln 344.
Diklotó, Berg 149. 150.
Diwarra (Muschelgeld) 337.
Dogobella, Landschaft 115.
Dokeri, Fluß 100.
Do Kossi, Dorf 151.
Donga, Fluß 105.
Dönjo ebor (Kilima Ndscharo) 294.
— eród, Berg 296.
— Ngai, Berg 296.
Donnersberg, s. Götterberg.
Dorofeld 181.
Dorotheen-Schanze 12.

Dschagga, Landschaft 32. 288. 293. 294. 295. 296. 299. 300.
Dschalla, See 296.
Dschawe, Fluß 131.
Dschipe, See 32. 293. 296. 298. 302.
Dualla, Volk 28. 49. 63. 65—78. 80. 107. 112.
Duk-Duk-Tanz 337. 338.
Duke of York-Archipel (Neu-Lauenburg) 41. 311.
Dunda, Ort 37.
Dünengewächse 173.
Dünengürtel von Südwestafrika 171. 172. 174. 181.
Durstfeld 198.

Edelweiß in Südwestafrika 198.
Eichagai-Berge 194. 195.
Eichstedt-Insel 317.
Eitel-Friedrich-Hafen 317.
Elossa-Wald 305.
Elaeïs guineensis (Ölpalme) 61.
Elami Joß, Häuptling 28.
Elefanten 115. 270.
Elefantenberg 106; -See 96. 99.
Elfenbein 269. 270.
Elisabeth, Korvette 22.
Emden, Stadt 13.
Emkweni, Fluß 306.
d'Entrecasteaux, Seefahrer 312.
Epsümb, Dorf 116.
Erongo-Gebirge 206.
Euphorbia virosa 224.
Ewé, Volk 134—147.
Ewetú, Höhenrücken 150.

Faktorei, schwedische, in Kamerun 85; von Lüderitz 170.
Fang, Volk 110. 117.
Fanko, Insel 342. 345. 346.
Farhani, Ort 253.
Farini, Afrikareisender 224.
Fasugu, Ort 162.
Fearn, Seefahrer 346.
Feldschuhträger (Hawnbes), Volk 194.
Fetischberge 26. 125. 131. 133. 134. 148. 149. 150. 155. 156. 162. 167.
Feuerfeld (Mgunda Mkali) 256. 257.
Finisterre-Gebirge 315. 316. 320.
Finsch, Otto, Reisender 40.
Finschhafen 313. 314. 320. 346.
Firminger, engl. Kommissar 26.
Fischel-Insel 317.
Fischfluß (Oub) 183. 184. 185. 186. 193. 194.
Flegel, Robert, Afrikareisender 93.

Flußpferde 64.
Fort Harrison 307.
Fortifikationsspitze 314.
Franziskafluß 311.
Friedrich I., König in Preußen 16.
Friedrich Wilhelm, der Große Kurfürst von Brandenburg 2 fg.
Friedrich Wilhelm I., König in Preußen 17. 19.
Friedrich Wilhelm IV., König v. Preußen 19.
Friedrich Wilhelmshafen 317.
Fuchs, Fregatte 9.
Fugger, Handelsherren 1.
Fulbe, Volk 165.

Gaillard-Berge 345.
Galla, Volk 272. 291.
Gambaga, Landschaft 162.
Game-nus (Bondelzwaarts), Volk 185. 194.
Gamnalla, Berg 292.
Gausberg 186. 195.
Gaukên, Ort 305.
Gawieb, Berg 200.
Gazellen-Halbinsel 328. 330. 333. 335; -Hafen 345; -Kap (Watta) 332.
Gbele, Landschaft 27.
Gei-khous (Rotes Volk) 194.
Georg Wilhelm, Kurfürst von Brandenburg 3.
St. Georgs-Kanal 328. 331.
Gerengere, Fluß 251. 252. 253.
Gesellschaft, Deutsch-Ostafrikanische 31. 32. 33. 35. 38; für deutsche Kolonisation 31; Englisch-Ostafrikanische 38.
Gewürznelken 236. 237.
Ghaie, Vulkan 332.
Gibeon, Ort 186. 194.
Giese, Beamter 36.
Gijsels van Lier, Admiral 2. 3. 4.
Girichas, Ort 186. 192.
Godefroy, Handelshaus 20.
Gold in Südwestafrika 23. 171. 199. 207.
Gold-Syndikat, Südwestafrikanisches 23.
Goma-Gebirge 266.
Gondja, Landschaft 291. 293.
Gordonbucht 307.
Gorei-Hafen 346.
Gorilla 109.
Götterberg (Donnerersberg, Gottesberg) 44. 77. 78. 79. 87. 90. 91. 94.
Grabe, Kommissar 137.
Gravenreuth, Freiherr von 34. 275.
Greiskraut (Senecio) 300. 301.

Grenze, deutsche, in Togo 26. 122. 131; in Neu-Guinea 40. 310. 319; in Kamerun 29. 30; in Ostafrika 32. 38. 237. 246. 260. 262. 263. 268. 285; in Südwestafrika 22. 23. 25. 209. 210. 211.
Gridji, Ort 122. 131.
Gröben, von der, Otto Friedrich 9. 10. 11.
Großbrukkaroß, Gebirge 184. 185. 186.
Großer Friedrichs-Berg 10.
Groß-Friedrichsburg, Feste 11. 12. 17. 18.
Grussi, Landschaft 161.
Guinot-Berge 345.
Gürich, Dr., Geolog 23.

Habicht, Kanonenboot 29.
Hahn, Th., Missionar 212.
Haho, Fluß 128. 134. 150. 151.
Haifisch-Insel 169.
Hakos-Berge 194.
Hammerkopf 47.
Han-Ami (Zwiebelfläche) 184. 193.
Handels- und Plantagen-Gesellschaft, Deutsche 329. 332. 349.
Hansa 2. 3. 7.
Hansa-Vulkan-Insel 317.
Hansemann, von 40.
Hansemann-Berge 317; -Küste 318.
Harmatan 126. 127.
Hatzfeldthafen 317. 320. 322. 326.
Hau-khoin (Damara), Volk 218.
Haussa, Volk 163; -Händler 162; -Sprache 163.
Harubes (Feldschuhträger), Volk 194.
Heinrichshafen 317.
Heinrichshöhe 132.
Henrici, Dr. 137.
Hereró, Volk und Land 23. 24. 25. 187. 195. 201. 202. 203. 205. 206. 207. 209. 212. 213. 214. 215. 216—220. 221. 225.
Herkulesbai 311; -Fluß 311.
Hermann von Baden-Baden, Markgraf 5.
Hernsheim & Co., Handelshaus 42. 332.
Herzogberge 311; -Kriek 311; -Seen 311.
Hessel, Beamter 310.
Hibiscus esculentus 55; tiliaceus 55.
Hikorystadt 28. 57.
Hikwa (Nikwa), See 265.
Hindi 233.
Hippopotamussee 64.
Hoachanas, Ort 23. 194.
Holmes-Fluß (Unamula) 331.
Hopemine, Ort 177.

Hornkranz, Ort 186. 187. 194. 203.
Hottentotten 183. 187. 210. 212. 222; Sprache 222.
Huib-Hochfläche 182.
Hunstein, Vulkan 334.
Hüongolf 311. 312.

Ibi, Ort 29.
Idia-Fälle 113.
Ibangiro, Landschaft 260.
Inder 231. 233. 234. 270, s. auch Banianen und Hindi.
Indigostaude 145.
Isabella, Insel 342. 345.
Isubu, Volk 80.
Isuke, Fluß 79.

Jaluit-Gesellschaft, Deutsche 42.
Jaluit, Hafen 39; Insel 41. 349. 350.
Jan Cuno, Negerhäuptling 17. 18.
Jantzen u. Thormählen, Handelshaus 27.
Jeje (Bajeje), Volk 210.
Jendi, Ort 162. 163.
Je-únde (oder Ja-únde), Volk 115. 116; -Station, s. Jonu-Station.
Jo, Dorf 149; Paßhöhe 150.
Joachim I., Kurfürst von Brandenburg 2. 3.
Joachim II., Kurfürst von Brandenburg 3.
Jode, Fluß 166.
Johann Georg, Kurfürst von Brandenburg 3.
St. Johns, Fluß 306; Ort 306. 307.
Jola, Ort 29. 30. 101.
Joseph Frederick, Hottentottenhäuptling 21. 23.
Joßplatte 51; -Stadt 28. 51.
Juáe-Berg 346.

Kabakada, Missionsstation 333.
Kabenau, Fluß 316.
Kabitai 30.
Kaffeebaum 86.
Kafferkorn (Sorghum vulgare) 207.
Kagera, Fluß 259.
Kagi-n-Tongo-Butári, Fluß 104.
Kahe, Landschaft 298.
Kahu, Fluß 198. 200.
Kaisergebirge 343.
Kaiser Wilhelms-Bad 45.
Kaiser Wilhelms-Berg 206.
Kaiser Wilhelmsland und Bewohner 40. 310. 318. 319. 321. 326. 328. 346.
Kaiser Wilhelm-Spitze des Kilima Ndscharo 302.
Kaiserin Augusta-Fluß 318. 322. 325.

Kaiserin-Bucht 344.
Kafe, Fluß 95. 96. 101.
Kalahari 195. 202. 221.
Kalema, Brandung 107.
Kamaherero, Häuptling 212.
Kameldorn (Acacia erioloba) 205.
Kamerun, Namen 59; Bevölkerung 76. 117; Fluß 28. 44. 45. 59. 77; Gebirge 27. 29. 44. 45. 93. 99. 104; Haff 46. 79. 85. 93. 98. 104. 106; Stadt 45. 46. 48. 76; Berg, der kleine 79.
Kannibalismus im Bismarck-Archipel 336.
Kant, Berg 316.
Kaoko, Landschaft 207. 221.
Kap Bredow 313.
— Cretin 311. 312.
— Croisilles 317.
— Dallmann 318.
— Delgado 32. 246.
— Frio 22.
— St. Georg 342.
— Hermes 307.
— Hüster 344.
— Kamerun 44.
— Kroß 22.
— Palliser 331.
— Palmas 49.
— Reetzer 80.
— Rossel 80.
— Santa Maria 330.
— Schulze 332.
— Stephens 333.
Karagwe, Landschaft 260.
Karas (Steinfeld), Gebirge 184. 185. 187. 193. 221.
Karema, Station 267.
Karolahafen 342.
Karolinen, Inseln 41.
Karoß, Pelzmantel 189.
Kartoffel, süße (Convolvulus batata) 66.
Kaseh, Brunnen 258.
Kasongo, Ort 269.
Kassada-Wurzel 143.
Kassave 67.
Kautschukliane (Landolphia florida) 85. 86. 143.
Kawele, Ort 266.
Kebu, Volk und Land 153. 154. 160.
Kedjewi, Ort 155.
Keetmanshoop, Dorf 184. 194.
Kerawara, Insel 329.
Kéwe, Landschaft 26. 128. 132. 145.
Khoi-Khoin (Hottentotten) 192. 193.
Khouas, Volk 194.
Kibo, Berg 294 fg.

Kiboriani, Berg 255.
Kibueni, Plantage 236.
Kibete-Berge 247. 249. 253.
Kikelutua, Fluß 298.
Kikogwe, Plantage 239.
Kilambo, Fluß 38. 263.
Kilima Ndscharo 32. 238. 285. 291. 293. 294. 296; s. auch Kaiser Wilhelm-Spitze.
Kilwa, Ort 34. 244; -Kisiwani 1. 37. 244; -Kivindje 37. 245.
Kimawensi, Berg 294 fg.
Kimberi, Dorf 246.
Kindovogo, Berg 292.
Kingani (Rufu), Fluß 241. 246. 249. 251. 252. 253.
Kipini, Ort 32.
Kisabenge, Fürst 252.
Kismaju, Ort 39.
Knorr, Contre-Admiral 28.
Kola (Colocasia esculenta) 66. 86.
Kokaisole, Fluß 94.
Kokospalme, s. Cocos nucifera.
Kolanuß 163; s. auch Cola.
Kolonial-Gesellschaft, Deutsche, für Südwestafrika 23.
Kolonial-Verein 20. 31.
Kolonien, brandenburgische 2; erste 10.
Komboko, Volk 272. 275.
Kongo-Akte 42.
Kongo, Strom 265.
Königsberg, Berg 149.
Königstuhl, Höhe 312.
Konstantinhafen 316. 320.
Kopal 247; -Gruben 243.
Kopra 352.
Korallen 348.
Korantei, Ort 155.
Kowesis, Volk 194.
Kpandu, Ort 26. 167.
Kpetu, Ort 145.
Krabben 59; -Fluß (Rio dos camarões) 59.
Kranzberge 182.
Kraoh, Volk 49.
Kratji, Ort 164. 167.
Krätte-Gebirge 316.
Krepi, Landschaft 26.
Kribi, Fluß und Station 107.
Krieger, Beamter 34.
Kriegsschiffsbucht 80. 81.
Kronkolonien 29; brandenburgische 12.
Kronprinzgebirge 344; -Hafen 317.
Kruburschen 49. 50. 120.
Knaudo, Fluß 210.
Kubango (Okavango), Fluß 22. 209.
Kuë, Ort 162.

Kuisib, Fluß 174. 186. 193. 194. 195. 196. 197. 203. 204. 212.
Kumba, Fluß 101; Stadt 101.
Kund, Hauptmann 30.
Kunene, Fluß 22. 208. 209.
Kungwe, Berg 251.
Kuperberge 311.
Kuppé, Berg 102.
Kurfürst, der Große, von Brandenburg 2 fg.
Kurprinz, brandenburg. Schiff 9. 11.
Küstenblockade 34.
Küstenneger, Handelseifersucht 30.
Kwakwa, Volk 65; Mündungsarm 45. 105. 112. 113.
Kwale, Landschaft 244.
Kwambugu, Landschaft 289.
Kwamongo, Berg 287.
Kwiri, Landschaft 84.

Lambäs, Station 306.
Landolphia florida (Kautschukliane) 85. 86. 143.
Langemak-Bucht 312. 313.
Lassa, Berg 291.
Laterit 45. 105. 106. 125. 129.
Lawollo, Missionsstation 333.
Leipzig, Kreuzerfregatte 22. 34.
Le Maire-(Schouten-)Inseln 318.
Leopold I., römischer Kaiser 5.
Lene, Bezirkschef 34.
Levin, schwed. Jäger 91.
Lewa (Deutschenhof) 240.
Lewis, Robert 23. 24.
Lindi (Ukeredi), Fluß 245; Stadt 37. 245.
Lobo, Berg 151. 156.
Loge Sophia Luise 12.
Lohau-Inseln 345.
Lobugati, Fluß 259. 266.
Lokundje, Fluß 107. 110.
Lóme, Ort 26. 124. 125. 127. 131. 164.
Long-Insel 317.
Lord Howe- (Lohau) Inseln 345.
Lüderitz, F. A. E. 21. 22. 23.
Lüderitzhafen 170. 173. 174. 176. 181.
Luengera, Fluß 286. 287. 289.
Lugauengberge 312.
Lukuga, Fluß 265. 267.
Lumi, Fluß 293. 296.
Lungasi, Fluß 76. 104. 105.
Löwe, Rother, brandenburg. Schiff 14.
Löwenfluß 23. 183.

Mabum, Volk 102. 103.
Maclay-Küste 314. 315. 326.
Madagascar-Town, Stadtviertel in Sansibar 233.

Madang, Insel 313.
Madschame, Landschaft 298. 299.
Maëru, Berg 296. 298. 302.
Mafia, Insel 38. 244.
Magila, Missionsstation 286. 289; Berg 286.
Magrafall 305.
Maharero, Oberhäuptling 23. 24.
Mahindsche, Landschaft 274. 277.
Makabá, Hafen 40. 330.
Makata-Ebene 247. 249.
Malagarasi, Fluß 258. 266.
Malimba, Volk 112. 113.
Malindi, Ort 231. 232. 233.
Mamfro, Berg 10.
Manasse, Häuptling 23. 24.
Mandame, Dorf 95. 96.
Mandara, Fürst 297. 299.
Manga-See 291.
Mango, Frucht 52.
Mangroven 46. 57. 58.
Maniok 67.
Mann, Gustav, Botaniker 93.
Manns-Quelle 91.
Mapanja-Dorf 85. 86.
Marangu, Landschaft 299.
Marenga-Mkali 247. 249. 254. 256.
Markgraf von Brandenburg (brandenburg. Schiff) 7.
Markhamfluß 311. 312.
Marschall-Inseln und Bewohner 39. 41. 346 fg.
Marshall, Kapitän 348.
Maschantu, Ästuar 100; s. auch Rio del Rey.
Masinde, Ort 288.
Maskat, Sultanat 269.
Massai, Volk 272. 276. 288. 289. 291. 294. 296; Land 295.
Massake, Fluß 100.
Matamombo, Fluß 254. 255.
Matupi, Insel 332.
Maurui, Ort 290.
Maviti, Volk 262. 272. 274. 275. 277.
Mawumbo, Volk 109. 110.
Mbam, Fluß 114.
Mbambua (Mpuapua), Ort 36. 247. 254. 255. 278.
Mbampabucht 262.
Mbandieru, Volk 212. 217.
Mbaramu, Berg 289.
Mbia, Fluß 103.
Mbinga, Dorf 79; Markt 45. 79.
Mbire, Bach 100.
Mbo, Bach 100.
Mbu (Elefantensee) 96.
Mbusine (Petershof), Station 251.

Melonenbaum (Carica Papaya) 130.
Memé, Fluß 99. 100.
Mendaña de Neyra, Alvaro 342.
Meyer, Dr. Hans 302; Heinrich Adolf 270.
Mfumbiro, Berg 38. 260.
Mgasi, Fluß 244.
Mgunda Mkali (Feuerfeld) 256.
Mikindani, Ort 37. 245. 246.
Miklucho-Maclay, Nikolai von, Naturforscher 314.
Mineralfunde in Deutsch-Südwestafrika 171. 207.
Miokesen 329. 343.
Mioko, Insel 40. 329. 340. 341.
Misa-Höhe, Station 149.
Missionare 43.
Missionsanstalt, Rheinische 194.
Missionsstationen, katholische 242. 244.
Mitrafels 40. 310.
Mitternachtsland (Usukuma) 259.
M'kabba, Sän-Stamm 224.
Mkomasi, Fluß 286. 290. 291.
Mkomokero, Ort 274.
Mkubwasanja, Ort 273.
Mkulumusi, Fluß 286.
Mlunda, Fluß 244.
Mlalo, Ort 290.
Mlembule, Ort 37.
Moanga, Fluß 112; s. auch Njong.
Moatsché, Sprache 134.
Modeaka-Kriek 93.
Mole-Insel 327.
Molofälle 22.
Mombas, Ort 1. 269.
Mondland (Unjamuesi) 257. 260.
Mondole, Insel 82.
Moneystadt 28.
Mongo ma Etinde (Kleiner Kamerunberg) 79.
Mongo ma loba (Götterberg) 77.
Mont Beautemps-Beaupré (Barzinberg) 41.
Monn, Fluß 121. 150. 151. 154. 156.
Morian, brandenburg. Schiff 8. 9. 12. 14.
Mortenbucht 82.
Mosambique 269.
Moschi, Landschaft 297. 298. 299.
Mount Sulivan 304.
Mount Thesiger 304.
Möwe, Kanonenboot 26; -See 93.
Mpángwe, Volk 110.
Mpesi, Fluß 251.
Mpuapua 254, s. Mbambua.
Mrima, Küste 237. 243. 241. 285.
Mrogoro, Ort 252.
Msindsche, Fluß 32.

Mnatschä, Landschaft 150.
Mukundolua, Fluß 249. 254.
Mukundu ma Mbu, Fluß 96. 97.
Mundame, Hafen 93.
Munge, Fluß 45. 46. 79. 93. 94. 95. 96. 97. 102; Dorf 94; Land 101; Kleiner 94.
Musa paradisiaca, s. Banane.
Muschelgeld (Diwarra) 337.
Muschi, Landschaft 161. 165.
Muta Nsige, See 246. 265.
Mutter, die, Vulkan 332.
Mwelle, Volk 117.

Nachtigal, Dr. Gustav 23. 25. 26. 27. 110; -Denkmal 51; -Fälle 113. 114.
Nama (Nama-khoi-khoin), Volk und Land 25. 187. 188—94. 201. 202. 203. 212. 213. 218. 220 Sprache 192. 193. 222.
Namieb, Ebene 196. 197. 200.
Nara, Pflanze 174. 193.
Natronsee 296.
Nauru, Insel 346 fg.
Nautilusspitze 170.
Negerhirse (Pennisetum distichum) 207.
Neu-Britannien 40. 41.
Neu-Guinea-Compagnie 40. 41. 313. 329. 342.
Neu-Guinea, Sprachen 324.
Neu-Hannover, Insel 328.
Neu-Irland, Insel 41.
Neu-Lauenburg, Inselgruppe 41. 328. 329. 335. 336.
Neu-Mecklenburg (Tombara), Insel 41. 328. 330. 335. 336. 342.
Neu-Pommern (Birara), Insel 41. 317. 329. 330. 333. 335. 337.
Neven du Mont-Fälle 111.
Ngambo, Negerviertel in Sansibar 231. 232. 234.
Ngami-See 23. 195. 202. 206. 209. 210. 221. 224.
Ngaundere, Ort 103.
Ngovi, Berg 292.
Ngumba, Volk 109; s. auch Mawumbo.
Nguru, Landschaft 246. 288; Gebirge 247. 249. 251.
Nielsen, Beamter 36.
Nigir, Strom 160. 164.
Nikol-Insel 79.
Njangwe, Ort 35. 269.
Njanfosse, Dorf 102.
Njassa, See 32. 38. 246. 248. 261. 262. 263. 272; ein Fjord 285.
Njita, Steppe 285. 286. 289. 290. 291.

Njong, Fluß 107. 111. 112. 114. 115.
Ntembe (Ntem) Fluß 110. 111.
Nugebu, Halbinsel 313. 314.
Numa-Numa, Bucht 343.

Obossum (Fetischberge) 148.
Ochsenwagen 178. 179. 180.
Okahandja, Ort 23. 24. 205. 206.
Okand-jose-Berge 197.
Okavango (Kubango), Fluß 23. 25. 209. 211.
Old Calabar, Fluß 100. 101. 102.
Olga, Korvette 28.
Ölpalme (Elaeïs) 52. 61. 62. 86. 113. 155.
Omaheke, Landschaft 209. 211.
Omambonde-See 206.
Omaruru, Ort 215; Fluß 206. 207.
Omumboromboga (Combretum primigenium) 206. 209. 217.
Onafernkorn, Hügelkette 346.
Ondangere, Zaubermädchen der Herero 216.
Ongtong-Java, Inselgruppe 345.
Ophir 342.
Oranienfluß 22. 25. 182. 183. 184. 185. 187. 193. 195. 211.
Orlams, Volk 183. 193.
Osozen, Zwiebelpflanzen 219.
Oti, Fluß 167.
Otjituui, Ort 217.
Otjimbingue, Ort 23. 24. 25. 200. 204. 212. 215.
Ottilienberg 311.
Ottoberg 316.
Oub, s. Fischfluß.
Ovaherero, s. Herero.
Ovambo, Volk, s. Ambo.
Ovatjimba 217.
Ovatua, Volk 217.
Orenstierna, schwedischer Kanzler 3.

Palawé, Dorf 153.
Palawer 72.
Palmkerne 62; -Kohl 351; -Wein 62. 351.
Palpal, Landschaft 329.
Pandanus 47.
Pangani (Ruvu), Fluß 238. 246. 249. 250. 285. 286. 290. 291. 292. 293. 295; Ort 32. 36. 239. 247.
Pantänius, Agent 28. 51.
Papua, Volk 321. 324. 325. 334. 340. 341.
Paradiesvögel 321.
Pare, Landschaft 292. 298; Gebirge 285. 291. 292.

Partlandschaft (Übergang vom Urwald zum Grasland) 114.

Pemba, Insel 238.

Pennisetum distichum (Negerhirse) 207.

Peréu, Ort 155. 158.

Petershof (Mbusine), Station 251.

Pic von Fernando Poo 44.

Pico grande (Götterberg) 79.

Piet Heibib, Häuptling 22.

Pillau in Ostpreußen 3. 4.

Pinguin-Insel 169. 170.

Pla (Groß-Popo), Ort 123.

Plantagen-Gesellschaft, Deutsch-Ostafrikanische 32.

Plantanen 86.

Plantation, Ort 27.

Plattenberg 149.

Pleasant Island 346. 348.

Pogge, Dr., Afrikareisender 35.

Pondoland 39. 302.

Pondoland-Gesellschaft, Deutsche 39.

Pontocks, Hütten 186. 189.

Popo, Ort 122; Groß- 121. 123. 150; Klein- 122.

Port Grosvenor, Ort 306.

Port Hunter, Ort 330.

Porto Seguro, Ort 26. 121. 124. 128.

Portugiesen in Ost-Afrika 244. 269.

Pot-Mine 198. 199. 200. 204. 207.

Potsdam-Bucht 317.

Praslin-Hafen 345.

Preußenreede (im Hüongolf) 311.

Providence-Inseln (Atoll Ujilong) 41. 349.

Pugu, Station 244.

Punkt, höchster, des afrikanischen Continents 302.

Punta d'Ilheo, Kap 173. 175.

Purdy-Inseln 326.

Quellen in der Kriegsschiffsbucht 80. 81.

Ralik-Reihe, Inselgruppe 349; Bewohner 352.

Raluana, Station 332.

Ralum, Plantage 333.

Raphia vinifera 55.

Ras Mubesa, Fort 36. 238.

Ratak-Reihe, Inselgruppe 349; Bewohner 352.

Rause, Benjamin 5 fg.

Rawlinson-Berge 312.

Reers, Cornelis, Kapitän 14. 15.

Rehoboth, Ort 23. 24. 186. 194.

Reichstruppe 35. 36.

Rikwa (Hikwa), See 265.

Rio del Rey, Ästuar 29. 100.

Rio dos camaröes, Krabbenfluß 59.

Rogozinski, Pole 27. 29.

Rombo, Landschaft 299.

Roof-Insel 317. 328.

Rottang, indischer 55.

Rowuma, Fluß 32. 33. 244. 246. 261. 262.

Ruaha, Fluß 262. 273. 274. 277.

Rubeho-Gebirge 247 fg.

Rufidschi, Fluß 240. 244. 261. 262. 274.

Rufu (Kingani), Fluß 251.

Rukigura, Fluß 251.

Rumbi, Berge 104.

Russing, Insel 312.

Ruvu, s. Pangani.

Saadani, Ort 36. 240. 241.

Saavedra, Seefahrer 348.

Said Madschid, Sultan 243.

Sálaga, Ort 27. 162. 163. 164. 165. 166.

Salem, Ort 198. 204.

Salomon-Inseln 41. 341. 342. 343. 346.

Sambesi, Fluß 22. 25. 209. 210. 211; Katarakte, s. Catima-Moriro und Victoriafälle.

Samoa-Inseln 20. 40.

Sân (Sing. Sab) 212. 222. 226, s. Buschmänner.

Sandfischhafen 173. 174. 175. 194.

Sandfontein, Ort 174. 175. 196. 197.

Sánnaga, Fluß 104. 105. 112. 113. 114. 118.

Sauseviera 55.

Sansibar, Insel 229. 249. 250. 272; Name 231; Stadt 229.

Sanosonci, Insel 319.

Santa Lucia-Bai 29.

Sattelberg 314. 322.

Savanne 114. 115.

Schangani, Araberviertel in Sansibar 231.

Schattenvogel 47.

Schegescherai, Berg 289. 290.

Schermannsdorf, Ort 196.

Schering-Halbinsel 317.

Schiffspfeifentanz 191.

Schimiju, Fluß 259.

Schimpanse 109.

Schlammspringer 58.

Schleinitzkette 330.

Schmidt, Dr. 37.

Schnalzlaute der Hottentottensprache 192.

Schopenhauer, Berg 316.

Schouten-(Le Maire-)Inseln 318.

Schutzgebiet, das erste deutsche 22.
Schwarzbankberge 196.
Schweiz, ostafrikanische 286.
Sechstroh, Fluß 319.
Sebbe, Ort 122. 131.
Senecio Johnstoni 301.
Senegal-Compagnie, französische 14. 18.
Seva, Dorf 129; Klein= 129.
Seyid Bargasch, Sultan 33.
Seyid Chalifa, Sultan 33.
Shertland-Inseln 342. 346.
Sigi, Fluß 237. 286.
Sima, Ort 254.
Simbamueni (Löwenstadt), Ort 252. 253. 277.
Simbaug, Dorf 313.
Simulien (Stechfliegen) 83.
Siö, Fluß 127. 128. 132. 149. 150.
Siu, Dorf 313.
Sklavenhandel 271.
Sklavenküste 25. 120. 121.
Sklaverei 276.
Söhne, die beiden, Vulkane 333.
Sohélo-Lagune 131.
Somal, Volk 231.
Songwe, Fluß 38. 262.
Sophie, Korvette 25.
Sorghum vulgare (Kafferkorn) 207.
Sowe, Fluß 96. 99.
Spree, Fluß in Kaiser Wilhelmsland 311.
Steinmetzspitze 311.
Stephansort 316.
Sterculia (Cola) acuminata 163.
Stosch-Berg 328.
Straußenfedern 216.
Straußenzucht 215. 216.
Stubbenkammer, Höhe 312.
Sudanneger 117.
Swachaub (Swakop), Fluß 196. 197. 198. 199. 200. 202. 203. 204. 205. 206. 207. 212.
Swéllaba, Halbinsel 45. 48; =Spitze 44.

Tabora, Ort 247. 248. 258. 259. 266. 269. 282.
Taccarary, Fort 12.
Tamariske 205.
Tamberro-Kette 317.
Tanga, Ort 237; =Bucht 36. 286.
Tanganjika, See 32. 38. 246. 248. 252. 257. 258. 259. 263. 264. 265. 266. 268. 277.
Tarabba, Fluß 104.
Taura-Berge 344.
Taweta, Landschaft 32; Ort 296.
Teliata-Spitze 314.

Tembé, arabische Hausform 258.
Termiten 80. 99.
St. Thomas, Insel 13. 18.
Thorntonfall 291.
Tibati, Markt 104.
Timm, Volk 160. 162.
Tioge (Tonke), Fluß 209. 210.
Töchter, Berge 332.
Toddy, Getränke 351.
Todschi, Fluß 133. 149.
Togo, Ortschaft 26. 130. 146; =Lagune 25. 121. 124. 127. 128; =Land 27. 29.
Tombara (Neu-Mecklenburg) 330.
Tomegbé, Dorf 150; Paß 167.
Tongue, Berg 286.
Tonke (Tioge), Fluß 209. 210.
Tonolaihafen 345.
Topnas (Aonin), Volk 194. 197. 212. 221.
Torresstraße 310.
Torricelli-Gebirge 319.
Töwe, Landschaft 26. 132. 134.
Tranquebar (Dansburg) 4.
Treasury-Island 346.
Tribu, Landschaft 160. 167.
Tromp, Admiral 6.
Tsaobis, Ort 25. 204.
Tschirimetsche, Insel 317.
Tschobi, Fluß 22. 25. 210. 211.
Tsirub, Berge 181.
Tsoaxaub 196. s. Swachaub.
Tunghi, Ort 38. 246; Bucht 32.

Ubena, Landschaft 248. 285.
Udoë, Landschaft 240. 249.
Ubschidschi, Ort 266. 267. 269. 273.
Ugalla, Fluß 258. 266.
Ugogo, Land 247. 248. 250. 256. 260. 261. 278. 285.
Ugomba, Landschaft 273.
Ugombe, Fluß 254; See 254.
Ugoy, arabisches Viertel in Ubschidschi 266.
Uguane-Berge 298.
Ugueno, Gebirge 292. 293. 298.
Uhehe (Ubena), Landschaft 247. 248. 261. 262. 274. 285.
Uli Ganis, Ort, s. Bethanien.
Ujanfi (Feuerfeld) Landschaft 257.
Ukami, Landschaft 31. 246. 251. 275. 277.
Ukeredi (Lindi), Fluß 245.
Ulanga, Fluß 274.
Umba, Fluß 32. 33. 237. 285. 289. 290.
Umquikela, Häuptling 39.
Umtamvuna, Fluß 302.
Umtata, Fluß 302. 306.
Umzimvubu, Fluß 304. 306. 307.

Unakokor (Barzin-Berg) 331.
Unamula (Holmes-Fluß) 331. 333.
Ungudja (Sansibar) 231.
Unjamuesi, Landschaft 257.
Unjanjembe, Landschaft 248.
Upingtonia, Republik 206. 212.
Urigi-See 260.
Urori, Landschaft 273.
Uru, Landschaft 299.
Uruguru, Gebirge 251. 252.
d'Urville, Seefahrer 319.
Urwald 107—109. 111.
Usagara, Landschaft 31. 37. 246. 247. 248. 250. 253.
Usambara, Landschaft 237. 238. 239. 273. 285. 286. 287. 288. 289. 290. 291. 298. 299; Süd- 286.
Usaramo, Landschaft 253. 275.
Uschamba, Landschaft 286.
Usegua, Landschaft 31. 238. 246. 247. 249. 250. 251.
Usukuma (Mitternachtsland) 259.
Usungula, Station 251. 275.
Utuan, Insel 329.

Barzin-Berg (Unakokor), 41. 331.
Vater, der Vulkan, 333.
Venus-Spitze 318.
Verräterbai 310.
Victoria, Ort 27. 29. 82. 83.
Victoria-Bach 82. 84.
Victoria-Fälle des Sambesi 210. 211.
Victoria-Njansa, See 32. 38. 246. 259. 260. 266. 273.
Victoria-Spitze des Götterbergs 79. 93.
Vincent, St., Insel 13.
Viroboto, irreguläre Truppe in Sansibar 230.
Vleys (Regensachen) 197.
Volk, Rotes (Gei-khous) 194.

Wacht en betjen (Acacia detinens) 199.
Wadschagga, Volk 294. 297. 299.
Wagogo, Volk 256. 278. 279. 280.
Wagueno, Volk 292.
Wahehe, Volk 273. 280.
Wakami, Volk 277.
Wakhutu, Volk 277.
Wakilindi, Volk 288. 289. 299.
Wakimbu, Volk 256.
Walfischbai 22. 23. 173. 174. 175. 176. 177. 196. 197. 207.
Wambugu, Volk 289. 290. 292.
Wami, Fluß 240. 246. 248. 249. 253. 254.
Wanga, Ort 38. 237.

Wanguru, Volk 276.
Wanjamuesi (Mondleute) 36. 242. 257. 259. 280. 281. 282.
Wappen von Kurbrandenburg, brandenburgisches Schiff 8.
Warmbad, Dorf 185.
Wasagara, Volk 275. 277.
Wasaramo, Volk 276.
Waschamba, Volk 288. 289. 290.
Wasegua, Volk 276. 291.
Wasuaheli, Volk 231. 235. 259. 286. 294.
Watobutábu-Berg 346.
Watuta, Volk 272. 273.
Wege in Südwestafrika 180. 181.
Welser, Handelsherren 1.
Weriweri, Fluß 295. 298.
Wijnen, Jan, Kommandant 18.
Wilhelm I., Deutscher Kaiser 19. 31.
Wilhelmsfeste, Fort 204. 213. 220.
Windermere-See 260.
Windhuk, Ort 203. 213.
Windi-Paß 247. 248. 254.
Wißmann, von, Reichs-Kommissar 35. 36. 37.
Wittwater Berge 204.
Witugesellschaft, Deutsche 39.
Wituland 32. 38. 39.
Wo, Markt 130. 131.
Woermann, C. F., Handelshaus 27.
Wolf, Kanonenboot 22.
Wollbaum 53. 54. 55. 83.
Wolta, Fluß 131. 132. 134. 148. 150. 154. 163. 164. 166. 167; schwarzer (oder Adere) 166; weißer 166.
Wu, Dorf 151; Fluß 151.
Wuga, Ort 287. 288. 289.
Wuri, Fluß 45. 46. 51. 60. 62. 63. 64. 65. 76. 104; -Leute 63.
Wüstenpflanzen 181.

Yams 142.

Zaubermädchen 216.
Ze, Sprache 134.
Ziegenrücken 132. 133.
Zintgraff, Eugen, Reisender 30.
Zöller, Hugo, Reisender 93.
Zonu, Häuptling 116; -Station 30. 116. 117. 118.
Zuckerrohr 86.
Zugochsen 179.
Zugvögel, deutsche, in Kamerun 63.
Zulu-Affen 274.
Zulukaffern 29. 272.
Zwiebelfläche 184. 185.

Druck von F. A. Brockhaus in Leipzig.

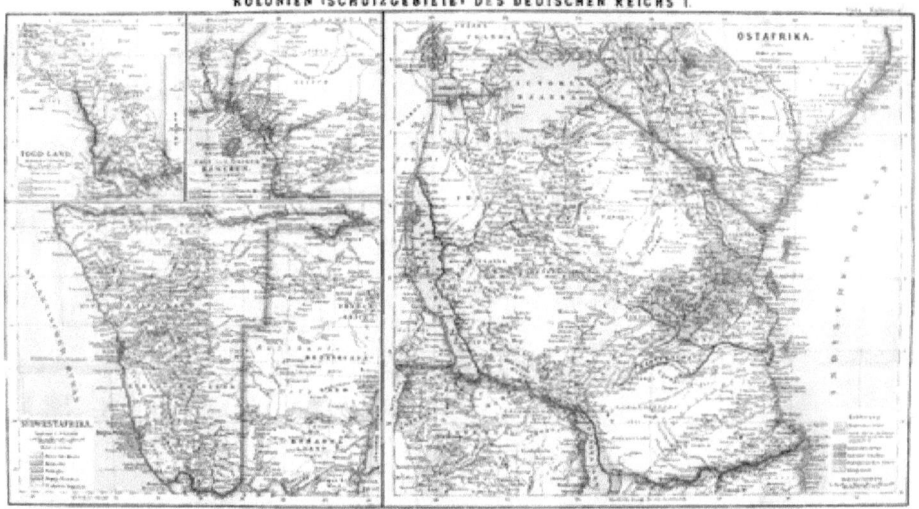

KOLONIEN (SCHUTZGEBIETE) DES DEUTSCHEN REICHS II.

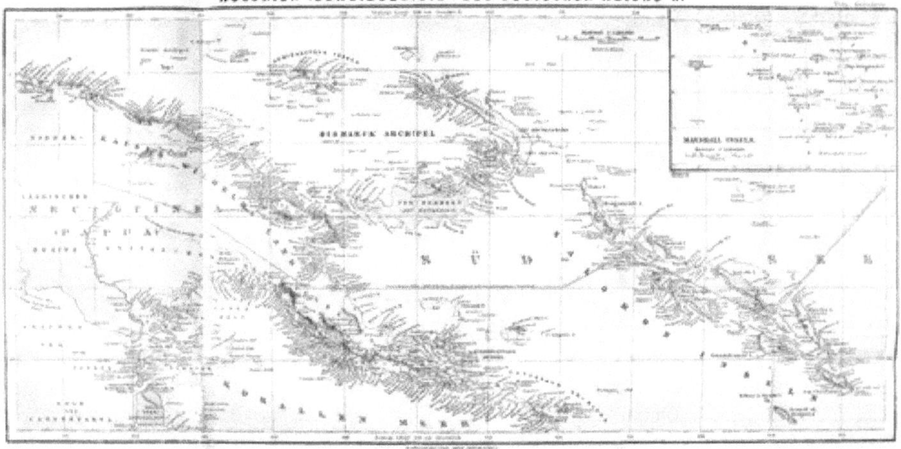